博士论文
出版项目

# 两汉承续与新汉本位

## 东汉前期政治文化实践研究

Succession of Two Hans and New Han Oriented Project

A Research on the Political and Cultural Practice in the
Early Eastern Han Dynasty

王 尔 著

中国社会科学出版社

图书在版编目（CIP）数据

两汉承续与新汉本位：东汉前期政治文化实践研究／
王尔著. -- 北京：中国社会科学出版社，2025. 3.
ISBN 978-7-5227-3878-9

Ⅰ. D092.342

中国国家版本馆 CIP 数据核字第 2024DA5308 号

| 出 版 人 | 赵剑英 |
| 责任编辑 | 刘　芳 |
| 责任校对 | 王　潇 |
| 责任印制 | 李寡寡 |

| 出　　版 | 中国社会科学出版社 |
| 社　　址 | 北京鼓楼西大街甲 158 号 |
| 邮　　编 | 100720 |
| 网　　址 | http://www.csspw.cn |
| 发 行 部 | 010-84083685 |
| 门 市 部 | 010-84029450 |
| 经　　销 | 新华书店及其他书店 |

| 印　　刷 | 北京君升印刷有限公司 |
| 装　　订 | 廊坊市广阳区广增装订厂 |
| 版　　次 | 2025 年 3 月第 1 版 |
| 印　　次 | 2025 年 3 月第 1 次印刷 |

| 开　　本 | 710×1000　1/16 |
| 印　　张 | 28 |
| 字　　数 | 389 千字 |
| 定　　价 | 158.00 元 |

# 出 版 说 明

　　为进一步加大对哲学社会科学领域青年人才扶持力度，促进优秀青年学者更快更好成长，国家社科基金 2019 年起设立博士论文出版项目，重点资助学术基础扎实、具有创新意识和发展潜力的青年学者。每年评选一次。2021 年经组织申报、专家评审、社会公示，评选出第三批博士论文项目。按照"统一标识、统一封面、统一版式、统一标准"的总体要求，现予出版，以飨读者。

全国哲学社会科学工作办公室

2022 年

# 摘　　要

　　东汉王朝是中国历史上唯一一个创业且统一天下，却延续前朝国号的朝代，兼具开创和继承两种建朝形态。东汉初期，建国者在"创革"之朝或是"中兴"前汉的两种身份之间摇摆，最终折中二者，建构以光武为开端的、以"受命—中兴"为身份的新汉朝，并落实为一系列重建"汉"宗庙、塑造"汉"天子、制作"汉"礼乐、创作"汉"文章的举措，从而构成东汉早期政治文化实践的一种独特形态。

　　本书以"两汉承续"和"新汉本位"为关键词，以光武帝（25—57）、明帝（57—75）、章帝（76—88）三朝为考察中心，探讨东汉王朝前期合法性身份建构的相关问题。"两汉承续"指西汉、东汉之间的继承和接续。"新汉本位"指以"新汉朝"为逻辑起点和价值本位建构政治文化的思路。在两汉之际复杂多变的政治背景下，东汉对两汉承续的认知和叙述，经历一个协商、选择、厘定，从歧异到整合的过程。建武年间存在"创业革命"与"中兴前汉"两种合法化的思路。光武晚年形成"受命—中兴"话语，是折中和整合二者的结果。明章时期君臣进一步凸显"创革"论，以新汉为本位，建构光武"始创本朝"故事，致力于超越旧汉、彰显新汉的一系列礼制仪式建设，汲汲于追寻先王之道。"作文"成为士人建构新汉合法性的重要实践形式。和帝以后，"新汉本位"思想日渐低落，最终让位于相信本朝隶属于西汉的中兴论。

　　本书从刘秀集团与"长安系士人"的政治演进、光武帝时期的仪式争议与合法性建立、明章二帝的"新汉本位"建设、东汉前期"文"的实践等四个方面讨论这一过程。除绪论和余论外，共设四章。第一章，两汉之际到建武初年的政治演进和集团分际。这一时期存在鼓吹新汉创业的光武集团，和申论旧汉中兴的"长安系士人"两大地域、年龄和理念都有显著差异的士人群体。光武集团经历了从"附庸更始"到"圣人受命"合法性构造的转型。刘秀抑制和排斥其集团的"宗族"和"地域"属性，建立"公家"新汉朝，否定"私家"之更始朝，形成新的王朝认同。光武的即位仪式炮制了"皇帝即位—天子即位"双重模式、效法周武王受命、恢复王莽元始故事等程序，建立其"受命圣王"的形象。这一过程还与两汉之际政治文化的东、西格局有关。受新莽年间"东方受命"谣言的影响，光武集团制造"兴于东方"的合法化舆论。同时，三辅地区的前汉遗臣抱团形成"长安系士人"，流寓辗转于更始、隗嚣诸西方政权之间，与东方的洛阳朝廷既对抗又合作。全国统一后，"长安系士人"归入新汉朝，形成一股潜伏的政治势力。他们鼓吹东汉是西汉的中兴，他们团结在太子刘彊身边，提出"柔克"方针，批评光武苛刻政策。建武后期，光武调整政策，废刘彊，立刘庄，长安系士人随之失势。

　　第二章，光武帝建武年间的仪式争议与合法性建立。"创革"与"中兴"的分歧从政治冲突演变为政治文化商议。"长安系士人"杜林和张纯运用经学义理和汉家故事深度阐释了"中兴"论。在对郊祀配享对象的争议上，光武主张祀尧，杜林坚持祀高帝，分别体现了创革和中兴的两种合法性观念的各自坚持。王莽在元始、始建国两个时期创设的意义不同的郊祀礼制分别为这两种观念所借用。在宗庙安排上，张纯主张废除四亲庙，立皇考庙，源于其中兴论立场。光武南顿四亲庙之设，继承了王莽九庙制度之义理，效仿新莽的创革义涵。张纯与曹充对光武封禅的前提有所争议，前者强调"治世之隆"，突显光武重振了衰微的前汉国运；后者强调"受命而帝"，突显光武乃汉绝统后兴起的创业新王。封禅文中出现"赤九"和

"匹庶"两种矛盾又统一的光武身份叙述。光武借此整合了"创革"与"中兴"两种义涵，结束了这场长期的争议，确立了"受命—中兴"的复合式合法性话语。

第三章，明、章二帝的理想秩序设计与"新汉本位"计划的展开。光武的后继者运用仪式建构"新汉朝"。永平初年的重要建制是明堂、灵台、辟雍的建立，诸礼围绕"三雍"展开，形成了建构光武形象的纪念仪式体系：通过宗祀、冕服、乐舞和墓祭四部分仪式，赋予光武"起始"的意义，确立东汉独立的地位。明帝辟雍礼分为大射礼、养老礼和天子自讲三个环节，分别象征君臣、父子、师生三种理想身份关系的建立，借此建构了区别于秦汉皇帝的东汉"教化天子"形象。章帝时出现建"汉礼"的呼吁，兴起"汉当自制礼"的思潮和合法性实践。班固在《汉书·礼乐志》《刑法志》的叙述体现了东汉儒生对本朝担当"制汉礼"重任的热忱。章帝急切于在建国六十年之际的神圣时刻落成汉礼，力排众议而独断专行，终致汉礼草草登场，备遭反对。

第四章，东汉前期的"文"实践。士人以"文"为载体建构新汉，是其时政治文化实践的重要表现形式。明、章时期的兰台从劾奏文书的机构转型为"作文"的场所，推动了兰台文人群体的诞生及其"文"的创作。以《建武本纪》为代表的兰台东汉史确立了光武开国的历史叙述。文人相信"致太平而发颂声"，效法《诗经·颂》创作颂赋，通过"建武革命""万夷宾服"等叙述描绘了理想的汉盛世。贾逵运用《左传》经注，从学理的、史实的角度细致入微地建构了"刘氏尧后"世系。这个时代之后，官方文化机构从兰台转至东观，带来了"文"实践的意义转型，也意味着新汉本位思潮的低落。

关键词：东汉前期；两汉承续；新汉本位；长安系士人；礼（制）仪（式）

# Abstract

This dissertation investigates the political cultural practice of early Eastern Han Dynasty (AD 25 – 88) through two key terms: the succession of the Western Han and Eastern Han Dynasties; the New-Han-based project. It focuses on the ruling period of Emperor Guangwu (AD. 25 – 57), Ming (57 – 75) and Zhang (76 – 88). This paper defined Eastern Han Dynasty as the "New Han", comparing with the previous "old" Western Han (206 BC – 8 AD). By examining the progress of the dynasty legitimacy establishment, the argumentation and integration between two thoughts, origination of a new dynasty and restoration from the previous Han Dynasty, this paper reveals the development and ending of the New-Han-based practical project, how the Eastern Han government compromised these two thoughts to construct a unique legitimacy ideology.

Chapter one explores the political evolvement and power division during the beginning of Emperor Guangwu (Liu Xiu) ruled, and how it affected people's view on the succession of Western Han and Eastern Han at that time. There were two political groups, the Liu Xiu's fellow group, who were comparatively young and believed that Liu Xiu originated an new Han Dynasty, and the Chang'an Literati, who were older because they were once the officials of previous Han Dynasty, and insisted that Eastern Han was the restoration of Western Han. Liu Xiu's fellow set a new capital in Luo'yang, signifying the dynasty was a newly created one, while

Chang'an Literati hoped to return the capital to Chang'an, the old capital of Western Han, claiming the dynasty should be based on the ancestral city. They had different viewpoints on the prince Liu Qiang as well as the policy route. Behind these political conflicts were their different views on the legitimacyissue, on how the Eastern Han Dynasty successed the Western Han.

Chapter two examines the rituals debates and legitimacy establishment during Jian Wu period, Emperor Guangwu' ruling. The conceptual conflict of origination and restoration turned into several ritual arguments in court, including sacrificial ceremony for Heaven and forefather spirits, ancestral temple ceremony and Mountain Tai sacrificial ceremony. During the discussions on how these rituals should be carried out, thoughts of origination and restoration manifested. Finally, two thoughts were integrated into a one term: (the Eastern Han) "accepting Heaven Decree and restoring the Han". Emperor Guangwu compromised two thoughts and defined the founding of Eastern Han Dynasty as both origination and restoration, reflected in his several ceremony statements in the late of Jian Wu.

Chapter three investigates the recreation of order through public ritual and the process of "new-Han-Dynasty-based" practice during Emperor Ming and Zhang. Around the Ming Tang ceremonial Hall and several ritual buildings, the successor emperors established the commemorative ritual system for Emperor Guangwu, defining him as the originator of the new Han, bringing new birth to the Han Dynasty. Emperor Ming portrayed himself as morally enlightening "Son of Heaven" whose role was different from the Western Han emperors. Emperor Zhang tried to carry out "Han ritual" following the example of "Zhou ritual" in the moment of 60 years after the founding of the new Han, believing it was a sacred timing. The New-Han project gradually turned to ending after the sudden death of Emperor Zhang.

Chapter four evaluates the text creation practice of the early Eastern Han, including literature, historiography and Confucianism classic annotation. Lan Tai was an important cultural institution during emperor Ming and Zhang period, playing role in creating different kinds of text for illustrating the character, idea and mission of the "new Han". Literati praised the new age, imagining that the dynasty stepping into the line of ancient sage kings. Scholar like Jia Kui created the annotation for Zuo Zhuan constructing the historical genealogy from Yao, the ancient sage king, to Han emperor. This text movement was a part of the new-Han-based project, contributing to the dynasty legitimacy establishment.

**Key Words**: Early Eastern Han Dynasty, Succession of two Han Dynasties, New Han Oriented Project, Chang'an Literiti, Ritual

# 目　录

# Contents

# 绪　　论

## 一

在公元 25 年前后的"两汉"承续、交接中，东汉是作为西汉的下半段，还是作为弃旧汉而建立的新汉，有着全然不同的涵义。东汉初期，建国者在这两种身份之间奔突，在承袭与开创、固守与重建、继统与革命诸合法性命题上左右徘徊，模棱两可，赴此趋彼，最终采用折中的办法——"中兴"与"创革"相融合，建构以光武帝为开端的新汉朝，并落实为一系列重建"汉"宗庙、塑造"汉"天子、制作"汉"礼乐、创作"汉"文章的举措，构成了东汉早期政治文化实践的一种独特形态。

本书以"两汉承续"和"新汉本位"为关键词，以光武帝（25—57）、明帝（57—75）、章帝（76—88）三朝为考察中心，探讨东汉王朝在两汉承接过程中合法性身份如何确立的问题。在"中兴"与"创革"两种身份面前，东汉如何经历一系列思想纷争，最终如何确立兼容"创业"与"继统"的合法性模式，并开展以"新汉朝"为价值本位和逻辑起点的政治文化实践。也即在新莽王朝（8—23）取代西汉又陷入大乱之后，新兴的统治群体如何收拾分崩离析的人心，为汉的重建寻找文化支撑和天命根基，梳通天命承启的脉络线索，建构新汉朝有别于旧汉的合法性体系。东汉前期政治文化实践有其独特的思维方式和象征性隐喻，这一点，可从班固创作于明帝、章帝时期的《两都赋》谈起。

班固的《两都赋》精心构造了"西都宾"与"东都主人"之间的一场对话。"西都宾"代表着"关中耆老"——从西汉走过来的长安旧都人群,"东都主人"则对应着向往洛阳新都的年轻群体,他们形成西与东、宾与主、耆老与新秀相对立的隐喻性关系。自信的"西都宾"沉浸在对繁华西汉的追忆中,带着对旧都的自豪和留恋,大谈长安之美:地势之天险,社会之富庶,物产之丰盛,宫室之壮美。这时,"东都主人"毫不留情地斥"西都宾"为秦人,说"西都宾"早已被秦的"风俗"所浸润,劝他不要把高祖入关时不得已而为之的权宜之策"承秦"视为大汉之荣耀;所谓的繁华不过是物欲横流的奢侈。"东都主人"强调,"建武之元"才是一场"天地革命",光武的功德可比肩伏羲、黄帝、商汤、周武;"永平之际",洛阳大兴礼乐,按经典建设制度,是适遇太平之标志;天子警戒于长安的奢侈,示天下以大俭,"遂令海内弃末而反本,背伪而归真",洛阳成为人心所向的礼教之都。"子徒习秦阿房之造天,而不知京洛之有制也;识函谷之可关,而不知王者之无外也",主人的一席话让"西宾客"相形见绌,自愧不如,灰溜溜想告辞。主人挽留宾客,赋《明堂》等诗五首,让宾客再次感慨:"非唯主人之好学,盖乃遭遇乎斯时也"。《两都赋》以此为结束,"西宾客"被说服、"变志"。

《两都赋》这场虚构的对话,微妙而深刻地折射出建武、永平年间的时代认知、思想氛围和政治背景,呈现了一种鲜明的东汉立场,远不止是"儒学影响力扩大"可以解释的。历来的研究者多认为,班固此赋以"秦"为批评对象。实际上,"秦"只是班固借以批判西汉的幌子,他更想说的是,西汉承续了秦的诸多"劣"政。东汉超越了西汉,东汉的功德非西汉可比。在班固精彩的修辞中,"西宾客"和"东都主人"之间确立了西与东、宾与主、老与少的二元关系,以此构成西汉与东汉的价值隐喻。"汉"被展现为性质和意义不同的两段:西汉的形象是辉煌已逝的老人,非主体性的客人,缺乏原创性的承秦者；东汉是蒸蒸日上的新人，自力更生的主人，发扬周文明以建设圣汉的创造者。这不仅是代际和建都之争，更是价值理念之争，它显示了这个时代人们所面临不同的价值归依。"东都主人"对"西宾客"言辞上的优胜，象征"洛阳"对"长安"的超越和压制，折射出东汉人的优越感和假想性的推演逻辑：西汉承秦之奢靡和尚武，尚未完成改制和教化；通过否定秦以扬弃西汉，宣告"汉"直到东汉建武才实现了与先王之道的结合：节俭有度和道德教化。"西都宾"即建武、永平年间的"关中耆老"，他们是西汉遗臣，对长安有着鲜活的记忆，与新兴的东汉统治集团之间有价值理念上的矛盾。概言之，《两都赋》包含其时政治变迁、思想纷争、礼制建设、文学书写诸多内容，它以辩论和说服的方式，展现"东汉优先"的价值观，显露了一种"新汉朝本位"的立场。①

《两都赋》引导我们去思考和理解东汉的特殊性质。在新莽末年战乱中建立起来的东汉王朝，是中国历史上唯一一个创业而统一天下，却不易帝姓、延续前朝国号的王朝，兼备开创和继承的两种形态。② 东汉与东晋、南宋等号称重振国运的王朝不同，后者大多承袭

---

① 《两都赋》展露的"西汉承秦""东汉优先"的观念在后世颇有影响。魏文帝时王朗奏称："诏问所宜损益，必谓东京之事也。若夫西京云阳、汾阴之大祭，千有五百之群，祀通天之台，入阿房之宫，斋必百日，养牲五载，牛则三千，其重玉则七千；其器，文绮以饰重席，童女以蹈舞缀；酿酎必贯三时而后成，乐人必三千四百而后备；内宫美人数至近千，学官博士七十余人；中厩则騑騄駵马六万余匹，外牧则扈养三万而马十之；执金吾从骑六百，走卒倍焉；太常行陵幸车千乘，太官赐官奴婢六千，长安城内治民为政者三千，中二千石蔽罪断刑者二十有五狱。政充事猥，威仪繁富，隆於三代，近过礼中。夫所以极奢者，大抵多受之于秦余。"《三国志·魏志·王朗传》裴注引《魏名臣表》，中华书局 1964 年版，第 409—410 页。"学官博士七十余人"原作"学官博士七千余人"，据卢弼《三国志集解》改。王朗提出"西京"（西汉）宫室、后宫、吏员过盛，刑法繁密，这种风气继承自秦；如今改革应以"东京"（东汉）为榜样，"割奢务俭之政，除繁崇省之令，详刑慎罚之教"。

② 陈苏镇说："一个已经被推翻的王朝，居然能在十余年后复兴，并又延续了近二百年，这在中国历史上绝无仅有。"《〈春秋〉与"汉道"——两汉政治与政治文化研究》，中华书局 2011 年版，第 380 页。

了前朝未经战乱的部分国土，而前者则在全国大乱后重新统一天下。这使东汉当之无愧属于创业之朝，对这一史实，时人和后人都有清晰的认识。不过，对于东汉如何在政治文化层面上确立其合法性身份，理顺其法统关系，是一个颇为复杂的问题。古今学者多将之归为"西汉法统"的继承，即东汉致力于建立"中兴汉家"的合法性。在这一层面上，东汉的"创业"性质被忽视乃至被否定。或者，东汉的"创业"与"中兴"被认为是事实与名义的关系。"两汉本继绍，新室如赘疣"①，"中兴"说法符合东汉绍继西汉的传统想象。自三国起，光武帝就被视为"中兴之主"而非"创业之君"②。后代王朝常以"东汉中兴"为榜样，开展"接续法统""恢复旧制"的建设。③"东汉政权合法性基于延续西汉法统"，成为当今诸多论述

---

①　李清照：《咏古》，徐培均笺注《李清照集笺注》，上海古籍出版社 2002 年版，第 218 页。

②　魏帝曹髦讨论夏少康与汉高帝功德高低，荀顗称："天下重器，王者天授，圣德应期，然后能受命创业。至于阶缘前绪，兴复旧绩，造之与因，难易不同。少康功德虽美，犹为中兴之君，与（汉）世祖同流可也，至如高祖，臣等以为优。"（《三国志·魏志》卷四《三少帝纪》注引《魏氏春秋》，第 134 页）可见时人以汉高祖创业、光武中兴。十六国时鞠仲谓慕容德"陛下中兴之圣后，少康、光武之俦也"，指其中兴燕国（《晋书》卷一二七《慕容德载记》，中华书局 1974 年版，第 3168 页）。在元修《宋史》中，夏少康、周宣王、汉光武、晋元帝、唐肃宗、宋高宗被并称为"中兴六宗"（《宋史》卷三二《高宗本纪九》，中华书局 1977 年版，第 611—612 页）。详见本书余论。

③　东汉中兴之说，尤其反映在对光武上继元帝之宗庙制度的引典。南渡的东晋元帝为西晋武帝兄弟琅琊王司马觐之子，在宗庙上以武帝为父，"于元为祢，如汉光武上继元帝故事也"。唐玄宗开元年间，时人商议作为高宗之子的中宗、睿宗兄弟的宗庙地位，举"殷之盘庚，不序于阳甲，而上继于先君；汉之光武，不嗣于孝成，而上承于元帝"，应以睿宗入继高宗。在北宋"濮议"和明代"大礼议"中，光武宗庙故事的角色以设置皇考庙的方式而突显。以上诸事详见于第二章第二节。关于南宋高宗以"光武中兴"建构合法性，参见何玉红《中兴形象的构建：光武故事与宋高宗政治》，《中国史研究》2017 年第 4 期。

中不证自明、理所当然的逻辑起点。①

　　这一观念是否符合东汉前期的实际情况，观念的形成是否有其来源，历代如何演绎这一观念，诸如此类的问题，值得深究。换言之，追本溯源，理清东汉开国史话语演变的脉络线索，确定东汉王朝在中古史上的性质、位置，有重要的学术意义。

二

　　实际上，"中兴"一词所代表的"恢复汉家"义涵，难以涵盖或准确描述东汉合法化的理念实践情况。东汉前期的特殊性、复杂性，恰在于既创业又继承的两栖形态上，这成为一系列政治文化实践的出发点。搞不清楚这一形态，就会对建立于其上的实践活动产生误解、误读。本书以"两汉承续"和"新汉本位"为角度，重新

---

　　① 比如，张荣明在讨论东汉立国合法性时说"刘秀的成功在很大程度上是因为他是刘邦的后代"，这是他的"政治招牌"（《从上古到东汉——中国的国教》，中国社会科学出版社 2001 年版，第 346 页）。禹平《试论东汉的礼制建设》（《吉林大学学报》2009 年第 5 期）说："东汉的建立者光武帝刘秀是西汉皇族宗亲……因为东汉王朝是刘秀打着兴复汉室的旗号创建的，虽然是一个新王朝，但在名义上却是西汉王朝的中兴。"曲利丽《两汉之际精神文化的演变》（中华书局 2017 年版，第 1 页）说："东汉帝王把新建立的政权重新命名为'汉'，以中兴自居。他们精心编排着由西汉皇族而来的族谱世系，虔敬地供奉着西京的宗庙。好像经历了'王莽作逆，汉祚中缺'之后，一切都又恢复了原样旧制。"杨权《新五德理论与两汉政治——尧后火德说考论》（中华书局 2006 年版，第 250—251 页）论东汉"汉承尧运"观念，指出光武运用尧后火德之说证明东汉"直承西汉"，"东汉的建立便不能视为新王朝的'开辟'，而只能被视为旧王朝的'中兴'"，"'中兴'说隐含的潜台词是：东汉直承西汉，两汉本为一体"。杨永康《〈汉书〉并非断代史——以"光武受命中兴"天命历史观为视角》（《学术界》2019 年第 7 期）论《汉书》并非断代史书时指出："东汉政权是西汉政权的延续，汉朝只有一个，它经历了中衰阶段，重新由光武帝刘秀复兴，班固《汉书》严格贯彻了这一立场。""光武受命中兴无疑是有汉一代的历史大事，以此为界，汉朝的历史可以分为两个阶段，但我们不能据此认为东汉和西汉是两个朝代，这既不符合历史事实，也不符合传统的朝代认知。"可见"中兴前汉"是当今学界对东汉合法性问题的普遍解释。

思考这一问题。

"两汉承续"指西汉、东汉之间的继承和接续。首先需要澄清的是"两汉"一词。东汉时没有"西汉""东汉"或"前汉""后汉"之称，统称作"汉"。不过如前所述，时人已有此汉非彼汉的观念。经由王莽时期及之后群雄混战，刘秀的统一天下，有创业之实，两汉间的法统关系已经断裂。东汉初年的合法性构建，一方面要弥合这种断裂，致力于衔接前汉；另一方面又有意强调和彰显这种断裂，主动与前汉撇清关系、拉开距离，突显光武帝以布衣建立帝业之原创性，不借前汉助力。两种思路相互抵牾，显现微妙的较量，又相互妥协，彼此吸收。东汉前期对两"汉"关系的认知和叙述，有一个协商、选择、厘定，从歧异到整合的渐变过程。光武晚年形成的"受命—中兴"话语，是整合创革论和中兴论而成的结果，它给两汉承续问题一个辩证的说法，形成一种复合型、兼顾性的合法性思路，引导了明、章时期的政治文化建设。两汉关系被叙述为带有这种两面性的承续关系，这符合当时人的认知。追踪他们如何达成这种共识，并开始其礼仪制度建设和话语构建历程，挖掘这种实践的寓意内涵，是本书的一个目标。

"新汉本位"指一种以"新汉朝"为逻辑起点和价值本位的政治文化建构思路。"新汉"是本书根据其时的文化心态和思想氛围而提炼出来的一个概念。① 时人不仅认为两汉有所区别，更相信本朝是"受命"而来的，超越"旧汉"的"新汉朝"，他们对"何谓新汉"有一系列的思考和实验。"创革"与"中兴"兼备的合法性模式，促成了理想与因循并存的"新汉"想象。处于两汉之间的新莽王朝对"新汉"建构有正反两面的影响：尽管斥新莽为伪朝，东汉人仍

---

① 提出"新汉""新汉本位"这种历史概念，不是要把历史真实嵌插在抽象的类别概念里，而是希望在各具独特个别色彩的具体关联事项中整理出历史真实的面目。在此意义上，历史概念"既不能也完全没有必要被当作是唯一可能的理解"。方法论上的"历史概念"参考 ［德］马克斯·韦伯《新教伦理与资本主义精神》，《韦伯作品集》第 12 册，康乐、简惠美译，广西师范大学出版社 2007 年版，第 24 页。

然暗中模仿其集合西汉后期之大成的礼制建设，重建"元始故事，"努力在汉实现先王之道。"新汉"被认为既带有西汉复古改制运动中回溯周政的理想性，又彰显了对汉家传统政制的继承。东汉人试图实现这两方面的整合，以此构拟"新汉"的开拓方向，建立一个符合儒家"天命"要求的新汉朝。"新汉本位"计划孕育着建设比肩周代之圣汉的理想，在东汉前三朝有极高的呼声；到了东汉中后期这种呼声渐失其活力，"后继前汉"的思路渐占上风，最终转为以本朝隶属于西汉的"中兴"论为主调。兴盛于公元 1 世纪的"新汉本位"思想实践，尽管昙花一现，却对东汉后期至魏晋南北朝的政制建设、古礼复兴运动、经学思想之演变等有着深远影响。追寻东汉人心目中的"新汉"想象，梳理"新汉"的存在逻辑和结构层次，考察他们"新汉"的建设蓝图和具体实践，是本书考察的另一个目标。

"两汉承续"强调汉法统的批判继承，"新汉本位"突显东汉超越西汉、比肩三代的独尊地位，二者之间存在着张力，又互为补充，形成一道独特的政治文化景观，从中可梳理出一条因果逻辑环环相扣的历史线索。汉代是一个以经学为思想学术之主导的时代。在遭遇这两种思路时，经学被东汉君臣加以策略性地援引，形成义涵殊异的诠释，引导礼制、朝仪的建立，服务于政权合法性的建构。

从"两汉承续"思路博弈到"新汉本位"路线确立的历史过程，构成了本书梳理东汉前期政治文化演变的时间线索。新莽结束至建武年间（23—57），在前汉遗臣"长安系士人"所主张的"中兴"论与刘秀集团所主张的"创革"论之间，出现一个对立、交锋、磨合又互为妥协的演化过程。称帝时年仅三十一岁的光武帝刘秀，虽然偏好创业革命的自我定位，但仍有恃于朝野上下颇具规模的遗老遗臣及士人的"思汉"之心，策略地收敛创革论，接纳中兴论，最终在建武晚年形成了"受命—中兴"这种兼顾两头的合法性模式。明帝、章帝时期（57—88），两位后继者遵循并发扬光武的遗志，进一步宣扬"受命—中兴"模式中的创革论调。他们通过一系列礼仪建制，将光武建构为新汉缔造者、"受命祖"，赋予光武"起始"的意义，宣扬建武以后才实现汉朝的升华，汉才真正步入先王之道。在光武"受命"、封禅之后，"新汉本位"实践计划得以开启，建构汉家儒学天子、制作汉礼乐、创作汉文章的一系列实践随之展开。光武、明、章三位皇帝的个人意志和行为决策，对这一计划的展开有着决定性的作用。章帝骤然去世，和帝以下诸帝，遭旁人所制，终无所作为。种种必然和偶然的原因，使得"新汉本位"理想实践在东汉中后期渐渐低落，终致乏人问津，以破产告终。

还需要解释的是"政治文化实践"一词。经过前辈学者的耕作，"政治文化"已成为今日中古史研究中颇为常见的语汇。阿尔蒙德界定的"政治文化"概念较为宽泛，指"一个民族在特定时期流行的一套政治态度、信仰和情感"方式。① 阎步克、陈苏镇、邓小南诸先生对这一解释多有运用。② 所谓"政治文化"指政治和文化之间关联和叠加的有关问题，是一种关涉政治文化心态及软性政治生活环境的事项。本书沿用上述说法，在心态论的基础上，更强调政治文化的过程性和实践性，突出政治文化运作的"实践理性"和"话

---

① ［美］阿尔蒙德、鲍维尔：《比较政治学：体系、过程和政策》，曹沛林等译，上海人民出版社1987年版，第29页。

② 阎步克先生指出："用于指涉处于政治和文化交界面上、兼有政治和文化性质的那些有关事项和问题。"阎步克：《士大夫政治演生史稿》，北京大学出版社1996年版。陈苏镇先生认为其"主要是汉代政治与政治思想相互关联和交叉的那个部分……是一个民族在特定时期和特定环境中形成的群体政治心态。这种心态构成政治生活的软环境，对人们的政治行为有制约作用，与政治演进、制度变迁等现象存在互动关系。"陈苏镇：《〈春秋〉与"汉道"——两汉政治与政治文化研究》，第4—5页。邓小南先生说："作为政治体系观念形态的政治文化，反映着长期历史过程中形成的比较稳定的政治倾向和心理。所谓'祖宗之法'，可以说正存在于政治与文化交汇的界面之上，体现着赵宋一代精英世界中流行的政治态度，并且由此而构成为当时的政治生态环境。"邓小南：《祖宗之法——北宋前期政治述略》，生活·读书·新知三联书店2006年版，第13—14页。

语场域"诸特点。任剑涛关于政治哲学的"实践理性"与"理论理性"特点，有这样的阐述：

> 实践理性与理论理性相比而言，具有明显不同的特征：其一，两者所要达到的目标是不同的。理论理性的目标是让我们的信念与世界的样子相符合，因而是认知性的；实践理性的目标是让世界的样子符合我们的愿望，因而是规范性的。实践理性不解释事情是怎么样的，但规定它们应该是怎么样的。其二，两者的运作方式有重大区别。理论理性的视角是非个人的或者是客观的，是开放给每个人的。实践理性是在第一人称的立场上运行的，这个立场既可以是个人性的，也可以是集体性的。前者关心的是不同信念背景下的共同客观结论，后者关心的是我（或者我们）应该作出什么决定……其三，两者提供不同范畴的结果。理论理性的结果是一个人的信念系统调整，而实践理性的结果是一个或一组行动理由或动因的出现。[1]

本书认为政治文化具有任剑涛描述的"实践理性"性质。这种性质表明，首先，政治文化有其规定性，能规定、塑造、引导实践"应该是怎么样的"，让世界的样子变得符合实践者的期望。其次，政治文化往往为政治行动提供一套理由和动因的解释体系。最后，政治文化深受实践者的主观性、主体性影响，它既是集体设计和实验的产物，又是一个不断变化，环环相扣又互相牵制的活动过程，带有历史因缘际遇而形成的开放性和不确定性。同时，本书也将政治文化理解为某种"政治话语场域"，关注的是这一时期不同政治思想话语之间的竞争和融汇，而不是同质、稳定的政治理念。[2] 要理解

---

[1]　任剑涛：《公共的政治哲学》，商务印书馆 2016 年版，第 26 页。

[2]　［法］罗杰·夏蒂埃：《法国大革命的文化起源》，洪庆明译，译林出版社 2015 年版，第 5—15 页。

新的政治文化形态何以出现，就要回到那个集合多重可能性的时空场域中，考察政治话语不断累进、叠加、演化的过程。由此我们将更广泛的政治文化实践活动纳入考量之中，更关注构成事件的原生现场，而警惕和避免对事件做合乎事后主旨的重构。

总之，本书关注的政治文化不仅是制约和影响行为的静态环境，更是一种主动的、参与性的政治构建行为，是一个动态、开放的文化实践过程，理性的规划设计中包含想象和象征。因此，相比起关注这场政治文化实践的结果，本书更关注其过程、逻辑和动机。本书在实践层面上考察和理解政治文化，关注的是东汉人如何经由一系列的行为活动，践行他们对本朝的认识和期待，想象、设计一个超越以往的盛世，积极展开一种合乎他们心中理想的"圣汉"建设规划，哪怕她有花无果。

本书希望通过对零散史料作打捞、辨识、梳理和整合，追踪东汉早期合法性构建的脉络，还原特定历史背景和情境下的事实真相，反思"东汉合法性基于继承西汉法统"这一常规思路。将东汉前期（25—88 年）视作相对独立的历史单元，突显其在古代王朝史上特殊的性质和位置。探索东汉如何承接新莽崩解后的乱世，一度试图摆脱依附西汉的状况，确立独立自主的合法性路线，展开理想化的圣汉建设，开启一段短暂的"太平"时光，最终又如何转向中衰的历史过程。

## 三

本书将对公元 1 世纪的东汉史展开全方位研究，涉及政治史、思想史、礼制史、文本史、历史书写等多个领域，有自己的问题线索。这种综合性研究给本书的前人研究成果梳理带来一定困难。陈苏镇先生说："东汉王朝是新莽改制失败后汉室复兴的产物，故其制度设施大多沿用西汉之旧。但东汉不是西汉的复制品。东汉的政治和政治文化又有与西汉大不相同的地方。"① 对这些沿袭和不同的地方，前人从多方面、多角度做了研究。笔者择取了与本书题旨关系密切的四个方面来综述，分别是"两汉之际至东汉初年的政治形势研究""东汉政治文化与两'汉'关系研究""东汉礼制建设研究"和"东汉思想环境研究"。主要从宏观上进行梳理，牵涉到具体细节问题的相关论著，将会在各个章节中另行交代。

首先必须提到的是对本书影响极大的两部著作：阎步克先生的《士大夫政治演生史稿》和陈苏镇先生的《〈春秋〉与"汉道"——两汉政治与政治文化研究》。这两部著作对东汉时代出现的新变化，提出了别具一格、极富阐释力的见解。

阎步克先生的《士大夫政治演生史稿》一书以士大夫"学士"和"文吏"二重身份的分化与融化为线索，探究士大夫政治演生发展的历史过程。在文吏政治盛极而衰的秦帝国之后，西汉王朝经历了从因袭秦政到反拨秦政、独尊儒术的变迁，最终形成"奉天法古"的王道政治理想，酿成王莽以复古改制的方式篡汉。警戒于王道政治极盛之弊端，东汉王朝回归了"王霸道杂之"的汉政，形成了"学士"和"文吏"身份趋于融合的士大夫政治。对于此线索的落脚点东汉时代，阎先生在"儒学地位上升"的历史表象背后发现了政治文化变迁的涌动暗流——作为"沉默的大多数"的文吏群体悄然崛起，为帝国重新带来理性行政能力，造就了士大夫政治的务实性格和稳定结构。此书对儒学与政治社会之关系演变提出了极重要的论断，为中古政治文化史研究奠定了基础，不断提醒着我们去深入挖掘熟悉史料背后的"执拗低音"，不满足于线性单一的历史叙述。正是这一思路，引导本书从不同角度去探寻东汉前期政治文化变迁的一些新问题。

陈苏镇先生的《〈春秋〉与"汉道"——两汉政治与政治文化研究》，通过梳理分析《春秋》学与政治变迁的关系，揭示了两汉

---

① 陈苏镇：《〈春秋〉与"汉道"——两汉政治与政治文化研究》，第399页。

"拨乱反正"的政治文化历程。出于对秦政的反动，西汉出现了"以德化民"和"以礼为治"两种儒家政治主张。前者以董仲舒及其《公羊》学为代表，对汉武帝内外政策产生重大影响；后者则与《穀梁》学更亲近，主导了元帝至新莽时代的复古制礼运动。警戒于"以礼为治"之弊病，东汉政治更重视"以德化民"，其时《公羊》学借谶纬之力确立了主导地位，"教化"而非"制礼"成为东汉士大夫的向往，最终形成了追求个体道德之实现的实践形态。此书对以经学为内核的汉代思想阐述之深入，对这种思想与具体政治进程相结合之到位把握，具有典范性意义。本书尝试从更微观的角度，关注东汉前期这个短时段的细节性景观，在一些具体问题上提出不同的看法。

下面就与本研究相关的前人研究成果及本书的思考作概述。

### （一）关于两汉之际至东汉前期的政治形势研究

近年来，学者在细致解读两汉之际史事的基础上，归纳总结两汉政治变迁线索。在这些研究中，陈勇的《论光武帝"退功臣而进文吏"》较早探讨了这一问题。[①] 陈苏镇的《汉室复兴的历程及其政治文化背景》是探讨这一问题最有突破性的一篇文章。[②] 陈勇、陈苏镇二文以刘秀集团中的"南、北"豪族士人问题为线索形成解释逻辑：刘秀功臣分为以南阳、颍川为首的南方豪族势力，和以河北和幽州为首的北方豪族势力；尽管崛起自南方，刘秀最终建立政权、掌握局势是借助北方的支持；刘秀通过政治联

---

① 《历史研究》1995 年第 4 期。陈勇这篇文章受到祝总斌先生《马援的悲剧与汉光武》（《北京大学学报》1993 年第 2 期）一文所持光武猜忌、操纵功臣的观点，即"光武统一全国前后对待大将的指导思想"的影响。与陈勇观点相似的是朱绍侯《刘秀和他的功臣》（《中国史研究》1995 年第 4 期）一文，他将刘秀功臣分为"亲属集团""南阳、颍川家乡集团""河北集团"和"陇西集团"四类。

② 《中华文史论丛》2010 年第 1 期。又见陈苏镇《〈春秋〉与"汉道"——两汉政治与政治文化研究》第五章第一节。

姻，分别笼络南、北势力，形成以阴后、郭后为代表的两大政治集团，在东汉前期政坛上产生影响力；尽管光武实行"进功臣而退文吏"之策，与豪族的合作仍然影响了皇帝与外戚的关系，为外戚乃至宦官干政埋下伏笔。这一解释模式中，"豪族"性质被强调，联系了"功臣"和"外戚"两个范畴，从而将新莽末年战乱、东汉的兴起及其集权特性、中后期之衰落诸问题串联，成为东汉史研究中颇为经典的阐释框架。在这一框架下，不少学者展开了细部研究。臧嵘、孙家洲、袁延胜、王刚、薛小林、杨龙分别从幽州突骑、彭宠之乱、真定势力、西州势力、赤眉、隗嚣集团的角度探讨了刘秀建国政治军事进程的各个面向。① 王刚、刘建臻阐释建国前后刘秀集团的合法性塑造、政治运作及公孙述政权的合法性构造等。② 日本学者方面，宇都宫清吉《刘秀与南阳》对刘秀豪族家世背景问题的研究颇为独到。③ 狩野直祯《后汉政治史研究》对更始时代和建武时期的政治军事史作了详细梳理。④ 冈安勇通过分析茂陵耿氏和巨鹿耿氏，重新探讨豪族研究

---

① 这一阶段的政治军事史，臧嵘《上谷渔阳骑兵在刘秀征战中的作用》（《河北学刊》1984 年第 3 期）提出幽州突骑在刘秀河北战争中的重要意义。孙家洲《东汉光武帝平定"彭宠之叛"史实考论》（《河北学刊》2009 年第 4 期）探讨了彭宠与刘秀集团的关系问题。袁延胜、刘思朝《论真定势力与光武帝》（《石家庄学院学报》2019 年第 1 期）探讨了真定力量与刘秀集团的关系问题。王刚《赤眉兴衰与刘秀帝业创构》（《南都学刊》2012 年第 11 期）探讨了刘秀对赤眉势力的政治军事策略。薛小林《西州与东汉政权的建立》（《史学月刊》2015 年第 1 期）提出"西州"作为区域概念在刘秀建国历程的特殊意义，西州有其主体性、能主动选择与中央的关系。杨龙《从复汉到自立：试论两汉之际的隗嚣集团》（《中国边疆史地研究》2017 第 2 期）探讨了隗嚣政权合法化思路的演变。

② 王刚：《刘秀史事杂考三则——读〈后汉书〉札记之一》，《南都学坛》2014 年第 5 期；刘建臻：《〈廿二史札记·元建国号始用文义〉辨正——公孙述"大成"国号新解》，《中国文化研究》2003 年夏之卷。

③ 黄金山译，载刘俊文主编《日本学者研究中国史论著选译》第三卷，中华书局 1993 年版，第 618—645 页。

④ 狩野直祯：《后汉政治史の研究》，同朋舍 1993 年版，第 11—74 页。

框架的可能性。①

有学者指出："新的政治史不再只是关于人物和实践的历史，更是关于行动中的人或群体对权威和合法性的不同认知的历史，这种不同的认知以及导致的政治行为的错位常常是冲突的根源所在。"②本书同意此说。对上述"南人、北人豪族集团"的框架持批判质疑态度，有几点思考：首先，"南北"和"豪族"都属于后世之见，是今天研究者对当时情况的归纳，不一定符合当时刘秀集团自己的认知或定位。实际上，刘秀集团在河北的构造，是对既有的"南北"和"大家族"身份的突破和超越，建立试图新的集体认同。其次，学者对更始政权及支持更始的势力，关注尚不足，对更始政权与东汉的政治文化联系、在两"汉"关系中扮演特殊角色没有过多留意。③另者，两汉之际生活在"长安—三辅"地区的士人群体，也是研究者没有注意到的重要问题。本书通过对两汉之际政治史的考察，摸索刘秀集团在政治合法性建构过程中不断调整的迹象，揭示东汉初年两"汉"关系确立的复杂背景和实际情形。

## （二）关于东汉政治文化与两"汉"关系研究

东汉崛起的政治文化背景，是学者们关注的话题。新莽末年到

---

① 冈安勇说："要想了解豪族的情况，首先需要将有关后汉王朝时期豪族产生、发展、壮大及至衰落的史料重新整理，从而明确各豪族之间的性格差异。虽然同称豪族，但其在地域、经济、政治等方面的特性又各不相同。"参考［日］冈安勇《右扶风茂陵耿氏事迹考论——关于后汉豪族势力的个案研究》，《齐鲁学刊》2002年第3期；《后汉豪族势力的形成与发展——论巨鹿及其他耿氏》，《法政史学》四六，1994年。

② 陆扬："序论"，《清流文化与唐帝国》，北京大学出版社2016年版，第4页。

③ 余英时较早指出，更始政权以新市、平林为主体，属于"饥民的乌合之众"，出身微贱；流动性大，到处抢掠；缺乏良好的组织。因此，更始政权不是"士族化"集团，不能顺应豪族的要求，故无法合理地统治。这种认识在学界长期占据主流。参考余英时《东汉政权之建立与士族大姓之关系》，载余英时《士与中国文化》，上海人民出版社1987年版，第273—279页。

东汉初年流行着种种思潮舆论，诸如"人心思汉""汉再受命"，"汉承尧运""汉为火德"，以及谶纬诸说等。这些命题隐含相关的观念话语，已为学界所广泛注意。

"人心思汉"指新莽末年到东汉崛起之际恶新、念汉的社会思潮，"汉再受命"指西汉后期拯救衰世的社会舆论。东汉被认为是在这种舆论盛行的环境下得其支撑而建立的。研究者多以"人心思汉"为史实性的天下形势，推导出"刘氏复兴"之义，论断东汉立国合法性基于复兴西汉。清代赵翼提出"王莽时起兵者皆称汉后"。① 赵毅、王彦辉将"思汉"与具体政治活动相结合，区分出"复汉""假汉"和"辅汉"几种类型。② 史建刚提出在"思汉"环境下建立的东汉王朝走上回归"王霸道杂之"的道路。③ 冯渝杰提出光武立国的依据是"汉家"的"公权化"，"汉"经过神化构造，不再是私姓之汉朝，这一观点引导我们关注"所思之汉"的多层义涵。④ 需要注意的是，"人心思汉"在"史实"层面之外也有其"史相"成分，它可能是东汉正史出于合法化本朝动机而作的事后追述。"人心思汉"不是"天下"唯一、普遍的情况，当时的人心所向颇为复杂。这种现象的背后，还有"一姓不再兴"观念的流行。对两汉关

---

① 赵翼称："历观诸起事者，非自称刘氏子孙，即以辅汉为名，可见是时人心思汉，举天下不谋而同。是以光武得天下之易，起兵不三年，遂登帝位，古未有如此之速者，因民心之所愿，故易为力也。"《廿二史札记校正》卷3，王树民校正，中华书局1984年版，第73页。

② 赵毅、王彦辉《两汉之际"人心思汉"思潮评议》（《东北师大学报》1994年第6期）比较详细深入探讨这一问题，将"思汉"与具体政治活动相结合，区分出"复汉""假汉"和"辅汉"三种类型；之后又形成了"思汉"与"一姓不再兴"相对立的两种思潮。但其基本逻辑出发点是"分裂归复统一"的预设，这种后世之见尚需检讨。龚留柱、张信通《汉家尧后与两汉之际的天命之争》（《史学月刊》2013年第10期）强调刘秀"赤帝九世"的合法化观念在与宣称火德将尽的隗嚣、公孙述对抗的时局下产生，让民心确认汉天命在刘秀处得到延续。

③ 史建刚：《儒士阶层伦理天命观的重建与东汉王朝的建立》，《宝鸡文理学院学报》2010年第1期。

④ 冯渝杰：《从"汉家"神化看两汉之际的天命竞夺》，《历史研究》2015年第1期。

系的争议性认知也一直存在。

学界普遍认为起源于西汉晚期的"再受命"之说推促了刘秀称帝的正当性构造。王健和袁青分析了"再受命"观念的来龙去脉，"再受命"与哀帝和王莽政治实践的关系，皆指出刘秀受命的合法性依据在于西汉"再受命"学说的深入人心。① 陈冬仿论述了刘秀对"再受命"的利用。② 需要对"再受命"一词正本清源，才能发现其内在矛盾，及其对东汉建立的影响。这是个此前不见于经典的说法。"受命"是先秦诸子的一个概念，指圣王接受天命而建朝。在先秦、汉代文献记述中，一个王朝的"受命"不会有两次，如果第二次受命，就不再是同一王朝。东汉将刘秀立国视为"再受命"，最初并非没有争议：再受命后，是否还是原来的朝代？宗庙等礼制如何安置前朝祖宗？"再受命"含混了两汉之关系。从"创革"和"中兴"论之调和的角度审视东汉的"再受命"构造，会有更多的思考。

从合法性功效的角度，"汉承尧运""汉为火德"也被学者认为是汉人不相信匹庶布衣可得天下而构造的观念，意在表明汉朝兴盛源自尧的积善累德。杨权提出"绍休圣绪"与刘氏起于巷间有矛盾，

---

① 王健：《西汉后期的文化危机与"再受命"事件新论》，《中国史研究》2015年第1期。袁青：《西汉中后期的禅让思想探析——兼论所谓"王莽篡汉"》，《江汉学术》2014年第5期。

② 陈冬仿：《"汉再受命"谶言的演变与光武帝刘秀的中兴之路》，《河南工程学院学报》2016年第4期。这些文章普遍认为"再受命"是"文化危机"的应对措施，两汉之际"人心思汉"、光武"复汉"与之一脉相承。但笔者认为，从西汉后期一系列"再受命"性质的事件，到新莽禅代，最后到光武立汉，构成了"再受命"观念发展演变的政治谱系，这种整齐渐变的结构可能来自该谱系的书写，即东汉正史的修葺。鉴于这个词不见于此前经典，这种观念实践起初可能不被视作正当。更可能的情况是，西汉这些事件在当时不被视为"对危机的应对"，而是反动妖言，东汉以后，"再受命"才被看作是对西汉衰亡的预言，获得了正当性，得以在《汉书》中获得颇正面的形象。《汉书》出现的"再受命"一词可能是班固追述，使光武"再受命"看似一种对西汉已有观念的落实，而不至于那么突兀。"再受命"谱系的建立，或存在东汉时代的后见之明。

这是汉朝炮制汉家尧后的动机。① 曲利丽也指出"汉家为帝，是自尧以来的深厚德业积累的结果和天道运行的必然。其他不具有如此高贵神圣先祖的割据者，则显然不具有膺受大命的资格"②。龚留柱强调与宣称火德将尽的隗嚣、公孙述对抗下，刘秀用尧后说确认汉天命将延续。③ 上述说法的逻辑是，尧、汉天命相承，积累功德已久，天命必将复苏（于刘秀）。尧、西汉、东汉一脉相承。然而，"尧"与"汉"在东汉初年语境下多是对立而言，"尧"不等同于"汉"。东汉在追述合法性来源时，有着选择"尧"或"汉"的争议。光武似乎有将自家世系绕过"汉"而直追"尧"之意，即"直奉天命"④。光武崇尧的同时却再三强调自己是布衣匹庶出身，这不符合"尧后—汉后""积善累德"所显示世袭身份的逻辑。东汉的尧运火德论与此前的"汉承尧运"说并不是直接的继承关系。结合具体情境分析其衍生含义，也是本文拟解决的问题。

"光武以图谶兴"，刘秀对谶纬神化刘氏皇权的意义利用，东汉的大兴谶纬，已被学者们所揭示。文献研究方面，徐兴无探讨了谶纬中的天道圣统及道德建构。⑤ 张学谦将东汉图谶细分为西汉晚年方士鼓吹汉再受命所制作的河洛谶，和光武帝所校订的加入儒学内容的七经谶。⑥ 刘力耘将刘秀即位依据的《赤伏符》解析为京氏易传、占星说、象数说等若干层面。⑦ 合法性问题方面，曾德雄论

---

① 杨权：《"汉家尧后"说考论》，《史学月刊》2006 年第 6 期。他认为西汉后期已经以火德为官方德运，而不是传统上认为的"光武始正火德"。参见杨权《光武帝"始正火德"正解——对两汉五德制度史的一项新阐释》，《中山大学学报》2006 年第 1 期。

② 曲利丽：《两汉之际文化精神的演变》，第 61 页。

③ 龚留柱：《汉家尧后与两汉之际的天命之争》，《史学月刊》2013 年第 10 期。

④ 王充语，黄晖撰：《论衡校释》，中华书局 1990 年版，第 826 页。

⑤ 徐兴无：《谶纬与汉代文化建构》，中华书局 2003 年。

⑥ 张学谦：《东汉图谶的成立及其观念史变迁》，《文史》2019 年第 4 期。

⑦ 刘力耘：《汉〈赤伏符〉释义》，《中华文史论丛》2017 年第 1 期。

述了图谶在东汉立国时如何成为权力正当性的依据、与经学的关系等问题。[1] 代国玺深入探讨了"赤帝九世"谶语的源流及光武的阐释发挥，对这一问题有较大推进。[2] 赵璐讨论孔子在谶纬中"玄圣"和"素王"的两种形象，分析明帝合法化的思想及举措。[3] 需要指出的是，谶纬学说在两汉关系问题上给出了不同的答案。庞杂的谶纬文本有其内含的不一致性和不连贯性，它既突显了"刘氏"之姓氏因享有赤帝符命而获得统治的正当性，又强调帝王感生、五德更替、某世受命之说，宣扬"革命""易姓"。谶纬思想的矛盾性给"中兴"和"创业"两方面皆提供了依据。刘秀的"赤帝九世"说包含了"延续刘汉"与"九世受命"两层相反的含义。光武大兴谶纬的原因由此多了一个可分析的维度。尽管谶纬对刘秀政权建构合法性是重要的一环，但不应视之为唯一或全部。谶纬侧重于叙述刘秀受命中被天意预设、命中注定的宿命论一面，而刘秀还有建构因个体功德而受命的另一面。

以上是对目前几种东汉政治文化思潮研究成果的归纳和反思。总体而言，这方面的成果，多数属于历时性的"观念史"研究，深入具体历史情境的横截面研究较缺乏。本书尝试绕开上述既定思路，从基本史料出发，重新缕析相关现象。

### （三）关于东汉礼制建设研究

东汉前期开展了一系列礼制建设。南宋学者徐天麟指出："窃惟炎运中兴，礼乐庶事，视西都为加详；建官制兵，以节约而向简。"《东汉会要》四库馆臣提要也说："东汉自光武中兴，

---

① 曾德雄：《谶纬与东汉学术》，《人文杂志》2010 年第 6 期；曾德雄：《谶纬中的帝王世系及受命》，《文史哲》2006 年第 1 期。

② 代国玺：《"赤九"谶与两汉政治》，《文史哲》2018 年第 5 期。

③ Zhao Lu, "To Become Confucius: The Apocryphal Texts and Eastern Han Emperor Ming's Political Legitimacy", *Asia Major*, 28（1），2015, pp. 115 – 144.

明章嗣轨，皆汲汲以修举废坠为事，典章文物视西京为盛。"①
然而，或许因为这个问题被认为分量不够，相比起西汉的礼制建设，
学界对东汉的礼制研究比较忽视。学者多站在西汉、新莽制礼的延
长线角度审视这个问题，多将东汉礼制建设简单归因于"儒学地位
抬高"。尽管对东汉具体礼制有不少探讨，② 对东汉礼学变迁亦有论
述，③ 但对"东汉为什么兴礼"这个基本问题，至今仍没有很好的
答案。这一话题中不可绕过的是，西汉元、成时兴起的以重建郊祀、
宗庙礼为核心的复古改制运动，与东汉王朝的关系问题。目前学界
对两者的关系仍存在较大的争议，大致可分为三种观点。

　　第一种观点认为东汉王朝大体上继承了元帝以来复古改制运动
的内容和精神，将之扩大至王朝的整体实践中。这种思路将王莽新
制视作西汉晚期追求三代理想制度的复古改制之集大成，认为东汉

---

　　①　徐天麟：《东汉会要·序》，《东汉会要·提要》，上海古籍出版社 1978 年版，
第 1 页。

　　②　张鹤泉先生对东汉礼制有诸多详细考证，参考张鹤泉以下文章：《东汉郊天
祭祀问题探讨》，载《吉林大学古籍研究所建所十五周年纪念文集》，吉林大学出版
社 1998 年版；《东汉明堂祭祀考略》，《咸阳师范学院学报》2011 年第 1 期；《东汉
五郊迎气祭祀考》，《人文杂志》2011 年第 3 期；《汉碑中所见东汉时期的山岳祭
祀》，《河北学刊》2011 年第 1 期；《东汉丧礼送葬考》，《古代文明》2015 年 10 月；
《东汉墓祭问题试探》，《秦汉史论丛》第 4 辑，江西教育出版社 1994 年版。又如张
造群：《两汉礼制发展之比较》，《云南社会科学》2009 年第 6 期；邢义田：《东汉光
武帝与封禅》，载邢义田《天下一家：皇帝、官僚与社会》，中华书局 2012 年版，第
177—200 页；张小锋：《薄太后"配食"高庙与光武晚年政局》，《清华大学学报》
2010 年第 1 期。

　　③　在东汉礼学研究中，今文经礼学、庆氏礼是备受关注的一点。王葆玹《今古文
经学新论》（中国社会科学出版社 1997 年版）论述了"东汉时期二戴礼学的衰微与庆氏
礼学的悲剧"。沈文倬《从汉初今文经的形成说到两汉今文〈礼〉的传授》（《宗周礼乐
文明考论》，浙江大学出版社 2006 年版，第 231—274 页）指出在汉代师法中礼和仪是区
分的：前者由齐鲁流传至首创"推士礼以致天子"之法的高堂生及后仓、二戴围绕十七
篇今文《礼》之学，后者以秦仪为蓝本的叔孙通新制汉仪之学，又派生出徐氏"容礼"。
作为东汉曹褒礼学之渊源的庆氏《礼》实来源于后者。唐宸《汉代今文礼学新论》（博
士学位论文，浙江大学，2016 年）不同意沈说，认为庆氏、曹褒礼直承后仓。

受新莽影响颇深，效法其礼制。英国学者鲁惟一（Michael Loewe）较早暗示此点："汉朝的政治实践从西汉早期的追随秦制变为追随西周。这一转折过程中我认为王莽是关键，但他在思想和制度上起到的积极作用和产生的深远影响被过于低估。"① 相当重视新莽改制对东汉之影响的日本学者渡边义浩，较早系统论述"东汉时期中国首次成为儒教国家"的观点。② 他提出"儒教国家"的四个标准，③ 这些标准在章帝时已经实现。"由王莽开始的'中国的古典国制'与儒教经义的调和是到了东汉才完成的。在白虎观会议上，以王莽所制定的礼制'元始故事'为中心的古典国制，依照经义被正统化。"④ 陈

---

① 参见陆扬《鲁惟一谈早期中国史的编纂》，《东方早报》2013 年 1 月 13 日。鲁惟一还谈道："在开创和造就中华帝国的某些永恒特征——亦即有效的行政系统和备受尊崇的意识形态方面，周、汉之间的秦朝和两汉之间的新朝却比汉朝做得更多，这也许是历史的一个讽刺。秦始皇和王莽的后继者们几乎无法不采用被他们所取代政权的制度和原则来维持自己的统治。"（［英］鲁惟一《汉代的信仰、神话和理性》，王浩译，北京大学出版社 2009 年版，第 174—175 页）"相比西汉，东汉的宗教实践和思想面貌发生了很大变化。现在，国家的信仰已经坚定地从秦和西汉皇帝所崇敬的神灵，转移到对'天'的崇拜。部分因为匡衡、班彪和王莽，皇帝的合法性权威是基于天命庇佑而非战争之剑的观念，终于得到了普遍认可。政府被建立在洛阳而非长安，象征着东汉统治者将周代的贤王和制度视作榜样，而不是秦始皇的动作及其权威。"Michael Loewe，"The Failure of the Confucian Ethic in Later Han Time"，*Divination*，*Mythology and Monarchy in Han China*，Cambridge University Press，1994，pp. 249–266.
② 参考渡边义浩《后汉国家の支配と儒教》，雄山阁 1995 年版；《后汉における"儒教国家"の成立》，汲古书院，2009 年；《王莽—改革者の孤独—》，大修馆书店 2012 年版。他这一系列观点近年被译介，参见 ［日］渡边义浩《论东汉"儒教国教化"的形成》，［日］仙石知子、朱耀辉译，《文史哲》2015 年第 4 期。
③ 作为正统思想的儒教体制的形成；儒教一尊体制的确立；儒教渗透到中央及地方官僚阶层并为他们所接受；儒教统治的形成。
④ "具体来讲，洛阳迁都、畿内制度、三公设置、十二州牧设置、南北郊祀、迎气（五郊）、七庙合祀、官稷（社稷）、辟雍（明堂、灵台）、学官、封二王后、封孔子子孙、乐制改革、天下之号，这些内容大部分都是在白虎观会议上按照今文经义予以正统化并加以修订的。"这就是渡边义浩提出的"东汉时复活的十四项改革"。参见 ［日］渡边义浩《论东汉"儒教国教化"的形成》，［日］仙石知子、朱耀辉译，《文史哲》2015 年第 4 期。

成国解读东汉礼制的思路与之相似。① 近年，有学者在具体礼制研究上继承和深化了这一思路：薛梦潇指出，王莽所创"元始明堂"制度糅合了周公故事与月令明堂两种理论，东汉洛阳明堂对之再度地实践和完善；② 周金泰从新莽围绕时令的制度改革的角度，讨论东汉如何明确化、稳定化了新莽遗产。③ 近年欧美东汉史专家毕汉思（Hans Bielenstein）的弟子、澳大利亚学者张磊夫（Rafe de Crespigny）出版了西方汉学界第一部东汉通史《洛阳之火》，他详述了光武晚年到明帝初年宗庙、封禅和三雍等仪式建设的过程及相关礼制建筑结构等，认为王莽的礼制遗产在其中得到继承，明帝将自身打造为"实现帝国礼仪的称职君主"④。

　　第二种观点认为东汉对复古改制的热情消退。此说强调西汉复古改制运动的理想主义色彩，新莽制礼是理想主义政治模式的顶峰；东汉警惕于这种不切实际而带来的后果，走向淡化"礼治"、重视"法治"的理性主义政制道路。或说，西汉后期至新莽，"王道"政制被推向极致。这股潮流在东汉受到抵制，转变为倾向于"王霸道相杂"之"汉制"。钱穆较早指出："新朝短命，光武中兴，不仅把新莽'发得周礼'的新圣典贱视了，即前汉圣典《公羊春秋》那些'存三统'、'作新王'一类的话，也渐渐变成当代之忌讳。……汉宣帝所谓的'汉家自有制度，本以王霸道杂用之，奈何

　　① 陈戍国强调了王莽新制对东汉礼制的影响，认为后者实有诸多创制，不同于西汉所谓古制："'元始中故事'所影响于东汉者实大，而东汉之祭天地与古制殊者，其源盖出于此。"陈戍国：《秦汉礼制研究》，湖南教育出版社1993年版，第322页。

　　② 薛梦潇：《"周人明堂"的本义、重建与经学想象》，《历史研究》2015年第6期。

　　③ 周金泰：《王莽围绕时令的礼仪与官制改革——从古典国制的视角出发》，《史学月刊》2018年第9期。

　　④ Rafe de Crespigny, *Fire over Luoyang: A History of the Later Han Dynasty 23–220 AD*, Boston, Brill, 2016, pp. 34–41.

纯任德政用周政'之说，也变成了光武以下之国是。"① 陈启云也说："在前汉后期的儒家学说中，理想主义逐渐压倒了实用主义。这种儒家理想主义的特殊倾向是造成后汉许多思想家不满、幻灭和迷惑的原因。"指出"倡导务实"及"推行法令"的呼声是东汉应对的方式。② 阎步克集各家之大成，深入阐发这一观点，将之推至一个新高度。在这一线索下，学者们的论旨有所不同。阎步克重在论证东汉"理性吏政精神取代乌托邦主义"，形成了儒生与文吏相融合的士大夫政治。③ 陈苏镇则强调东汉"教化取代礼治"，以德、义为核心的个体修身主义取代了追求拨乱反正的国家主义。④

第三种观点以渡边信一郎为代表，在批判继承上述两种观点之上提出的另一种解释。渡边信一郎反思了"元始故事"与"古典国制"之关系，加上他对北朝隋唐所出现的"汉魏故事"的研究，反思和重构了渡边义浩的体系。渡边信一郎将王莽制礼分为"元始时代"和"新朝时代"两个意义不同的部分。"元始时代"继承元帝以来的改革，这种改革不是纯理想主义的，而是杂糅了"礼乐典章之'古制'与军事令律之'行事'"，形成一种礼法并用的结构。篡位代汉后，新莽国策发生了变化，试图实现"纯粹古制化"，"以往的礼—法内组结构陷入了解体的危机，无法与现实适当对应"。光

---

① 钱穆：《孔子与春秋》，《两汉经学今古文平议》，九州出版社 2011 年版，第 248 页。

② 陈启云的主旨是论证东汉思想幻灭、矛盾的性质。[美] 陈启云：《后汉的儒家、法家和道教思想》，载《剑桥中国秦汉史》，中国社会科学出版社 1992 年版，第 822—868 页。又见陈启云《荀悦与中古儒学》中译版自序，高专诚译，辽宁大学出版社 2000 年，第 2—3 页。

③ 阎步克：《士大夫政治演生史稿》第九章《"奉天法古"的王莽新政》、第十章《儒生与文吏的融合：士大夫政治的定型》。陈忠峰《王莽理想政治研究》（博士学位论文，华东师范大学，2007 年）第七章第二节《从王莽"新政"到东京汉政》重申了阎先生这一观点。

④ 陈苏镇：《〈春秋〉与"汉道"——两汉政治与政治文化研究》第五章第三节《谶纬和〈公羊〉学对东汉内外政策的影响》。

武、明帝重建"元始故事"，是为了纠正新朝的过头行为，再现了礼、法内组结构。可见渡边信一郎的"元始故事"带有"王霸道杂之"的色彩。以这种"新古典国制"为基础，他进一步揭示，北朝隋唐政治话语中的"汉魏故事"指的是光武、明帝的制度创建，后者遗留了深远影响。他强调"新古典国制"的创始人是王莽，将西汉元帝初元三年（前46）到东汉明帝永平三年（60）称为"王莽世纪"①。渡边信一郎对两种新莽礼制分别对待，区分两种"故事"的不同含义，对本研究有所启示。

以上三种观点，对复古改制与东汉王朝之关系的认识存在一定的分歧。本书认为，东汉前期的礼制建设，不一定要置于"西汉后期、新莽复古改制之延长线"的语境下来观察。既不能简单认为东汉延续了西汉、新莽的制礼，也不宜断定东汉对后者是完全抵触的。东汉时代的制礼有其需要完成的特定历史任务，这一任务与西汉、新莽时代都不一样。东汉礼制是一种功能性仪式，既是对两汉法统关系的梳理和重建，又是对本朝特殊历史地位的标榜和落实。需要借助"两汉承续"和"新汉本位"的视角来观察，植根于具体情境，方能深入解读其演变、兴衰过程，确定其历史意义。

### （四）关于东汉思想环境研究

东汉思想环境较之西汉有所不同。清代至今学者对两汉思想转变的评价，各有侧重。清代学者多推崇东汉儒生之"实行"、风俗之

---

① "所谓王莽世纪，是指从西汉末诸改革的嚆矢的汉元帝初元三年四月由翼奉上奏改革开始，到东汉明帝永平三年八月通过公卿会议基本确定礼乐制度的一百年时间。这期间，将汉初以来的故事放在政治运作的根本位置的故事派官僚和重视儒学礼制、古典的古制派官僚相对立，从而创生了新的制度。"关于这一观点，参考［日］渡边信一郎《中国古代的王权与天下秩序——从日中比较史的视角出发》，徐冲译，中华书局2008年版，第82—90页。［日］渡边信一郎：《东汉古典国制的建立——汉家故事和汉礼》，张娜译，载周东平、朱腾编《法制史译评》第五卷，中西书局2017年版；保科季子：《前漢後半期における儒家禮制受容─漢的伝統との対立皇帝観の変貌─》（载《方法としての丸山真男》，青木書店1998年版）。

醇厚，如顾炎武、王鸣盛、皮锡瑞。① 民国学者对东汉思想却批评颇多，认为东汉开启了儒学服务于专制的时代，儒生对政权的歌颂取代了批判，政治思想上缺乏创新。吕思勉称："中国之文化，有一大转变，在两汉之间。自西汉以前，言治者多对社会政治竭力攻击。东汉以后，此等议论，渐不复闻。"② 钱穆说："王莽失败后，变法让贤的政治理论，从此消失，渐变为帝王万世一统的思想。政府只求保王室之安全……这不是王莽个人的失败，是中国史演进过程中的一个大失败。"蒙文通、萧公权对此皆有论述，这些说法颇有影响。③ 新中

---

① 顾炎武谈两汉风俗："（西汉）承千岁之衰周，继暴秦之余弊，贪饕险诐，不闲义理。……盖自春秋之后，至东京而其风俗稍复乎古。吾是以知光武、明、章果有变齐至鲁之功。""三代以下，风俗之醇美，无尚于东京者。""观哀、平之可以变而为东京，五代之可以变而为宋，则知天下无不可变之风俗也。"（顾炎武撰，黄汝成集释：《日知录集释》卷一三"周末风俗""两汉风俗""宋世风俗"，上海古籍出版社 2012 年版，第 750、754、758 页）王鸣盛称东汉风俗之高："《党锢传》首总叙说两汉风俗之变，上下四百年间了如指掌，下之风俗成于上之好尚，此可谓百世之龟镜。""（范）滂母以其子与李、杜同祸为幸，皇甫规以不得与党锢为耻，光武、明、章尊儒劝学，其效乃尔，得蔚宗论赞，以悲凉凄壮之笔出之。"（王鸣盛撰，黄曙辉点校：《十七史商榷》卷三八"党锢传总叙""范滂传宜补一句"，上海书店出版社 2005 年版，第 266—267 页）章太炎有"季汉风节，上轶商周"（《革命道德说》）、"东汉风俗二千年中为殊胜"（《俱分进化论》）之论。皮锡瑞从经学重"行"的角度评价："后汉取士，必经明行修，盖非专重其文，而必深考其行。前汉匡、张、孔、马皆以经师居相位，而无所匡救。光武有鉴于此，故举逸民，宾处士。褒崇节义，尊经必尊其能实行经义之人。后汉三公如袁安、杨震、李固、陈蕃诸人，守正不阿，视前汉匡、张、孔、马有薰莸之别。"（皮锡瑞：《经学历史》，中华书局 2008 年版，第 82 页）

② 吕思勉：《秦汉史》，上海古籍出版社 2005 年版，第 174 页。

③ 钱穆：《国史大纲》，商务印书馆 2010 年版，第 153 页。"汉儒论灾异，而发明天下非一姓之私，当择贤而让位。此至高之论。……不幸而莽以一书生，不达政情……而继此以往，帝王万世一家之思想，遂以复活，五德三统让贤禅国之高调，遂不复唱。"钱穆：《秦汉史》第七章《王莽之新政》，生活·读书·新知三联书店 2012 年版，第 327—328 页。蒙文通称："自儒者不得竟其用于汉，而王莽依之以改革，凡莽政可言者，皆今文家之师说也，儒者亦发愤而归颂之，逮王莽之纷更烦扰而天下不安，新室倾覆，儒者亦嗒焉丧其所主，宏义高论不为世重，而古文家因之以兴，刊落精要，反于索寞，惟以训诂考证为学，然后孔氏之学于以大晦。道之弊，东京以来之过也，贾马二郑之俦之责也。"蒙文通：《经学抉原》，上海人民出版社 2006 年，第 208 页。萧公权称："后汉诸儒不特于天人思想一仍旧贯，即其政治思想之大体亦乏新创之成分……桓（谭）、王（符）、崔（寔）、荀（悦）、徐（幹）诸人皆意在砭时救弊，于政治原理殊少发明。"萧公权：《中国政治思想史》，商务印书馆 2011 年版，上册，第 315 页。

绪　论　**25**

国成立以来，民国对东汉思想"衰退"的认识思路，结合唯物史观而有进一步的发挥，其中，王充的地位被凸显。① 韩敬提出谶纬与反谶纬斗争、今古文经学之争与经学的衰落、清谈风气与向玄学的转化三条线索。② 近年来，学界仍有"东汉儒学思想固化、衰退"的认识。臧知非提出刘秀将儒生彻底地文吏化，后者遂彻底放弃政权批判，导致了儒学衰退。③ 曲利丽着重论证从"圣（人为）王"到"王（者为）圣"的转变，敖雪岗强调命定观和颂扬文学的兴起，二书主旨皆与臧知非的概括相近。④ 实际上，东汉士大夫的精神世界并非简单的文吏化和趋附皇权。如果引入两汉关系和新汉本位的观察视角，对东汉思想演变会有新的认知。

## 四

　　本书由绪论、余论和四章组成。通过四个专题，对"两汉关系"和"新汉本位"视角下的东汉前期政治文化实践展开研究。现将各章的主要内容和研究目标简述如下。

　　第一章《两"汉"承续的政治演绎——刘秀集团与"长安系士人"》。主要从政治史角度，探讨两汉之际到建武初年的政治演进和集团分际。这一时期存在鼓吹新汉创业的光武集团，和申论旧汉中

---

① 任继愈概括东汉前三朝官方思想："自光武帝……取得政权，建立东汉王朝之后，到明帝……他们利用这一段安定时期，把谶纬迷信思想进一步与封建经典相结合，决心制定一整套的庸俗经学与宗教神学相结合的统治理论。为了提高神学的学术价值，使其与经学紧密结合，他们要求神学经学化；又为了使经学符合于宗教神学的思想体系，更好地为政治服务，也要求经学神学化。"任继愈：《中国哲学史》第二卷，人民出版社 2003 年版，第 107 页。

② 韩敬：《东汉时期思想变迁略论》，《孔子研究》1991 年第 3 期。

③ 臧知非：《两汉之际儒生价值取向探微》，《史学集刊》2003 年第 2 期。

④ 曲利丽：《两汉之际精神文化的演变》，中华书局 2017 年版。敖雪岗：《两汉之际社会与文学》，中国书籍出版社 2013 年版。

兴的"长安系士人"两大士人群体，他们从经历、地域、年龄都有明显差异，他们之间既合作又对立的关系，共构了东汉初年的政治格局。第一节考察了刘秀的南北转移、其集团形成与合法性演变的关系，讨论"从附庸更始到圣人受命"的过程，光武即位仪式的特殊义涵。第二节探讨新莽末年到两汉之际政治文化的"东西格局"，刘秀集团"东方受命"的观念构造，刘秀集团与辗转于更始、隗嚣、公孙述、窦融诸西方政权下的西汉遗臣"长安系士人"之间的关系。第三节讨论"长安系士人"在建武年间的政治动向、文化心态和施政理念，与初位太子刘彊的合作关系，招致光武疏离的原因等。刘秀集团与"长安系士人"两大士人群体之间的复杂关系，为建武年间两种合法性思路的浮现，埋下伏笔。

第二章《创革与中兴：建武年间的仪式争议与合法性确立》。从仪式构造和合法性建立的角度，讨论建武年间郊祀、宗庙和封禅三次大礼的议论和实施，梳理"创革"和"中兴"两种正统观念从分歧到整合的过程。第一节讨论光武"祀尧"和杜林"祀高帝"之间两种思路的争议。第二节讨论光武"南顿四亲庙"与张纯"皇考庙—汉大宗庙"两种宗庙体系的合法性争议。第三节讨论封禅礼议和封禅文本中反映的合法性叙述差异。揭示这几场礼议相似的逻辑脉络和主旨。光武新礼明确援引了新莽礼制和理念，意在效法王莽之"创业"，招致站在"中兴"立场上的"长安系士人"杜林、张纯等的反对。在反复的商讨中，光武在晚年确定了"受命—中兴"的复合论调，奠定兼备创业和继承两种性质的合法性模式。

第三章《圣汉想象：后继者的秩序铺排与"新汉本位"的合法化计划》。讨论作为光武后继者明、章二帝如何运用礼制仪式开展"新汉本位"的政治文化实践，从"本朝以光武为受命祖"，"天子身份的儒家化"，"受命当制作汉礼"三个角度，梳理这一系列礼制实践所表达的政治文化义涵。第一节探讨永平初年以明堂礼为中心的诸礼的展开和"光武纪念礼仪体系"的建立，明帝通过宗祀、冕服、乐舞和墓祭四方面构建，形成相关仪式，以周文王为榜样建构光武纪念体系，明确光武"新汉受命祖"地位。第二节讨论永平辟雍礼如何通过大射、养老和天子自讲三个仪式环节，展现"君臣、父子、师生"三种理想化的伦理关系，建构一种有别于秦汉皇帝的儒学化"汉家天子"形象。第三节讨论这一时期"汉当自制礼"思潮的兴起和实践，缕析东汉士人对当下制礼作乐问题的思考和期盼，"汉礼"最终崩塌的原因等。从中可见明、章"制礼作乐"具有兼顾现实与理想的双重意义。

第四章《东汉前期的"文"实践》。立足于文本细读和文人身份考察，讨论"文"作为"新汉本位"文化实践重要形式的出现，"文章"和"文人"在东汉前期的地位和意义。第一节从兰台设置出发，考察兰台的"文""史"实践及其义涵，"兰台东汉史"和相关主题的颂赋基于不同文体所表达构建新汉朝的涵义；第二节分析由兰台引起的"通人"风气之兴盛和"通人"内涵的演变；及后，兰台功能让位于东观的原因等。第三节讨论贾逵之春秋《左传》学如何运用经学论证"刘氏尧后"，这一过程及相关方法，何以显示了贾氏之学汇通古典与今政的意义。东汉士人的"文"实践是"新汉本位"实践一个重要的侧面。

余论部分，总结东汉前期的政治文化实践在古代王朝史上的特殊地位和性质。交代东汉后期至魏晋南北朝时期"新汉本位"理念的消亡、"两汉关系"叙述转向等。并以"禅让学说在东汉的发展""东汉的南方开发和南方秩序的建构"及"《汉书》的新汉本位书写"等问题为中心，提出本书将继续研究的预想。

# 第 一 章

## 两 "汉" 承续的政治演绎：
## 刘秀集团与 "长安系士人"

光武帝刘秀自新莽地皇三年（22）以春陵宗室身份加入绿林军，至建武元年（25）在河北鄗城建立东汉政权，经历了三年。在这期间，刘秀集团从无到有，从弱到强，从非法到合法，从依附到独立，从隶属于南阳宗室到以天下为怀，有一个漫长的吸纳与分化、承袭与断流、选择与整合的过程。本章对刘秀起家早期的身份合法化实践及其政治文化观念展开考察，具体分三节来讨论：第一，刘秀集团的形成与合法性体系的初步构造；第二，从刘秀集团与 "长安系士人" 的东西分野看两汉之际的东西格局；第三，"长安系士人" 的聚散与建武朝政治的变迁。第一个问题主要讨论更始统治时期的刘秀集团在河北的形成和发展，与信都势力的合分关系，集团的年轻化结构，去宗族化、去地域化的 "与天下士大夫共功" 策略，即位仪式的义涵等，旨在考察摇摆于 "复汉宗室" 与 "受命圣王" 两种预设身份之间的刘秀，是如何构建其政治合法性体系的。第二、三节均以前汉遗臣为视角切入，讨论两汉之际至建武早期，"长安系士人" 与刘秀集团之间既合作又对抗的互动关系。长安系士人与前汉王朝及更始汉朝有着千丝万缕的联系，他们的"中兴"论调，抑制了刘秀集团的"创革"冲动，使之在继承前汉与创革新汉之间保持一种张力和平衡，从而形成其稳妥与激进相制衡的建朝策略。长安系士人成为一面镜子，是考察刘秀君臣群体及东汉合法化过程的一个维度。刘秀集团与长安系士人的政治演绎，使两"汉"承续关系问题产生了因人而异的答案。

在两汉之际的政治角逐中，刘秀集团并非唯一主角。考察刘秀集团与之相较量的几大势力之间承袭、吸收、分化之格局及关系，或能避免事后之见，理解这一过程的复杂性、多面性，一定程度揭开东汉正史记载的蒙蔽。如，将东汉王朝视作西汉的"中兴"，仅是某一人群的观念；作为前汉遗臣的关中士人是一重要历史现象，其在两汉之际的形成、与当时各方角力中构成的"东西格局"、在建武年间先热后冷的境遇等，都与东汉前期合法性建构实践有关。目前学者对这方面问题未做深入研究，某种程度上未能将问题放在两汉之际和建武初年的政治脉络和思想逻辑中来讨论。本章要做的，正是这方面的工作。

## 一 从附庸更始到圣人受命：刘秀集团的 形成与合法性体系的初步构造

两汉之际的刘秀集团经历了从南到北的转移迁徙。刘秀建功立业的"南北"问题——从南阳郡起事，辗转入河北立足、发展、最终称帝的这条历史线索，历来受研究者的重视。学者大多指出，刘秀功臣集团主要分为南阳、颍川豪族的"南人"和河北本地豪族的"北人"；刘秀虽起兵自南阳，而最终奠定帝业的基础是在河北，实现从南至北的转移是刘秀最终取得天下的关键战略。[①] 本节对这一研究思路持批判的继承态度。实际上，"南人""北人"以及"豪族"的概念未必符合当时刘秀对其集团的设定和构想。南北转移还有另外的政治文化含义未被注意，它标志着刘秀集团合法化思想的转向，即从附庸于刘縯、刘玄时期的"宗室复汉"论，转变为独立自主建立王朝的"受命圣王"论。

刘秀从南阳宛起兵时，依借的是汉宗室的背景。起初，刘秀依附于其兄刘縯。刘縯起事后投奔了刘玄——日后的更始帝之麾下。刘玄、刘縯家族出自舂陵侯支系，属于宗室疏属。又经过新莽对刘姓宗室的镇压，这一家族可以说已同庶民。[②] 但在南阳郡反莽的起事者看来，出于正当化起义的目的，刘玄、刘縯、刘秀无疑被认为是汉宗室。汉代宗室疏属亦称宗室，界定不如后世严格；[③] 而在新莽末年，南阳诸刘的宗室身份主要基于起事者的主观认定。[④] 王常劝下江

---

① 关于东汉政权建立的豪族社会基础，比较重要的研究有杨联陞：《东汉的豪族》，商务印书馆 2011 年版（原文刊于《清华学报》1936 年第 4 期）；余英时：《东汉政权之建立与士族大姓之关系》，上海人民出版社 1987 年版，第 217—287 页；［日］宇都宫清吉：《刘秀与南阳》，黄金山译，载刘俊文主编《日本学者研究中国史论著选译》第三卷，中华书局 1993 年版，第 618—645 页；河地重造：《赤眉之乱与后汉帝国的成立》，东京：《历史学研究》161 号，1953 年。多田狷介：《后汉豪族的农业经营——佃作、佣作、奴隶劳动》，东京：《历史学研究》286 号，1964 年。关于刘秀功臣集团的豪族性质，参考陈勇：《论光武帝"退功臣而进文吏"》，《历史研究》1995 年第 4 期；小嶋茂稔：《汉代国家统治の构造と展开》第一章第二节《后汉政权の确立过程——刘秀と河北》，汲古书院 2009 年版，第 79—89 页；陈苏镇：《春秋与汉道——两汉政治与政治文化研究》第五章第一节，中华书局 2011 年版，第 397—406 页；廖伯源：《论汉光武帝》第五节《试论光武帝之统御术》、第六节《试论光武帝用人政策之若干问题》，载廖伯源《秦汉史论丛续编》，中华书局 2018 年版，第 107—165 页。

② 陈苏镇：《西汉宗室绝国考》，载北京大学中国古代史研究中心编《邓广铭教授百年诞辰纪念论文集》，中华书局 2008 年版。

③ 参考王尔春《汉代宗室的"世代规模"考》，《北京教育学院学报》2018 年第 1 期。

④ 如李轶称"南阳宗室，独刘伯升兄弟泛爱容众，可与谋大事"。《后汉书》卷一五《李通传》，中华书局 2018 年版，第 573 页。刘縯亦称："诸将幸欲尊立宗室（刘玄），其德甚厚……今赤眉起青、徐，众数十万，闻南阳立宗室……"《后汉书》卷一四《宗室四王三侯传》，第 551 页。

军将帅结交刘縯，理由是：

> 以秦、项之执，尚至夷覆，况今布衣相聚草泽？以此行之，灭亡之道也。今南阳诸刘举宗起兵，观其来议事者，皆有深计大虑，王公之才，与之并合，必成大功，此天所以祐吾属也。①

王常突出南阳诸刘“王公之才”，与“相聚草泽”的布衣流民不一样，强调与宗室的结合是绿林军能够成功的基础，侧面反映了诸刘的自我塑造和舆论策略。这种观念顺应了“宗室匡汉”运动和“人心思汉”舆论，促使人们将“南阳诸刘”等同于宗室。宗室复汉的正当性对其时南阳诸刘的崛起，作用极大。卜者、术士多提到的“汉家复兴”“刘氏再受命”是宗室匡汉运动的信仰基础，对南阳诸刘身份和使命的构拟起积极的作用。地皇元年（20），汝南人郅恽“明天文历数，以为汉必再受命”；二年（21），卜者王况对李焉称“汉家当复兴，君姓李……当为汉辅”。李守谓其子通曰：“刘氏复兴，李氏为辅。”王常遇刘縯后“大悟”曰“王莽篡弑，残虐天下，百姓思汉，故豪杰并起。今刘氏复兴，即真主也”②。李通、王常都将刘氏再受命的舆论跟舂陵起义相联系。他们期待宗室中有“真人”出现，恢复汉家，由此合法化起义。在此阶段，刘縯兄弟及后来称帝的刘玄都强调舂陵宗室身份，他们携手“南阳士大夫”③，以复汉、反莽为帜。

---

① 《后汉书》卷一五《王常传》，第579页。

② 分别见于《后汉书》卷二九《郅恽传》，第1024页；《汉书》卷九九下《王莽传下》，中华书局1962年版，第4166页；《后汉书》卷一五《李通传》，第573页；《后汉书》卷一九《王常传》，第579页。

③ 《后汉书》卷一五《王常传》：“及诸将议立宗室，唯常与南阳士大夫同意欲立伯升，而朱鲔、张卬等不听。”（第579页）说的是朱鲔等绿林将帅支持刘玄称帝，而王常等“南阳士大夫”则支持刘縯。事实上，更始汉朝的核心统治集团包括了舂陵宗室、南阳士人及绿林将帅。刘玄和刘縯背后的支持势力，都是南阳及附近地区的当地人群。

更始汉朝建立后，刘秀于更始元年（23）十月从洛阳转移河北。① 独立的刘秀集团至此才开始形成，刘秀构建身份合法性的思路较此前也发生了变化。

需要说明的是，本节所引用的史料文献，出于范晔《后汉书》、袁宏《后汉纪》、常璩《华阳国志》及各家《后汉书》。这些文献较大程度上以东汉官方史书《东观汉记》及东汉官府档案为史源。② 对刘秀起家行迹的记载，属于东汉官方的说法，是刘秀集团以胜利者姿态所作的记录，它与实际历史原貌必然有所差距。本书考察追踪的，一方面是这一时期的历史原貌；另一方面是刘秀集团在建立政权过程中，如何构建话语、制造观念、确立其合法性身份。后者更是本节的主旨所在。官方史籍具有"刘秀集团如何说"的性质，是当权者确立自我形象的一系列自圆其说的构造。其中包含他们构建权力合法性的种种细节，是东汉王朝想要告知世人的"历史"。对这类官方记载加以释读，切合本书所要讨论的问题。

———————

① 更始元年六月，更始帝杀刘縯，一般认为此事造成了刘秀主观上对更始政权的决裂，出走河北是其表现。首先，入河北后一系列的政治表现看，刘秀晚至更始二年夏秋时才反攻更始，此前他一直表示拥戴，难以看出刘縯之死对他的决策有多大影响。其次，出走河北不是刘秀主动之举，而是更始的安排。《后汉书·冯异传》载："更始数欲遣光武徇河北，诸将皆以为不可。是时，左丞相曹竟子诩为尚书，父子用事，异劝光武厚结纳之。及度河北，诩有力焉。"但这条史料实为称颂劝刘秀厚结曹诩的冯异，突显功臣促成河北转移之功，不见得十分客观。《宗室四王三侯传》载："更始欲令亲近大将徇河北，未知所使，（大司徒刘）赐言诸家子独有文叔可用，大司马朱鲔等以为不可，更始狐疑，赐深劝之，乃拜光武行大司马，持节过河。"足见河北地区的战略意义深受更始朝重视，且刘秀属于更始"亲近大将""诸家子"，以他安集河北，顺理成章。相比曹诩，更始显然更信任堂兄弟、春陵宗室心腹的刘赐。刘赐这一安排是站在更始而非刘秀的立场。因此事实是，尽管杀了刘縯，更始对刘秀仍比较信任。
② 据吴树平考证，范晔作《后汉书》基本的取材对象是《东观汉记》，其次是华峤《后汉书》，及各家《后汉》和陈寿《三国志》。诸家《后汉书》所引这些官修档案还包括起居注、历朝注记、尚书所主故事、兰台东观文书图籍等。参见吴树平《秦汉文献研究》，齐鲁书社1988年版，第463—483、134—142页。

### （一）与信都势力的合分：刘秀集团的起步与转向

南北转移及立足河北，是刘秀独立自主的政治生涯的起步阶段，也是过渡阶段。其中，"信都势力"问题十分重要却不为学者注意，它使刘秀与更始汉朝之间的关系变得复杂。

刘秀在河北最初一段时间，以"更始大司马"为名号召集势力，暂无独立于更始的想法。更始元年十月，进入邯郸，二月，北行至蓟。其间十二月，王郎自称汉成帝之子，称帝于邯郸。"会王郎兵起，使其将徇地，所到县莫不奉迎，唯和成、信都坚守不下。"① 蓟广阳王子刘接接应王郎。势单力薄的刘秀腹背受敌，狼狈南撤，只有和成、信都二郡支援刘秀。② 信都郡是刘秀在河北第一个落脚点，信都及其毗邻的巨鹿、真定士人群体是河北首个支持刘秀的势力。③ 信都势力包括其时信都太守任光、都尉李忠、信都令万修、和成太守邳彤，巨鹿人刘植、耿纯，及真定王刘扬和郭氏，并不限于信都郡；统称为信都势力，是因为他们都受到信都郡投靠刘秀的影响而支持刘秀。④ 信都、巨鹿、真定三地士人之间联系紧密。这些士人的官位多为更始所封。实际上，他们支持刘秀主要因为刘秀是更始的大司马，信都、和成忠于更始，不愿倒向王郎。这就是时人所谓"信都郡为长安守"⑤、"信都独为汉拒邯郸"⑥。邳彤所谓"吏民歌

---

① 《后汉书》卷二一《邳彤传》，第758页。
② 新莽和成郡为汉巨鹿郡之部分。《后汉书》卷二九《邳彤传》李贤注引《东观汉记》："王莽分巨鹿为和成郡，居下曲阳。"第758页。
③ 刘秀在信都"因发旁县，得四千人，先击堂阳、贳县……北降下曲阳，众稍合，乐附者至数万人"，靠这支集结的部队北击中山、卢奴，南攻元氏、柏人。《后汉书》卷一上《光武帝纪上》，第12页。
④ 援助刘秀的和成太守（新莽称卒正）邳彤为信都人；巨鹿地区受和成郡影响，当是毗邻的信都郡的重要支持。刘植，本传载"巨鹿昌城人"，但《续汉书·地理志》以昌城属于信都；刘植据昌城降刘秀，当与信都郡有关。真定与巨鹿的关系十分紧密，从真定王刘扬与刘植、耿纯的交往可看出。
⑤ 《后汉书》卷一上《光武帝纪上》，第12页。
⑥ 《后汉书》卷二一《任光传》，第751页。

吟思汉久矣，故更始举尊号而天下向应，三辅清宫除道以迎之"①，
表露了信都人的"思汉"、对更始汉朝的向心。真定王刘扬虽然最初
回应王郎，但不久就在刘植的劝说把外甥女郭氏嫁给刘秀，与之结
盟，原因也是刘扬看重其"更始大司马"地位。关于"信都势力"
的意义，其在刘秀集团中的位置，学界除了指出刘秀与真定郭氏联
姻的作用，尚未加以深究，② 没能注意到其处于刘秀与更始王朝之间
的特殊地位。

　　西汉信都国，新莽改为新博郡，更始时改为信都郡。③ 信都位于
冀州东部（今冀县、衡水一带），西侧紧邻巨鹿郡（新莽改称和
成）；巨鹿接壤真定国。真定西出晋冀通衢井陉，抵并州重镇阳泉，
通太原、上党二郡。河北以西之地，与更始长安联系密切。张宗为
新莽时阳泉乡佐，"会莽败，义兵起，宗乃帅阳泉民三四百人起兵略
地，西至长安，更始以宗为偏将军"④。可见阳泉通往长安无阻，新
莽覆灭后这片地区大都投向更始。并州原来由新莽并州牧郭伋管辖，
更始征郭伋为左冯翊，将并州交给尚书仆射鲍永、立汉将军冯衍、
上党太守田邑。受更始命令"安集北方"的鲍永是并州的实际掌管
者。"屯太原"的冯衍称"昔在更始，太原执货财之柄"，并劝鲍永
"镇太原，抚上党"⑤，可见这几人在并州根基颇深。郭伋，汉郭解

---

　　① 《后汉书》卷二一《邳彤传》，第 758 页。

　　② 参考陈苏镇《春秋与汉道——两汉政治与政治文化研究》，第 524—526 页；
袁延胜、刘思朝：《论真定势力与光武帝》，《石家庄学院学报》2019 年第 1 期。

　　③ 《汉书》卷二八下《地理志下》载："信都国，景帝二年为广川国，宣帝甘露
三年复故。莽曰新博。属冀州。户六万五千五百五十六，口万三十万四千三百八十四。
县十七：信都，王都。"新莽还把王都改为新博亭，《后汉书·李忠传》载："王莽时
（忠）为新博属长，郡中咸敬信之。"这说明新莽时新博为郡。《后汉书·任光传》：
"更始至洛阳，以光为信都太守。"可见更始时恢复信都之名，且改国为郡。王郎为了
收复信都，一度立"信都王"。东汉明帝永平十五年改为乐成国，安帝延光元年改为安
平国。可见"信都郡"一名仅一度存在于更始元年至永平十五年这段时间。

　　④ 《后汉书》卷三八上《张宗传》，第 1275 页。

　　⑤ 《后汉书》卷二八上《冯衍传上》，第 965、968 页；卷二八下《冯衍传下》，
第 984 页。

后；鲍永，鲍宣后；冯衍，冯奉世后。三人属于前汉大族士人的后代，属于汉遗臣，是继承前汉的更始的忠实之党。[①] 并州西南通过蒲津关道直达长安，更始的大本营。可见，真定往西经并州，与关中连成沟通无阻的片区。信都、真定、巨鹿效忠更始，与其毗邻并州、并州又忠于更始有关。并州以东至信都，横向形成一段效忠更始汉朝的联盟，对抗邯郸的王郎"叛汉"势力。[②]

更始对信都也颇为关切。信都大姓马宠据城倒戈王郎，长安即刻调兵协助平定，[③] 当借道并州。初临河北的刘秀倚赖于信都势力的支援，后者对刘秀颇有影响。《后汉书·邳彤传》载："彤寻与世祖会信都。世祖虽得二郡（渔阳、上谷）之助，而兵众未合，议者多言可因信都兵自送，西还长安。"[④] "因信都兵自送西还长安"的建议当出自信都势力，这充分体现这一势力企图以效忠更始影响刘秀，甚至劝刘秀放弃对付王郎，收兵长安。劝阻收兵的邳彤也并非希望刘秀自立，而是主张诛灭王郎报效更始。更始二年（24），上谷太守耿况、渔阳太守彭宠遣吴汉、寇恂等率领突骑前来支援刘秀，同时，更始也派尚书仆射谢躬、冀州牧庞萌等讨伐王郎。[⑤] 五月破邯郸，诛

①　冯衍用"雷震四海，席卷天下，攘除祸乱，诛灭无道，一期之间，海内大定。继高祖之休烈，修文武之绝业，社稷复存，炎精更辉，德冠往初，功无与二。天下自以去亡新，就圣汉，当蒙其福而赖其愿"（《后汉书》卷二八上《冯衍传上》，第966页），形容更始帝业。更始败后，鲍永、冯衍坚守并州，一度不肯投降洛阳。日后，"（鲍）永行县到霸陵，路经更始墓，引车入陌，从事谏止之。永曰：'亲北面事人，宁有过墓不拜！虽以获罪，司隶所不避也。'遂下拜，哭尽哀而去"。《后汉书》卷二九《鲍永传》，第1020页。

②　王郎的大本营在赵国，也与并州接壤。作为长安与赵国之间的屏障，更始管辖的并州为对付王郎，必当与赵国周边支持更始的地区联结。拨开东汉官史的掩盖，更始在消灭王郎的战争中其实起了关键性作用，参考刘敏《对王郎及邯郸败亡相关问题的质疑》，《邯郸学院学报》2015年第4期。关于更始政权管辖的郡，参考李晓杰《新莽东汉易代之际更始政权势力范围考述》，《复旦学报》1996年第4期。

③　《后汉书》卷二一《李忠传》载："会更始遣将攻破信都，忠家属得全。"卷二一《邳彤传》载："会更始所遣将攻拔信都，郎兵败走，彤家属乃全。"

④　《后汉书》卷二一《邳彤传》，第758页。

⑤　《后汉书》卷一上《光武帝纪》，第14页；卷一二《刘永传》，第496页。

王郎。王霸"既至信都,发兵攻拔邯郸。霸追斩王郎,得其玺绶"①,足见刘秀虽得到幽州二郡的重兵相助,最终攻灭王郎仍然十分倚靠更始和信都势力。而幽州耿况、彭宠最初下辖于更始幽州牧苗曾,名义上同样效忠更始。②在信都势力的影响下,刘秀直至灭王郎后,仍有归兵更始的念头。《资治通鉴》更始二年夏载刘秀被更始封为萧王后:

> 萧王居邯郸宫,昼卧温明殿,耿弇入,造床下请间,因说曰:"吏士死伤者多,请归上谷益兵。"萧王曰:"王郎已破,河北略平,复用兵何为?"弇曰:"王郎虽破,天下兵革乃始耳。今使者从西方来,欲罢兵,不可听也。铜马、赤眉之属数十辈,辈数十百万人,所向无前,圣公不能办也,败必不久。"萧王起坐曰:"卿失言,我斩卿!"弇曰:"大王哀厚弇如父子,故敢披赤心。"萧王曰:"我戏卿耳,何以言之?"③

刘秀平定王郎后被更始封为萧王,"昼卧温明殿"的他自感使命已成。幽州大将耿弇请求增兵于上谷,刘秀以"王郎已破,河北略平"质疑用兵,显然是"西方使者"即更始朝的立场,也是信都势力的思路。言更始将败、暗示萧王自立的耿弇遭到叱骂。当然刘秀也可能在以"戏言"试探诸将对自立的想法,但至少他表面上依然效忠

---

① 《后汉书》卷二〇《王霸传》,第735页。

② 如上谷太守耿况之子耿弇,"王莽败,更始立……时弇年二十一,乃辞况奉奏诣更始,因赍贡献,以求自固之宜。及至宋子,会王郎诈称成帝子子舆,起兵邯郸,弇从吏孙仓、卫包于道共谋曰:'刘子舆成帝正统,舍此不归,远行安之?'弇按剑曰:'子舆弊贼,卒为降虏耳。我至长安,与国家陈渔阳、上谷兵马之用还出太原、代郡,反复数十日,归发突骑以轔乌合之众,如摧枯折腐耳。'"此事足见上谷耿氏对更始之效忠。《后汉书》卷一九《耿弇传》,第703—704页。

③ 《资治通鉴·汉纪三十一》,中华书局2011年版,第1292—1293页。这段记载本于《后汉书》卷一九《耿弇传》(第705页)和《后汉纪》(袁宏撰,周天游校注《后汉纪校注》,第46页),细节更具体生动。

更始。这一事件发生在更始元年二月至二年夏之间，反映了信都对刘秀的影响力。还可见刘秀集团中出现主张脱离更始自立者和效忠更始者的分歧。

随着刘秀在刘植游说下与真定郭氏的联姻，信都势力逐渐成为刘秀集团的一部分。值得注意的是，尽管多受优厚待遇，信都势力大致在王郎被灭、河北平定后便不再受重用。如任光，建武二年 "更封光为阿陵侯，食邑五万户。五年，征诣京师，奉朝请。其冬卒"；李忠，"建武二年，更封中水侯，食邑三千户。其年，征拜五官中郎将，从平庞萌、董宪等。六年，迁丹阳太守"；邳彤，"及拔邯郸，封武义侯。建武元年，更封灵寿侯，行大司空事。帝入洛阳，拜彤太常，月余日转少府，是年免。复为左曹侍中，常从征伐。六年，就国"；刘植在建武二年战陨，其兄弟 "喜、歆从征伐，皆传国于后"①；以 "从平" "从征伐" 一笔带过功勋，说明他们并非征伐的主力。相比起渔阳、上谷二郡之幽州势力，信都势力对刘秀统一天下战争的参与很有限。信都势力在光武功臣 "云台二十八将" 的次第也处于边缘地位：除了耿纯，任光、李忠、万修、邳彤、刘植名列最末五席。② 这种情况，可能与刘秀集团从附庸更始汉朝转变为背之自立，遭致信都势力抵触，有意识地疏远信都有关。

信都势力支持刘秀，表明刘秀在转移河北的最初阶段以附庸更始建立其身份合法性。信都士人官职多为更始所授，心向长安，这是他们支持 "大司马" 的初衷。之后刘秀背叛更始，势必与信都士人产生分歧。郭氏在建武二年被立为皇后，在一定程度上也是为了安抚信都士心。但建武十七年被废，其所生刘彊的太子地位被刘庄取代，反映了整个河北势力在建武朝地位的下降。这种变化，与其

---

① 分别见于《后汉书》卷二一《任光传》，第 753 页；同卷《李忠传》，第 756 页；《邳彤传》，第 759 页；《刘植传》，第 760 页。
② 《后汉书》卷二二《朱景王杜马刘傅坚马传》，第 790 页。

时刘秀的政治策略已发生变化有关。尽管如此，信都势力与郭后、太子刘彊之间有密切关系，其政治主张在建武前期也获得某种认可。与他们有千丝万缕联系的"长安系士人"的活动，也扩大了他们的政治影响。

### （二）刘秀集团的形成与新的合法性构造

《后汉书·光武帝纪》载更始二年四月刘秀灭王郎，"更始遣侍御史持节立光武为萧王，悉令罢兵诣行在所。光武辞以河北未平，不就征。自是始贰于更始"①。从前引与耿弇的对话可见，被封萧王后的一段时间内刘秀仍未决定背叛更始。正式背离更始，应始于二年夏秋之间吴汉杀更始幽州牧苗曾，耿弇杀更始新置渔阳太守蔡充、上谷太守韦顺，以及不久后吴汉又杀邯郸的更始尚书令谢躬。② 这些背叛更始的行为，多由幽州部将带头。可见，在更始元年十月至二年夏秋这近一年间，刘秀虽然受到信都势力忠于更始的影响，也孕育着自立天子的另一种思路。

随着远离故乡和更始朝廷，新势力的不断加入，刘秀逐渐摆脱作为附属南阳舂陵宗室的意识，开始调整自我形象，营造新的合法性观念。研究者多以"南阳籍—非南阳籍"，"南人—北人"，或"南阳—河北"为标准，划分出刘秀集团中的两大势力；又强调他们"豪族"性质。③ 若将视角放回刘秀建立帝业前夕，这种观点值得商

---

① 《后汉书》卷一上《光武帝纪上》，第 15 页。

② 《后汉书》卷一八《吴汉传》，第 676、677—678 页；卷一九《耿弇传》，第 706 页。

③ 如陈勇着眼于全国统一时刘秀对功臣的安置措施，将功臣分为"南人"和"北人"两大势力（《论光武帝"退功臣而进文吏"》，《历史研究》1995 年第 4 期）。朱绍侯将刘秀功臣分为"亲属集团、南阳颍川家乡集团、河北集团、陇西集团"（朱绍侯：《刘秀与他的功臣》，《中国史研究》1995 年第 4 期）。赵庆伟认为"宗法关系"是维系刘秀群体的纽带："刘秀人才集团内部的宗法关系，实际上包括刘秀与其文武大臣以及文武大臣之间的血缘亲族关系两个方面；而其外部的宗法关系则主要是指刘秀及其文武大臣背后都有宗族追随。"赵庆伟：《刘秀人才集团的群体考察》，《中南民族学院学报》1992 年第 2 期。

讨。第一，南人、北人的划分太粗泛简单，忽略了集团内部的流寓结构。第二，"豪族"之说既不完全属实，也不符合刘秀集团本身的合法性设定和构想。① 以下考证初临河北时的刘秀集团的人员构成及其性质特征，分析这一集团如何确立新的合法性身份。

首先需要讨论的，是刘秀集团的年龄问题。刘秀生于哀帝建平元年十二月（前5）。② 考其集团成员有年龄记载者："建武元年正月……禹时年二十四岁"③，邓禹生于平帝元始二年（2）。"及王莽败，更始立……时弇年二十一"④，耿弇生于元始三年（3）。"王莽居摄中，隆父礼与安众侯崇起兵诛莽，事泄，隆以年未七岁"⑤，刘隆出生不会早于平帝元始元年。更始元年（23）"更始乃征憙，憙年未二十"⑥，赵憙出生不会早于平帝元始三年（3）。士人年龄还可从"初仕新莽于郡县"的履历来推测。明载起家于新莽者如冯异"以郡掾监五县……为王莽拒汉"；岑彭"王莽时，守本县长"；贾复"王莽末，为县掾"；耿况"为朔调连率"；景丹"王莽时举四科……迁朔

---

① 近年，已有学者指出"东汉豪族社会"这一范式过于粗泛，呼吁更贴近史料的个案研究。如冈安勇认为："要想了解豪族的情况，首先需要将有关后汉王朝时期豪族产生、发展、壮大及至衰落的史料重新整理，从而明确各豪族之间的性格差异。虽然同称豪族，但其在地域、经济、政治等方面的特性又各不相同。"（参考［日］冈安勇《右扶风茂陵耿氏事迹考论——关于后汉豪族势力的个案研究》，《齐鲁学刊》2002年第3期）沿个案入手，能得到某些不趋同于"豪族社会"性质的结论。

② 《后汉书》卷一下《光武帝纪下》："论曰：皇考南顿君初为济阳令，以建平元年十二月甲子夜生光武于县舍。"（第86页）《光武帝纪上》载地皇三年（22）刘秀起兵时二十八岁。《后汉书》卷一八《吴汉传》："汉素闻光武长者。"（第675页）《光武帝纪上》："传中人遥语门者闭之。门长曰：'天下讵可知，而闭长者乎？'遂得南出。"（第12页）"长者"固然指刘秀行事敦厚，也有年长之意。可知刘秀在周围人当中年龄相对较大。

③ 《后汉书》卷一六《邓禹传》，第602页。

④ 《后汉书》卷一九《耿弇传》，第703页。

⑤ 《后汉书》卷二二《刘隆传》，第780页。安众侯兴兵于居摄元年（6）。

⑥ 《后汉书》卷二六《赵憙传》，第912页。

调连率副贰"①。另外，吴汉"家贫，给事县为亭长"；陈俊"少为郡吏"；臧宫"少为县亭长、游缴"；王霸"少为狱吏"；马成"少为县吏"；坚镡"为郡县吏"——这几人所仕乃新莽而非西汉②。按汉人十余岁、"少时"做官，③ 可推知他们的生年。可以比较肯定地说，刘秀集团成员大多出生于哀、平年间或更晚，建武元年（25）时二十余岁，刘秀也仅三十一岁。他们属于"汉末新莽一代"：他们的成长、出仕环境是王莽从掌权演变为代汉，汉朝日渐衰落、合法性被否定的时代。④ 他们未曾出仕西汉，大多没去过长安；没经历过西汉的繁华时代，反而对社会上批判汉朝、拥戴王莽的氛围耳濡目染。某种程度上，他们对西汉有陌生感和疏离感，不一定完全符合"人心思汉"的情况。这一批人的年龄心理特质，决定了他们对西汉既亲近又疏远的复杂观念，是刘秀集团中不可忽略的现象。⑤ 这对本

---

① 分别见于《后汉书》卷一七《冯异传》，第 639 页；《岑彭传》，第 653 页；《贾复传》，第 664 页；卷一九《耿弇传》，第 703 页；卷二二《景丹传》，第 772 页。

② 分别见于《后汉书》卷一八《吴汉传》，第 675 页，《陈俊传》，第 689 页；《臧宫传》，第 692 页；卷二〇《王霸传》，第 734 页；卷二二《马成传》，第 778 页；《坚镡传》，第 783 页。

③ 汉人任起家官多在"少时"，如薛宣"少为廷尉书佐"、朱博"少时给事县为亭长"、谷永"少为长安小史"。"少"指十余岁。霍光"时年十余岁，任光为郎，稍迁诸曹适中"，翟方进"年十二三，失父孤学，给事太守府为小史"。何武"年十四五……宣帝循武帝故事，求通达茂异士，召见武等于宣室"。孔光"年未二十，举为议郎"。见《汉书》卷六八《霍光传》、卷八六《何武传》、卷八四《翟方进传》、卷八一《孔光传》。

④ 哀帝建平元年（前 7），"待诏夏贺良等言赤精子之谶，汉家历运中衰，当再受命"，开展了"厌胜"衰弱国运的再受命改制。这一事件显示了官方对汉家中衰的社会舆论的承认。在新莽的叙述中，王莽匡扶汉朝的努力开始于哀帝建平、元寿年间，见居摄元年张竦的颂词："建平、元寿之间，大统几绝，宗室几弃。赖蒙陛下圣德，扶服振救，遮扞匡卫，国命复延，宗室明目……所以藩汉国，辅汉宗也。"（《汉书》卷九九上《王莽传上》，第 4082 页）将哀帝建平年间视为西汉中衰、王莽崛起的时间，符合当时认知。

⑤ 从某一人群的出生成长环境推断他们代际性的观念和记忆，是心态史学的重要研究方法。古罗马史学家塔西佗在《编年史》中提到罗马帝国初成立时期，"年轻一代的人都是在阿克提乌姆一役战胜之后出生的。甚至老一辈的人大部分也都是在（共和国末期）内战时期诞生的；剩下来的人又有谁是真正看见过共和国的呢？世界的局面改变了，浑厚淳朴的罗马古风业已荡然无存，政治上的平等已经成为陈旧过时的信念"。[古罗马] 塔西佗：《编年史》第一卷，王以铸译，商务印书馆 1987 年版，第 4—5 页。

书的讨论独具意义。

其次，按籍贯细梳，刘秀集团可分为：第一，颍川人。他们多是刘秀早年徇使颍川时降服者，并随之从洛阳转移，跟从刘秀时间最早。"至从河北，（王霸）宾客多去者。世祖谓霸曰：'颍川从我者皆已亡矣。'"① "世祖徇襄城，（傅）俊以县亭长迎军……襄城收其母弟宗族，皆灭之。"② 这些颍川人似乎没携带多少宾客和族人追随刘秀。

第二，南阳人，其中分为四种来历。一是从洛阳转移河北者，这种情况不多见。③ 二是刘秀在河北时前来追随者，这种情况最常见。邓禹"闻光武安集河北，即杖策北渡，追及于邺城"。马成"弃官步负，追及（光武）于蒲阳"。刘隆"闻世祖在河内，即追及于射犬"，留妻子于洛阳。贾复原在更始汉中王刘嘉麾下，"受书北渡河，及光武于柏人"。岑彭流寓河内，刘秀徇河内时降。出自新野豪族的邓晨为常山太守，刘秀称"伟卿（邓晨）以一身从我"④。从这些描述中，这类人多是"一身"来河北跟从刘秀，以"个人"身份加入集团。三是从幽州来者。吴汉"家贫，给事县为亭长。王莽末，以宾客犯法，乃亡命至渔阳。资用乏，以贩马自业"。彭宠也从南阳流亡至渔阳，他们属于早年背井离乡者。⑤ 四是在刘秀称帝后因亲戚或故旧关系征来者，如南阳之樊氏、阴氏、李氏。这部分人加入刘秀集团的时间较晚，没有拥戴即位、从征河北的经历。⑥ 他们不

① 《后汉书》卷二〇《王霸传》，第734页。

② 《后汉书》卷二二《傅俊传》，第782页。

③ 符合这种情况者似乎只有朱祐、朱浮。

④ 见《后汉书》卷一六《邓禹传》，第599页；卷二二《马成传》，第778页；卷二二《刘隆传》，第780页；卷一七《贾复传》，第664页；卷一七《岑彭传》第654页；卷一五《邓晨传》，第583页。

⑤ 《后汉书》卷一八《吴汉传》，第675页；卷一二《彭宠传》，第502页。

⑥ 李通虽与刘秀共起事于宛，此后长期仕于更始，光武称帝后征为廷尉。来歙在更始败、光武建都洛阳后归顺。樊宏、阴识也都是在称帝后才加入。

是刘秀渡过河北最艰难时刻、即天子位时所倚重的核心势力,① 其投奔有攀龙附凤性质。总体而言,南阳籍者在河北的聚合可谓背井离乡,宗族化、集团化程度不高。可以说,刘秀在河北形成的集团中不存在一个壁垒明晰、实力雄厚的原生性南阳势力。

第三,信都、巨鹿、真定人。第四,上谷、渔阳人。这两部分士人多携带宗族,具有地域色彩,如刘植、耿纯"各帅宗亲子弟,据其县邑,以奉光武","世为著姓"的寇恂"所将皆宗族昆弟"②。但"北人"内部也有流寓性,如任光是南阳人,李忠是东莱人,耿况、弇父子和万修是扶风人,景丹是冯翊人。不少人在新莽或更始时才在北方任职,如耿况和景丹为新莽时朔调(上谷)连率,李忠是新博(信都)属长,在北方的时间不长。

由上可见,刘秀集团人员来源,比起以"南阳集团"(由春陵宗室和绿林将帅构成)为主体的更始汉朝,更为复杂,地缘色彩不如后者强烈。这一情况影响了其合法化观念构造:在刘秀集团中,不存在绝对意义上"南人""北人"相区分的观念。

南北籍人员的混杂、地缘认同的不清晰,催生了"与天下士大夫共功"的策略。刘秀着力淡化其集团的地域色彩。首先,这种策略出于对更始汉朝"南阳集团"性质的反动。入驻长安后,更始帝尤其重用春陵宗室、南阳豪族及绿林将帅等"从入关"的南阳势力,造成了与关中的汉遗臣之间的裂痕。曾仕汉的桓谭说"(更始)西到京师,恃民悦喜,则自安乐,不听纳谏臣谋士"③,视更始为西入

---

① 陈苏镇指出:"事实上,'二十八将'之称所突显的是开国之功。邓禹等二十八人都是刘秀称帝前投入其麾下的,并且都曾'从平河北',参与了最艰难也最危险的王朝草创过程。"(陈苏镇:《〈春秋〉与"汉道"——汉代政治与政治文化研究》,第398 页)李通、来歙、樊宏、阴识并没有进入这一序列,可见他们不被东汉视为开国核心功臣。

② 《后汉书》卷一上《光武帝纪上》,第 12 页;卷一六《寇恂传》,第 620、622 页。

③ 桓谭撰,朱谦之校辑:《新辑本桓谭新论》,中华书局 2019 年版,第 9 页。

长安的东方人,表达了对更始重用南阳势力的不满。① 刘秀集团打破
了对南阳人的依赖,逐步确立"公天下"的用人模式。其次,在士
人背井离乡之下,这一做法有利于形成超越地域的新集体认同。起
初南人将帅不愿接受幽州的支援:"死尚南首,奈何北行入囊中?"②
这使刘秀意识到,强调南、北分野不利于其征伐大业。"与天下士大
夫共功"成为刘秀拉拢新成员的号召,被一再强调。③ 耿纯称"天
下士大夫捐亲戚,弃土壤,从大王于矢石之间者"④,点明士人多流
寓之身,"土壤"问题已不重要。得到"天下"英雄贤俊拥戴,展
示了刘秀开诚布公之"德"⑤。

投奔刘秀时,士人的家族规模并不大。士人普遍二十余岁,在
各自宗族中不是领袖,是否有携带族人投奔的号召力值得怀疑。情
况应是相反:各家族普遍反对这些年轻人投奔刘秀,他们只好"捐
亲戚,弃土壤",单枪匹马抛家离子前来追随。如王霸加入刘秀军队
时请求带上父亲,其父说"吾老矣,不任军旅,汝往,勉之",不愿
加入;邓晨受其宗人"家自富足,何故随妇家人入汤镬中"的责备,
只得"一身从"刘秀;傅俊投奔后,襄城灭其宗族。⑥ 并且,刘秀
有意抑制士人家族势力,切断他们与家族的联系,鼓吹"奉公抑
私",淡化宗族意识。刘秀自己首先经历了"去宗室化"的过程。
他"单车临河北"⑦,几乎没有宗室亲戚追随。赵缪王子刘林和广阳

---

① 更始朝廷政治力量分为舂陵宗室、绿林将帅、"长安系士人"三层。更始最信
赖的是"从入关"的前两者。更始的掌权与失势,与"长安系士人"对之从支持到背
弃的转向有关。详见本章第二节。

② 《后汉书》卷一九《耿弇传》,第704页。

③ 《后汉书》卷二二《景丹传》,第772页。

④ 《后汉书》卷一上《光武帝纪上》,第21页。

⑤ 岑彭称:"平定燕赵……百姓归心,贤俊云集。"冯异称:"方今英俊云集,百
姓风靡,虽邠岐慕周,不足以喻。"《后汉书》卷一七《岑彭传》,第655页;《后汉
书》卷一七《冯异传》,第643页。

⑥ 《后汉书》卷二〇《王霸传》,第734页;卷一五《邓晨传》,第583页;《后
汉书》卷二二《傅俊传》,第782页。

⑦ 《后汉书》卷二一《耿纯传》,第762页。

王子刘接两位宗室支持王郎，使河北汉宗室失去了刘秀的信任。刘秀宣称，王郎哪怕真是成帝之子也不配为天子，① 宗室血亲不一定具有合法性。刘秀在河北几乎没利用宗室身份制造天子舆论，也没有像更始一样分封同姓诸侯王。② 与刘秀这一"个体化"转变相关的是对士人"个体化"的引导，弱化其对宗族的归属感，强调士人对"国"而非对宗族的效忠。在这一语境下，宗族之"私"，与君、国之"公"相对立，后者才是建立新汉朝君臣稳固关系之基础。可见刘秀集团形成初期存在一个"去宗族化"、削弱豪族势力的过程。

倒戈王郎的信都大姓马宠抓捕李忠亲属，李忠不顾亲人而杀马宠弟，称"若纵贼不诛，则二心也""蒙明公大恩，思得效命，诚不敢内顾私亲"。刘秀"闻而美之"③。王郎捕邳彤亲属，彤称："事君者不得顾家。彤亲属所以至今得安于信都者，刘公之恩也。公方争国事，彤不得复念私也。"④ 耿纯烧毁宗人庐舍，称："窃见明公单车临河北，非有府臧之蓄，重赏甘饵，可以聚人者也，徒以恩德怀之，是故士众乐附。今邯郸自立，北州疑惑，纯虽举族归命，老弱在行，犹恐宗人宾客半有不同心者，故燔烧屋室，绝其反顾之望。"⑤ 耿纯虽"举族归命"，却切断了宗族与故土的联系。他又称"天下士大夫捐亲戚，弃土壤，从大王"，追随刘秀意味着抛家弃子。耿弇因无兄弟在京师而自疑，刘秀以"将军出身举宗为国"宽慰之，申明"宗"当服务于"国"⑥；将帅当将宗族质于京师，方能得到刘秀信任。董崇劝寇恂"今君所将，皆宗族昆弟也，无乃当以前人为

① 《后汉书》卷一二《王郎传》："光武曰：'设使成帝复生，天下不可得。'"第493页。

② 更始汉朝分封部分同姓诸侯王：定陶王刘祉、宛王刘赐、燕王刘庆、元氏王刘歙、汉中王刘嘉、汝阴王刘信。这些人都是与刘玄关系密切的春陵宗室。对比之下，刘秀在河北并无封王之举，值得深思。

③ 《后汉书》卷二一《李忠传》，第756页。

④ 《后汉书》卷二一《邳彤传》，第758页。

⑤ 《后汉书》卷二一《耿纯传》，第762页。

⑥ 《后汉书》卷一九《耿弇传》，第707页。

镜戒"，会意的寇恂"乃遣兄子寇张、姊子谷崇将突骑，愿为军锋"①。上述诸人都是北人将领，其"不私亲"获得刘秀嘉许。②"举族归命""举宗为国"成为一时风尚，是刘秀集团合法化进程中的观念话语。③

北人多携带宗族，刘秀忌惮他们与宗族的密切联系会削弱集团力量，于是强调个体化的人际关系，淡化家族的影响力，灌输顾大家弃小家、奉公抑私的观念。这里姑且称之为一种"去宗族化"的手段。伴随地域观念的弱化，刘秀集团的宗族化程度也大大降低，一种以士人个体为联结点的君臣支配和效忠关系逐渐形成。

在"去地域化""去宗室化""去家族化"的建构下，刘秀集团有意克服自身"私家"（世袭、血缘、地域）属性。将更始汉朝视为注重"私家"，开始鼓吹脱离更始，重建一个"公家"的新汉朝。这种建立公权化"汉家"的策略，是两汉之际一个显著而特殊的现象。④刘秀要"立高祖之业"（邓禹语），而不仅是"复高祖之业"（刘縯语）。配合这一系列观念，刘秀形象开始被建构。

邓禹称，刘秀为"圣人"在于能"德众""武众"和"文众"，即运用三种正当的方式使民服从，分别是开诚布公之德、赫赫战功及严明的军政纪律。其中"德"最重要："方今海内淆乱，人思明

---

① 《后汉书》卷一六《寇恂传》，第 622 页。

② 廖伯源注意到刘秀在河北时期尤擅长运用人质的方式来控制部将："高祖似无采用人质羁縻部属……光武中兴，相关之史料可见甚多以部属家属为人质之事例，此为战国以后首次出现如此多国内人质之事例。"参见《论汉光武帝·试论光武帝之统御术》，载廖伯源《秦汉史论丛续编》，第 114—119 页。其文主要关注监军制度、人质制度之演变等方面，未点明刘秀这一策略与限制部将之宗族势力有关。

③ 这种观念还体现为对个人私利的放弃。《后汉书》卷一六《邓禹传》载光武初见邓禹："谓曰：'我得专封拜，生远来，宁欲仕乎？'禹曰：'不愿也。'光武曰：'即如是，何欲为？'禹曰：'但愿明公威德加于四海，禹得效其尺寸，垂功名于竹帛耳。'"第 599 页。

④ 冯渝杰指出，两汉之际的"汉家"概念在谶纬神学的建构下，形成了有德运、有天命、有圣统的"公天下"内涵。对"天下非一人之天下，天下之天下"的公权"汉家"的追求，是刘秀建立东汉的一大思想特征。冯渝杰《从"汉家"神化看两汉之际的天命竞夺》，《历史研究》2015 年第 1 期。

君，犹赤子之慕慈母。古之兴者，在德薄厚，不以大小。"① 此语也暗示了更始合法性的缺失。三者皆指向"民心"："应民之望，收天下英雄而分授之"②，能否让"天下"士大夫归附，决定刘秀能否取代更始。

同时，他们以"受命圣王"塑造刘秀。更始汉朝尚在，就不断有人用各种方式暗示刘秀天赋异禀。击王郎时诸将称"刘公真天人也"③。"马武先进曰：'天下无主。如有圣人承敝而起，虽仲尼为相，孙子为将，犹恐无能有益。……'光武惊曰：'何将军出是言？可斩也！'"④ 相似的是朱祐，"祐侍宴，从容曰：'长安政乱，公有日角之相，此天命也。'世祖曰：'召刺奸收护军！'祐乃不敢复言"⑤。从刘秀最初附庸更始、并没想自立的状况看，他对马武、朱祐的呵斥恐怕不是作秀。但耿纯提醒刘秀"今功业即定，天人亦应，而大王留时逆众，不正号位，纯恐士大夫望绝计穷，则有去归之思，无为久自苦也。大众一散，难可复合"，认为众将鼓吹受命，是为了正当化他们的背井离乡及对宗族的割离，为他们的处境和归宿制造合理化理由。刘秀就不那么拒绝了。王霸称刘秀因至德而得天佑，用"武王白鱼"之喻暗示如周武王受命，刘秀表示接受。⑥ "武王白鱼"在群臣劝进刘秀称帝时再次提及，在这种氛围下，刘秀本人也

---

① "从至广阿，光武舍城楼上，披舆地图，指示禹曰：'天下郡国如是，今始乃得其一。子前言以吾虑天下不足定，何也？'"（《后汉书》卷一六《邓禹传》，第600页）邓禹回答在暗示刘秀即使地盘小，也足以反攻更始。

② 邓禹语见《后汉纪校注》，第26—27页。

③ 《后汉书》卷一六《邓禹传》注引《东观汉记》，第700页。

④ 《后汉书》卷一上《光武帝纪上》，第20页。

⑤ 《后汉书》卷二二《朱祐传》，第769页。

⑥ 《后汉书》卷二〇《王霸传》："及至虖沱河，候吏还白河水流澌，无船，不可济。官属大惧。光武令霸往视之。霸恐惊众，欲且前，阻水，还即跪曰：'冰坚可度。'官属皆喜。光武笑曰：'候吏果妄语也。'遂前。比至河，河冰亦合，乃令霸护度，未毕数骑而冰解。光武谓霸曰：'安吾众得济免者，卿之力也。'霸谢曰：'此明公至德，神灵之祐，虽武王白鱼之应，无以加此。'光武谓官属曰：'王霸权以济事，殆天瑞也。'"第735页。

利用神异："我昨夜梦乘赤龙上天，觉悟，心中动悸。"① 圣王受命舆论的出现，反映了刘秀集团从"附庸更始"到"期盼创业"的变化，及随之而来的策略调整。

"受命"舆论还需要将刘秀塑造为"汉高祖"，宣称"立高祖之业"。邓禹称："于今之计，莫如延揽英雄，务悦民心，立高祖之业，救万民之命。"② 这也许意味着刘秀集团的宗旨从当年刘縯号称的"复高祖之业"变为"立高祖之业"③。一字之差，内容已发生微妙变化。"怀复社稷之虑"的刘縯所说"高祖之业"指西汉，他以恢复汉朝为目标；邓禹所说"立高祖之业"指如高祖般创业，期望刘秀自立王朝，建立一个新的汉朝。刘秀常被比作高祖，多引高祖典故。赐书劝降隗嚣，称"昔柴将军与韩信书云：'陛下宽仁，诸侯虽有亡叛而后归，辄复位号，不诛也。'"④ "若束手自诣，父子相见，保无他也。高皇帝云：'横来，大者王，小者侯。'若遂欲为黥布者，亦自任也。"⑤ 伏隆说降齐王张步："高祖与天下约，非刘氏不王，今可得为十万户侯耳。"⑥ 对韩信、英布、田横及白马之盟的引典，强化了比刘秀作高祖之想象。"立高祖之业"又与"同符高祖"的舆论有关。马援称："天下反覆，盗名字者不可胜数。今见陛下，恢廓大度，同符高祖，乃知帝王自有真也。"⑦ 班固《两都赋》称："不阶尺土一人之柄，同符乎高祖。"⑧ 王者受命必有"符"⑨。刘秀

---

① 《艺文类聚》卷九七引《东观汉记》，《东观汉记校注》，第318页。
② 《后汉书》卷一六《邓禹传》，第599页。
③ 《后汉书》卷一四《宗室四王三侯传》载刘縯"自王莽篡汉，常愤愤，怀复社稷之虑"；"伯升召诸豪杰计议曰：'王莽暴虐，百姓分崩。今枯旱连年，兵革并起。此亦天亡之时，复高祖之业，定万世之秋也。'"第549页。
④ 《后汉书》卷一三《隗嚣传》，第527页。
⑤ 《后汉书》卷一三《隗嚣传》，第530页。
⑥ 《后汉书》卷二六《伏隆传》，第899页。
⑦ 《后汉书》卷二四《马援传》，第830页。
⑧ 《后汉书》卷四〇下《班固传》，第1361页。
⑨ 《汉书》卷九九中《王莽传中》载王莽曰："帝王受命，必有德祥之符瑞，协成五命，申以福应，然后能立巍巍之功，传于子孙。"第4112页。

与高祖所同之符，是赤帝火德之符，象征接受天命。班彪"以为汉德承尧，有灵命之符，王者兴祚，非诈力所致，欲以感之"，提到"唐据火德，而汉绍之，始起沛泽，则神母夜号，以章赤帝之符，由是言之，帝王之祚，必有明圣显懿之德，丰功厚利积累之业"①。刘秀集团制造的"四七之际火为主""昨夜梦乘赤龙上天，觉悟，心中动悸"一系列政治舆论，显示了刘秀与火德的联系。此时"高祖"意象含有创立汉朝、接受火德符命之义。

刘秀集团还对更始"因其资以据帝位"的合法性模式予以否定。更始三年，众将劝进曰："更始因其资以据帝位，而不能奉承大统，败乱纲纪，盗贼日多，群生危蹙。"②"资"表示更始称帝是因阶于宗室身份。"因资"本来是新莽时宗室匡汉过程中常见的正当化观念，即使在更始败后，借刘氏、宗室为"资"的现象仍然普遍。③"刘氏"仍然是"义"的化身，是具号召力的旗帜。然而这一旧观念在多个刘氏政权相继崩塌后遭到挑战，"刘姓不得再受命"的新思潮兴起。公孙述"以为孔子作《春秋》……明汉至平帝十二代，历数尽也，一姓不得再受命"，其功曹李熊称："天命无常，百姓与能。能者当之，王何疑焉？"公孙述最终称帝。隗嚣言于班彪："至于但见愚民习识刘氏姓号之故，而谓汉家复兴，疏矣。昔秦失其鹿，刘季逐而掎之，时民复知汉乎！"④苏竟也描述了"世之俗儒末学，醒醉不分，而稽论当世，疑误视听。或谓天下迭兴，未知谁是，称兵据土，可图非冀"的时局。⑤这种天子不拘刘姓、能者受命的新观

---

① 《汉书》卷一○○○上《叙传上》，第 4208 页。
② 《后汉书》卷一上《光武帝纪上》，第 20—21 页。
③ 更始三年方望称"刘氏真人，当更受命"，立前孺子刘婴为天子。方阳劝说赤眉将领樊崇："不如立宗室，挟义诛伐"，立齐景王后裔刘盆子为帝。更始败，梁孝王八世孙刘永称帝于睢阳。卢芳自称汉武帝曾孙刘文伯，"三水豪杰共计议，以芳刘氏子孙，宜承宗庙"。各见于《后汉书》卷一一《刘玄传》《刘盆子传》、卷一二《刘永传》《卢芳传》。
④ 《汉书》卷一○○上《叙传上》，第 4207 页。
⑤ 《后汉书》卷三○上《苏竟传》，第 1043 页。

念开始出现。

刘秀集团尽管调和了"刘氏子孙，宜承宗庙"和"能者受命"两种思路，某种程度上却更接近后者。"（杜）威雅称（王）郎实成帝遗体。光武曰：'设使成帝复生，天下不可得。'"[1] 这一回答否决了"因资"的效力。众将认为刘秀取代更始的原因是"言武力则莫之敢抗，论文德则无所与辞"，正符合公孙述集团所说"百姓与能，能者当之"。两汉之际，人心普遍认为长安更始政权是汉朝正统。在这种情况下，刘秀想背弃更始，确实需要否定"因循汉资"（宣称"因资"也难掩其治理绩效之低下），树立一种能者受命的合法化新路径。

需要指出的是，刘秀并不是完全否定"因资"，倒向"创业"说，而是根据不同情境需要、不同的对话者，选择其说法。上述"创业"之说主要见于河北时期、初称天子的阶段，针对以继承汉朝自居的更始朝而言。更始覆灭后，新汉朝建立，当竞争对手变成持"异姓受命"论的隗嚣、公孙述时，刘秀将其说法转向了"因资"。建武元年，公孙述称帝于成都，制造系列说法以论证"一姓不再受命""异姓将兴"。他称汉朝"历数尽也"；引《录运法》"废昌帝，立公孙"和《括地象》"帝轩辕受命，公孙氏握"，强调公孙氏受命。[2] 刘秀一一予以驳斥，对此《华阳国志》记录了刘秀对公孙述回信，一条不见于他处的史料：

> 《西狩获麟谶》曰"乙子卯金"，即乙未岁授刘氏，非西方之守也。"光废昌帝，立子公孙"，即霍光废昌邑王，立孝宣帝也。黄帝姓公孙，自以土德，君所知也。……吾自继祖而兴，不称受命。求汉之断，莫过王莽。[3]

---

① 《后汉书》卷一二《王郎传》，第493页。

② 《后汉书》卷一三《公孙述传》，第535、538页。

③ 常璩撰，刘琳校注：《华阳国志校注》卷五《公孙述刘二牧志》，巴蜀书社1984年版，第475页。

《华阳国志》这段记载比《后汉书·公孙述传》更接近于原始史料，比较客观地反映了光武和公孙述采用宣传策略的不同。① 这段话呈现光武针对公孙述"异姓受命"说而作出的策略调整。光武自称"继祖而兴"，故不称"受命"，一反河北时的"受命"之论。"求汉之断，莫过王莽"指公孙述汲汲论证汉之"断"，跟王莽如出一辙，言下之意是汉并未断，因为光武继承汉帝法统；如此，那必不能称受命了。光武"与述及隗嚣书，辄署'公孙皇帝'"②。这是为了说明谶语"公孙"所指不是公孙氏，而是刘秀。《汉书·惠帝纪》颜师古注："内外公孙，国家宗室及外戚之孙也。"引应劭曰："内外公孙谓王侯内外孙也。"③ "公孙"可指宗室之孙。④ 刘秀以"公孙皇帝"自居，表达"继祖而兴"之义。可见在面对公孙述、隗嚣"一姓不再兴"之说时，刘秀不再强调自己受命，而是充分利用刘姓优势，论证自己"因资"的正当，力陈两"汉"之间的连续性。

可见在刘秀统一天下之前，出现了"受命"和"不称受命"两种截然相反的合法化叙述。如果说更始汉朝秉持"中兴、继统"的保守思路，隗嚣、公孙述持"天命无常，百姓与能"的激进思路，那么刘秀集团则采用一种机会主义的中间路线。刘秀的高明之处，在于对两种思路有所采纳又有所摒弃，没有绝对地倒向一边。这一策略塑造了刘秀身兼创业之君和复兴之主的形象，建立一种复合式、折中式的合法性模式，奠定了东汉王朝"创革"与"中兴"合二为

---

① 张学谦指出，《华阳国志》这段记载出现了"《西狩获麟谶》"这一不见于光武帝建武晚年颁布八十一篇图谶之名的谶纬文本，与之相反，《后汉书·公孙述传》则出现了《录运法》《括地象》《援神契》三篇光武帝颁布的图谶之名，说明《华阳国志》的取材更原始。张学谦《东汉图谶的成立及其观念史变迁》，《文史》2019 年第 4 辑。

② 常璩：《华阳国志校注》，第 478 页。

③ 《汉书》卷二《惠帝纪》，第 87 页。

④ 谶语"公孙病己立"指刘病己以武帝曾孙即位，也是运用了这一意义。

一的方针路线。① 东汉王朝是中国历史上唯一一个创业而统一天下，却不易国号和帝姓的王朝，刘秀这种合法化策略有其独特意义。

### （三）刘秀即位仪式的政治义涵

《后汉书·光武帝纪》载更始三年（25）夏，刘秀在河北之鄗举行即位仪式，标志着东汉王朝的建立：

> 六月己未，即皇帝位。燔燎告天，禋于六宗，望于群神。其祝文曰：皇天上帝，后土神祇，眷顾降命，属秀黎元，为民父母，秀不敢当。群下百辟，不谋同辞。咸曰王莽篡弑窃位，秀发愤兴义兵，破王邑百万众于昆阳，诛王郎、铜马、赤眉、青犊贼，平定天下，海内蒙恩，上当天心，下为元元所归。谶记曰："刘秀发兵捕不道，卯金修德为天子。"秀犹固辞，至于再，至于三。群下曰："皇天大命，不可稽留。"敢不敬承！②

这场仪式是刘秀集团的合法性观念的一次演绎。《续汉书·祭祀志上》载此事云："建武元年，光武即位于鄗。为坛营于鄗之阳，祭告天地，采用元始中郊祭故事。"③ 这句话往往被笼统地理解为"光武即位于鄗阳"。对此，也许有另一种解读。汉高帝六年"令天下县邑城"④，张晏注"令各自筑其城也"。西汉已形成一县一城的格局，

---

① "创革"与"中兴"的说法出自《后汉书》卷三五《张纯传》载建武十九年张纯宗庙议论："陛下兴于匹庶，荡涤天下，诛锄暴乱，兴继祖宗。窃以经义所纪，人事众心，虽实同创革，而名为中兴，宜奉先帝，恭承祭祀者也。"这一对说法本指光武宗庙安排，也反映了东汉初年时人两种合法性思路。

② 《后汉书》卷一上《光武帝纪上》，第22页。

③ 《续汉书·祭祀志上》，《后汉书》，第3157页。

④ 《汉书》卷一下《高帝纪下》，第59页。

凡县皆城。史料多见以某县名称其县之"城"的现象。① 鄗，光武
帝改名为高邑，可见鄗有城邑。李贤注《光武帝纪》"行至鄗"：
"县名，今赵州高邑县也。"指鄗县之城邑。如刘秀在更始二年至蓟
县，遭广阳王子刘接起兵蓟中，"城内扰乱"；刘秀"晨夜不敢入城
邑"。至广阿，"光武舍城楼上"②。可见县名多指其城邑。《后汉书》
记载刘秀在河北所到地区，皆用某字词表示，指更始治下的县。从
《后汉书》这类型用法看，"光武即位于鄗，为坛营于鄗之阳"的
"鄗"可理解为鄗县之城；"鄗之阳"指鄗城之南郊。鄗城，段玉裁
称"直隶赵州柏乡县之北二十里有故鄗城"③，在今河北柏乡县固城
店镇固城店村。"鄗之阳"在鄗南千秋亭五成陌坛场，今柏乡县龙华
乡十五里铺。两地今相距大概四公里。④

《光武帝纪》"六月己未，即皇帝位"当指《祭祀志》的"即位
于鄗"。袁宏《后汉纪》载："六月己未，即皇帝位于鄗。"⑤ 傅毅
《洛都赋》载："受皇号于高邑。"⑥ 这里的"鄗""高邑"当指鄗之
城邑。寇恂击破更始大司马朱鲔部将苏茂，"恂檄至，（刘秀）大喜
曰：'吾知寇子翼可任也！'诸将军贺，因上尊号，于是即位。""移
檄上伏，诸将皆入贺，并劝光武即帝位。"⑦ 看来，闻战檄、诸将入

① 关于"县"之城邑、城郭，其"内城外郭"的结构，参考王彦辉《早期国家理论与秦汉聚落形态研究》，《中国社会科学》2014 年第 6 期。对出土文物铭文及传世文献中以某字某词指城市的现象，参考［日］江村治树《战国时代的城市和城市统治》，载刘俊文主编《日本中青年学者论中国史·上古秦汉卷》，上海古籍出版社 1995 年版，第 170—203 页。
② 《后汉书》卷一六《邓禹传》，第 600 页。
③ 段玉裁：《说文解字注》，上海古籍出版社 1981 年版，第 290 页。
④ 1987 年 8 月 27 日柏乡县立有千秋亭遗址碑，碑阴载："千秋亭遗址，是一九八五年由柏乡县文物保护所在调查中发现。该遗址位于柏乡县城北十五里处的十五里铺村村西，古鄗城（固城店）南八华里处。"关于鄗城和鄗南千秋亭的地点考辨，参考秦进才《汉光武帝刘秀鄗南即位处文献述论》，《石家庄学院学报》2016 年第 5 期。
⑤ 袁宏：《后汉纪》，中华书局 2002 年版，第 39 页。
⑥ 严可均校辑：《全上古三代秦汉六朝文·全后汉文》卷四三，中华书局 1958 年版，第 1 册，第 705 页。
⑦ 《后汉书》卷一六《寇恂传》，第 622 页；卷一七《冯异传》，第 644 页。

贺、奉图书、上尊号、刘秀即位，是接续进行的，① 这一过程应发生于鄗城宫内。又可见，刘秀是在众将一再请求"正号位"之下即位的，② 上尊号、正号位指"皇帝"之号，对应"即皇帝位"。《白虎通·号》载："帝王者何？号也。号者，功之表也。所以表功明德，号令臣下者也。"③ 请求上尊号，理由是刘秀"言武力则莫之敢抗，论文德则无所与辞"、有安定宗庙社稷百姓之功德，这是"皇帝"名号的职责。④ 需认识到，"皇帝"与"天子"之称谓在当时是明确区分的。如地皇三年二月"立刘圣公为天子"；更始元年刘林"立（王）郎为天子，都邯郸"；建武元年春正月"平陵人方望立前孺子刘婴为天子"；"夏四月，公孙述自称天子"；六月"赤眉立刘盆子为天子"。⑤ 可见当时大多数建国者称天子，不同于刘秀被"上尊号"称皇帝。或"天子"或"皇帝"的记载不是随便的笼统的称呼，当有切实义涵。关于"皇帝"和"天子"之区别，《白虎通·号》称："或称天子，或称帝王何？以为接上称天子者，明以爵事天也。接下称帝王者，明位号天下至尊之称，以号令臣下也。"⑥ 在东汉人看来，作为爵称和天命所归的"天子"，与作为尊号和功德所表、号令百官的"皇帝"之间确有明确之别。刘秀"即皇帝位"，应是"鄗城即位"的内容。

"即皇帝位于鄗"随后可见，刘秀紧接着在"鄗之阳"的千秋亭五成陌坛场表达了"成为天子"的观念。《春秋保乾图》载"建

---

① 《后汉书》卷一八《吴汉传》载："汉与诸将奉图书，上尊号。"第678页。
② 《后汉书》卷一上《光武帝纪》："于是诸将议上尊号。马武先进曰：'天下无主。如有圣人承敝而起，虽仲尼为相，孙子为将，犹恐无能有益。反水不收，后悔无及。大王虽执谦退，奈宗庙社稷何！宜且还蓟即尊位，乃议征伐。'"关键词是"尊号、尊位"和"宗庙社稷"。第20页。
③ 陈立：《白虎通疏证》上，第43页。
④ 又如岑彭对镇守洛阳的朱鲔劝降曰："皇帝受命，平定燕、赵，尽有幽、冀之地，百姓归心，贤俊云集。"《后汉书》卷一七《岑彭传》，第655页。
⑤ 分别见于《后汉书》卷一上《光武帝纪上》，第4、11、18、20页。
⑥ 陈立：《白虎通疏证》上，第47页。

天子于鄗之阳",是刘秀于鄗阳称天子的纬书依据。① "燔燎告天,
禋于六宗,望于群神",对皇天、后土献上祝言,与天地群神交接,
宣告天命的眷顾。刘秀自称"秀",以父前子名的原则显示"以天
为父",建构天子身份。足见在本次即位礼中,"皇帝"和"天子"
身份都确实存在,问题在于二者是不是一回事。如果二者是一回事,
就无法解释为何史籍记载刘秀是"即皇帝位",而同时代其他称霸者
的即位则称"天子"。显然,这两种身份在时人看来并不等同。② 因
此,"即位于鄗"是即皇帝位,"为坛营于鄗之阳,祭告天地"是成
为天子,二者分别进行,并不等同。

　　"即皇帝位"与"成为天子"含义不同。③ 先"即皇帝位",是

---

　　① 《续汉书·祭祀志上》注引,《后汉书》第3158页。

　　② 值得说明的是更始帝的即位。《后汉纪》载更始元年"二月辛巳,朱鲔等于济
水上设坛场,立圣公为天子,议示诸将"。《东观汉记》载"吕植通礼经,为谒者,将
立圣公为天子仪以示诸将",张卬称"称天子何谓不可"。可见,更始帝在"济水坛
场"的即位应是即天子位。又,《后汉书·刘玄传》载:"诸将遂共立更始为天子。
二月辛巳,设坛场于淯水上沙中,陈兵大会。更始即帝位,南面立,朝群臣……于是
大赦天下,建元曰更始元年。悉拜置诸将。"对此可以认为,二月辛巳这天,更始先即
天子位,再即帝位。光武帝的即位顺序则相反。

　　③ 日本学者认为,汉代皇帝兼有"皇帝"和"天子"两种身份,即位礼可分为
"皇帝即位"和"天子即位"。西嶋定生最早提出"二重身份"之说,参考西嶋定生
《皇帝支配の建立》,《岩波讲座·世界历史》第4卷,岩波书店,1970年,第229—
256页;《汉代について即位仪礼———とくに帝位继承のばあいについて》,榎博士
还历记念编集委员会编《榎博士还历记念东洋史论丛》,山川出版社1975年版,第
403—422页。另可参看渡边义浩《汉魏における皇帝即位と天子即位》,《东洋研究》,
第165号,2007年;李俊芳:《汉代皇帝施政礼仪研究》第二章,中华书局2014年版,
第42—73页。也有学者否认"天子即位"的存在,认为只有"皇帝即位"。参考松浦
千春《汉より唐に至る帝位继承と皇太子—谒庙の礼を中心に》,《歷史》,第80辑,
1993年;[日] 金子修一:《皇帝祭祀的展开》,蔡春娟译,载 [日] 沟口雄三、小岛
毅主编《中国的思维世界》,孙歌等译,江苏人民出版社2006年版,第410—439页;
[日] 金子修一:《从皇帝遗诏来看唐代的中央和地方》,载严耀中主编《中国唐史学
会第十届年会暨唐代国家与地域社会国际学术研讨会论文集》,上海古籍出版社2008
年版,第2843页。学者对松浦千春的读法的反驳,参考李俊芳《汉代皇帝施政礼仪研
究》,第7173页;冯渝杰:《中古道教传授仪对汉代皇帝即位礼的仿拟与转化》,《学
术月刊》2019年第5期。

因为光武没有从诸王升为天子的过程，不是皇位的自然继承者。① 光武称帝时，天下仍有汉朝，即宣布承接西汉的长安更始帝。先即皇帝位，与刘秀集团否认更始帝位、认定西汉业已终结、天下已无"皇帝"的思路有关。即位前夕，马武曰"天下无主……大王虽执谦推，奈宗庙社稷何"；众将又言"汉遭王莽，宗庙废绝……更始因其资以据帝位，而不能奉承大统，败乱纲纪……帝王不可以久旷"②。认定天下无主、更始非真，刘秀即位发生在"宗庙废绝"之时，首先应该"即皇帝位"，确定宗庙社稷之主，宣布安定天下之功。之后，再通过"南效祭天"宣布皇帝之位符合天命。这一顺序安排，显示了光武自许为"因功受命"，而不强调对汉家天命的自然继承。

刘秀"成为天子"还体现为祝文中多次自称"秀"。"六宗群神皆从，未以祖配"③，此礼"采用元始中郊祭故事"④，效法汉平帝元始四年王莽规划的"元始仪"，后者实施了以祖配天。元始仪源自《孝经·圣治》"孝莫大于严父，严父莫大于配天"中的"严父配

① "即皇帝位"在先，与魏晋南朝时期以"皇帝臣某"开头、宣告王朝更替的告天文辞一致，含有改朝换代的隐义。三国魏晋时代各政权宣布禅代或受命时，有"皇帝臣丕""皇帝臣权""皇帝臣备""皇帝臣炎"等措辞。又如《宋书》卷三《武帝纪下》载晋宋禅代："永初元年夏六月丁卯，设坛于南郊，即皇帝位，柴燎告天。策曰：'皇帝臣讳……'"《南齐书》卷二《高帝纪下》建元元年："高祖即皇帝位于南郊，设坛柴燎，告类于天曰……"《梁书》卷二《武帝纪中》天监元年："高祖即皇帝位于南郊，柴燎告天曰……"《北齐书》卷四《文宣帝纪》武定八年："乃即皇帝位于南郊，升坛柴燎告天曰……"尾形勇根据这些现象指出，"即皇帝位"在先，"柴燎告天"（"即天子位"）在后，意味着新王朝的建立，"王朝交替时的即位仪式，有皇帝→天子两种区别和两个阶段。这与通常沿续天子→皇帝的同一王朝内的继承情况截然相反。"（[日]尾形勇：《中国古代的家与国家》，张鹤泉译，中华书局2011年版，第211—213页）我们认为，尾形勇这一以"即皇帝位"的先后来区别"内禅"和"外禅"的观点可以成立，适用于对光武即位及其涵义的分析。

② 《后汉书》卷一上《光武帝纪上》，第20、21页。

③ 《续汉书·祭祀志上》，《后汉书》，第3157页。

④ 《续汉书·祭祀志上》，《后汉书》，第3157页。

天"之义，王者应以"父"配享天。然而东汉建武元年祭天礼却没有设置"祖"，可能因为刘秀意欲突显以"天"为父。从"秀不敢当""秀发愤兴义兵""秀犹固辞"可见，刘秀在天面前以名自称，以子自居，符合"父天母地"的"天子"之义。"爵所以称天子何？王者父天母地，为天之子也。"[1]　"男子二十冠而字，父前子名，君前臣名"（《礼记·曲礼上》），"子于父母，则自称其名"（《曲礼下》）。自称"秀"即"父前子名"，不称姓表示家族内部的称谓。董仲舒阐述了将父前子名运用于郊祀的义理："为人子而不事父者，天下莫能以为可，今为天之子而不事天，何以异是。是故天子每至岁首，必先郊祭以享天，乃敢为地，行子礼也。"[2]　郊祀称某，是父子之礼扩大至天子之礼的产物。[3]　此前，以"某"表示以天为父的政治实践很少见。刘秀落实了董仲舒的郊祀观念。[4]　这一修辞表明刘秀与天建立了拟血缘化的父子关系，延续了西汉后期将皇帝视作天

---

[1]　陈立：《白虎通疏证》上，第2页。

[2]　苏舆撰，钟哲点校：《春秋繁露义证》"郊祀第六十九"，中华书局1992年版，第409页。

[3]　先秦西汉时天子自称"某"多在庙祭、祈福或外交场合表达与祖宗的关系，常见于祝祷文体。《尚书·金縢》载周公"乃告太王、王季、文王。史乃册祝曰：惟尔元孙某，遘厉虐疾；若尔三王，是有丕子之责于天，以旦代某之身。予仁若考，能多材多艺，能事鬼神；乃元孙不若旦多材多艺，不能事鬼神"。《左传》哀公二年蒯聩祷告曰："曾孙蒯聩，敢昭告皇祖文王，烈祖康叔，文祖襄公，郑胜乱从……"出土于陕西华阴的战国玉简铭文《秦曾孙骃告华大山明神文》也有"孙某"的言辞："有秦曾孙小子骃曰：……小子骃敢以介圭、吉璧、吉瑞以告于华大山。……以余小子骃之病日复，故告大一、大将军。"（参考王辉《秦曾孙骃告华大山明神文考释》，《考古学报》2001年第2期）这些用法多以"孙某"的形式出现。西汉似仅见高祖在其父前称某。《汉书》卷一《高帝纪》："上奉玉卮为太上皇寿，曰：'始大人常以臣亡赖，不能治产业，不如仲力。今某之业所就孰与仲多？'"卷三六《楚元王传》："太上皇以为言，高祖曰：'某非敢忘封之也，为其母不长者。'"

[4]　据笔者管见，这种用例似仅见于《论语·尧曰》："（汤）曰：予小子履，敢以玄牝，敢昭告皇皇后帝。"何晏集解引孔安国注："履，殷汤名。"

之代理人而管理民众的“承天生民”理念。① 同时，也表明光武即位的合法性在于他能胜任这种天与民之间的中介角色，而不仅在于因袭西汉皇帝宗统。

这篇即位祝文的文体渊源，是新莽实施祭祀的措辞。“禋于六宗，望于群神”出自《尚书·舜典》，新莽始建国四年诏引之：“伏念予之皇始祖考虞帝……禋于六宗，望秩于山川，遍于群神”。② “上当天心，下为元元所归”本于居摄三年（8）刘歆等人的颂词“上有天地社稷之重，下当元元万机之忧”③。“皇天上帝，后土神祇，眷顾降命，属秀黎元”“皇天大命，不可稽留，敢不敬承”，都可见于居摄三年十一月王莽“即真”的诏书：“皇天上帝隆显大佑，成命统序，符契图文，金匮策书，神明诏告，属予以天下兆民……以承皇天上帝威命也。”④ 王莽对皇天、后土、六宗、群神的尊崇礼祀无非为了证明自己具备了取代汉朝、建立新朝的资格，这套话语没有被视为不切实际或有辱汉统，刘秀正要借用来论证相似目的。刘秀集团与新莽王朝分享了共同的合法化信仰资源，既来自复古运动建立经典礼制的逻辑演绎，又出于彰显“受命”之义。光武即位仪式不仅延续了复古改制精神，更是宣告了不同旧汉的“新汉”之诞生。

本节探讨了南北迁徙对刘秀集团形成的影响，勾勒了刘秀集团

---

① 承袭自董仲舒学说的“承天生民”论多见于西汉后期的君臣言论。《汉书》卷九《成帝纪》建始三年诏：“盖闻天生众民，不能相治，为之立君以统理之。”《汉书》卷八五《谷永传》：“臣闻天生蒸民，不能相治，为立王者以统理之，方制海内非为天子，列土封疆非为诸侯，皆以为民也。垂三统，列三正，去无道，开有德，不私一姓，明天下乃天下之天下，非一人之天下也。”《汉书》卷二五下《郊祀志下》：“帝王之事莫大乎承天之序，承天之序莫重于郊祀，故圣王尽心极虑以建其制。”关于“生民论”的起源和汉唐的流变，参见［日］渡边信一郎《中国古代的王权与天下秩序》，徐冲译，中华书局 2008 年版，第 2731 页。

② 《汉书》卷九九中《王莽传中》，第 4131 页。

③ 《汉书》卷九九上《王莽传上》，第 4091 页。

④ 《汉书》卷九九上《王莽传上》，第 4095 页。

合法性思想体系复杂演进的过程。初临河北的一年里，刘秀一方面受到信都势力效忠更始帝的影响，以附庸更始建立其合法性身份；另一方面也渐渐孕育"圣王受命"舆论，终至于"正当"地背叛更始帝。这一转型过程中，刘秀有意淡化集团内部的地域性和宗族性，形成"与天下士大夫共功""能者受命"的创业论主调，对更始帝、绿林军、舂陵宗室的复汉思路和地域本位策略是新的突破。宣称"同符高祖"，创立新汉朝。元年即位仪式和祝文诸细节显示了对"承天生民"的皇帝—天子身份的构建。至此，光武完成其自我身份形象的塑造，也奠定了新汉政权合法化的基本理念。尽管否定了更始的"因资"，刘秀在对抗隗嚣、公孙述"异姓受命"论时，却摇身一变以宗室自居，自称"公孙"，"不称受命"，可见刘秀在"创业"与"继统"之间不断调整的因时而变的策略。这种双向叙述确保了刘秀在不同时局下能游刃有余，也留下了东汉立国性质的不确定性和游移性。

## 二 两汉之际的东、西格局：以刘秀集团的东方建构与"长安系士人"的西方流寓为中心

光武帝刘秀早年经历了南阳起兵对抗新莽、归依更始汉朝到自立于河北的过程。建武元年（25）称帝于河北鄗城以后，刘秀专心经营函谷关、武关以东之地，以洛阳为中心建朝立制，四面征伐，形成以东方为根据地、先东后西、以东制西的战略策略，先后与关中赤眉、陇西隗嚣、巴蜀公孙述三大西方势力相较量。这一过程中，"东西格局"是一条重要的政治文化线索，牵动着新莽末年至东汉成立时期的集团分际、政局走势及不同的合法性观念建构诸问题，值得深究。迄今为止，学界对这一问题尚未有足够

的关注。①

　　本节以"长安系士人"一词指称其时的前汉遗臣，将这个群体视为其时活动于关中的代表性士人群体，观察他们的活动，其与崛起于关东的刘秀集团之间的关系，以及这两个群体在政权重建观念上的分歧及整合等。以刘秀集团与"长安系士人"的立足于东方或西方的合法性构造为线索，考察两汉之际政治文化的地理格局；刘秀集团如何制造"东方受命"说，为不同于旧汉的新汉朝的确立找到合法性依据；关中的"长安系士人"在西汉解体后，流寓于一度兴盛的西方诸政权之间，如何炮制了以隗嚣为"西伯"、以公孙述为"白帝"的西方受命说，最终以刘氏尧后论融入洛阳新汉朝。刘秀集团与"长安系士人"两个群体从不同角度，梳理出不同的天命脉络线索，推动了两汉之际从"复汉""易姓"到"新汉"的政治文化潮流的阶段性变化，形成东汉王朝合法性身份构造的复杂历程。

### （一）东、西之际的谣传与光武"东帝"说

　　本书讨论的东方、西方，以函谷关为分界。东方主要指冀、豫、荆、扬、兖、徐诸州，西方主要指关中及陇右、巴蜀、河西诸地区。两汉之际"东西格局"的形成，肇始于西汉后期尤其是新莽年间的东方灾荒对西方造成的巨大冲击。关中与关东社会经济的严重失衡，东方暴动四起、流民西迁入关，使关于东方的政治谣言频频发生，逐渐酝酿了一种以东方地域为背景的"圣人受命"舆论思潮。

---

　　① 王鸣盛讨论过这一时期的"山东山西"问题，仍较简单（王鸣盛著，黄曙辉点校：《十七史商榷》卷三五《后汉书七·山东山西》，上海书店出版社2005年版，第242—243页）。卢云《东汉时期的文化区域与文化重心》（载《中国文化研究集刊》第四辑，复旦大学出版社1987年版）探讨了东汉三辅士人之由盛转衰，与汉羌战争的关系。薛小林《西州与东汉政权的建立》（《史学月刊》2015年第1期）从异域到旧疆之演变的角度，提出"西州"作为区域概念在刘秀建国历程的特殊意义，西州有其主体性、能主动选择与中央的关系。学界对"东西格局"问题尚未能直接揭示。

有学者指出中国在公元前后数十年间出现由暖转寒的气候现象。① 史载寒冷气候引起的自然灾害多发生于关东。新莽天凤、地皇年间，关东灾荒及民变十分常见。天凤三年（16）二月，"地震，大雨雪，关东尤甚，深者一丈，竹柏或枯"。五年（17），"赤眉力子都、樊崇等以饥馑相聚，起于琅邪"。六年（18），"关东饥旱数年，力子都等党众浸多，更始将军廉丹击益州不能克"②。西汉后期黄河入海口的改道所引起的洪灾是青、徐饥荒的导因。③ 地皇二年（21）秋，"陨霜杀菽，关东大饥，蝗"，出现"今洛阳以东，米石二千""关东人相食"④ 之事。在赤眉之后，南阳绿林起义也由饥荒引起。⑤ 更始时期加上连年战乱，关东地区延续了凋敝景况。⑥ 而相比之下，关中的社会经济状态基本维持在正常水平。地皇三年（22）夏，"流民入关者数十万人，乃置养赡官禀食之"⑦，东方饥民大量流入关中并得到赡养，可见关中相对富庶。关中南通巴蜀，西临陇右、通河西，官道相连，交通发达。这些地方一向比较丰饶。史称两汉之际"蜀地肥饶""天水完富""河西殷富"，有其支持作为经

①　王子今《秦汉时期气候变迁的历史学考察》指出："大致在两汉之际，经历了由暖到寒的历史转变。"《历史研究》，1995 年第 2 期，第 3—19 页。早期的研究参考文焕然《秦汉时代黄河中下游气候研究》，商务印书馆 1959 年版；竺可桢：《中国近五千年来气候变迁的初步研究》，《考古学报》，1972 年 12 月，第 15—38 页。晚近研究参考马新《历史气候与两汉农业的发展》，《文史哲》2002 年第 5 期；秦冬梅《试论魏晋南北朝时期的气候异常与农业生产》，《中国农史》2003 年第 1 期。

②　《汉书》卷九九中《王莽传中》，中华书局 1962 年版，第 4141 页；卷九九下《王莽传下》，第 4154 页；《王莽传下》，第 4155 页。

③　参考 Hans Bielenstein（毕汉思）：*The Restoration of the Han Dynasty with Prolegomena on the Historiography of the Hou Han Shu*，Goteborg，1953。

④　《汉书》卷九九下《王莽传下》，第 4167、4172、4175 页。

⑤　"王莽末，南方饥馑，人庶群入野泽，掘凫茈而食之，更相侵夺。"《后汉书》卷一一《刘玄传》，中华书局 1965 年版，第 467 页。

⑥　"今山东饥馑，人庶相食，兵所屠灭，城邑丘墟。"《后汉书》卷一三《公孙述传》，第 535 页。

⑦　《汉书》卷九九下《王莽传下》，第 4176 页。

济基础，灾荒对长安城没有太大影响。① 在赤眉入关之前，关中地区相对安定，经济水平良好。

关中与关东经济状况的反差，造成东、西关系的紧张。东方纷乱，东方流民大量涌入关中，也带来了不安。关东饥民聚团劫掠本迫于生计，收成时便不再骚动；王莽却视之为反新复汉，严酷镇压，激化了官民矛盾。② 造成这种情况的原因，还有东、西间的通信滞塞。"东方岁荒民饥，道路不通"③。长安当局甚至不信任东方人："或谓莽曰：'城门卒，东方人，不可信。'"④ 关东也对长安充满警惕："（新莽）太师（王匡）、更始（将军廉丹）合将锐士十余万人，所过放纵。东方为之语曰：'宁逢赤眉，不逢太师；太师尚可，更始杀我。'"⑤ 及后"隗嚣与（马）援共卧起，问以东方流言及京师得失"⑥，西方人确实常常听闻"东方流言"，揣测、谣传，真假莫辨。

在信息隔阂之下，加上对新莽篡位的质疑，长安京师屡屡出现关于东方的谣言，诸如"东方受命""东方将倾关中"⑦。若干不利

---

① 《后汉书》卷一三《公孙述传》，第535页；《后汉书》卷一三《隗嚣传》，第525页；《后汉书》卷二三《窦融传》，第799页。高祖时张良称洛阳狭小而关中广阔，是就关中连通陇、蜀而言："夫关中左殽函，右陇、蜀，沃野千里，南有巴、蜀之饶，北有胡苑之利，阻三面而固守，独以一面东制诸侯。"《汉书》卷五五《留侯世家》，第2044页。关东的灾荒很大程度上引发自黄河改道所引起的洪灾，关中并不存在这种情况。

② 这一情况源于官吏隐瞒乱情、畏惧担责，详细记载参考《汉书》卷九九下《王莽传下》，第4140—4171页。

③ 《汉书》卷九九下《王莽传下》，第4174页。

④ 《汉书》卷九九下《王莽传下》，第4190页。

⑤ 《汉书》卷九九下《王莽传下》，第4175页。

⑥ 《后汉书》卷二四《马援传》，第830页。

⑦ 需要说明的是，对新莽末年及两汉之际这一时期灾异、天象的阐释，既可能来自当时产生的舆论，也可能是事后的东汉时代（如《汉书》《东观汉记》）的追述记载。从历史书写的角度看，后者难免有史实的偏差。但本书认为这种偏差不大。东汉距离新莽末年至两汉之际不远，历史记忆得以保留。这意味着东汉对这一时期的历史书写主要基于这种难以篡改的记忆，很难说其中不存在当时舆论的印记，它仍然反映了当时的社会政治心态。因此，本书对此时灾异和天象的论述，并不对"当时舆论"和"事后追述"加以刻意区分，认为这些记载不完全是东汉为了突显刘秀受命而制造的书写。

于新莽的谣言，都有东方意象。始建国四年（12）夏，"赤气出东南，竟天"①。地皇三年夏，"蝗从东方来，蜚蔽天，至长安，入未央宫，缘殿阁。莽发吏民设购赏捕击"②。同年二月灞桥火灾一事，更是意味深长：

> 二月，霸桥灾，数千人以水沃救，不灭。莽恶之，下书曰："夫三皇象春，五帝象夏，三王象秋，五伯象冬。皇王，德运也；伯者，继空续乏以成历数，故其道驳。惟常安御道多以所近为名。乃二月癸巳之夜，甲午之辰，火烧霸桥，从东方西行，至甲午夕，桥尽火灭。大司空行视考问，或云寒民舍居桥下，疑以火自燎，为此灾也。其明旦即乙未，立春之日也。予以神明圣祖黄、虞遗统受命，至于地皇四年为十五年。正以三年终冬绝灭霸驳之桥，欲以兴成新室统一长存之道也。又戒此桥空东方之道。今东方岁荒民饥，道路不通，东岳太师亟科条，开东方诸仓，赈贷穷乏，以施仁道。其更名霸馆为长存馆，霸桥为长存桥。"③

位于长安东郊的霸桥发生火灾，王莽"恶之"，将之解释成吉兆，预示霸道上升为王道，新朝将"统一长存"。王莽将霸桥火灾与王朝统一长存联系在一起，暗示此事被视为与东方民变有关。首先，火势"从东方西行"，暗示东方对西方的侵犯，而"数千人以水沃救，不灭"，暗示对入侵的无能为力。其次，桥被烧光意味着"空东方之道"，没有道路去东方。霸桥是长安横跨灞水的唯一桥梁，通往东方的函谷道、武关道及蒲津道在灞水与长安之间并为一路，中间介以霸桥。桥东端的霸上，为东方各

---

① 《汉书》卷九九中《王莽传中》，第 4127 页。
② 《汉书》卷九九下《王莽传下》，第 4176 页。
③ 《汉书》卷九九下《王莽传下》，第 4174 页。

地出入长安之门户。① 具有沟通东西之象征意义的霸桥毁灭，暗示长安失去了管控东方叛乱的途径。最后，王莽命令"东岳太师"开东方粮仓赈济灾民，美其名曰仁道，其实为了宣示整顿东方的决心。名曰"长存桥"，可见王莽意识到通东方与长治久安的关系。② 此事后，"遣太师王匡、更始将军廉丹东，祖都门外，天大雨，沾衣止。长老叹曰：'是为泣军！'"③ 长老视将帅东征为凶事，也与"霸桥灾"舆论有关。"霸桥灾"舆论含义多重，其主要暗示是，关东叛乱将倾覆关中，一切难以抑制。

地皇二年魏成大尹李焉与卜者王况谋反，作谶书提到"江湖有盗，自称樊王……太白扬光，岁星入东井"④，岁星暗示东方，对应青齐的樊崇；东井指秦地，象关中。⑤ 地皇三年十一月发生"有星孛于张，东南行五日不见"⑥。虽然据《续汉书·天文志》解释，张指周地，东南行指翼轸之分，即光武起义于南阳、建朝于洛阳，其来源可能是新莽后期"东南乱兵""荆楚当兴"⑦ 的舆论。又如"初，京师闻青、徐贼众数十万人，讫无文号旌旗表识，咸怪异之。好事者窃言：'此岂如古三皇无文书号谥邪？'莽亦心怪，以问群臣，

---

① 关于霸桥的地理方位及意义，参考辛德勇《论霸上的位置及其交通地位》，《陕西师范大学学报》1985 年第 1 期，第 125—128 页。

② 与"霸桥灾"或可并置考虑的是此前天凤三年"霸城门灾"，王莽改其名曰仁寿门无疆亭。颜师古引《三辅黄图》："长安城东出南头名霸城门，俗以其色青，名曰青门。"长安东方的霸城门、青门发生火灾也暗示了凶兆，王莽的新命名同样体现了与长治久安的关联。

③ 《汉书》卷九九下《王莽传下》，第 4175 页。不久后，乱兵攻入新莽长安城的门正是都门，可见这条材料的舆论意义。第 4190 页。

④ 《汉书》卷九九下《王莽传下》，第 4166 页。

⑤ 《汉书》卷二六《天文志》："岁星曰东方，春，木；于人五常，仁也；五事，貌也。"第 1280 页。《天文志》："客谓张耳曰：'东井，秦地，汉王入秦。'"第 1301 页。

⑥ 《汉书》卷九九下《王莽传下》，第 4179 页。又见《续汉书》志一〇《天文志上》，第 3218 页。

⑦ 《汉书》卷九九下《王莽传下》，第 4168 页。

群臣莫对"①。"好事者"此话并非无意之谈，它暗示了青徐贼中有圣人受命。刘歆被劝说造反之初，并不情愿，理由是他从天文推知"东方必成"②。地皇三年绿林起事于南阳，四年二月刘玄在宛称汉帝，应验了"东方受命"的传言。公孙述欲自立益州，"使人诈称汉使者自东方来，假述辅汉将军、蜀郡太守兼益州牧印绶"③。尽管随即便反叛更始，公孙述仍将自己政权合法性归于兴起"东方"的更始，对"东方受命"一说予以认同。看来，关于东方的舆论并不特指赤眉、绿林或更始，也不完全是事后带有东汉官方意识的史籍暗示刘秀的兴起，而可能是新莽后期一系列关东叛乱给关中带来恐慌的产物。④

有学者指出，谣言是一种集体解决问题的方式。人们以谣言为沟通形式，尝试在不明朗不稳定的社会处境中建构有意义的环境诠释，社会的矛盾冲突对谣言的形成有重要作用。⑤ 汉末、新莽时代的谣言，反映了在东、西方社会矛盾加剧之下试图解决这种矛盾的集体无意识。潜藏于变革时代中的这种社会心理，对两汉之际政治文化演变的地理格局有着重要的影响。

新莽覆灭后，"东、西"常被相对地提及。如隗嚣"名震西州，闻于山东"，荆邯称"西州豪杰咸居心于山东"，邓禹说"更始虽都关西，今山东未安"，申屠刚称"东方政教日睦，百姓平安，而西州发兵，人人怀忧虑"⑥。尽管这些"西"指关中或陇西不一，但它在

---

① 《汉书》卷九九下《王莽传下》，第 4179 页。

② 《汉书》卷九九下《王莽传下》，第 4184 页。

③ 《后汉书》卷一三《公孙述传》，第 534 页。

④ 这种恐慌可以溯源至已遭关东灾荒困扰的西汉后期。《汉书》卷二七中之上《五行志中之上》载："（成帝）元延元年正月，长安章城门门牡自亡，函谷关次门牡亦自亡。……故谷永对曰：'章城门通路寝之路，函谷关距山东之险，城门关守国之固，固将去焉，故牡飞也。'"（第 1401 页）谷永之言暗示了东方连年民乱对长安的威胁。

⑤ 参考吕宗力《汉代的谣言》，浙江大学出版社 2011 年版，第 2—3 页。

⑥ 《后汉书》卷一三《隗嚣传》，第 522 页；《后汉书》卷一三《公孙述传》，第 539 页；《后汉书》卷一六《邓禹传》，第 599 页；《后汉书》卷二九《申屠刚传》，第 1015 页。

与"山东"对立的格局中被提出。"嚣扬言东方有变，西州豪杰遂复附从"①，东方的流言影响着西州士族作出抉择。

"东方受命"谣传，对光武立国有着积极影响。建武元年（25）六月，光武称帝于河北之鄗，在河内郡的怀（今河南武陟）稍作停留，十月定都洛阳，逐渐形成了以洛阳为中心、以河内为后方的关东本位战略。相继平定梁国刘永、齐地张步、黎丘秦丰、淮南李宪、东海董宪等东、南方割据势力。更始元年（23）十月刘秀随更始帝从宛至洛阳，同月出行河北，并未随更始西入关。在称帝后，长安则为赤眉所据。因此，关中、旧都长安对他而言比较陌生，② 在河北形成的集团鲜有关中籍贯者，立足关东是自然的选择。此后，光武"方事山东，未遑西伐""方务关东，思西州方略""方忧山东，关西未有所属"③。晚至建武三年（27）正月于宜阳降服赤眉、收复长安，光武仍以关东为首要经营区域，直到六年（30）"关东悉平"方才转向西方。在这一过程中，他多次"大发关东兵"④，东方是他西进的兵力来源。相关迹象表明，光武已形成立足东方、先东后西、以东制西的战略思路。

光武的新汉朝跟长安关系疏淡，意味着他需要重新建构一种新的天命观念，以证明汉家再受命不在"旧都"。"旧都"被认为延续了近两百年的汉天命，⑤ 如何撇开这种旧观念，建立一套以洛阳"新都"为核心的新天命观念，使"新都"乃至"新汉朝"正当化，是光武集团首先要解决的重要问题。光武集团"兴于东方"思路诞

① 《后汉书》卷二三《窦融传》，第 805 页。

② 新莽天凤年间，刘秀曾短暂学于长安，此后直到建立东汉再未曾入关。

③ 《后汉书》卷一三《公孙述传》，第 537 页；《后汉书》卷一五《来歙传》，第 585 页；袁宏撰，张烈点校：《后汉纪》，中华书局 2018 年版，第 31 页。

④ 《后汉书》卷一五《来歙传》，第 587 页。

⑤ 如建武年间杜笃作《论都赋》称"故创业于高祖，嗣传于孝惠，德隆于太宗，财衍于孝景，威盛于圣武，政行于宣、元，侈极于成、哀，祚缺于孝平。传世十一，历载三百，德衰而复盈，道微而复章，皆莫能迁于雍州，而背于咸阳"（《后汉书》卷八〇上《文苑传上》，第 2600 页），指天命在关中连绵不绝。

生于这种背景下，与新莽时代"东方圣人受命"的谣传不谋而合，二者相契合的表现是光武"东帝"说的兴起。

虽然含方位色彩的"东汉"一名大概始见于南北朝时期，① 但若干迹象表明，用"东"的意象指代光武新汉朝，最早可追溯到两汉之际的光武"东帝"说。② 相对于西据陇、蜀的隗嚣、公孙述，光武帝被称为"东帝"。"（公孙）述骑都尉平陵人荆邯见东方将平，兵且西向，说述曰：'……今东帝无尺土之柄，驱乌合之众，跨马陷敌，所向辄平。不亟乘时与之分功，而坐谈武王之说，是效隗嚣欲为西伯也。'"③ 东帝之称，当是相对于号称"白帝"的公孙述所言。白象西，隐含"西帝"之意。隗嚣为西伯、公孙述为白帝、光武为东帝，这种称呼结合了圣王想象与东、西方认同，颇耐人寻味。东帝之说可能是光武集团受新莽末年"东方受命""荆楚将兴"流言舆论影响而制造的一种说法。光武演绎谶纬之说，以东方圣王自居，构造"新汉朝东方受命"的论述。

首先，光武以谶纬中频频出现二十八星宿之"轸"意指自己。"轸"按分野之说对应荆州，象征东南、楚地。④《尚书考灵曜》载：

---

① 往往认为南北朝时才出现"东汉"之称。如：沈约《宋书·百官志下》有"强弩将军至东汉为杂号"；萧子显《南齐书·高逸传》有"佛经之来，始乎东汉"。又多见于出土的北朝墓志，如北魏《大魏高宗文成皇帝嫔耿氏墓志铭》有"标名族于西周，炳炎宗于东汉。其先汉大将军新兴侯耿况之后也。……延昌三年（514）七月十五日刊石铭记"。《魏故侍中使持节都督冀州诸军事车骑将军仪同三司冀州刺史武阳县开国公侯君之墓志》有"其先大司徒霸，出屏桐川，入厘百揆，开谋世祖，道被东汉。……孝昌二年（526）十月十八日侍御史谯郡戴智深文"。到南北朝时，"东汉"之称已经非常流行。

② 如班固《东都赋》、张衡《东京赋》以"东"指代新汉。《太平御览》卷四七〇引《东观汉记》："邓氏自中兴后，累世宠贵，凡侯者二十九人……不可胜数，东京莫与为比。"可见东汉史家已自称"东京"。范晔《后汉书》多用"东京"指东汉，应承袭自东汉已有说法。

③《后汉书》卷一三《公孙述传》，第540页。

④《汉书》卷二六《天文志》："翼、轸，荆州。"第1288页。郑玄注《尚书考灵曜》："轸，楚分野之星。"

"卯金出轸，握命孔符。""帝起受终，五纬合轸。"① 《尚书中候》：
"尧即位七十载……景星出翼轸。"② 《尚书帝命验》："东南纷纷注精
起，昌光出轸，已图之。"《春秋演孔图》："卯金刀，名为刘。中国
东南出荆州，赤帝后次代周。"③ 卯金暗指刘氏受命。这些谶语原本
当指龙兴于楚地的汉高祖刘邦。光武起义的南阳郡也属荆州、楚
地，④ 他巧妙将"轸"之所指转向自身。地皇三年"有星孛于张，
东南行五日不见"，《续汉书》解释为"东南行即翼、轸之分。翼、
轸为楚，是周、楚地将有兵乱。后一年正月，光武起兵于舂陵……
俱攻破南阳"⑤。光武利用了南阳属楚为"轸"，宣称谶纬"轸地受
命"正指自己。新莽时明习天文的郅恽称"方今镇、岁、荧惑并在
汉分翼、轸之域"⑥，这后来被东汉视作光武受命之瑞。《春秋汉含
孳》称"刘季握卯金刀，在轸北，字禾子，天下服"⑦，刘季应指刘
邦，然"字禾子"跟"秀"有关，仿佛又指刘秀。⑧ 刘秀利用谶语
的模糊性，坐实"轸"之所指，为其受命张本。"东南"方位相对
于关中而言，在时人看来这类谶纬指明"东方受命"。

其次，尽管一向有"土中"之称，洛阳常被视为"东"方，尤
其在与长安的对照下，所谓"洛阳东都"。光武号称东帝，或与他营

---

① ［日］安居香山、中村璋八辑：《纬书集成》上册，河北人民出版社 1994 年
版，第206 页。

② 《纬书集成》上册，第 404 页。

③ 《纬书集成》中，第 581 页。

④ 南阳属于荆州，时人以南阳为荆楚。郑兴说更始曰："陛下起自荆楚，政权未
施……"《后汉书》卷三六《郑兴传》，第 1217 页。

⑤ 《续汉书·天文志上》，《后汉书》，第 3218 页。

⑥ 《后汉书》卷二九《郅恽传》，第 1024 页。

⑦ 《宋书》卷二六《符瑞志上》，中华书局 1974 年版，第 766 页。

⑧ "秀"字本义是禾类植物抽穗、结籽，引申出茂盛义，参考周艳红、刘雅楠
《"秀"字本义考——兼论词义系统性在本义考证中的作用》，《宁夏大学学报》2015
年第 3 期。《东观汉记》所载"嘉禾九穗""王气郁郁葱葱"到"上田独收"等关于刘
秀起兵前后的祥瑞，都是对"秀"之"禾茂"义的发挥，详见第四章第一节第一小
节。可见"禾子"之说易使人联想到刘秀。

都于洛阳有关。在"东方受命"舆论流行之时，王莽就有营建"东都"洛阳的呼吁。① 地皇三年"有星孛于张"，星占曰"张，周地，为东都"，暗示光武兴于东都。② 谶纬中的"洛"多具有"东"之意。《尚书中候》载："黄帝东巡至洛。""尧率群臣，东沉璧于洛。""天乙东观洛。"③《孝经援神契》载："八方之广，周洛为中，于是遂筑新邑，营定九鼎，以为王之东都。"④ 以洛为东，是三代时以西方为参照的说法，与"土中"不矛盾。另外，洛阳属"周地"⑤，也使"周"带有东方意象。"复都洛阳，居周地，除秽布新之象"，居周地、号东帝，符合光武的设想。⑥ 对"东都周洛"意象的利用，可见于建武十年二月己亥这样的官方星占记录：

> 大流星如缶，出柳西南行，入轸。且灭时，分为十余，如遗火状。须臾有声，隐隐如雷。柳为周，轸为秦、蜀。大流星出柳入轸者，是大使从周入蜀。是时光武帝使大司马吴汉发南阳卒三万人，乘船溯江而上，击蜀白帝公孙述。……十一月丁丑，汉护军将军高午刺述洞胸，其夜死。⑦

这段文字中的"轸"，《开元占经》《太平御览》作"弧"，指弧星。⑧

---

① 王莽引《玄龙石文》曰"定帝德，国雒阳"；"昔周二后受命，故有东都、西都之居。予之受命，盖亦如之。其以洛阳为新室东都，常安为新室西都"《汉书》卷九九下《王莽传下》，第4132、4128页。

② 《续汉书·天文志中》，《后汉书》，第3231页。

③ 《纬书集成》上册，第400、404、409页。

④ 《纬书集成》中，第961页。

⑤ 《续汉书·天文志上》："王莽地皇三年十一月，有星孛于张……张为周地……更始为天子，都雒阳，西入长安，败死。光武兴于河北，复都雒阳，居周地，除秽布新之象。"（《后汉书》，第3218页）

⑥ 需要明确的是，不是"东方受命"的政治舆论促成了光武建都洛阳，而是相反。

⑦ 《续汉书·天文志上》，《后汉书》，第3220页。

⑧ "流星犯弧星二十七"，参见瞿昙悉达撰，常秉义点校《大唐开元占经》卷七五《流星占五》，中央编译出版社2006年版，第801—802页；《太平御览》卷八七五《咎征部二》作"弧"，中华书局1960年影印本，第3882页下栏。

《史记·天官书》载"秦之疆也，候在太白，占于狼、弧"①，弧星对应秦地。文献多以轸指荆楚，东汉语境下则与对光武"轸地受命"的建构有关，不太可能以"轸为秦、蜀"，"轸"当为"弧"之讹。② 这段星占记录将星宿（柳、弧）、东西方位、象征意象（周、秦）及军事行动（光武击公孙述）诸方面作联系，反映了光武集团对时局的构想。柳对应东方的周，弧对应西方的蜀，大流星"出柳入弧"意味着"从周入蜀"，诠释为以"周"自居的"东帝"光武进攻"白（西）帝"公孙述。公孙述白帝之号不仅是公孙述集团的说法，也被光武集团所默认。在东西对峙格局下，"东帝"与"白帝"双峰对立是当时普遍的认识。③ 为论证"东风压倒西风"，光武集团构造了上述说法。

东、西方之间通信的滞塞，谣言的传播，各自为政之格局，加剧了对峙状态。随着新莽和更始先后在长安倒台，新汉朝崛起于东方洛阳，"东方受命"成为流行舆论。天命遗弃关中、转向关东，意味着旧汉朝的终结和新汉朝的诞生。国家重心的东移，使东汉尽管号称继承汉统，却抛弃了前汉旧都，透露出另起炉灶之义涵。光武立足于河北、河内，建都洛阳，征服关东以制约西方，顺应"东方受命"，为东汉作为一个不同于西汉之王朝的成立定下思想基调。而在"尚东抑西"的格局下，西方也形成了一个地域性士人群体。面对关东汉朝的蓬勃发展，立足于关西的旧"汉"遗臣士人提出与"东方受命"之说针锋相对的观点，开始一系列的政治活动和思想表达。

---

① 《史记》卷二七，第 1346 页。

② 王先谦《后汉书集解》引惠栋曰："李殿学云：'轸'安得为秦蜀？盖'井'字也。吴越音讹，误写耳。观上文'西南行'可见。"王先谦《后汉书集解》，中华书局 1984 年影印本，第 1142 页。认为"轸"当为"井"。

③ 东汉人对光武兴于东方也多有描述，如建武年间杜笃《论都赋》提到"盖夫燔鱼剸蛇，莫之方斯。大呼山东，响动流沙。……西平陇、冀，东据洛都"《后汉书》卷八〇上《文苑传上》，第 2606 页。班固、张衡在各自大赋中贬抑"西都"、盛赞"东都"、宣扬天命东移的论调，可能肇始于这一观念。

**（二）寻找继统："长安系士人"与更始汉朝**

被新莽所取代的前汉王朝，其官吏队伍并没有完全崩解，多为新莽所承纳。长安城和三辅地区，生活着大量出仕前汉、新莽朝廷的士人群体。本书用"长安系士人"这一概念指称曾仕前汉朝廷、生活轨迹围绕长安的这群士人。强调"长安"而非关中，不仅为了说明这一群体的地域特征，更突出"长安"作为二百余年的汉朝之都的文化记忆及象征性意涵，在两汉之际"东西格局"中独具的意义。它直接间接地制约和牵引了东方洛阳之"新汉朝"意识形态的形成。新莽倒台后，长安系士人在关中凝聚自保，谋求出路，普遍选择效忠更始汉朝，逐渐形成自己的观念信仰和政治目标的群体。

新莽地皇四年（23）二月，在绿林军的拥戴下，刘玄即帝位于南阳淯水之边，改元为更始元年，史称更始帝。六月，入都宛城。九月，王莽死于长安动乱，玺绶被传至宛。随后更始都于洛阳。二年二月，又迁都于长安。

新莽末年，"三辅豪杰入长安，攻未央宫"①。"更始举尊号而天下响应，三辅清宫除道以迎之。"② "山西雄桀争诛王莽，开关郊迎者何也?"③ "关中咸相望天子，更始遂西发洛阳。"④ 从这些记载中，可看到一个"三辅、关中、山西"背景的人群对更始的热望和欢迎。《东观汉记》称：

> 更始欲北之洛阳，以上（刘秀）为司隶校尉，先到洛阳整

---

① 《艺文类聚》卷五一引《东观汉记》，《东观汉记校注》，第263页。

② 《后汉书》卷二一《邳彤传》，第758页。

③ 《后汉书》卷三六《郑兴传》，第1217页。

④ 《东观汉记校注》，第261页。《太平御览》卷九〇引《东观汉记》作"关中咸相望天子，更始遂西居东宫"，无"发洛阳。李松奉引，车马奔，触北阙铁柱门，三马皆死"文字。《水经注》卷一六引《东观汉记》云："更始发洛阳，李松奉引，车马奔，触北阙铁柱门，三马皆死。"可见聚珍本据此补。《后汉书·刘玄传》载"更始自洛阳而西。初发，李松奉引……"，与之同。

顿官府，文书移与属县，三辅官府吏东迎雒阳者见更始诸将过者已数十辈，皆冠帻，衣妇人衣，诸于绣拥裶，大为长安所笑。知者或畏其衣，奔走入边郡。见司隶官属，皆相指视之，极望老吏或垂涕曰："粲然复见汉官威仪。"①

带有官方意识的《东观汉记》可能贬抑更始而抬高光武，其中 "三辅官府吏" "长安" 嫌弃更始的记载未必完全属实。更可能的情况是，曾仕前汉或新莽的 "三辅吏士" "老吏" 欢迎更始帝入驻长安。他们听说更始建都于洛阳，就出关东迎，劝说更始应该在长安而非洛阳重建汉朝。"更始诸将皆山东人，咸劝留洛阳"，而在郑兴的主张下，更始才下定西迁长安的决心。关于郑兴，史载："天凤中，将门人从刘歆讲正大义，歆美（郑）兴才……更始立，以司直李松行丞相事，先入长安，松以兴为长史，令还奉迎迁都。"② 郑兴跟刘歆交往密切，自新莽天凤年间一直居于长安，结识了先行入关的更始部将李松。李松伯父守为新莽宗卿师，松入关后应与 "三辅吏士" 有所交集。③ 都长安的建议，当出自李松身边郑兴等 "长安系士人" 的意见。东迎的三辅士人向更始表达 "关中咸相望天子" 之意愿，"更始遂西发洛阳"④。"申屠建、李松自长安传送乘舆服御，又遣中黄门从官奉迎迁都。"⑤ 如此郑重其事，他们视更始帝为填补汉家法统之中缺、继承汉朝之君。在他们看来，随着更始入关，天命在更始身上、在长安延续，汉命尚未终结。更始王朝拥有汉朝的传国玺绶，俨然是正宗的继统之君。⑥ 同时，三辅士人对资历尚浅的刘秀的

① 《东观汉记校注》，第 5 页。
② 《后汉书》卷三六《郑兴传》，第 1217 页。
③ 按理，南阳宛人李松可能更倾向于都山东，可见都长安并非其个人决策。
④ 《太平御览》卷九〇引《东观汉记》，《东观汉记校注》，第 261 页。
⑤ 《后汉书》卷一一《刘玄传》，第 470 页。
⑥ 《后汉书》卷一一《刘玄传》："东海人公宾就斩王莽于渐台，收玺绶，传首诣宛。"后来，汉家玺绶又经赤眉刘盆子传至光武帝。

"东方受命"身份、对洛阳新汉朝的合法性，有所怀疑。三辅平陵士人荆邯称"今东帝无尺土之柄，驱乌合之众"，[①] 即含有这种意思。

　　前汉新莽遗臣群体与更始汉朝的关系，尚未被学者所留意。[②] 更始起用众多的"长安系士人"，借其拥戴塑造正统形象。史称更始"左右侍官皆宫省久吏"[③]，更始政权继承了长安原有的官吏架构。长安系士人任官者见表1.1。

表1.1　　　　　　　　　　　　前汉遗臣更始朝廷任官

| 姓名 | 更始朝官职 | 籍贯 | 西汉、新莽时祖辈及其人行迹 |
|---|---|---|---|
| 云敞 | 御史大夫 | 京兆平陵 | 汉大司徒掾，新莽鲁郡大尹 |
| 隗嚣 | 御史大夫 | 天水成纪 | 少仕州郡，新莽刘歆引为士 |
| 曹竟 | 左丞相 | 山阳 | 去官不仕王莽 |
| 郑兴 | 丞相长史，谏议大夫，凉州刺史 | 河南开封 | 将门人从刘歆讲学于京师 |
| 陈遵 | 大司马护军 | 京兆杜陵 | 父遂，元帝时京兆尹、廷尉。汉京兆史，新莽河南太守。 |
| 鲍永 | 尚书仆射，行大将军事，封中阳侯 | 上党屯留 | 父宣，哀帝时谏大夫，豫州牧，司隶校尉。汉郡功曹 |
| 梁统 | 中郎将，酒泉太守 | 安定乌氏 | 仕州郡 |
| 冯衍 | 立汉将军 | 京兆杜陵 | 曾祖父奉世，元帝时执金吾、光禄勋。新莽更始将军廉丹掾 |
| 桓谭 | 太中大夫 | 沛国相 | 父成帝时太乐令。以父任为郎。新莽司空掾、掌乐大夫、掌教大夫 |
| 宣秉 | 侍中 | 冯翊云阳 | 少修高节，显名三辅 |

────────

① 《后汉书》卷一三《公孙述传》，第540页。
② 学者多指出，更始政权倚赖春陵宗室、绿林将帅及南阳籍贯者所组成的南阳势力。参考余英时《东汉政权之建立与士族大姓之关系》，载余英时《士与中国文化》，上海人民出版社1987年版，第273—279页。
③ 《后汉书》卷一一《刘玄传》，第470页。

续表

| 姓名 | 更始朝官职 | 籍贯 | 西汉、新莽时祖辈及其人行迹 |
|------|-----------|------|---------------------------|
| 伏湛 | 平原太守 | 琅琊东武 | 伏生之后，父高密太守理以《诗》授成帝。以父任博士弟子。新莽绣衣执法，后队属正 |
| 王闳 | 琅琊太守 | 魏郡 | 父谭，王莽叔父平阿侯。哀帝时为中常侍 |
| 郭丹 | 谏议大夫 | 南阳穰 | 父稚，成帝时庐江太守。讲学于京师 |
| 卓茂 | 侍中祭酒 | 南阳宛 | 父祖皆至郡守。辟丞相孔光府史，新莽京部丞 |
| 窦融 | 波水将军，张掖属国都尉 | 扶风平陵 | 高祖父为张掖都尉，从祖父护羌校尉。家长安中，新莽强弩将军司马 |
| 田邑 | 上党太守 | 冯翊莲芍 | 父丰，新莽世睦侯，著威将军 |
| 任延 | 大司马属，会稽都尉，东部尉 | 南阳宛 | 诸生，学于长安，显名太学 |
| 杜诗 | 辟大司马府 | 河内汲 | 仕郡功曹 |

相比春陵宗室和绿林将帅，这一人群加入更始集团的时间稍晚，非"从入关"者。他们有以下特点：一是多三辅籍贯者，或有居住在长安的经历。二是曾仕前汉，政治踪迹围绕长安，尽管有被派遣至地方任职。三是祖辈曾仕前汉，出自三辅名门望族。如陈遵是汉末长安的大豪强，"居长安中，列侯近臣贵戚皆贵重之。牧守当之官，及郡国豪杰至京师者，莫不相因到遵门"。窦融家族出自文帝外戚，"家长安中，出入贵戚，连结闾里豪杰，以任侠为名"。宣秉"少修高节，显名三辅"。郭丹"既至京师，尝为都讲，诸儒咸敬重之"①。更始入驻长安，首先需要取得他们的支持，倚赖他们安抚长安在前汉终结、新莽崩塌后的惶惶人心，如"更始素闻（郭）伋名，征拜左冯翊，使镇抚百姓"②。四是更始多任之为方面大员，赋予他们安集州郡的使命。郑兴"使安集关西及朔方、凉、益三州"，

---

① 《汉书》卷九二《游侠陈遵传》，第 3710 页；《后汉书》卷二七《宣秉传》，第 927 页；《后汉书》卷二三《窦融传》，第 795 页；《后汉书》卷二七《郭丹传》，第 940 页。

② 《后汉书》卷三一《郭伋传》，第 1091 页。

鲍永"行大将军事,安集北方",梁统"安集凉州",郭丹"持节使归南阳,安集受降"①。窦融被派至张掖,"河西翕然归之"。伏湛为平原太守,"平原一境,湛所全也"。王闳"独完全东郡三十余万户,归降更始",率兵抵抗割据山东的张步。② 更始在安集州郡上多用长安系士人,当是利用其"名儒旧臣"身份名望以安抚"思汉"的民心,理顺朝野关系,昭示更始政权乃汉之正统继承者。"更始西都,四方响应,天下喁喁,谓之太平"③,更始一度得四方拥戴,与长安系士人充当地方大员有关。更始覆灭后,长安系士人多怀念之。郭丹,"更始败,诸将悉归光武,并获封爵。丹独保平氏不下,为更始发丧,衰绖尽哀。建武二年,遂潜逃去,敝衣间行,涉历险阻,求谒更始妻子,奉还节传,因归乡里"④。鲍永"路经更始墓,引车入陌,从事谏止之。永曰:'亲北面事人,宁有过墓不拜!虽以获罪,司隶所不避也。'遂下拜,哭尽哀而去"⑤。三辅士人对更始的效忠和缅怀,反映了两者至少一度达成了默契。

从桓谭《新论》的论述,可推测长安系士人对更始政治的期待和规划。活跃于哀帝至新莽、任职更始太中大夫的桓谭,对王莽政策多有批评。他对新莽最大的批评在于莽之"威权",如大权独揽一身⑥、

---

① 《后汉书》卷三六《郑兴传》,第 1218 页;《后汉书》卷二八上《冯衍传》,第 965 页;《后汉书》卷三四《梁统传》,第 1165 页;《后汉书》卷二七《郭丹传》,第 940 页。

② 《后汉书》卷一二《张步传》,第 498—500 页。王闳为王莽叔父平阿侯谭之子,王莽表兄弟,哀帝时任中常侍。时抨击董贤,被目为汉室忠臣。王莽篡位后忌惮王闳,以其为东郡太守,"闳惧诛,常系药手内"。后率领东郡归降更始,为更始讨伐张步。王闳的经历显示了前汉遗臣对更始的向心。

③ 《后汉书》卷一三《隗嚣传》,第 524—525 页。

④ 《后汉书》卷二七《郭丹传》,第 940 页。

⑤ 《后汉书》卷二九《鲍永传》,第 1020 页。

⑥ "王翁自见以专国秉政得之,即抑重臣,收下权,使事无大小深浅,皆断决于己身。"桓谭撰,朱谦之校辑:《新辑本桓谭新论》,中华书局 2019 年版,第 9 页。

不与士人共谋①、不封建诸侯②和用刑太深。③在桓谭看来，新莽因为统治方式不正当而迅速覆灭。他劝诫后人勿步其后尘，其潜在的告诫对象应是更始。更始入驻长安后，经历了新莽垮台的遗臣多提醒其勿蹈王莽之覆辙。更始王朝在一定程度上吸纳长安士人的意见：实行轻法、无为、因循的政策以休养生息："更始至长安，居东宫，钟鼓帷帐，宫人数千，官府间里，御府帑藏，皆安堵如旧""不改于旧"④。东郡士人索卢放对更始官员称"今天下所以苦毒王氏，归心皇汉者，实以圣政宽仁故也"⑤。可推测，更始曾以"轻法"缓解长安所受王莽威权酷法统治之苦。

尽管受长安系士人影响，更始的政治核心依然由"从入关"的南阳集团构成。他以绿林将帅为内朝，以舂陵宗室为地方诸王，树立以南阳人为核心的统治势力。首先，更始多任绿林将帅为身旁近

---

①　"王翁始秉国政，自以通明贤圣，而谓群下才智莫能出其上。是故举措兴事，辄欲自信任，不肯与诸明习者通共，苟直意而发，得之而用，是以稀获其功效焉。""王翁善天下贤智材能之士，皆征聚，而不肯用，使人怀诽谤而怨之。"《新辑本桓谭新论》，第13、20页。这或不是王莽个人问题，学者指出新莽在西汉后期三公制改革的基础上发展出太师、太傅、国师、国傅的"四辅"制度，取代了领尚书事而具内朝官性质，近侍于王莽辅助决策。参考徐冲《西汉后期至新莽时代"三公制"的演生》，《文史》2018年第4期，第67—90页。这一中枢系统的发达，排除了数量庞大的外朝，使权力更加集中。

②　"王翁……又怀贪功独专之利，不肯封建子孙及同姓戚属，为藩辅之固，故兵起莫之救助也。"《新辑本桓谭新论》，第19页。

③　"王翁刑杀人，又复加毒害焉。至生烧人，以五毒灌死者肌肉。及埋之，复荐覆以荆棘。"《新辑本桓谭新论》，第14页。这多见于长安系士人对王莽的控诉，如申屠刚称之"张设重法，抑断诽谤，禁割论议，罪之重者，乃至腰斩"《后汉书》卷二九《申屠刚传》，第1012页。冯衍说："伏念天上离王莽之害久矣。……兵连不息，刑法弥深，赋敛愈重。"《后汉书》卷二八《冯衍传》，第977页。明帝初年京兆长陵人第五伦说："光武承王莽之余，颇以严猛为政。"《后汉书》卷四一《第五伦传》，第1400页。

④　《太平御览》卷九〇引《东观汉记》，《东观汉记校注》第261页；《后汉书》卷一一《刘玄传》，第470页。

⑤　《后汉书》卷八一《独行列传》，第2674—2675页。

侧之官。"以李松为丞相，赵萌为右大司马，共秉内任。"① 丞相、大司马皆在省中近侍。卫尉张卬、执金吾廖湛、尚书胡殷亦可进入省中与更始谋议。② 得进内朝者多为南阳功臣，对决策有重要影响。其次，更始多封舂陵宗室为王，充当地方军事大员。戒于新莽无同姓诸侯拱卫，更始将手握重兵的舂陵宗室封于关东，如宛王刘赐、定陶王刘祉、燕王刘庆、汉中王刘嘉、汝阴王刘信。诸王不仅多有军功，且在封国内掌握重兵，时人称"汉室中兴，以亲戚为藩辅"③。总体而言，起兵反莽的南阳集团才是更始朝廷的核心，而长安系士人与更始的结交尚浅。

更始在军事战略上倚重"山东人"，辜负了长安系士人的期望。他们对之日渐失望，引起了朝廷内部"东西"矛盾。"更始在长安自恣，三辅苦之。又所署官爵皆群小，里闾语曰：'使儿居市决，作者不能得。佣之市空返，问何故，曰：今日骑都尉往会日也。'被服威仪，不似衣冠，或绣面衣、锦袴、诸于、襜褕，骂詈道路，为百姓之所贱。长安中为之歌曰：'灶下养，中郎将。烂羊胃，骑都尉。烂羊头，关内侯。'"④ 这段轶事表现了"长安""三辅"对玩弄汉朝官爵、服仪的绿林将帅之厌恶，后者反客为主，肆意破坏"长安"

---

① 《后汉书》卷一一《刘玄传》，第 471 页。

② 《后汉书》卷一一《刘玄传》："张卬与诸将议曰……申屠建、廖湛等皆以为然，共人说更始。"第 474 页。

③ 《后汉书》卷一七《贾复传》，第 664 页。宛王刘赐领有"六部"之兵（"赐就国于宛，典将六部兵。后赤眉破更始，赐所领六部亦稍散畔，乃去宛保育阳。"《后汉书》卷一四《宗室四王三侯传》，第 565 页）。汉中王刘嘉击败并收编了延岑的部队，吸纳了各地武装势力。《后汉书》卷一七《贾复传》："时，下江、新市兵起，复亦聚众数百人于羽山，自号将军。更始立，乃将其众归汉中王刘嘉，以为校尉。"第 664 页。"持节就国，都于南郑，众数十万。"《后汉书》卷一四《宗室四王三侯传》，第 568 页。汝阴王刘信"将兵平定江南，据豫章"（《后汉书》卷一四《宗室四王三侯传》，第 566 页）。面对赤眉进攻，更始多次增兵于弘农、河东及洛阳、邺城诸地，反而忽视了关中镇将逆反的可能性。卫尉张卬、执金吾廖湛握宿卫重兵，酿成"三王之乱"并倒向赤眉，长安部队深受这场反噬重创，导致最终赤眉入关。而驻扎东方的更始守军，此间多为河北的刘秀策反或击垮，长安因之失去外藩屏障的力量。

④ 《太平御览》卷九〇引《东观汉记》，《东观汉记校注》，第 262 页。

之纲纪。更始帝在代表了两种政治取向的长安士人与南阳功臣之间倾向后者，西与东、主与客之间冲突日益不可调和。长安系士人桓谭多次表达对更始拒纳良谏的批评、对其用人的轻视："（更始）西到京师，恃民悦喜，则自安乐，不听纳谏臣谋士"，"更始帝到长安，其大臣辟除东宫之事，为下所非笑，但为小卫楼，半城而居之，以是知其将相非萧、曹之俦也"，"更始帝恶诸王，假号无义之人而不能去"①。桓谭称更始"西到京师"，是"山东人"的代表，已目之为外来者。长安系士人与更始汉朝的关系走向破裂。

曾推翻新莽而迎拥更始的前汉遗臣、"三辅豪杰"，载舟亦能覆舟。更始三年（25）正月，平陵人方望、安陵人弓林"见更始乱，度其必败"，立前孺子刘婴为天子于临泾。② 赤眉入关后，方望弟阳劝其不可"西向帝城而无称号"，应立宗室为天子挟义诛伐。③ 可见有的士人已背弃更始而另寻汉帝，继续试图在"帝城"长安重建汉朝。他们的目标转为西方的隗嚣、公孙述和窦融诸政权。

更始后期，更始帝与绿林将帅之间矛盾激化，演变为内战。后者向赤眉军投降，迎其入关。更始三年（25）十月，更始帝降于赤眉，上玺绶于刘盆子。不久后被害。一方面，更始后期的统治不得民心，使他逐渐失去了"长安系士人"的支持，后者竟然开始怀念新莽的统治。耿弇提到"今更始失政，君臣淫乱，诸将擅命于畿内，贵戚纵横于都内。天子之命，不出城门，所在牧守，辄自迁易，百姓不知所从，士人莫敢自安。虏掠财物，劫掠妇女，怀金玉者，至不生归。元元叩心，更思莽朝"④。足见在两汉之际，拥戴王莽、反对王莽而支持更始以及最后反对更始这三类人之中，有一个很大的重叠群体，这就是"长安系士人"。"长安系士人"的向背，直接影响长安政权的兴衰。另一方面，更始政权始终以继承汉统为标榜。

① 《新辑本桓谭新论》，第9、15、20页。
② 《后汉书》卷一一《刘玄传》，第473页。
③ 《后汉书》卷一一《刘盆子传》，第480页。
④ 《后汉书》卷一九《耿弇传》，第705—706页。

在被赤眉军推翻后，"长安系士人"又大都同情更始帝，承认更始汉朝具有接续汉统的地位。"三辅苦赤眉暴虐，皆怜更始"①，更始帝在长安一度拥有强大的政治号召力，使赤眉不得不杀之。"长安"将更始政权与汉朝法统捆绑在一起，在三辅士族、前汉遗臣眼中，更始就是汉朝的延续。更始初败时，更始帝生死未卜，鲍永、冯衍镇守太原，安集并州，陈忠君之义，拒绝光武的招降。② 东汉统一天下后，鲍永拜祭更始之墓，引光武大怒。太中大夫张湛劝光武：'仁者行之宗，忠者义之主也。仁不遗旧，忠不忘君，行之高者也。'"③又如郭丹"为更始发丧，衰经尽哀""求谒更始妻子"④。鲍永、冯衍、张湛、郭丹都是曾仕更始汉朝的"长安系士人"，他们都对更始帝心存感念和缅怀，他们尊奉更始为正统。光武帝对这些人的行为始终心怀芥蒂，因光武不承认更始为正统。⑤ 刘秀一度称臣于更始，北面事之。一旦承认更始为正统，则难掩刘秀在更始朝廷尚在的情况下自立为天子，并对赤眉进攻长安时见死不救的叛臣行为。"长安系士人"同情更始的表态，是对光武帝当年背弃长安汉朝的无声抗议，这犯了光武的忌讳。而在刘秀集团看来，刘秀是在"汉统中绝"即汉朝法统后继无人、一度中断的情况即皇帝位的，⑥ 不存在背叛更始的行为。更始的政治合法性不被承认。是否承认更始汉朝的合法性，背后隐含着将两汉之际的"汉统"视为连续或中断的问题。在更始汉朝地位问题上，刘秀集团与"长安系士人"存在重大的思想

---

① 《后汉书》卷一一《刘玄传》，第475页。

② 《后汉书》卷二八上《冯衍传上》，第969页。

③ 《后汉书》卷二九《鲍永传》，第1020页。

④ 《后汉书》卷二七《郭丹传》，第940页。

⑤ 在光武朝开始编修的《世祖本纪》（后成为东汉官史《东观汉记》之部分）中，更始被列入"载记"。安帝时张衡希望以更始为正统，遭否定，可证东汉官方一直不以更始为正统："又更始居位，人无异望。光武初为其将，然后即真，宜以更始之号建于光武之初。书数上，竟不听。"《后汉书》卷五九《张衡传》，第1940页。

⑥ 建武三十二年曹充封禅议所用之词，《续汉书·祭祀志上》刘昭注引《东观汉记》，《后汉书》，第3164页。

分歧，这为日后双方矛盾之激烈化埋下伏笔。

### （三）流徙西方："长安系士人"的汉重建

隗嚣、公孙述和窦融属于长安系士人。新莽覆灭后，不少长安系士人从关中投奔了陇右隗氏、益州公孙氏和河西窦氏三个西方政权。更始汉朝仅存两年半，这三个地区成为长安系士人流寓之所。隗氏、公孙氏和窦氏起初都以"复汉""辅汉"为其合法化表述，引来长安系士人的加盟。隗嚣和公孙述一直以光武为敌，各自相持了十二年，经历了从"以汉为名"到"自立"的转变。促成从"复汉"转向"易姓"的，是一种与光武"东方受命"相对峙的"西方受命"说，即隗嚣的"西伯"说与公孙述的"白帝"说。这类观念的产生、演变和消亡，与"长安系士人"的向背有密切关系。考察长安系士人流徙于西方的行踪轨迹，梳理他们对这种观念从支持到排斥的变化，能见出西方士人群体在彼时政治文化格局中矛盾的面貌。

隗嚣，陇右天水郡人，更始朝御史大夫。他少仕汉郡，被新莽国师刘歆征用，可归为长安系士人。在新莽地皇四年（23）起兵于安定郡，号称汉复元年。他礼聘平陵人方望为军师，树立"辅汉而起""以汉为名"的方针，① 设立汉宗庙。隗嚣治下的陇右地区臣服于更始，更始崩解后，一度成为长安系士人流亡的大本营，他们从长安西行出陇关即可抵达。

及更始败，三辅耆老士大夫皆奔归嚣。嚣素谦恭爱士，倾身引接为布衣交。以前王莽平河大尹长安谷恭为掌野大夫，平陵范逡为师友，赵秉、苏衡、郑兴为祭酒，申屠刚、杜林为持

---

① 《后汉书》卷一三《隗嚣传》："望至，说嚣曰：'足下欲承天顺民，辅汉而起，今立者乃在南阳，王莽尚据长安，虽欲以汉为名，其实无所受命，将何以见信于众乎？宜急立高庙，称臣奉祠，所谓神道设教，求助人神者也。'"第514页。

书，杨广、王遵、周宗及平襄人行巡、阿阳人王捷、长陵人王元为大将军，杜陵、金丹之属为宾客。由此名震西州，闻于山东。①

隗嚣集团多"三辅耆老士大夫"。如茂陵申屠刚，汉文帝丞相嘉之后，建武七年前一直在隗嚣麾下。茂陵杜林，父为名儒邺，母为京兆尹张敞女，早在汉末便"时称通儒"。茂陵马援，汉武帝重合侯通之后，是与隗嚣"共卧起"的亲近辅佐。安陵班彪，累世仕前汉，"更始败，三辅大乱。时隗嚣拥众天水，彪乃避难从之"②。霸陵王遵，父为上郡太守。方望、谷恭、范逡、王元皆属三辅士人。光武大将来歙在陇西的经历，可见出隗嚣集团的人员结构及价值取向：祖辈久仕前汉的来歙，欲刺杀隗嚣而未果。③ 在王遵等人劝解下，隗嚣没加惩处，竟赦免了来歙，让其东归。像来歙这样曾仕前汉和更始的士人，"西州士大夫皆信重之"④，反映隗嚣对这一群体的礼遇和重视。

长安系士人在陇右得以聚合，是隗嚣礼聘招纳的结果。"以汉为名"是双方一度契合、达成共识的基础。作为豪族军事同盟领袖的隗嚣，自居为西州大将军，与诸位士人达成互信互助的结盟，并非等级森严的上下关系。马援说"当今之世，非独君择臣，臣亦择君"，"春卿（杨广）事孟季（隗嚣），外有君臣之义，内有朋友之道"⑤，显示了这种宽松的结交关系。隗嚣"倾身引接为布衣交"，"嚣宾客、掾史多文学生，每所上事，当世士大夫皆讽诵之"⑥。他

---

① 《后汉书》卷一三《隗嚣传》，第521—522页。
② 《后汉书》卷四〇上《班彪传》，第1323页。
③ 《后汉书》卷一五《来歙传》："六世祖汉，有才力，武帝世，以光禄大夫副楼船将军杨仆，击破南越、朝鲜。父仲，哀帝时为谏大夫，娶光武祖姑，生歙。""更始即位，以歙为吏，从入关。"第585页。
④ 《后汉书》卷一五《来歙传》，第586页。来歙与隗嚣在更始长安便已结识。
⑤ 《后汉书》卷二四《马援传》，第830、833页。
⑥ 《后汉书》卷一三《隗嚣传》，第526页。

推诚布公地召集学者、文人，使陇西形成浓郁的文化氛围，范晔有"隗王得士"之美誉。① 隗嚣结交"三辅耆老士大夫"，营造求贤若渴的环境，塑造、缘饰了一种"西伯"舆论。

当时数人提到隗嚣"欲为西伯"。"西伯"指周文王。这一圣王形象和方位意象兼备的身份，与隗氏偃武修文、爱贤礼士、以退为进、积蓄力量的政策有关，是其政治合法性的一种表达。荆邯称嚣"退欲为西伯之事，尊师章句，宾友处士，偃武自戈，卑辞事汉，喟然自以文王复出也"②。王元"常以为天下成败未可知，不愿专心内事"。此"内事"当指内政文教"退守"之事，与外交军事"进取"之事相对而言。隗嚣的"西伯策略"对内修理政教，对外顺服于光武汉朝，避免扩张和征伐。这种顺服表里不一，带有"西伯"暂时臣服于殷商的隐喻。商纣王时姬昌为西伯，"笃仁，敬老，慈少，礼下贤者，日中不暇食以待士，士以此多归之"，"诸侯闻之，曰'西伯盖受命之君'"③。姬昌以西伯之名积善累德，三分天下有其二，终展开推翻殷商、统一天下的大业，是周朝受命之君。隗嚣与文王兴起于西垂相似。隗嚣"谦恭爱士，倾身引接为布衣交"，称杜林"杜伯山天子所不能臣，诸侯所不能友，盖伯夷、叔齐耻食周粟"④，都可见出他效法西伯行迹的种种表演。借助西伯隐喻，隗氏暗示：第一，西汉和更始在长安的垮台证实了天命不私一姓，异姓将受命。

--------

① 对《后汉书》称赞隗嚣得士，刘知幾称"范晔之虚美隗嚣"（《史通·论赞第九》，浦起龙释《史通通释》，中华书局1978年版，第83页），何焯也对范晔此论不以为然："范氏所见如此，故终以叛诛。"（《义门读书记》卷二二，中华书局1987年版，第365页）赵翼则同意范晔之见："论隗嚣谓其晚节失计，不肯臣汉，而能得人死力，则亦必有过人者"（《廿二史札记·〈后汉书〉编次订正》，王树民：《廿二十札记校正》卷四，中华书局2001年版，第82页）。李慈铭也称隗嚣"以义起事，非藉汉力，其所设施，俱有可观，事之不成，则天也"（《后汉书札记》卷二，载李慈铭《越缦堂读史札记》上册，北京图书馆出版社2003年版，第303页）。

② 《后汉书》卷一三《公孙述传》，第539页。

③ 《史记》卷四《周本纪》，第116、117页。

④ 《后汉书》卷二七《杜林传》，第935—936页。

第二，洛阳与陇西东、西对峙，相当于殷商与周。第三，自己偃武修德，得天下贤德之归心，臣服东方只是暂时，终有潜龙飞天之日。光武给隗嚣写信说："昔文王三分，犹服事殷。但弩马铅刀，不可强扶。"① 警告其自拟西伯之不自量力。"西伯"之号相对于光武"东帝"而提出，也是一种"西方"构造的方式。

隗嚣的西伯理想展现出偃武修文、异姓将兴的独特政治思路。隗嚣希望长安系士人支持其"西伯"之论，但后者对此由默许而走向排斥。"西伯"的自我期许暗含隗嚣自立门户的野心，终于由顺服走向征战。隗嚣翼下的长安系士人内部也发生分歧。平陵人王元主张抗争，② 他强调"因秦形势"的战略：隗嚣应以天水为根基，北收西河、上郡，东收三辅；东封函谷关，专心经营西方，"图王不成，其弊犹足以霸"。"案秦旧迹，表里河山"③，隗嚣应以进可攻退可守的秦而非德治的周为榜样，招兵买马而非修理文教，"西方"在不同策略和目的下展现为不同的历史记忆。隗嚣采纳其主张，自立为王。

另一派长安系士人如郑兴、杜林、班彪则径直否定了隗氏自居西伯的合理性，他们坚持"以汉为名"，主张归顺东方洛阳。随着局势变化，最初下注于隗嚣的长安系士人渐对其失去信心，改劝其东降，他们始终希望恢复汉朝，背后有"辅汉"的一致性。隗氏在王元影响下自立为王，背弃了当年"以汉为名"立场，招致主张复汉的长安系士人的抵制。他们声称投奔隗嚣是为报效汉朝："当挈河陇奉旧都（长安）以归本朝（洛阳）"④，发出"汉德承尧，

---

① 《后汉书》卷一三《隗嚣传》，第 523 页。

② 王元称："今南有子阳，北有文伯，江湖海岱，王公十数，而欲牵儒生之说，弃千乘之基，羁旅危国，以求万全，此循覆车之轨，计之不可者也。"《后汉书》卷一三《隗嚣传》，第 525 页。王捷、杨广、周宗和行巡也属于"不愿专心内事"的主战派。

③ 《后汉书》卷一三《隗嚣传》，第 525 页。

④ 《后汉书》卷一三《隗嚣传》，第 529 页。

有灵命之符"① 一套论证汉家尧后的说辞。② 建武六年前后，陇右旧长安士人群体形成了主战与主降两方，不少人投奔洛阳汉朝。但也有不同志向者，如王元抵抗到最后一刻，他多次入蜀求援，隗嚣去世后又辅佐其子纯，纯降后又替公孙述抗汉。长安系士人矛盾的处境和徘徊、多面、变化的心态，既要求"复汉"又希望"易姓"的政治主张，与光武帝既对立又合作的态度，通过他们在隗氏政权中的行迹，可见一斑。

割据益州的公孙述也是长安系士人投奔的对象之一。公孙述籍贯茂陵，父为成帝侍御史。公孙述最初同样"以汉为名"：他宣布"天下同苦新室，思刘氏久矣""吾欲保郡自守，以待真主"③，称汉使者自东方来，授予其"辅汉将军"、蜀郡太守兼益州牧印绶。这种"复汉"的姿态赢得来自三辅豪杰士人的投奔。谋士荆邯是平陵人。廉范，其父是西汉杜陵廉氏之后，两汉之际厕身于公孙述麾下。更始败后，"关中豪杰吕鲔等往往拥众以万数，莫知所属，多往归述，皆拜为将军"④。公孙述亦热衷于礼聘巴蜀地区曾经仕汉的名士。⑤

之后，公孙述放弃"以汉为名"，鼓吹受命。这种转变体现为他对新莽合法性由否定转为承认：从顺应新莽属于"土德"出发，制造"白帝"受命论。"号成家。色尚白。建元曰龙兴元年。"⑥ 在瞿塘峡口鱼复县筑白帝城。围绕着白、金德、西方这些意象，公孙述

---

① 《后汉书》卷四〇《班彪传》，第 1324 页。

② 这类史料呈现的也可能是已进入东汉王朝的长安系士人的事后说法。这种维护东汉的立场不一定是他们的初衷。

③ 《后汉书》卷一三《公孙述传》，第 534 页。

④ 《后汉书》卷一三《公孙述传》，第 537 页。

⑤ 尽管《后汉书·独行传》和《华阳国志》记载前汉遗士如谯玄、李业不愿屈服于公孙氏，实际上蜀地为数不少的士人是效忠且受到礼遇的。东汉在灭公孙述后，为安定巴蜀人心，有不少在当地表彰节士、擢用贤才的动作，有表演成分，所谓"汉搜求隐逸，旌表忠义……于是西土宅心，莫不凫藻"。因此《独行传》的记载不能认为是彼时蜀地的普遍现象。

⑥ 《后汉书》卷一三《公孙述传》，第 535 页。时建武元年夏四月。

集团制造了一系列受命舆论。第一，顺应和利用了王莽说法，认为汉朝十二代后历数将尽，刘氏不得受命。此说是为了压倒其时东方流行刘氏再受命的舆论。第二，宣扬西方将有圣帝受命。公孙述称引《孝经援神契》"西太守，乙卯金"，"乙，轧也，述言西方太守能轧绝卯金（刘氏）也"①。强调西帝战胜东帝光武。第三，突显"公孙受命"谶语。这是对昭帝时"公孙病已立"、眭孟所谓"枯社木复生，故废之家公孙氏当复兴者也"② 舆论的再创造。公孙述利用彼时眭孟所谓"王者易姓告代""当有从匹夫为天子者"③ 的预言，坐实匹夫受命。李熊"方今四海波荡，匹夫横议""天命无常，百姓与能，能者当之"的说法，④ 是"匹夫受命"之说的支撑理念。第四，承认新莽代汉，按火（汉）生土（新）、土生金的五德相生次第，自居为金德，呼应"白帝"名号和西方意象。⑤ 公孙述肯定了新莽"刘氏绝命"的意识形态，打击东方流传"火德承尧，虽昧必亮"的赤刘复兴论，对光武构成了威胁。⑥ 由于公孙述已公开放弃"复汉"，其"白帝受命"的观念体系终遭长安系士人群体的抵制。

西方的第三股势力是河西的窦融。其高祖父是前汉张掖太守，祖辈世任河西为吏。更重要的，窦融是汉文帝窦皇后弟之后，家族为京兆平陵大族："家长安中，出入贵戚，连结闾里豪杰，以任侠为名。"⑦ 河西殷富安定，窦融身份显赫，长安系士人多归顺之。班彪

① 《后汉书》卷一三《公孙述传》及章怀注，第 538 页。

② 《汉书》卷二七中之下《五行志中之下》，第 1412 页。

③ 《汉书》卷七五《眭弘传》，第 3153—3154 页。

④ 《后汉书》卷一三《公孙述传》，第 534 页。

⑤ "五德之运，黄承赤而白继黄，金据西方为白德，而代王氏，得其正序。"《后汉书》卷一三《公孙述传》，第 538 页。

⑥ 《华阳国志》卷五《公孙述刘二牧志》载："世祖报曰：'《西狩获麟谶》曰'乙子卯金'，即以未岁授刘氏，非西方之守也。'光废昌帝，立子公孙'，即霍光废昌邑王，立孝宣帝也。'"分别对两条谶语作新解读予以反击。常璩撰，刘琳校注《华阳国志校注》，巴蜀书社 1984 年版，第 475 页。

⑦ 《后汉书·窦融传》，第 795 页。

离开隗嚣后即入河西，为窦融从事。宣帝玄孙刘般，"俱奔长安，会更始败，复与般转侧兵革中，西行上陇，遂流至武威"①。哀、平时的议郎、侍中蔡茂，"不仕莽朝，会天下扰乱，茂素与窦融善，因避难归之。融欲以为张掖太守"②。茂陵孔奋，元帝侍中霸之后，"遭王莽乱，奋与老母、幼弟避兵河西。建武五年，河西大将军窦融请奋署议曹掾，守姑臧长"③。冯翊云阳王隆，避难河西，为窦融左护军。④ 可见长安系士人是窦融集团的主要构成。

因"河西隔远，未能自通（东方）"，窦融集团一度在陇右和洛阳两大集团之间观望。隗嚣的谋士张玄前来游说，认为更始覆灭证实了"一姓不再兴"，刘氏必不能称王，提议河西、陇右、巴蜀三股"西方"力量联合，形成"合纵"共同对抗东方。这一说法在陇、蜀十分流行，对窦融阵营有所影响。窦融在与"豪杰""智者"商议后，选择了"汉承尧运，历数延长"的"再受命"观念。班彪是其主力倡导者，《王命论》云："福祚流于子孙，天禄其永终。"⑤ 扶风平陵人苏竟也说："汉德承尧，虽昧必亮，承积世之祚，握无穷之符。"⑥ 他们认为，汉朝得以延续百年是因为继承了帝尧之德，如今看似中断，实则不然，终将延长国祚，彰显帝尧"积功累德"对后代的福佑。离开隗嚣的班彪乃为窦融"画策事汉，总西河以拒隗嚣"⑦，否定张玄之说，劝说窦融归附洛阳。班氏是长安系士人的代表，他仍寄希望于刘氏在东方再受命。这表明长安系士人渐已抛弃"西伯""白帝"等以西方为本位、宣扬异姓受命的思路，转向"汉承尧运"的积祚延命说，在东方寻找汉接续的根脉。

---

① 《后汉书》卷三九《刘般传》，第 1304 页。
② 《后汉书》卷二六《蔡茂传》，第 907 页。
③ 《后汉书》卷三一《孔奋传》，第 1098 页。
④ 《后汉书》卷八〇上《文苑王隆传》，第 2609 页。
⑤ 《汉书》卷一〇〇上《叙传上》，第 4212 页。
⑥ 《后汉书》卷三〇上《苏竟传》，第 1043 页。
⑦ 《后汉书》卷四〇《班彪传》，第 1324 页。

隗嚣、公孙述和窦融的三个毗邻长安的政权，一度成为长安系士人流寓之所，寄托着他们对重建汉政权的期望。新莽覆灭后，长安系士人辗转于更始等阵营之间，最终又投靠东方的洛阳。对他们流寓踪迹的考察，对其观念演绎的爬梳，可推知在"前东汉"时期，从掌权者到士人的汉想象、汉重建的复杂历程。这一过程存在着从"复汉""易姓"到"新汉"的意识形态演变，东汉王朝最终建立了以"新汉"为主、"复汉"为辅的合法性体系。天下统一后，刘秀集团与长安系士人的合流，使东汉王朝中"创革"与"中兴"两种思路同时并存。

### （四）东西合流："长安系士人"与刘秀集团的结盟

随着隗嚣、公孙述集团的先后覆灭，建武十二年（36）前后，长安系士人多数东归洛阳朝廷。光武帝对长安系士人群体的态度颇为复杂微妙。一方面，光武多安抚他们怀念前汉的情绪，这体现在建武早期一系列政治行为中。另一方面，光武对长安系士人持怀疑和警惕态度。建武二年，"李宝等闻邓禹西征，拥兵自守，劝（汉中王刘）嘉且观成败。光武闻之，告禹曰：'孝孙素谨善，少且亲爱，当是长安轻薄儿误之耳。'"[1] 李宝，更始柱功侯、柱天将军、汉中王相，属长安朝廷势力。此时更始已亡，李宝劝刘嘉拥兵中立，故光武称之为"长安轻薄儿"，可能泛指更始遗臣，他对这一群体的游离倾向十分警惕。建武四年，征西大将军冯异因长期在关中与赤眉、延岑等势力作战，"威行关中"，"人有章言异专制关中，斩长安令，威权至重，百姓归心，号为咸阳王。帝使以章示异"[2]。这种谣言当有所根据，反映关中某种不安于臣服洛阳的动向。"咸阳王"这种地域色彩强烈的称号，令光武怀疑背后是否有长安士人的撺动。[3] 通过

---

① 《后汉书》卷一四《宗室四王三侯传》，第 568 页。

② 《后汉书》卷一七《冯异传》，第 648 页。

③ "咸阳王"称号有浓厚的"秦"的色彩。在建武年间杜笃主张返都长安而作的《论都赋》中，"秦"的意象被推崇，被视为自古以来天命眷顾关中的证明，与"汉"一脉相承（详见本章第三节）。可见长安系士人借助对"秦"的申论和构造为自己的主张张目。

"收十一帝神主，遣使奉诣洛阳"，光武意在表明天命已从长安转移至洛阳，下定更都洛阳、"除秽布新"的决心。

致力于复汉的长安士人终于落足洛阳朝廷。他们因乡情旧谊、志共道合而互相荐举，在建武初年形成一股政治力量，对东汉早期的意识形态产生重要的影响。他们呼吁返都长安，强调前汉的法统及制度对后汉的贯通意义，提出两汉天命因袭论，影响了东汉王朝合法性构建的整体思路。

两汉之际，长安系士人对"天下"存在两种彼此矛盾的认识：一是"西伯""西帝"说及其背后的"天命不私一姓"的刘汉终结、异姓受命论。二是汉朝积善累德、尧运眷顾子孙的刘氏延命说。长安是延续两百年汉天命之神圣国都，然而，前汉、新莽和更始皆垮台于长安：如何解释长安承载着汉天命、但长安的政权又屡屡崩塌的矛盾现象，推演构拟出安身立命、顺应天意的合法性阐释，是长安系士人面对的问题。带着矛盾的长安记忆，他们在复汉与易姓之间彷徨，对刘秀以"东方受命"为理念建立的新汉既支持又疑虑。后者符合他们"以汉为名"的期望，但又以其建都洛阳、重开新朝的"创业"局面远离他们心中"继统"的汉想象和汉期待，以至于在东汉时他们一度呼吁返都长安，正是基于对"汉"之传统和完整性的坚持和守护。① 经过长年的颠沛辗转，他们最终落足洛阳新朝，在一种"名为中兴，实为创革"② 的矛盾处境中开始他们汉重建的历程。刘汉终结说虽已被否定，然而，以班彪为代表的"刘汉延祚"说在洛阳新朝却也并未得到真正的认同。年轻的刘秀集团对新汉朝崛起有自己的认知理念，他们强调"受命""创业"，汲汲于论证新汉朝之不同于旧汉，与前汉遗老们的继统、中兴理念呈抵牾之态，

---

① 建武十九年，西汉名臣杜延年之后杜笃"以关中表里山河，先帝旧京，不宜改营洛邑，乃上奏《论都赋》"《后汉书》卷八〇上《文苑传上》，第2595页。"先是杜陵杜笃奏上《论都赋》，欲令车驾迁还长安。耆老闻者，皆动怀土之心，莫不眷然仁立西望。"《后汉书》卷七六《循吏传》，第2466页。

② 《后汉书》卷三五《张纯传》，第1194页。

两个群体在具体政治路线制订上多有分歧。两汉之际政治文化的东、西格局虽随着东汉的统一天下而不再显著，但其暗流仍潜藏下来，贯穿于建武时期政治实践和合法性论证的整个过程中。

## 三 "长安系士人" 的聚散与建武政治的 变迁：从二《赋》说起

关于班固撰写《两都赋》的背景和动机，文史学界已有不少研究。[①] 这些研究虽也注意到其时呼吁返都长安的"关中耆老"问题，但未加深究，且多把重点放在对新都洛阳所象征的政治文化意义的分析上。这种从班固角度思考"两都"问题的研究，忽略了"关中耆老"返都呼声的实质，[②] 其背后的现实因由、心理动机及目标所在；对这一士人群体缺乏整体性认识，更未注意到其在东汉初期政治舞台上所扮演的角色。本节从班固《两都赋》与杜笃《论都赋》的思想争论入手，考察建武年间的"关中耆老"问题，追溯在东汉建立之初，关中士人群体聚、散的踪迹及其与政治文化之时局的关系。

"关中耆老"呈现了一个由前汉遗臣和同情前汉的三辅籍士人所

---

① 曹金华《从窦马之争看班固等〈反迁都〉论战的实质》(《扬州大学学报》1998 年第 2 期) 认为杜笃"迁都"和班固"反迁都"的论调，与二人分别结党于马氏、窦氏外戚及明章时期的马、窦之争有关，"班固等'反迁都'的理论，从表面上看，虽似代表关东地主集团的利益，但其实质，确实为窦氏上台和擅权制造舆论的，不过是贬抑马氏效忠于窦氏的誓词而已"。学界更多意见则认为班固作《两都赋》是为了"颂述功德"，宣赞"汉德"和东都礼乐教化，如赵逵夫《〈两都赋〉的创作背景、体制及影响》(《文学评论》2003 年第 1 期)，王德华《东汉前期京都赋创作时间及政治背景考论》(《文学遗产》2008 年第 2 期)，陈君《〈两都赋〉的创作与东汉前期的政治趋向》(《文学评论》2010 年第 2 期)。

② 梁万斌《东汉建都洛阳始末》(《中华文史论丛》2013 年第 1 期) 指出："所谓的'耆老'、'关中耆老'、'西都客'、'客'、'西宾'、'西都宾'等实际上是指主张迁都旧京长安的陇西地域集团士人。"然对"耆老"具体所指未加深究。

构成的群体的存在。他们围绕"长安"这一象征"前汉"功业、法统、制度之地，自觉或不自觉地聚合在一起。他们不只是地理意义上的"三辅士人"，更是以"长安"为凝聚点、持两汉天命因袭观念、并以此为起点施展政治抱负的士人群体。本节考索这个群体在建武年间政坛、学界的活动情况，追寻他们由活跃而沉寂的身影，与皇权所构成的关系等，结合建武年间太子废立、治国施政路线不断变化诸背景，揭示东汉初年政治文化承转的起伏轨迹。

### （一）二《赋》对峙与"关中耆老"问题

关于班固《两都赋》的创作时间，学界存有异见，有"明帝永平说"和"章帝元和说"两种观点。本书同意前一种观点。① 无论是永平年间或是元和年间，《两都赋》写作时间距离光武帝建都洛阳的建武元年都已过了30多年。然而"关中耆老"返都长安的情绪仍高涨，以至于班固写《两都赋》予以反击。尽管扶风班氏也是久仕前汉的三辅大族，但对生于建武八年的班固来说，长安已是一段逝去的历史。② 《后汉书·班固传》对《两都赋》创作背景有记载：

> 时京师修起宫室，浚缮城隍，而关中耆老犹望朝廷西顾。固感前世相如、寿王、东方之徒，造构文辞，终以讽劝，乃上

---

① 《文选》卷一《两都赋》李善注认为作于汉和帝，然近代以后此说被弃。郑鹤声《汉班孟坚固年谱》（台湾商务印书馆1980年版）作明帝永平七年，陆侃如的《中古文学系年》（人民出版社1985年版）作永平九年，刘跃进《秦汉文学编年史》作永平十二年（商务印书馆2006年版，第399页），王珏《论〈两都赋〉的创作时间和创作意图》（《沈阳师范大学学报》2012年第3期）认为晚于永平九年，仍在永平年间。陈君《〈两都赋〉的创作与东汉前期的政治趋向》作章帝建初八年，赵逵夫《〈两都赋〉的创作背景、体制及影响》作章帝元和二年或三年，曾祥旭《班固〈两都赋〉作年考》（《文学遗产》2011年第六期）认为："作成并献上的时间是元和二年或三年；抑或在永平十二年作成，元和二年或三年献上。"

② 参考郑鹤声《汉班孟坚固年谱》，第10页；陆侃如：《中古文学系年》（上），人民文学出版社1998年版，第59页。此时班彪身在窦融统治下的河西，班固出生于此。

《两都赋》，盛称洛邑制度之美，以折西宾淫侈之论。①

　　永平三年明帝在洛阳大建北宫诸殿，透露出永久定都洛阳的信号，令关中耆老担忧。他们仍企望返都长安。《两都赋》以"西京宾客"之口申述了他们返都的理由：一是关中天险。"左据函谷、二崤之阻，表以泰华、终南之山。右界褒斜、陇首之险，带以洪河、泾、渭之川。"② 二是宫室繁华壮观，货殖丰富。"盛称长安旧制，有陋雒邑之议。"③ 班固将西京客返都诉求归纳为上述两点，是为论证洛阳而非长安更适合作为新都，因为相比之下，洛阳"王者无外"和"节俭有制"，所谓"子徒习秦阿房之造天，而不知京洛之有制也；识函谷之可关，而不知王者之无外也"④。班固借"主人"之口称西京宾客为"秦人"⑤，强调长安人因袭"秦"之好战、图奢的作风。将关中耆老返都诉求落实在上述两种负面理由上。那才是《两都赋》的主旨所在。

　　为了说明建都洛阳的必要性，《两都赋》东都部分着重论述了汉朝天命的断绝与复兴。赋的开头称："往者王莽作逆，汉祚中缺，天人致诛，六合相灭。于时之乱，生民几亡，鬼神泯绝，窀无完柩，郛罔遗室，原野厌人之肉，川谷流人之血，秦、项之灾犹不克半，书契已来未之或纪也。"⑥ 他强调自新莽后"汉祚中缺"，社会出现前所未有的惨状。光武帝的出现拯救了天下。他颂扬光武的"革命"功绩：

---

① 《后汉书》卷四〇上《班固传》，中华书局2014年版，第1335页。
② 《后汉书》卷四〇上《班固传》，第1335页。
③ 《文选·两都赋序》，上海古籍出版社1986年版，第4页。
④ 《后汉书》卷四〇下《班固传》，第1370页。
⑤ "主人喟然而叹曰：'痛乎风俗之移人也！子实秦人，矜夸馆室，保界河山，信识昭、襄而知始皇矣，恶睹大汉之云为乎？'"《后汉书》卷四〇下《班固传》，第1359页。
⑥ 《后汉书》卷四〇下《班固传》，第1360页。

故下民号而上诉，上帝怀而降鉴，致命于圣皇。于是圣皇乃握乾符，阐坤珍，披皇图，稽帝文……遂超大河，跨北岳，立号高邑，建都河洛。绍百王之荒屯，因造化之荡涤，体元立制，继天而作。系唐统，接汉绪，茂育群生，恢复疆宇，勋兼乎在昔，事勤乎三五。……且夫建武之元，天地革命，四海之内，更造夫妇，肇有父子，君臣初建，人伦实始，斯乃伏羲氏之所以基皇德也。分州土，立市朝，作舟车，造器械，斯轩辕氏之所以开帝功也。龚行天罚，应天顺人，斯乃汤、武之所以昭王业也。迁都改邑，有殷宗中兴之则焉；即土之中，有周成隆平之制焉。不阶尺土一人之柄，同符乎高祖。克己复礼，以奉终始，允恭乎孝文。宪章稽古，封岱勒成，仪炳乎世宗。①

"建武之元"是"天地革命"，意味着君臣人伦秩序的重建。"圣皇"光武的功德不仅涵盖汉之高帝、文帝、武帝，还比肩伏羲、轩辕、商汤、周武诸"受命"圣王。为实现"仁圣之事""帝王之道"，必须远离"奢侈淫逸"的长安而迁都"节俭有制"的洛阳。他一方面将"迁都"与"殷宗中兴"相联系；②另一方面又强调洛阳"即土之中"，暗示如今类似于周公都洛。《续汉书·天文志上》载："（地皇三年，有星孛于张……光武）复都洛阳，居周地，除秽布新之象。"③"除秽布新"的舆论暗合《两都赋》所述的迁洛意图。除了

---

① 《后汉书》卷四〇下《班固传》，第1360—61页。

② 光武的合法性叙事并不将东汉比作"殷宗中兴"。《续汉书·祭祀志上》引《东观汉记》（《后汉书》，第3164页）："（建武三十二年）与博士充等议，以为'殷统未绝，黎庶继命，高宗久劳，犹为中兴。武王因父受命之列，据三代郊天，因孔子甚美其功，后世谓之圣王。汉统中绝，王莽盗位，一民莫非其臣，尺地靡不其有，宗庙不祀，十有八年。陛下无十室之资，奋振于匹夫，除残去贼，兴复祖宗，集就天下，海内治平，夷狄慕义，功德盛于高宗、武王。'"区别于"殷统未绝"，如今"汉统中绝"，故光武功业"盛于高宗"。

③ "或谓之彗星，所以除秽而布新也。"《续汉书·天文志上》，《后汉书》，第3218页。

试图比肩西周"礼乐太平"外，《两都赋》颂扬迁都洛阳的背后，隐含凸显光武受命开国之至上功绩、淡化前汉法统的"创革"论调。① 关于新王受命与移都的关系，董仲舒早有言及："受命之君，天之所大显也。……故必徙居处、更称号、改正朔、易服色者，无它焉，不敢不顺天志而明自显也。"② "王者受命而王……咸作国号，迁宫邑，易官名，制礼作乐。"③ 班固将后汉"建都河洛"看作"体元立制""天地革命"之义的表达，光武帝是受命新王。这种借迁都而发的"后汉创革"论调，在建武至明、章帝时期诸礼制议论中皆有体现。将《两都赋》的观念置于与杜笃《论都赋》的思想争论背景下来看，就更为清晰。

早在建武十八年，杜陵人杜笃"以关中表里山河，先帝旧京，不宜改营洛邑，乃上奏《论都赋》"④。杜笃是汉宣帝名臣杜延年之玄孙，出身京兆大族。"杜陵杜笃奏上《论都赋》，欲令车驾迁还长安。耆老闻者，皆动怀土之心，莫不眷然伫立西望。"⑤ 该赋牵动了关中耆老返长安之心。崔骃《反都赋》也提到"汉历中绝，京师为墟，光武受命，始迁洛都，客有陈西土之富，云洛邑褊小"⑥。崔骃主张营都洛阳，但也提及其时存在"陈西土之富"者。关中耆老的返都呼声，形成于建武，波及明帝永平年间，是一股值得注意的思潮。

将写于建武十八年的《论都赋》和明帝以后的《两都赋》加以对读，不难发现后者重在反驳前者。二《赋》争论建都何处的背后，

---

① "创革"是光武帝对自己功业的评价，出自《后汉书》卷三五《张纯传》张纯的转述："陛下兴于匹庶，荡涤天下，诛锄暴乱，兴继祖宗。……虽实同创革，而名为中兴。"第1194页。

② 苏舆撰，钟哲点校：《春秋繁露义证》，中华书局2011年版，第18页。

③ 苏舆撰，钟哲点校：《春秋繁露义证》，第186页。

④ 《后汉书》卷八〇上《文苑传》，第2595页。

⑤ 《后汉书》卷七六《循吏传》，第2466页。

⑥ 欧阳询撰，汪绍楹校：《艺文类聚》卷六一，上海古籍出版社1985年版，第1102—1103页。

实际上隐含双方对两"汉"之关系的不同理解。《论都赋》首先描绘前汉之功业。杜笃从秦朝写起："昔在强秦，爰初开畔，霸自岐、雍，国富人衍。"之后"天命有圣，托之大汉。大汉开基，高祖有勋。斩白蛇，屯黑云，聚五星于东井"。"太宗承流，守之以文。""富衍于孝景，功传于后嗣。"① 又对武帝的征伐功业大加铺染，最后称：

> 故创业于高祖，嗣传于孝惠，德隆于太宗，财衍于孝景，威盛于圣武，政行于宣、元，侈极于成、哀，祚缺于孝平。传世十一，历载三百，德衰而复盈，道微而复章，皆莫能迁于雍州，而背于咸阳。

杜笃强调的是贯穿秦、西汉各帝至光武帝绵延不绝的天命。这种"传世十一，历载三百""德衰而复盈，道微而复章"的天命，"莫能迁于雍州，而背于咸阳"，只有在长安才能延续。刘秀须延续在新莽时衰微的汉天命，理应建都于长安。长安是三百年来王命所在。二《赋》"返都"与否的不同主张背后，有士人对本朝天命的不同理解：返都长安，强调后汉乃因袭、继承自前汉；定都洛阳，则强调光武帝在"汉祚中缺"下受命创业，应新兴于"周地"洛阳。

话锋一转，杜笃解说目前光武为何建都洛阳："因为述大汉之崇，世据雍州之利，而今国家未暇之故""今天下新定，矢石之勤始瘳，而主上方以边垂为忧，忿葭萌之不柔，未遑于论都而遗思雍州也"。因"边垂"和"葭萌"② 还未安定，故尚无法都于长安。在他看来，建武元年建都洛阳是权宜之举，因当时长安被更始、赤眉占据。天子安定天下后，仍然"厉抚名将，略地疆外，信威于征伐，展武乎荒裔"，洛阳更便于"征伐""展武"，也便于安抚"东南殊

---

① 《论都赋》引自《后汉书》卷八〇上《文苑传》，第2598—2608页。
② "葭萌"指四川昭化的葭萌关，是由蜀地出入长安的重要关隘。

俗不羁之国，西北绝域难制之邻"。然而，杜笃指出："意以为获无用之虏，不如安有益之民""略荒裔之地，不如保殖五谷之渊"；"今国家躬修道德，吐惠含仁，湛恩沾洽，时风显宣。徒垂意于持平守实，务在爱育元元，苟有便于王政者，圣主纳焉"。如果说建都洛阳只是权宜之计，那么如今安定之后，应趋于文治，重建道德，安抚民生。长安"便于王政"，是到了返都长安的时候了。① 这一关于长安与洛阳的说辞，可谓与班固大相径庭。

在杜笃看来，便于王政的长安是国家天命之所在，洛阳只是战事未平时的临时之都。他强调长安与"汉德"之联系的看法，可能代表"关中耆老"的意见。郑兴就以"天下同苦王氏虐政，而思高祖之旧德"② 为由劝更始帝迁都于长安。杜林也指出，"三代"以"河洛"为都，重刑法、田赋；前汉为了革除此弊，迁都长安，方得以轻刑轻赋，使民安业，故长安彰显了"汉德"③。"及更始败，三辅耆老士大夫皆奔归（隗）嚣"④，投附隗嚣的霸陵人王遵之后归降洛阳，本着的是"数年之间，冀圣汉复存，当挈河陇、奉旧都，以归本朝"⑤ 之心。这种"思汉""奉旧都"的期望，代表了"关中耆老"的一种普遍心理。

以旧都归本朝，是"圣汉复存"的重要依据。"长安归汉"是关中士人对起家于关东的新政权的期待。三辅士人杜笃、杜林、王遵在建武年间所发表的议论，反映出"关中耆老"的长安诉求，比班固笔下的"西京客"所言更贴近当时的事实。这些曾经生活于三辅的士人，以"旧都"为依托形成他们对"新汉"的期待。他们对东汉的想象建立在一套以"长安"为起点的天命观上。这种理解，

---

① 建武十三年（37）平定蜀地的公孙述后，统一天下的战争基本完成。
② 《后汉书》卷三六《郑兴传》，第1217页。
③ 见其建武七年议论，《续汉书·祭祀志上》注引《东观汉记》，《后汉书》，第3160页。
④ 《后汉书》卷一三《隗嚣传》，第521页。
⑤ 《后汉书》卷一三《隗嚣传》，第529页。

使他们自觉或不自觉地走到一起，形成一股表达政见的力量。

需要注意的是"关中耆老"与刘秀开国集团之间的年龄差距问题。刘秀起兵时二十八岁，建武元年三十一岁。据此前考证，刘秀集团成员大多出生于哀、平、新莽年间，建武元年普遍二十余岁。这一集团代表了"汉末新莽一代"，他们不曾亲历西汉王朝的强盛，反而对汉末新莽时代批判汉朝的政治舆论耳濡目染，习以为常。他们构成了东汉王朝建立的骨干力量。《礼记·曲礼上》载"六十曰耆""七十曰老"，据此推算，建武年间的"关中耆老"应是六七十岁，与曾仕成、哀、平时代的士人旧臣年龄相近。留都洛阳或返都长安的两种主张背后，是两个不同年龄代际、对"旧都"有不同记忆、对"西汉"象征性价值有不同认识的人群。

光武虽始终坚持关东本位政策，放弃建都长安，但仍重视三辅士人群体的向背。随着全国的统一，这一群体逐渐在朝中形成一个潜在的政治派系，对建武政治构成微妙的制约。"关中耆老"对光武政权既陌生又向往，多热衷于论证新汉朝之天命乃继承、因袭自前汉。然而，更年轻的刘秀集团士人，对光武建国持"建武之元，天地革命""名为中兴，实同创革"的观念者，则强调新汉是创业受命而非因袭而来。关于新王朝起源的两种想象并存，透露出两汉之际士人处理新旧汉朝关系的两种方式。作为遗臣的长安系士人，面临身份的缺失，希望通过"两汉天命因袭论"以重塑身份，在新汉朝中找到归属。"返都"的希望不仅来自天命观念，还可能隐含旧长安士人对建武后期及明帝时期推行新政的不满。以建武年间长安系士人的浮沉命运为例，能进一步理解他们呼吁返都的历史原因。

**（二）以"太子"为轴心：长安系士人的聚与散**

建武之初，曾仕前汉长安朝廷的士大夫，与同情前汉的三辅籍士人①相结合，演化出一个活跃于政坛和学界的派系。本章称之为

---

① 此时的关中籍（京兆、冯翊、扶风）士人多有出仕前汉的经历。

"长安系士人"。作为前汉国都，"长安"有象征前汉法统和功业的政治文化含义。在后汉初立之时，士人们对"长安"的理解，隐含着一种对业已灭亡的"前朝"的想象和追寻。对于前朝遗臣，"长安"不仅是他们生活过的故土，更是他们曾经辉煌的精神象征。西汉崩塌后，遗臣们或仕于新莽、更始帝，或辗转于隗嚣、公孙述、窦融等西部政权。不少人最终归依于洛阳。可能由于乡情旧谊和政治文化诉求相近，他们自然聚合，多以"汉德""高祖旧德""祖宗之制"等说法正当化其主张。本书强调"长安"，不仅为了说明这一群体的地域性特征，更想指出"长安"作为一个政治文化意象在东汉初年政局中独具的意义。《后汉书》对这一群体的聚合和主张记载较为隐晦，原因可能是"长安系士人"与光武帝建武二年所立太子、郭皇后长子刘彊较为亲近。因刘彊于建武十九年被废，跟他关系密切的长安系士人也受到排抑，没能以整体面貌出现在史传中。

关于刘彊，《后汉书·光武十王传》记载他作为太子的事迹极少，多写他被废为东海王后如何谦卑恭顺。"建武二年，立母郭氏为皇后，彊为皇太子。十七年而郭后废，彊常戚戚不自安，数因左右及诸王陈其恳诚，愿备蕃国。"① 刘彊生于建武元年，被废时只有十九岁，即便年少，十七年中他的言行也不至于在本传中毫无声息。郭皇后被废为中山王后，太子刘彊被废为东海王，皆是当时敏感的大事，史籍对其记载简略也可理解。学界多认为太子被废与河北真定家族对王朝的重要性日益减弱有关。② 我们则从另一个角度看刘

---

① 《后汉书》卷四二《东海恭王彊传》，第 1423 页。

② 陈苏镇指出："建武十三年，统一战争结束，天下大局已定，真定宗室对刘秀的威胁基本消失。于是，刘秀以'不应经义'为名，将真定王刘得等'服属既疏'的诸侯王降为列侯……刘彊一旦继位，郭氏势必打击阴氏及其所代表的南阳势力，引发宫廷内讧。南阳是东汉王朝的根，南阳籍功臣和外戚是刘秀集团的中坚力量。为了保护这支力量，刘秀必须废刘彊而立明帝。"参见陈苏镇《〈春秋〉与"汉道"——汉代政治与政治文化研究》，中华书局 2012 年版，第 526 页。

彊：分析"长安系士人"与刘彊的联系，追踪刘彊被废前后这一群体的作为及其终受贬抑的过程及原因。

《后汉书》有几处记录了长安系士人和太子刘彊的交集，值得注意：

> （建武）七年，（张湛）以病乞身，拜光禄大夫，代王丹为太子太傅。及郭后废（建武十七年），因称疾不朝……帝数存问赏赐。后大司徒戴涉被诛，帝强起湛以代之。湛至朝堂，遗失溲便，因自陈疾笃，不能复任朝事，遂罢之。①
>
> 时（陇蜀未平）……（申屠）刚每辄极谏，又数言皇太子宜时就东宫，简任贤保，以成其德，帝并不纳。②
>
> （建武十一年，郭伋）过京师谢恩，帝即引见，并召皇太子、诸王宴语终日，赏赐车马衣服什物。伋因言选补众职，当简天下贤俊，不宜专用南阳人。帝纳之。③
>
> （马）援自还京师，数被进见。为人明须发，眉目如画，闲于进对，尤善述前世行事。每言及三辅长者，下至间里少年，皆可观听。自皇太子、诸王侍闻者，莫不属耳忘倦。④（《后汉纪》系此事于建武十六年下）。
>
> 皇太子彊求乞自退，封东海王，故重选官属，以（杜）林为王傅。⑤

以上各自独立的材料从不同角度显示了长安系士人与刘彊的交集。刘彊两岁时被立为太子（建武二年），十九岁被废（十九年），而张湛于建武七年任太子太傅，辅佐太子长达十年之久。他以"遗

---

① 《后汉书》卷二七《张湛传》，第929—930页。
② 《后汉书》卷二九《申屠刚传》，第1016页。
③ 《后汉书》卷三一《郭伋传》，第1092页。
④ 《后汉书》卷一四《马援传》，第837页。
⑤ 《后汉书》卷二七《杜林传》，第938页。

失溲便"表明其反对郭后被废的立场，体现了对郭后和太子境遇的同情。建都长安的更始政权标榜继承汉统，张湛同情更始帝，① 带有对前汉和长安的怀念。与光武帝朝不承认更始为正统②相对峙，张湛这种观念或在其任太子傅期间对太子有所影响。张湛与郭丹、杜林、侯霸、郭伋"相善"③，其中郭伋、杜林与太子有交往，从这一人际脉络可推测：张湛对郭后、太子境遇的同情不是特例，可能是长安系士人群的态度；张湛对太子施加影响，也不只是个人的影响，更可能是长安系士人观念的影响。

张湛之前，任太子太傅者是与他同为三辅士人的王丹。王丹从少傅迁太傅，在太子身边应该有些时间。王丹曾率领宗族向西入长安的邓禹捐奉大量粮食，属于关中名望豪族，与"三辅仪表"的张湛相似。三辅大族的王丹和张湛先后担任刘彊的老师，影响太子达十多年，其关系之深，不能低估。

建武七年，申屠刚"数言皇太子宜时就东宫，简任贤保，以成其德，帝并不纳"。申屠刚前仕扶风郡功曹，在同为茂陵人的杜林推荐下入朝。他关注七岁的太子，望其早日入驻东宫。他建议光武提拔贤士以辅佐太子，可能指长安系士人。然"帝并不纳"，颇有深意。建武七年，光武在长安系士人与南阳功臣之间选择了后者，任李通为大司空。"建武九年七月乙丑，金犯轩辕大星。十一月乙丑，金又犯轩辕。轩辕者，后宫之官，大星为皇后，金犯之为失势。是

---

①　《后汉书》卷二九《鲍永传》载："（鲍）永行县到霸陵，路经更始墓，引车入陌，从事谏止之。永曰：'亲北面事人，宁有过墓不拜！虽以获罪，司隶所不避也。'遂下拜，哭尽哀而去。……帝闻之，意不平，问公卿曰：'奉使如此何如？'太中大夫张湛对曰：'仁者行之宗，忠者义之主也。仁不遗旧，忠不忘君，行之高者也。'"（第1020页）张湛、鲍永、郭丹、冯衍等，长安系士人都是更始帝的同情者，参《后汉书》卷二七《郭丹传》、卷二八上《冯衍传》。

②　《后汉书》卷五九《张衡传》载衡希望以更始为正统，但遭否定："又更始居位，人无异望。光武初为其将，然后即真，宜以更始之号建于光武之初。书数上，竟不听。"第1940页。

③　《后汉书》卷二七《郭丹传》，第941页。

时郭后已失势见疏, 后废为中山太后。"① 郭后在建武九年已经失势。将上述二事并置考虑, 可推测光武此时的意向已有改变, 不纳申屠刚的意见可能与之有关。

另一例是扶风人郭伋的进谏。郭伋借与皇太子、诸王"宴语"机会, 言"选补众职, 当简天下贤俊, 不宜专用南阳人"。倚重南阳豪族的光武帝表面上采纳他的建议。但郭伋之意, 也许更想把这种意见传达给在座的太子, 希望太子登基后在用人方面能改变这种偏向。范晔论曰: "昔留侯以为高祖悉用萧、曹故人, 而郭伋亦讥南阳多显, 郑兴又戒功臣专任。"② 同为长安系士人, 郭伋和郑兴都劝谏光武帝少用"南阳功臣"。曾仕前汉、劝说更始定都长安的郑兴, 被杜林举荐入朝, 建武七年上书称: "今公卿大夫多举渔阳太守郭伋可大司空者, 而不以时定, 道路流言, 咸曰'朝廷欲用功臣'。功臣用则人位谬矣。"③ 可见郑兴对郭伋的支持。二人劝谏的背后都有争取皇帝在用人方面倾向长安系士人之意。光武最终仍以李通为大司空, 而非郭伋, 可见在用人上仍以功臣为主导。四年后, 郭伋又老调重弹, 这次似乎对光武有所打动, 他当太子之面接纳了郭伋的建议。

在师傅王丹、张湛前后十多年的影响下, 刘彊对前汉朝事、三辅人事兴趣盎然。"善述前世行事"的马援"言及三辅长者, 下至闾里少年", 把太子吸引, "属耳忘倦"。马援亦是三辅士人的领袖人物。从其来往者如平陵孟冀、京兆龙述、京兆杜保、扶风朱勃来看, 也是一个三辅士人的圈子。章帝初年"卫尉(马)廖以布三千匹, 城门校尉(马)防以钱三百万, 私赠三辅衣冠, 知与不知, 莫不毕给"④, "四方毕至, 京兆杜笃之徒数百人, 常为(马防)食客, 居门下"⑤, 马援长子马廖、次子马防在三辅颇有势力, 旁证当年马

---

① 《续汉书·天文志上》,《后汉书》, 第 3220 页。

② 《后汉书》卷二二《朱景王杜马刘傅坚马列传》, 第 788 页。

③ 《后汉书》卷三六《郑兴传》, 第 1221 页。

④ 《后汉书》卷四一《第五伦传》, 第 1398 页。

⑤ 《后汉书》卷二四《马援附防传》, 第 857 页。

援对关中士人影响之大。由此推测，让马援这位"腾声三辅"的长者在刘彊前多言前汉历史、关中人事，可能是长安系士人的有意为之。

建武十九年，刘彊被废为东海王，光武安排杜林任东海王傅。虽一年后即被调回少府，但杜林任东海王傅之事，可看作光武安抚刘彊、尊重其与长安系士人交往的一种举措。刘彊被废，光武要面对不少像张湛这样的反对派士人。此举不失为向长安系士人表示妥协。作为前汉名儒杜邺之子，杜林是长安系士人中的核心人物，他政治名望、学术地位极高，① 不仅荐举范逡、赵秉、申屠刚等"三辅耆老士大夫"入朝，还与郑兴、卫宏结成东汉第一个古文经学术群体，"于是古文遂行"。卫宏"作《汉旧仪》四篇，以载西京杂事"②，是前汉典制的专家。可见以杜林为首的古文学群体，基本由长安系士人构成。此外，杜林"与马援同乡里，素相亲厚"③。牛邯"及降，大司徒司直杜林、太中大夫马援并荐之"④。马、杜将长安系士人引入朝中，互相支持。光武悉知杜林在长安系士人中的地位及在朝中的影响力，安排他傅东海王，表明对刘彊和长安系士人的尊重，以此缓解废太子而带来的不安定局面。

张湛、王丹、申屠刚、郭伋、马援、杜林等与太子刘彊直接间接交往的记载，呈现了长安系士人与刘彊的密切关系。长安系士人关心并试图影响太子，太子亦有兴趣与他们交往。在光武安排下，刘彊被废后，其长女沘阳公主嫁窦勋。⑤ 窦勋是窦穆之子，窦融之

① 详见《后汉书》卷二七《杜林传》，第934—37页。
② 《后汉书》卷六九下《儒林传》，第2576页。
③ 《太平御览》卷八九四引《东观汉记》，参见刘珍等撰，吴树平校注《东观汉记校注》下，中华书局2008年版，第530页。
④ 《后汉书》卷一三《隗嚣传》，第531页。
⑤ 陈苏镇指出："刘彊生于建武元年，其女达到适婚年龄应在建武末年。此时郭氏和刘彊被废已久，阴氏和明帝即将接掌大权，与前者联姻的政治风险显而易见。窦融在朝始终'以非旧臣'而'不自安'，事事'小心'，似不应有此冒险举动。这桩婚事肯定须经刘秀同意，因而很可能是他促成的，甚至是刻意安排的。"陈苏镇：《〈春秋〉与"汉道"——两汉政治与政治文化研究》，第528页。

孙。窦氏是扶风平陵大族，窦融"家长安中，出入贵戚，连结闾里豪杰"①，又与马援、班彪相善。刘秀此举，同样是对刘彊和长安系士人的安抚。《后汉书》所载刘彊之事，少之又少，与之交往者大多是三辅士人，这恐怕不是巧合。由此推测：建武前期，长安系士人团结在太子刘彊身边，凝结成一股对时局颇有影响的势力。他们希望借助太子的力量，实现一些主张。随着刘彊被废，长安系士人失去了这些机会。再分析新太子刘庄被立后的一例。《班彪传》载：

> 彪复辟司徒玉况府。时东宫初建……彪上言曰："孔子称：'性相近，习相远也。'贾谊以为：'习为善人居，不能无为善，犹生长于齐，不能无齐言也。习与恶人居，不能无为恶，犹生长于楚，不能无楚言也。'是以圣人审所与居，而戒慎所习。……汉兴，太宗使晁错导太子以法术，贾谊教梁王以《诗》、《书》。及至中宗，亦令刘向、王褒、萧望之、周堪之徒，以文章儒学保训东宫以下，莫不崇简其人，就成德器。今皇太子诸王，虽结发学问，修习礼乐，而傅相未值贤才，官属多阙旧典。宜博选名儒有威重明通政事者，以为太子太傅，东宫及诸王国，备置官属。"②

玉况于建武二十三年至二十七年（47—51）任司徒，此上疏发生在这段时间。此时刘彊已被废，新太子为日后的明帝刘庄。班彪并非泛泛而谈"保训东宫"，实际上是针对光武为刘庄重新安排师傅一事。在新太子傅群体中，势力最大的是沛郡龙亢桓荣师徒。《桓荣传》载建武十九年之事：

> 时显宗始立为皇太子，选求明经，乃擢荣弟子豫章何汤为

---

① 《后汉书》卷二三《窦融传》，第795页。
② 《后汉书》卷四〇上《班彪传》，第1327—1328页。

虎贲中郎将，以《尚书》授太子。世祖从容问汤本师为谁，汤
对曰："事沛国桓荣。"帝即召荣，令说《尚书》，甚善之。拜
为议郎，赐钱十万，入使授太子。每朝会，辄令荣于公卿前敷
奏经书。帝称善，曰："得生几晚！"……以是愈见敬厚，常令
止宿太子宫。积五年，荣荐门下生九江胡宪侍讲，乃听得出，
旦一入而已。①

光武为新太子安排了师傅人选：龙亢桓荣、豫章何汤、九江胡宪师
徒数人。桓荣长期隐居，"建武十九年，年六十余，始辟大司徒
府"②，随后始授太子。桓荣得宠，其门生也得势。除桓荣师门外，
另有数人被安排给刘庄做老师，大致在建武二十年："包咸字子良，
会稽曲阿人也。……建武中，入授皇太子《论语》，又为其章句。"③
"钟兴字次文，汝南汝阳人也。少从少府丁恭受《严氏春秋》。恭荐
兴学行高明，光武召见，问以经义，应对甚明。帝善之，拜郎中，
稍迁左中郎将。诏令定《春秋》章句，去其复重，以授皇太子。"④
"刘昆字桓公，陈留东昏人。……二十二年……乃令入授皇太子及诸
王小侯五十余人。"⑤ 可见，除了龙亢桓荣师徒外，还有会稽包咸、
汝南钟兴、陈留刘昆被任命为刘庄的师傅。

　　钟兴、刘昆又与山阳丁恭关系密切。"诸生自远方至者，著录数
千人，当世称（恭）为大儒。太常楼望、侍中承宫、长水校尉樊鯈
等皆受业于恭。二十年，拜侍中祭酒、骑都尉，与侍中刘昆俱在光
武左右，每事谘访焉。"⑥ 建武后期，丁恭师徒成为受光武重用一

---

①　《后汉书》卷三七《桓荣传》，第 1249—1251 页。

②　《后汉书》卷三七《桓荣传》，第 1249 页。

③　《后汉书》卷七九下《儒林传》，第 2570 页。"显宗以咸有师傅恩，而素清苦，
常特赏赐珍玩束帛，奉禄增于诸卿"，则此皇太子为刘庄。

④　《后汉书》卷七九下《儒林传》，第 2579 页。

⑤　《后汉书》卷七九上《儒林传》，第 2550 页。

⑥　《后汉书》卷七九下《儒林传》，第 2578 页。

系。无论是桓荣师徒还是丁恭师徒，这些被任命为新太子之师的士人皆是关东人，无一是长安系士人。新旧太子傅，分属两个不同的士人群体。上述几人入授太子的时间，大致在班彪辟司徒玉况府即建武二十三年之前。班彪所谓"傅相未值贤才"，是站在长安系士人立场上，质疑上述关东士人的德行不足以辅佐太子。又建议"宜博选名儒有威重明通政事者，以为太子太傅"，似乎努力让长安系士人重回太子傅之位。张湛以"称疾不朝""遗失溲便"为由，拒绝出仕；班彪则借"保训东宫"之名，批评时任新太子傅"未值贤才"。看似没联系的两件事，其实从不同角度反映了长安系士人对光武另建太子师傅体系的无奈。他们已失去从前的政治优势。

刘彊之所以与长安系士人交往较为密切，可能因为真定郭氏久仕前汉，当年与更始汉朝中的长安系士人有来往。真定郭氏属于前汉真定大族，郭昌娶汉景帝七代孙之真定王刘普之女，生郭皇后。由于毗邻并州、并州死忠更始的情况，真定也是更始的效忠者。这种关系的影响可能持续至建武朝。更始子刘鲤与郭皇后次子、中山王刘辅交往甚密，辅甚至协助鲤为更始帝报仇，[1] 就是这种关系的表现。当年更始朝的长安和并州有众多前汉遗臣，很可能与真定的前汉宗室、大族有所来往。郭况"以（郭）后弟贵重，宾客辐凑，况恭谦下士，颇得声誉"，可能指以交游著称的长安系士人。汉代皇子受母家的影响很大，真定郭氏的家族性质和交往对象，奠定了刘彊与长安系士人关系的基础。

建武十九年之前，光武帝比较重用长安系士人。不仅让其担任三公（宋弘，伏湛，侯霸）、尚书令（郭伋，申屠刚）、光禄勋（张湛，杜林）、司隶（宣秉）等要职，还吸收他们所举荐的三辅士人入朝，从中挑选太子刘彊之傅，允许其与太子交往，让其政

---

① 《后汉书》卷四二《光武十王传》载（建武晚年）"寿光侯刘鲤，更始子也，得幸于辅。鲤怨刘盆子害其父，因辅结客，报杀盆子兄故式侯恭，辅坐系诏狱，三日乃得出"，第1427页。

见、学识发挥作用。更立太子之后，光武更青睐关东籍士人。建武前期，长安系士人受到重用，除了因为其熟悉前汉典制，还因其部分政治观点为光武所采纳。光武新朝的走上正轨，需要借助"前汉"，也需要长安系士人的支持。建武后期太子被废，更用关东士人，也与光武决意摒弃刘彊及长安系士人的政治主张，欲实施政策变革有关。

### （三）长安系士人的"柔克"之政与建武政治的变迁

郭伋进言"不宜专用南阳人"，郑兴呼吁"功臣用则人位谬矣"，班彪希望以"有威重明通政事者"辅佐新太子，都暗示着长安系士人对政治权力的争取。他们对皇帝多有进谏，流露出匡政的愿望；他们彼此互相荐举，同声相应，在建武十九年以前有一段活跃的时期。王丹、张湛先后训导太子十余年，以至太子对马援所述"前世行事、三辅长者"兴致盎然——把太子培养成他们的同道者。这一时期，光武对长安系士人的重用，允许太子与他们交往，也体现了建武前期的治国策略。下面分析这一派系的政治主张，及其与光武帝的政策转向、太子更立之关系。

有学者认为，长安象征"霸道政治""尚法为治"；洛阳象征"王道政治""礼乐教化"。由此推演出汉代关中、关东士人在政治理念上有"尚法"和"尚德"的差异。① 笔者认为，这种看法主要根据的是西汉中后期的情况，② 而在东汉初年的历史语境中，情况似乎是相反。试论证如下。建武七年，杜林上疏曰：

---

① 参见曹金华《试论东汉的迁都思潮及其影响》（《江苏社会科学》1992 年第 3 期）；梁万斌：《东汉建都洛阳始末》（《中华文史论丛》2013 年第 1 期）。

② 《盐铁论·险固》载："秦左殽、函，右陇阺，前蜀、汉，后山、河，四塞以为固，金城千里，良将勇士，设利器而守陉隧，墨子守云梯之械也。……地利不如人和，武力不如文德。周之致远，不以地利，以人和也。百世不夺，非以险，以德也。"王利器校注：《盐铁论校注》，中华书局 1992 年版，第 525 页。

　　臣闻营河、洛以为民，刻肌肤以为刑，封疆画界以建诸侯，井田什一以供国用，三代之所同。及至汉兴，因时宜，趋时务，省烦苛，取实事，不苟贪高亢之论。是以去土中之京师，就关内之远都。除肉刑之重律，用髡钳之轻法。郡县不置世禄之家，农人三十而税一。政卑易行，礼简易从。民无愚智，思仰汉德，乐承汉祀。①

　　杜笃《论都赋》论述了长安乃 "便于王政" 之都，洛阳则是 "征伐" "展武" 的权宜之都；作为长安系士人的领袖人物，杜林的看法与之相似：建都于河洛的 "三代" "刻肌肤以为刑"，虚美而不务实；前汉为革除弊端，"去土中之京师，就关内之远都"，即移都长安；"省烦苛，取实事" "除肉刑之重律，用髡钳之轻法" "政卑易行，礼简易从"。可见，杜林将他所崇尚的 "轻法" "简易之政" 与长安、前汉联系一起，暗示三代河洛之政有重法、重赋、礼繁之失。杜林尚 "简易" 的主张，建武七年前后，多见于长安系士人的政论中，如：

　　癸亥晦，日有蚀之。……于是冯衍上书陈事：一曰显文德，二曰褒武烈，三曰修旧功，四曰招俊杰，五曰明好恶，六曰简法令……②

　　时内外群官，多帝自选举，加以法理严察，职事过苦，尚书近臣，乃至捶扑牵曳于前，群臣莫敢正言。（申屠）刚每辄极谏。③

　　（郑兴上书曰：）"夫日月交会，数应在朔，而顷年日食，每多在晦。先时而合，皆月行疾也。日君象而月臣象，君亢急

① 《续汉书·祭祀志上》注引《东观汉记》，《后汉书》，第3160页。
② 《后汉书》卷二八上《冯衍传》，第977页。
③ 《后汉书》卷二九《申屠刚传》，第1017页。

则臣下促迫，故行疾也。今年正月繁霜，自尔以来，率多寒日，此亦急咎之罚。……今陛下高明而群臣惶促，宜留思柔克之政，垂意《洪范》之法，博采广谋，纳群下之策。"①

本年"三月癸亥晦，日有食之。是时宰相多以功举，官人率由旧恩，天子勤吏治，俗颇苛刻，因是变也"②。这可能是四人上书的背景。借日食之机，长安系士人不满于"专用南阳功臣"之余，还批评了光武因躬好吏事、总揽权纲而造成对士人过于苛刻的政治风气，要求"简法令""思柔克之政"。这与所谓"关中士人崇尚严法"的观点相反。其后又如：

> （建武十三年，陈）元上疏曰："……近则高帝优相国之礼，太宗假宰辅之权。及亡新王莽，遭汉中衰，专操国柄，以偷天下，况己自喻，不信群臣。夺公辅之任，损宰相之威，以刺举为明，微讦为直。至乃陪仆告其君长，子弟变其父兄，罔密法峻，大臣无所措手足。……陛下宜修文武之圣典，袭祖宗之遗德，劳心下士，屈节待贤，诚不宜使有司察公辅之名。"③
>
> （建武十四年）群臣上言："古者肉刑严重，则人畏法令；今宪律轻薄，故奸轨不胜。宜增科禁，以防其源。"诏下公卿。（杜）林奏曰："夫人情挫辱，则义节之风损，法防繁多，则苟免之行兴。……大汉初兴，详览失得，故破矩为圆，斫雕为朴，蠲除苛政，更立疏网，海内欢欣，人怀宽德。……至于法不能禁，令不能止，上下相遁，为敝弥深。臣愚以为宜如旧制，不合翻移。"④

---

① 《后汉书》卷三六《郑兴传》，第 1222 页。

② 袁宏撰，周天游校注：《后汉纪校注》，天津古籍出版社 1987 年版，第 145 页。

③ 《后汉书》卷三六《陈元传》，第 1233 页。

④ 《后汉书》卷二七《杜林传》，第 937—938 页。

陈元①在"大司农江冯上言，宜令司隶校尉督察三公"② 环境下上疏，杜林在群臣"宜增科禁"的呼吁中提出上述主张，可见长安系士人之见并非主流意见。针对皇帝"高明""罔密法峻""法防繁多"以致"群臣惶促"的情况，杜林、申屠刚、郑兴、陈元及冯衍皆从不同角度提出轻缓苛察的主张。他们号称"袭祖宗之遗德""宜如旧制"，讲述"大汉初兴"时高帝、文帝宽于刑律的历史。建议皇帝应以德服人，优待大臣；减少繁密的刑法，减轻刺举、监察和吏治的力度。他们倡导"柔克之政"③，强调"以士为本"，希望光武效法前汉政治的宽简，更大程度地尊重、礼遇士人。建武四年，侯霸任尚书，"每春下宽大之诏，奉四时之令，皆霸所建也"④；宣秉任司隶，"务举大纲，简略苛细"⑤。可见实行"宽大""简易"之政，是建武初期长安系士人的共识。而光武多偏袒"刺举之吏"⑥。长安系士人的建议间接批评了光武的用人政策。

长安系士人提出"柔克之政"，还出自他们对王莽时代用法严酷的反思。隗嚣列陈王莽罪状："冤系无辜，妄族众庶。行炮格之刑，除顺时之法，灌以醇醯，袭以五毒。"⑦ 申屠刚控告王莽："张设重法，抑断诽谤，禁割论议，罪之重者，乃至腰斩。"⑧ 冯衍也说："伏念天下离王莽之害久矣。……兵连不息，刑法弥深，赋敛愈

①　苍梧陈元之父钦与刘歆相善，是王莽《左传》学的老师。元"以父任为郎"。《后汉书》卷三六《陈元传》，第1230—1233页。
②　《后汉书》卷三六《陈元传》，第1233页。
③　《后汉书》卷三四《梁统传》章怀注"柔克"："克，能也。言以和柔能理俗也。"梁统上书称："文帝宽惠柔克，遭世康平，惟除省肉刑、相坐之法，它皆率由，无革旧章。"（第1166页）出自《尚书·洪范》的"柔克"一词在建武初期被士人用于形容汉文帝的宽简政治。郑兴之谓"柔克"，亦有推崇文帝之政之意。
④　《后汉书》卷二六《侯霸传》，第902页。
⑤　《后汉书》卷二七《宣秉传》，第927页。
⑥　《后汉书》卷三三《朱浮传》，第1143页。
⑦　《后汉书》卷一三《隗嚣传》，第517页。
⑧　《后汉书》卷二九《申屠刚传》，第1012页。

重。"① 郑兴称:"天下同苦王氏虐政,而思高祖之旧德也。"② 亲历
王莽朝的长安士人,对苛政酷法于汉家制度之变乱,深有认识,都
规劝光武恢复汉家"旧德"。

在郑兴、杜林"柔克之政"影响下,光武的政策有所调整。建
武十五年,梁统上书"以为法令既轻,下奸不胜,宜重刑罚",光武
"以为隆刑峻法,非明王急务","遂寝不报"③。十七年,光武宣称
自己以"柔道"治天下。然在"柔道"的运用上,光武亦有分寸。
他总领权纲、亲躬吏事的本意,是要树立至上权威,以高压手段治
理京师贵戚和关东豪族。相比起"士本位"政治,光武更崇尚"天
子之法",到了晚年愈发如此。④ 如果说建武前期,光武对"柔克之
政"的接纳是对其吏治政策的补救和缓解,那么建武中后期,在贵
戚枉法和豪民暴乱日益严重的形势下,他在"柔克"与"苛刻"之
间向后者倾斜。⑤ 此时,光武擢用大量严格执法、"以苛刻为能"的
官吏,迁之为公卿,如河内蔡茂、南阳赵憙、南阳冯鲂、陈留虞延、
陈留董宣、河内李章、南阳任延等,基本上是关东人。十七年,光
武告诫叔父赵孝公良"吏奉法律,不可枉也"⑥,暗示其方针已转向
"严猛"之政。十九年,洛阳令董宣举纠湖阳公主苍头杀人,广汉太

① 《后汉书》卷二八上《冯衍传上》,第 965 页。
② 《后汉书》卷三六《郑兴传》,第 1217 页。
③ 《后汉书》卷三四《梁统传》,第 1166—1169 页。
④ 《后汉书》卷二六《冯勤传》载建武二十二年光武对冯勤说"能尽忠于国,
事君无二,则爵赏光乎当世,功名列于不朽,可不勉哉!"(第 910 页)
⑤ 光武晚年,关东社会矛盾交织,可能是其选择酷政的原因。建武十六年后全
国豪民叛乱频繁,这可能与度田政策推行有关。十六年春二月,交阯人征侧反。秋九
月,"河南尹张伋及诸郡守十余人,坐度田不实,皆下狱死。郡国大姓及兵长、群盗处
处并起,攻劫在所,害杀长吏。……青、徐、幽、冀四州尤甚。"十七年秋七月,妖巫
李广等据皖城反。十八年春二月,蜀郡守将史歆反。十九年春正月,妖巫单、傅镇等
据原武反。《后汉书》卷一下《光武帝纪》,第 66—71 页。
⑥ 赵憙治罪大姓李子春,赵王良为子春求情,遭光武拒绝(《后汉书》卷二六
《赵憙传》,第 913—914 页)。与建武十九赦免洛阳令董宣之例相似,光武多为不畏权
贵的官吏撑腰。

守蔡茂"喜宣刚正，欲令朝廷禁制贵戚"，称"贵戚椒房之家，数因恩执，干犯吏禁，杀人不死，伤人不论。臣恐绳墨弃而不用，斧斤废而不举。……今者，外戚骄逸，宾客放滥，宜敕有司案理奸罪，使执平之吏永申其用"①，光武纳之。二十年，升蔡茂为司徒。二十四年，虞延任洛阳令，"阴氏有客马成者，常为奸盗，延收考之。阴氏屡请，获一书辄加笞二百。信阳侯阴就乃诉帝，谮延多所冤枉。……帝知延不私，谓成曰：'汝犯王法，身自取之！'呵使速去。后数日伏诛，于是外戚敛手，莫敢干法"②。二十七年，提"为政敢杀伐，以威信称"③ 的魏郡太守冯鲂为太仆。二十八年，"郭氏薨，因诏郡县捕王侯宾客，坐死者数千人"④。可见，建武十七年之后，光武多强调"吏道""王法"，重用严格执法、手段威猛的官吏，不惜酷法滥杀，与郑兴、杜林等人的呼吁背道而驰。无怪明帝初年京兆长陵人第五伦说"光武承王莽之余，颇以严猛为政"⑤。从刘彊"恭谦好礼，以德自终"、被废后"深执谦俭"⑥ 等性格看，他的施政思路应该是谨慎的，加上受长安系士人的影响，他很可能采用宽大简易、崇尚仁德之政。刘彊被废，可见光武已不支持这种仁政路线。

《桓荣传》注引谢承《后汉书》载："建武十八年夏旱，公卿皆暴露请雨。洛阳令著车盖出门，（何）汤将卫士鉤令车收案，有诏免令官，拜汤虎贲中郎将。上尝叹曰：'赳赳武夫，公侯干城，何汤之谓也。'"⑦ 豫章何汤是桓荣的学生，光武选何汤授经太子刘庄，可能源自对他执法严格的欣赏。湖阳樊儵与明帝之傅钟兴同为山阳丁

① 《后汉书》卷二六《蔡茂传》，第907页。
② 《后汉书》卷三三《虞延传》，第1152—1153页。
③ 《后汉书》卷三三《冯鲂传》，第1148页。
④ 《后汉书》卷一下《光武帝纪下》，第80页。
⑤ 《后汉书》卷四一《第五伦传》，第1400页。
⑥ 《后汉书》卷四二《东海恭王彊传》，第1424页。
⑦ 《后汉书》卷三七《桓荣传》，第1250页。

恭的学生。明帝即位，丁恭之徒"北海周泽、琅邪承宫并海内大儒，（樊）鯈皆以为师友而致之于朝"①。备受尊崇的樊鯈在处理广陵王荆一案中，直言"天下高帝天下，非陛下之天下也。《春秋》之义，'君亲无将，将而诛焉'……如令陛下子，臣等专诛而已"，显示了不避贵戚、严厉执法的性格。② 由何汤、樊鯈二例可推测，"善理刑，分明法令"③ "好以耳目隐发为明"④ 的明帝在太子时已显示了与光武相似的性格，这应与师傅的影响有关。光武最终确定刘庄为后嗣，表明他希望法治政策被延续。明帝"遵奉建武制度，无敢违者"⑤，实现了"吏政尚严切"⑥ 的永平之治，没辜负光武的期望。种种迹象表明，刘彊和长安系士人崇尚"柔克"的施政风格，与晚年的光武多有不合，这是他们招致疏离的重要原因。

从呼吁返都长安，申述两汉天命因袭论，到凝聚于太子刘彊身边，推行"柔克之政"，长安系士人在东汉初年形成一系列活动轨迹。建武早期，新政权颇为尊重长安系士人。光武一度重用其"宽简"政策，以缓冲吏治的苛刻，也让之有施展政治抱负的空间。他们相互荐举，培养太子，形成对朝政有影响力的派系。随着郭后、太子被废，光武的政策已发生变化。他重用关东士人，转向"苛政法治"，而新太子正是这一政策的推行者和继承人。建武十九年以后，长安系士人遭疏远、摒弃。其群体自身的分化、变质、溃散也不可避免。

建武年间长安系士人的学术倾向和治学方法有自己的特色。关中背景的学者多是"不为章句"的"博通"之儒。马援"尝受《齐

① 《后汉书》卷三二《樊鯈传》，第 1123 页。
② 详见《后汉书》卷三二《樊鯈传》，第 1123 页。
③ 《后汉书》卷二《明帝纪》，第 124 页。
④ 《后汉书》卷四一《钟离意传》，第 1409 页。
⑤ 《后汉书》卷二《明帝纪》，第 124 页。卷二六《韦彪传》："世承二帝（光武、明帝）吏化之后，多以苛刻为能。"卷六六《循吏传序》："建武、永平之间，吏事刻深，亟以谣言单辞，转易守长。"
⑥ 《后汉书》卷四六《陈宠传》，第 1549 页。

诗》，意不能守章句"①；扶风平陵人梁鸿"博览无不通，而不为章
句"②；桓谭"博学多通，遍习《五经》，皆诂训大义，不为章
句"③；贾徽"从刘歆受《左氏春秋》，兼习《国语》《周官》，又受
《古文尚书》于涂恽，学《毛诗》于谢曼卿"④；杜林"博洽多闻，
时称通儒"⑤；班彪亦称"通儒"⑥。"不守章句"和"博通"针对章
句之儒而言。⑦ 在前汉十四博士的官学体系下，学者多深钻一经，严
守师法门户，形成占据学界主流的今文官学。后汉立国后，出于对
这种官学体制和学术潮流的反弹，出现了"不守章句"的"通儒"，
此风似发源于关中三辅。古文经学与"不守章句""博通"的治学
路数是相联系的。杜林、桓谭、郑兴、卫宏等古文学者皆属长安系
士人的阵营。刘彊被废后，光武疏远长安系士人，为新太子更换师
傅，多用今文章句之儒。刘彊、刘庄的老师在学术背景和立场上相
悖，代表了两种学术取向，光武对两种学术先后不同的选择，⑧ 显示
其培养太子思路的变化。班彪指出刘庄之傅"未值贤才"，应带有对
其固守章句、不能博通的批评。刘昆、丁恭等章句之儒得到宠幸，
反衬出此时"不为章句"之治学方式已不中光武之意。

还需讨论的是班固。建武十九年之后，长安系士人在政治上遭
疏远，群体得以凝聚的力量已遭瓦解，至明帝、章帝时期已经溃散。
随着"前汉"的远去，"长安"影响力逐渐降低，该群体也发生变

---

① 《后汉书》卷一四《马援传》，第827页。
② 《后汉书》卷八三《逸民传》，第2765页。
③ 《后汉书》卷二八上《桓谭传》，第955页。
④ 《后汉书》卷三六《贾逵传》，第1234页。
⑤ 《后汉书》卷二七《杜林传》，第935页。
⑥ 《后汉书》卷四〇上《班彪传》，第1329页。
⑦ 王充对"博通"和"章句"的对立关系多有论述。《论衡·效力》："诸生能
传百万言，不能览古今，守信师法，虽辞说多，终不为博。"（第580页）《书解》：
"说章句者终不求解扣明，师师相传，初为章句者，非通览之人也。"（第1160页）黄
晖撰：《论衡校释》，中华书局1990年版。
⑧ 光武对古文经学始终怀有偏见，一大原因是建武时期的古文学家大都不信
谶纬。

化：不同于"初代"长安系士人敢于谏言、批评时政，此时他们多歌颂皇帝、称扬东汉道德之隆盛。班固的《两都赋》就带上这种印记。章帝即位后，班固"每行巡狩，辄献上赋颂"①。家族久仕前汉的崔骃亦与班固相似："元和中，肃宗始修古礼，巡狩方岳。骃上四巡颂以称汉德，辞甚典美。"②茂陵士人傅毅"追美孝明皇帝功德最盛，而庙颂未立，乃依《清庙》作《显宗颂》十篇奏之"③。平陵士人贾逵作《神雀颂》，以神雀之瑞为"胡降之征"；还一反"不读谶"的古学立场，寻找《左传》与谶纬的关联，被范晔讥为"能附会文致"④。这些迹象表明，第二代长安系士人已经放弃第一代的批判性立场。

永平之初，班固上书明帝的同母弟、辅政的骠骑将军东平王刘苍，向他推荐故司空掾桓梁，京兆祭酒晋冯，扶风掾李育，京兆督邮郭基等六人，皆是与扶风班氏相善之三辅士人。这一抱团举荐的现象，仍带有建武年间长安系士人的遗风。这时发生了"扶风人苏朗伪言图谶"⑤一事，明帝恶之，又恰逢班固被告私修国史，几乎入狱。此后，洞察世事、讲求明哲保身的班固对"关中耆老"态度发生很大变化。他最终写下《两都赋》，"盛称洛邑制度之美，以折西宾淫侈之论"。当年班彪抨击关东士人任太子傅的激烈态度，已不见于班固。

本章以刘秀集团和"长安系士人"为观察对象，互为参照，讨论立国之初合法性观念的歧异，及其在权力交锋、政局演变中的表现。两个士人群体来自东、西不同地域社会，处于不同年龄层次，对两"汉"之间的法统关系持不同的政治文化观念。在两汉之际瞬息万变、前路未知的时局下，他们秉持"创革"或"中兴"的不同

---

① 《后汉书》卷四〇下《班固传》，第 1373 页。
② 《后汉书》卷五二《崔骃传》，第 1718 页。
③ 《后汉书》卷八〇上《文苑传》，第 2613 页。
④ 《后汉书》卷三六《贾逵传》，第 1235、1241 页。
⑤ 《后汉书》卷四〇上《班固传》，第 1334 页。

思路，各自摸索着新政权的发展道路，若即若离，最终在建武朝趋于合流。东汉统一后两种观念的冲突渐渐停息，一种复合型的合法性模式随之推出；另一方面，"两汉承续"思路仍有歧异，处于协商、磨合之中。东汉朝合法化构建经历一个摇摆不定、不断调整的过程。两种理念逐渐摆脱具体的政治斗争，深入儒典语境，进行各自立场的精细化阐释，将汉法统承续问题转化为铸造儒家圣王的方法途径问题。

表 1.2 　　　　　　　　　　更始汉朝所封同姓诸侯王①

| | 宗室身份 | 封爵 | 官职 | 行述 |
|---|---|---|---|---|
| 刘祉 | 汉春陵侯，康侯敞嫡子 | 定陶王 | 太常将军 | 从入关，别将击破刘婴于临泾 |
| 刘赐 | 春陵侯仁弟苍梧太守利孙，更始帝堂兄弟 | 宛王 | 光禄勋、丞相、前大司马 | 将兵讨汝南。先入关，修宗庙宫室。还迎更始都长安 |
| 刘庆 | 春陵侯敞同产弟 | 燕王 | 大将军 | 与谢躬征王郎、尤来，为赤眉乱兵所杀 |

① "更始乃先封宗室太常将军刘祉为定陶王、刘赐为宛王、刘庆为燕王、刘歆为元氏王、大将军刘嘉为汉中王、刘信为汝阴王。"（《后汉书》卷一一《刘玄传》，第470—471页）在这一"先封"的宗室序列中，根据亲属关系，可分成刘祉、刘庆、刘歆、刘嘉，以及刘赐、刘信这两个支系。前一支系是春陵侯刘仁直系，嫡子刘祉位列第一。其中刘歆的身世没有记载，本传仅称"光武族父"，但从他名列刘庆后、刘嘉前，而庆、嘉皆是春陵直系看，刘歆可能是刘仁之子。在诸王之外，刘庆之子、虎牙将军刘顺也属这一支系。后一支系是更始帝刘玄祖父苍梧太守利直系，刘赐、刘信分别是刘玄的堂兄弟、堂侄。从赐、信曾为刘玄之弟复仇杀亭长妻子一事看，他们与更始之间保持了长期深交的侠义关系。杀刘縯后，更始即以刘赐为大司徒、丞相，遣赐予刘信征伐汝南称帝的刘望，西入长安以迎驾，对二人十分信用。此二支系都出自春陵侯刘雄渠，刘玄一支比刘縯兄弟更接近春陵侯。可见，更始所封刘姓诸侯王无一不是刘雄渠之后，属于严格意义而非泛化的"春陵宗室"。这股势力是更始帝最倚仗和亲信的力量。在这一系统的外围，有被授国三老的刘良。刘良是刘縯兄弟的叔父，出自刘雄渠之弟郁林太守外，离春陵侯一系较远。刘良既无封王和授予重职，亦不见有军功，反映了春陵疏属在宗室集团中的边缘地位。而刘縯兄弟无疑凭借军功而立足，更始分别授予要职，可见对其信用，尽管不如封王宗室亲近。这是一个紧紧围绕"南阳宗室"而建立的政权，其核心成员是刘仁、刘利兄弟后裔的"春陵宗室"。尽管属于前一范畴，但刘縯兄弟被排除在后一范畴之外。

续表

| | 宗室身份 | 封爵 | 官职 | 行迹 |
|---|---|---|---|---|
| 刘歆 | 不详，疑为春陵侯敞弟 | 元氏王 | 侍中 | 从入关 |
| 刘嘉 | 春陵侯敞弟宪子 | 汉中王 | 服威大将军 | 持节就国，都于南郑，众数十万 |
| 刘信 | 赐兄子，更始帝堂侄 | 汝阴王 | 奋威大将军 | 击杀汝南刘望。将兵平定江南，据豫章。 |
| 刘顺 | 庆子，春陵侯敞侄 | 无 | 虎牙将军 | 不详 |
| 刘良 | 南顿君钦弟 | 无 | 三老 | 从入关 |
| 刘縯 | 南顿君钦子 | 无 | 大司徒 | 未入关而被害于洛阳 |
| 刘秀 | 南顿君钦子 | 武信侯 | 司隶校尉，破虏将军行大司马事 | 未入关而徇河北 |

# 第二章

## "创革"与"中兴"：
## 建武年间的仪式争议与合法性确立

"仪式"是塑造和维系共同体记忆的重要方式。① 尽管古代王朝祀礼并非现代意义的公共仪式，但也有一定的公共性和仪式意义：由君臣集体协商、议定，在特定的空间场合中展示于"天下"，反映了王朝精英对社会等级、文化秩序的拟构和表达。本章将学界通常说的王朝典礼称为仪式，视之为传承、组织、塑造历史记忆的重要媒介。两"汉"交替之际，各种历史记忆——包括对前汉、新莽乃至周公、尧——亟待重新梳理、整合，定形、约化为符合当下需求的集体记忆。仪式在这一时刻和过程中发挥了独特作用。本章将以郊祀、宗庙、封禅诸礼为例，分析东汉初年的仪式争议如何体现了

---

① 拉德克利夫·布朗（Radcliffe Brown）指出，"通过某些普遍承认的规则，一切社会情感的常态性、集体性表达都采用了仪式（ritual）的形式。""仪式可被视作是对社会情感的规范化、象征化的表达，因此其作用是将共同体赖以凝聚的情感传递到下一代，使共同体秩序得以维持。"参见 Radcliffe Brown, *Structure and Function in Primitive Society*, The Free Press, 1952, pp. 124, 157。贝尔（Catherine Bell）运用仪式社会学方法，关注仪式在调节个体行为、塑造"应然性"交往关系和秩序、实现社会控制的意义，参见 Catherine Bell, *Ritual Theory*, *Ritual Practice*, Oxford University Press, 2009, pp. 171–223。关于对中国古代的仪式与政治合法性之关系的综合论述，参考 Howard J. Wechsler, *Offerings of Jade and Silk*: *Ritual and Symbol in the Legitimation of the T'ang Dynasty*, Yale University Press, 1985, pp. 12–30。

时人对两"汉"承续的不同认识；东汉王朝如何借助仪式重建两"汉"关系，确定法统来源，铺设政制之路；士人如何借助仪式组织和表达历史记忆，传达政治文化理想。"长安系士人"与光武集团在仪式上的观念分歧和竞争，正是一例。光武帝通过仪式设置，控制和重塑历史记忆，建立一种"中兴"与"创革"两头兼顾的合法性体系。本章从"'祀尧'与'祀高帝'的郊祀礼争论""宗庙争论与南顿四亲庙的兴废""封禅议和封禅文所见合法性的分歧与整合"三方面展开讨论，追究礼义纷争背后的合法性确立问题，新莽的创制和理念如何被暗中继承等。

## 一 "祀尧"或"祀高帝"？建武七年郊祀礼议的政治意涵及思想渊源

汉代郊祀礼以"昭孝事祖，通神明"[①] 为目的，通过仪式性程式和相关叙事建构祖宗与天命之间的联系，意在凝聚群体历史记忆，培养王朝认同。[②] 在东汉接替西汉而建立之时，皇帝与大臣在郊祀配

---

① 《汉书》卷二五上《郊祀志上》，中华书局 2008 年版，第 1189 页。
② 甘怀真从"上古存有论"（archaic ontology）论证郊祀的合法性内涵："现存秩序的实然面可溯源至宇宙发生时的状态，而应然面更应追溯至宇宙发生与演化过程中的诸原型。现状的正当性必须能溯源至宇宙发生过程中的原型。在这套宗教观念下，过去与现状不是线性的时间连续状态，可藉由祭祀而将现存的状态与过去加以连接，不断地回到宇宙原初的状态。"甘怀真：《秦汉的"天下"政体——以郊祀礼改革为中心》，《新史学》2005 年第 16 卷 4 期，第 13 页。更普遍的见解如杨英："郊祀和祭祖礼是中国古代王朝祭礼的主干，从周代起便已形成大体定型的格局，以后的历代封建王朝无不以此装点朝堂，在论证自己统治合法性的同时，从思想意识上凝聚群力，强调道德教化。"杨英：《魏晋郊祀和祭祖礼考》，《北大史学》2003 年第 9 辑，第 200 页。康乐揭通过分析北魏祭典从道武帝"西郊祭天"到孝文帝"南郊"的转变，指出郊祀礼对拓跋政权从部落到汉化国家转型的重要意义，显示了郊祀与历史记忆重整、合法性选择的关系。康乐：《从西郊到南郊——国家祭典与北魏政治》，台北：稻香出版社 1995 年版。

天对象上发生异议，可能不是一桩简单的仪式节文之争，而是与这一时期整理历史记忆、形成统治意识形态、确立正统承续体系诸问题有关。本节从这一思路切入，重新审视建武年间光武帝与士人围绕郊祀的一场争论，分析他们在"后稷""尧""汉高帝"诸问题上的分歧，双方的立场、论证路径、援引形式，揭示其背后不同的话语构造、意识形态取向和正统体系思路等。这场风波虽不甚激烈，背后却隐藏着东汉初年君臣在立国法统上的不同想象，对双方这一微妙的较劲作深入分析，有助于我们理解两汉交替之际"创革"与"中兴"两种合法性思路如何经历一个协商、博弈的过程。

### （一）"尧"与"汉"之分野：围绕"周祀后稷"的争论

郊祀在秦汉时代的政治生活中具有特殊的意义。回顾之前学界一系列有分量的研究，[1] 东汉建武年间的郊祀议似乎没得到足够的关注，[2] 尚有进一步讨论的空间。

先将史事梳理如下：早在建国第二年即建武二年（26），光武帝"立郊兆于（洛阳）城南，始正火德，色尚赤"[3]，宣布新汉朝接受

---

[1] 近年关于秦汉郊祀的研究专著，可参考王柏中《两汉国家祭祀制度研究》（博士学位论文，吉林大学，2004 年）；杨英：《祁望和谐：周秦两汉王朝祭礼的演进及其规律》（商务印书馆 2009 年版）；田天：《秦汉国家祭祀史稿》（生活·读书·新知三联书店 2015 年版）；[日] 金子修一：《古代中国与皇帝祭祀》（肖圣中等译，复旦大学出版社 2017 年版）。

[2] 关于东汉郊祀的研究，有杨英《东汉郊祀考》（《天津师范大学学报》2000 年第 4 期）、徐迎花《东汉光武帝时期郊祀制度研究》（《中共福建省党委学报》2008 年第 3 期）、李亚娜《东汉初的礼制建设与合法性建构》（《学理论》2017 年第 11 期）、牛敬飞《东汉郊祀新论》（《社会科学战线》2022 年第 2 期）。王柏中《两汉国家祭祀制度研究》（第 43—44 页）、杨权《新五德理论与两汉政治——"尧后火德"说考论》（中华书局 2006 年版，第 266—268 页）提及建武七年郊祀争议，然并未深究。这场事件中光武帝没将"祀尧"坚持到底，最终仍"祀高帝"，如此结局掩盖了建武礼议背后的思想分歧，没能引起学者足够留意。

[3] 《后汉书》卷一上《光武帝纪上》，中华书局 2014 年版，第 27 页。详见《太平御览》卷九〇引《东观汉记》："制兆于城南七里，北郊四里。行夏之时，时以平旦，服色、牺牲尚黑，明火德之运。常服徽炽，尚赤，四时随色，季夏黄色。"《太平御览》，中华书局 1960 年影印本，第 431 页下栏。

火德天命。据《太平御览·礼仪部》引《东观汉记》，此事后有一次关于郊祀对象的议论，未见载于他处史籍：

> 议者曰："昔周公郊祀后稷以配天，宗祀文王以配上帝。图谶著伊尧赤帝之子，俱与后稷并受命而为王。汉刘祖尧，宜令郊祀帝尧以配天，宗祀高祖以配上帝。"
>
> 有司奏议曰："追迹先代，无郊其五运之祖者。故禹不郊白帝，周不郊帝喾。汉虽唐之苗，尧以历数命舜，高祖自感赤龙火德，承运而起，当以高祖配。尧之后还复于汉，宜修奉济阳成阳县尧冢，云台致敬祭祀礼亦宜之。"①

"议者"主张当祀尧，反对的"有司"则认为"五运之祖"没有配天的先例，且高祖受命与尧没直接关系。此处虽未见光武的裁决，但另据《御览·皇王部》引《东观汉记》，建武二年似乎已实行了"郊祀帝尧以配天，宗祀高祖以配上帝"②，表明光武认可了"议者"祀尧建议。据《后汉书》，建武七年（31）再次出现对这一问题的争议：

> 至七年五月，诏三公曰："汉当郊尧。其与卿大夫、博士议。"时侍御史杜林上疏，以为"汉起不因缘尧，与殷、周异宜，而旧制以高帝配。方军师在外，且可如元年郊祀故事"③。
>
> 大议郊祀制，多以为周郊后稷，汉当祀尧。诏复下公卿议，议者佥同，帝亦然之。（杜）林独以为周室之兴，祚由后稷，汉

---

① 《太平御览》卷五二七，第2393页上。按《御览》原作"汉刘祖，令宜郊祀帝尧以配天"，"尧"据《东观汉记》聚珍本补，"宜令"据聚珍本乙正，见吴树平校注《东观汉记校注》，第8、35页。

② 《太平御览》卷九〇，第431页下。

③ 《续汉书·祭祀志上》，《后汉书》，第3160页。

业特起，功不缘尧。祖宗故事，所宜因循。①

群臣大多支持光武"祀尧"，反对者只提及侍御史杜林一人。建武二年、七年朝中两次出现关于郊祀对象的"大议"，足以说明此事在当时非同小可，答案难有定论。因两例中都出现"周祀后稷"典故，我们对建武郊祀议的讨论由此进入。

光武帝等主张祀尧者所持蓝本是"周祀后稷"。这一故例出自经典，如《礼记·明堂位》载"鲁君……祀帝于郊，配以后稷，天子之礼也"②，《孝经·圣治》："周公郊祀后稷以配天，宗祀文王于明堂以配上帝。"③ 周祀后稷是因为"始祖配天"④。汉人以后稷为周始祖，如宣帝时张敞说"周祖始乎后稷，后稷封于邰"⑤，元帝时韦玄成议庙"周之所以七庙者，以后稷始封，文王、武王受命而王，是以三庙不毁，与亲庙四而七"⑥。《周礼·大司乐》郑玄注："周立庙自后稷为始祖，姜嫄无所配。"⑦《仪礼·丧服》"天子及其始祖之所自出"郑注："始祖者，感神而生，若稷、契也。自，由也，及始祖之所由出，谓祭天也。"⑧ 郊祀后稷配天意味着以始祖配天，这一观点于汉世具有代表性，如平帝元始五年（5）王莽曰："王者尊其考，欲以配天，缘考之意，欲尊祖，推而上之，遂及始祖。是以周

---

① 《后汉书》卷二七《杜林传》，第937页。

② 郑玄注，孔颖达疏：《礼记正义》卷三一，阮元校刻《十三经注疏》本，中华书局1980年影印本，第1488页。

③ 李隆基注，邢昺疏：《孝经注疏》卷五，《十三经注疏》，第2553页。

④ 郑玄学说中可见"始祖"用于郊祀配天，"太祖"则用于宗庙祭祀。参考华喆《中古庙制"始祖"问题再探》，《文史》2015年第3辑，第117—134页。"始祖配天"不必源自郑玄建构，而应是汉儒从"周祀后稷以配天"中推导出来的说法。

⑤ 《汉书》卷二五下《郊祀志下》，第1251页。

⑥ 见西汉元帝时韦玄成毁庙奏议，《汉书》卷七三《韦玄成传》，第3118页。

⑦ 郑玄注，贾公彦疏：《周礼注疏》卷二二，阮元校刻《十三经注疏》本，第789页。"配"原作"妃"。

⑧ 郑玄注，贾公彦疏：《仪礼注疏》卷三〇，阮元校刻《十三经注疏》本，第358页。

公郊祀后稷以配天，宗祀文王于明堂以配上帝。"① 按这一观念，光武及"议者"以后稷之于周比拟尧之于汉，暗示尧的地位与后稷相同，为汉之始祖，故应享有配天之位。

　　值得注意的是，建武二年主张祀尧的议者同样征引《孝经·圣治》之语，称"图谶著伊尧赤帝之子，俱与后稷并受命而为王"。此处与上引韦玄成所谓"以后稷始封，文王、武王受命而王"中的"受命而王"并非同一意思。前者指尧、后稷成一国之王，相当于"始封"之君，一族之祖；后者指周文、武王实现殷周鼎革，"王天下"②。张敞以后稷为始祖及始封。③《诗·大雅·生民》毛序载："文、武之功起于后稷，故推以配天焉。"④ 后稷是兴起周功业者，故应以之配天，这是建武二年所议"受命而为王"之义⑤：以后稷

---

　　①　《汉书》卷二五下《郊祀志下》，第 1264 页。

　　②　《诗·大雅·文王》毛序："《文王》，文王受命作周也。"郑玄笺："受命，受天命而王天下，制立周邦。"又"周虽旧邦，其命维新"。郑笺："大王聿来胥宇而国于周，王迹起矣，而未有天命。至文王而受命。"文王之前并未受命。对于武王，一般认为他"复受命"，如《大雅·大明》毛序："文王有明德，故天复命武王也。"（毛亨传，郑玄笺，孔颖达疏：《毛诗正义》卷一六，阮元校刻第 502、503—504、506 页，《十三经注疏》本）表达"始封"意义的一般用"太祖"之称，在两汉礼制朝议中"太祖"和"始祖"差异不大。

　　③　《汉书》二五下《郊祀志下》载敞言："周祖始乎后稷，后稷封于鲐。"第 1251 页。

　　④　孔颖达疏清楚显示"功业兴起"者的始祖后稷与"受命为王"的文王之间的区别："作《生民》诗者，言尊祖也。序又言尊祖之意。以后稷生于姜嫄而来，其文王受命，武王除乱，以定天下之功，其兆本起由于后稷。"毛亨传，郑玄笺，孔颖达疏：《毛诗正义》卷一七，第 528 页。

　　⑤　《逸周书·祭公解》展现了文王、后稷两种意义不同的"受命"："皇天改大殷之命，维文王受之，维武王大克之，咸茂厥功……丕维周之基，丕维后稷之受命，是永宅之，维我后嗣，旁建宗子，丕维周之始并。"（黄怀信等撰：《逸周书汇校集注》卷八，上海古籍出版社 1995 年版，第 994—997 页）这种意义的"后稷受命"，也见于出土文献。除了与《逸周书·祭公解》记载相似的清华简《祭公之顾命》，另有上博简《容成氏》："句（后）稷既已受命，乃食于野，宿于野，复穀搩（换）土，五年乃壤（穰）。"李零释：《容成氏·第二十八简》，载马承源主编《上海博物馆藏战国楚简书》第二册，上海古籍出版社 2002 年版，第 272 页。

比拟尧，则尧是兴起汉功业的始祖。总之，尧、后稷"受命而为王"与"二者乃始祖"义不相违，但区别于文王、武王在王朝更迭意义上的"受命而王"。这一区别关涉光武时人对汉高祖的认识，故特加说明。

通过后稷与周之关系构拟尧与汉，光武帝对"后稷配天"的引用别有深意。"后稷"这一角色与周礼"七庙"制度相关，后稷占七庙之首。故可推测，当光武由"郊祀后稷以配天"类推"祀尧"时，尧获得了类似于后稷的宗庙地位，即所谓"刘汉祖尧"。另外，后稷作为"始封"之祖，与文王、武王"受命而王"的地位不同。《礼记·王制》"天子七庙，三昭三穆，与太祖之庙而七"，郑注："此周制。七者，太祖及文王、武王之祧，与亲庙四。太祖，后稷。"[1] 又如上引韦玄成议论，反映汉人对周礼"天子七庙"的一种认识："始祖"与"受命祖"庙位分离，前者是后稷，后者是文王、武王"二祧"[2]，三者占七庙中不毁的三位。"非有后稷始封，文王、武王受命而王，皆当亲尽而毁。"[3] 郊祀配天者乃太祖后稷，并非受命的文、武王，这种解释支持了光武帝不选受命祖高帝，而选始祖尧以配天。二年议者所谓"宜令郊祀帝尧以配天，宗祀高祖以配上帝"，便符合始祖与受命祖相分离的经学逻辑。

以上可见光武等以"周祀后稷"和"始祖配天"为准则正当化"祀尧"，构造出"刘汉祖尧"的意涵，认为尧是使汉家功业初兴者。此前"汉承尧运"之说虽已流行，然从没在郊祀、宗庙义上将

---

① 郑玄注，孔颖达疏：《礼记正义》卷一二，第 1335 页。

② 郑注又曰："殷则六庙，契及汤与二昭二穆。"可见在"殷六庙"中，太祖（契）和受命王（汤）仍然分开。孔颖达疏："周所以七者，以文王武王受命，其庙不毁，以为二祧，并始祖后稷，及高祖以下亲庙四，故为七也。"（郑玄注，孔颖达疏：《礼记正义》卷一二，第 1335 页）这一观点见于韦玄成议七庙。他认为始祖和受命王分别占有宗庙位置，正因如此，主张对身兼始祖和受命王的高帝以下汉帝之庙亲尽则毁。

③ 《汉书》卷七三《韦玄成传》，第 3118 页。

尧认作始祖。光武祀尧主张以"周祀后稷"为支撑，故反对者杜林同样围绕"周祀后稷"之说展开反驳。

杜林开宗明义地指出，"汉起不因缘尧，与殷、周异宜"，尧与汉的关系完全不同于后稷与周。《续汉书·祭祀志》刘昭注引《东观汉记》完整记录了杜林的发言：

> 臣闻营河、洛以为民，刻肌肤以为刑，封疆画界以建诸侯，井田什一以供国用，三代之所同。及至汉兴，因时宜，趋世务，省烦苛，取实事，不苟贪高亢之论。是以去土中之京师，就关内之远都。除肉刑之重律，用髡钳之轻法。郡县不置世禄之家，农人三十而税一。政卑易行，礼简易从。民无愚智，思仰汉德，乐承汉祀。
>
> 基业特起，不因缘尧。尧远于汉，民不晓信，言提其耳，终不悦谕。后稷近于周，民户知之，世据以兴，基由其祚，本与汉异。郊祀高帝，诚从民望，得万国之欢心，天下福应，莫大于此。民奉种祀，且犹世主，不失先俗。群臣佥荐鲧，考绩不成，九载乃殛。宗庙至重，众心难违，不可卒改。诗云："不愆不忘，率由旧章。"明当尊用祖宗之故文章也。宜如旧制，以解天下之惑，合于《易》之所谓"先天而天不违，后天而奉天时"义。方军师在外，祭可且如元年郊祭故事。①

他指出，第一，"汉"与"三代"的治理有高下之别，前者更得民心：刑法和赋税更轻，无封建世卿之家。故本朝应取法"汉治"而非"三代之治"，暗示"法高帝"而非"尧"。第二，后稷距离周世不远，周民知之，而"尧远于汉，民不晓信"，汉朝兴起跟久

---

① 《续汉书·祭祀志上》刘昭注引《东观汉记》，《后汉书》，第3160页。

远的尧无关。尧无法代表"汉德"，不是汉民所思仰的对象。第三，"宗庙至重，众心难违，不可卒改"，而"祖宗故事，所宜因循"。杜林明确主张应效法西汉庙制：高帝为太祖，文帝为太宗，武帝为世宗。[①] 这一七庙结构的版本，与上面讨论"太祖与受命王地位分离"不同：汉高帝身兼太祖、受命祖，[②] 文帝、武帝两位"宗"占二祧。在西汉庙制体系中，文王、武王受命祖的二祧地位被文帝、武帝取代。"高帝"是配天的始祖，是汉朝的后稷兼文武王，没有另一位祖（"尧"）在他之上。[③] 这个"一祖二宗"的汉代七庙版本也常见于西汉后期儒生的议论。[④] 杜林对"宗庙至重，众心难违，不可卒改"再三强调，说明在他看来光武的"祀尧"确实动摇了宗庙故事。

综上可见，"祀尧"和"祀高帝"背后各有一套经学逻辑。在汉人看来，"祀者，所以昭孝事祖，通神明也"[⑤]，"帝王之事莫大乎承天之序，承天之序莫重于郊祀"[⑥]，郊祀有沟通天地和祖宗、期获

---

① 《续汉书·祭祀志下》载建武二年（26）以"高帝为太祖，文帝为太宗，武帝为世宗，如旧"（《后汉书》，第3193页），可见这一"祖宗制度"延续至东汉初年。

② 《汉书·韦贤传》载韦玄成等议："高帝受命定天下，宜为帝者太祖之庙，世世不毁，承后属尽者宜毁。"第3118页。《后汉书》卷三五《张纯传》："元帝以来，宗庙奉祠高皇帝为受命祖，孝文皇帝为太宗，孝武皇帝为世宗，皆如旧制。"第1194页。

③ 对是否应将高帝之上的太上皇列为始祖，西汉稍有争议。自元帝时丞相韦玄成罢太上皇庙园，平当议曰："高皇帝圣德受命，有天下，尊太上皇，犹周文、武之追王太王、王季也。此汉之始祖，后嗣所宜尊奉以广盛德，孝之至也。"认为太上皇才是汉之始祖。《汉书》卷七一《平当传》，第3049页。

④ 景帝元年（前156），以高帝为太祖、文帝为太宗，成为定制。元帝建昭五年（前34），以武帝为世宗。哀帝时，关于武帝是否应该为宗的问题，光禄勋彭宣、中垒校尉刘歆等人有争议，最终确立了"一祖二宗"体制。《汉书》卷五《景帝纪》，卷七三《韦贤传》。

⑤ 《汉书》卷二五上《郊祀志上》，第1189页。

⑥ 《汉书》卷二五下《郊祀志下》匡衡、张谭语，第1253—1254页。

保佑的功能，目的不止于仪节本身。显然，"祀尧"和"祀高帝"对本朝有不同的象征意义，它隐含"谁是东汉始祖"的问题。对刚成立的新汉朝而言，享配对象的选择是处理与长安汉朝的关系、解释自己来源的一种方式。因此，光武祀尧的动机不能完全放在经学学理的范畴内考虑。

### （二）尧运与创革：光武崇尧心理探微

光武帝对"尧"有一种特殊的感情。[1] 郊祀议发生的建武七年，"帝尝问（郑）兴郊祀事，曰：'吾欲以谶断之，何如？'"[2] 可见他"祀尧"主张受到谶的影响。似乎很容易将光武的"祀尧"与东汉文献常见的"汉承尧运"说法相联系。实际上，光武对"尧"的观念与两汉之际所流行的"汉承尧运"有微妙的差别。理清二者不同的形式和用意，有助我们进一步理解光武选择"祀尧"的动机。

"汉承尧运"之说在两汉之际有极大影响力。割据河西的窦融接受谋士"汉承尧运，历数延长"[3] 之语而归顺刘秀。班彪以"刘氏承尧之祚"[4] 向隗嚣论证汉终将再获天命。苏竟也试图用"火德承尧，虽昧必亮，承积世之祚，握无穷之符"[5] 说降刘龚。与"尧运"类似的是"汉为火德"说，如郅恽上书王莽，"汉历久长，孔为赤制……刘氏享天永命"，劝其归还汉帝之位。[6] 苏竟所说"皇天所以

---

① 刘秀曾"受《尚书》"（《后汉书》卷一上《光武帝纪上》，第 1 页），这种感情包含了儒学上对圣王的认同。

② 《后汉书》卷三六《郑兴传》，第 1223 页。据本传及《杜林传》，郑兴与杜林交善，皆好"古学"。杜林反对"祀尧"，亦可能与郑兴质疑谶纬的立场相近。

③ 《后汉书》卷二三《窦融传》，第 798 页。

④ 《汉书》卷一〇〇上《叙传上》，第 4208 页。

⑤ 《后汉书》卷三〇上《苏竟传》，第 1043 页。

⑥ 《后汉书》卷二九《郅恽传》，第 1025 页。

眷顾踟蹰，忧汉子孙者也"① 显示了这种观念的思路和逻辑："刘汉子孙"终将得天命，延长汉朝。考察诸人论述的具体语境，其多是在对两汉之际所流行另一种观念——"一姓不再兴"的驳斥下产生的。如隗嚣的谋士张玄游说窦融"更始事业已成，寻复灭亡，此一姓不再兴之效"，劝其独立于光武。② 隗嚣言于班彪："但见愚民习识刘氏姓号之故，而谓汉家复兴，疏矣。昔秦失其鹿，刘季逐而掎之，时民复知汉虖？"③ 苏竟说道："世之俗儒末学，醒醉不分，而稽论当世，疑误视听。或谓天下迭兴，未知谁是，称兵据土，可图非冀。"④ 公孙述"以为孔子作《春秋》，为赤制而断十二公，明汉至平帝十二代，历数尽也，一姓不得再受命"⑤。在更始帝覆灭后，"一姓不得再受命"的思想一度非常流行。将诸人所论"汉承尧运"与这种"一姓不再兴"观念相对比，前者强调"刘姓再兴"，其基本逻辑是汉子孙为尧后裔，因尧"积善累德"已久，"承积世之祚"，故必将再获天命、延续汉朝。

然而，刘秀对自己受命原因的理解，似乎并不像班彪、苏竟等人所说，仅仅因自己是"承尧运"之汉朝后裔。一方面，刘秀强调自己获火德天命是因为个体性的功德，源于天对其功德的眷顾，与他刘姓身份没有必然联系，并非西汉"积善累德"的结果。如建武元年（25）夏四月，刘秀在鄗得谶记《赤伏符》，"刘秀发兵捕不道，四夷云集龙斗野，四七之际火为主"⑥，随即称帝。在这一叙事中，刘秀于乱世中起兵，凭借平定"不道"之功绩，于"四七之

① 《后汉书》卷三〇上《苏竟传》，第 1043 页。
② 《后汉书》卷二三《窦融传》，第 798 页。
③ 《汉书》卷一〇〇上《叙传上》，第 4207 页。
④ 《后汉书》卷三〇上《苏竟传》，第 1043 页。
⑤ 《后汉书》卷一三《公孙述传》，第 538 页。
⑥ 《后汉书》卷一上《光武帝纪上》，第 21 页。关于《赤伏符》产生时间的研究，参考吴从祥《〈赤伏符〉考辨》，《中华文化论坛》2016 年第 1 期；刘力耘：《汉〈赤伏符〉释义》，《中华文史论丛》2017 年第 1 期。

际"（二十八岁①）接受了火德的天命（"火为主"）②。众将军劝其即位，"言武力则莫之敢抗，论文德则无所与辞"③，表明武力和文德是刘秀受命的重要凭借，无关"汉后"。刘秀有言："我昨夜梦乘赤龙上天，觉悟，心中动悸。"④赤龙是尧的象征，⑤同样暗示了刘秀骤得赤运天命。⑥另一方面，相比于宣示刘汉宗室身份，刘秀更着意渲染他与尧之间的联系，暗示自己有受赤运、火德的潜质。建武四年，宣称出生的皇子刘阳长相似尧："丰下锐上，颜赤色，有似于

---

① 《后汉书》卷一上《光武帝纪上》李贤注："四七，二十八也。自高祖至光武初起，合二百二十八年，即四七之际也。"疑误。不考虑《赤伏符》本意，在东汉君臣看来，"四七之际"当指光武于二十八岁起兵。这一年岁有重要意义。《光武帝纪》载新莽地皇三年，"宛人李通等以图谶说光武云：'刘氏复起，李氏为辅。'光武初不敢当，然独念兄伯升素结轻客，必举大事，且王莽败亡已兆，天下方乱，遂与定谋，于是乃市兵弩。十月，与李通从弟轶等起于宛，时年二十八"（第22页）。特意记录这一年岁。另见于建武三十二年封禅礼的叙事，引《赤伏符》后称"皇天眷顾皇帝，以匹庶受命中兴，年二十八载兴兵，以次诛讨，十有余年"（《续汉书·祭祀志上》，《后汉书》，第3166页）。封禅礼是光武晚年对自己功业的总结定位，可见"年二十八载兴兵"这一叙述的深意。"二十八岁起兵"之说或彰显了刘秀及其集团起兵时年轻化的特质。

② 东汉人认为《赤伏符》是光武受命的重要根据。《后汉书》卷一上《光武帝纪上》载光武接受《赤伏符》后，"群臣因复奏曰：'受命之符，人应为大，万里合信，不议同情，周之白鱼，曷足比焉？今上无天子，海内淆乱，符瑞之应，昭然着闻，宜答天神，以塞群望。'"（第21页）《宋书》卷二七《符瑞志上》亦载："光武平定河北，还至中山，将军万修得《赤伏符》，言光武当受命。群臣上尊号，光武辞。"《宋书》，中华书局1974年版，第770页。

③ 《后汉书》卷一上《光武帝纪上》，第21页。

④ 《后汉书》卷一七《冯异传》，第645页。

⑤ 《尚书中候》："尧火德，故赤龙应焉。"《春秋元命包》："尧火精，故庆都感赤龙而生。"《纬书集成》上册，第401、591页。

⑥ 得到某德运的天命是常见于谶纬的叙事。如《尚书中候》："周文王为西伯，季秋之月甲子，赤雀衔丹书入丰镐，止于昌户。乃拜稽首受，取曰：姬昌，苍帝之子。"（《纬书集成》上册，第411页）指文王受火德。又如"天乙（商汤）在亳，诸邻国襁负归德。东观于洛，习礼尧坛，降三分沈璧……黑乌以雄，随鱼亦止，化成黑玉，赤勒曰：玄精天乙，受神福，伐桀克，三年天下悉合"（第410页），指汤受水德（黑）。"维天降纪，秦伯出狩，至于咸阳，天振大雷，有火下，化为白雀，衔箓集于公交车"（第417页），指秦公受金德（白）。

尧，上以赤色名之曰阳。"① 三十二年封禅议中"喜于得承鸿业，帝
尧善及子孙之余赏，盖应图箓，当得是当"的说法，表明受命是尧
对子孙的庇佑。值得留意的是刘秀用"尧子孙"而非"汉子孙"的
自称。从封禅文中"皇天眷顾皇帝，以匹庶受命中兴，年二十八载
兴兵"看，刘秀强调自己以"匹庶"受命，② 隐去了景帝宗室支系
的出身。以久远的尧之后裔自居，反而有利于他建构匹庶的身份。
事实上，相比两汉之际王郎、刘永、卢芳等军阀通过强调与刘汉的
关系，以显得天命之正，③ 刘秀反而没有刻意突出宗室身份。④ 种种
记载表明，刘秀反复申论的"尧运"观念，并不强调他作为刘汉后
裔，而是以匹夫庶民之身，凭借至上文德、武功获得火德天命。⑤ 在

---

① 《太平御览》卷九一《皇王部》引《东观汉记》，第一册，第 797 页。这很可
能是光武以刘阳（庄）取代刘疆为太子后制造的政治舆论。

② 光武以"匹庶"受命、"起于微贱"这类叙事，常见于东汉人议论。建武三
十二年曹充曰："陛下无十室之资，奋振于匹夫，除残去贼，兴复祖宗，集就天下，海
内治平，夷狄慕义，功德盛于高宗、武王。"（《续汉书·祭祀志上》引《东观汉记》，
第 3164 页）这一问题参见本章第三节。

③ 王郎自称成帝子子舆。刘永是景帝子梁王永的八世孙，并同样以梁王自居。
卢芳自称武帝曾孙刘文伯。见《后汉书》卷一二各本传。

④ 刘秀最强调自己汉帝后裔身份的一次，是与公孙述的这段对话，刘秀曰：
"《西狩获麟谶》曰'乙子卯金'，即乙未岁授刘氏，非西方之守也。'光废昌帝，立子
公孙'，即霍光废昌邑王，立孝宣帝也。黄帝姓公孙，自以土德，君所知也。……吾自
继祖而兴，不称受命。求汉之断，莫过王莽。"（常璩撰，刘琳校注：《华阳国志校注》
卷五《公孙述刘二牧志》，巴蜀书社 1984 年版，第 475 页）这段话针对公孙述的"汉
命终结"论而发，其中"吾自继祖而兴，不称受命"的话不见于他处史料，明显与刘
秀自称"受命"的大部分记载相违背。刘秀在"宗室"（不受命）和"匹庶"（受命）
这两种身份说法中游刃摇摆，因时择说。

⑤ 对光武功业的叙述，如封禅文："皇天眷顾皇帝，以匹庶受命中兴，年二十八
载兴兵，以次诛讨，十有余年，罪人斯得。黎庶得居尔田，安尔宅。书同文，车同轨，
人同伦。舟舆所通，人迹所至，靡不贡职。"（《续汉书·祭祀志上》，《后汉书》，第
3165—3166 页）班固《两都赋》："夫建武之元，天地革命，四海之内，更造夫妇，肇
有父子，君臣初建，人伦实始，斯乃伏羲氏之所以基皇德也。分州土，立市朝，作舟
车，造器械，斯轩辕氏之所以开帝功也。龚行天罚，应天顺人，斯乃汤、武之所以昭
王业也。"（《后汉书》卷四〇《班固传》，第 1360—1361 页）这类叙述显示光武通过
比拟高祖以论证合法性，其功业是"革命"而不仅是"中兴"。

相关的叙述中，刘秀类似于刘邦，是受命的创业之君。光武的"汉承尧运"说与班彪、苏竟以"刘姓"为逻辑起点、以"积善累德"为论据、以"一姓再兴"为论证目的的"汉承尧运"相比，有不同的侧重点，同中有异。

与之相关的另一问题是光武为何舍弃"祀高帝"的选择。其实建武七年郊祀议并不是他初次"忽略"高帝。《续汉书·祭祀志上》记载光武建武元年（25）六月的即帝位礼：

> 建武元年，光武即位于鄗，为坛营于鄗之阳。祭告天地，采用元始中郊祭故事。六宗群神皆从，未以祖配。天地共犊，余牲尚约。其文曰："皇天上帝，后土神祇，眷顾降命，属秀黎元，为民父母，秀不敢当。……"①

配天者必是始祖，"未以祖配"的祖具体指谁，不甚明确。问题关键在于"采用元始中郊祭故事"。作为仪式蓝本的"元始故事"，指王莽于平帝元始四年（4）推行的郊祀新制。② 元始郊祀中最重要一项，是按始祖配天实现了"以高祖配天"③。然而刘秀却省略掉这关键一步——"未以祖配"，似有意绕开本应配天的高祖。此时高帝庙所在的长安尚为赤眉军所占；刘秀未曾祭祀高庙，"以谁为始祖"的问题尚悬挂着。④ 实际上，元年即位礼与七年郊祀议上"高祖"的

---

① 《续汉书·祭祀志上》，《后汉书》，第3157页。

② 关于王莽元始郊祀等改制，比较完整的记载是司马彪《续汉书·祭祀志上》刘昭注所引《三辅黄图》，《后汉书》，第3158—3159页。

③ 《汉》卷九九上《王莽传上》："（元始）四年春，郊祀高祖以配天，宗祀孝文皇帝以配上帝。"第4066页。又见《汉书》卷一二《平帝纪》，第355页。

④ 张鹤泉指出："在西汉元始郊礼中，以祖配祭天帝的规定是明确的。刘秀之所以在举行告祭仪式中不以祖先配祭，这是同他在开国之初，对应追祭的刘氏先祖尚未最后确定，似有一定的关系。"见张鹤泉《光武帝刘秀传》，黑龙江人民出版社1993年版，第292页。

两次缺位有其一致性，并非巧合，反映此时的光武未必视高祖为新汉朝始祖。虽然郊祀议以"定从（杜）林议"为结束，光武没有将祀尧主张坚持到底，但在十九年（43）之前，光武不顾"为人后者为人子"①的礼义，在西汉"一祖二宗"庙之外另设其父至其高祖父"春陵四世"亲庙，将高祖放在尴尬的位置。在建武三十二年（56）的泰山封禅文中，随处可见"帝尧""赤帝"字样，却未见"高祖"的踪迹。②

光武选择祀尧而非祀高帝，是因为他意识到"尧"或"西汉"对于新汉朝有不同的意义。他更愿意塑造"尧"与本朝的联系，以尧为逻辑起点，来彰显本朝的特质，以此构造新的法统起源。以匹庶黎元起家的光武凭借个人功德，获得以尧为象征的火德天命，是类似高祖的创业之君，他不强调汉承尧运"积功累德"的"中兴"思路。祀尧所反映"创革"的意涵，正符合光武打造自身形象的思路。进一步追踪光武、杜林各自郊祀模板的历史来源，"创革"与"中兴"两种合法性观念的分野会更清晰地显露。

### （三）祖宗故事与元始新制：杜林的策略、立场和思想来源

作为光武祀尧的反对者，杜林是祀高帝的坚持者。我们从所谓"祖宗故事，所宜因循"③考察他的论证策略。杜林称"郊祀高帝，诚从民望，得万国之欢心，天下福应，莫大于此。民奉种祀，

---

① 尽管此文出自《春秋公羊传》成公十五年（公羊高传，何休注，徐彦疏：《春秋公羊传注疏》，《十三经注疏》，第2296页），这其实是来自丧服礼仪的观念。又见《后汉书》卷三五《张纯传》纯奏议，第1194页。

② 在这篇宣示东汉立国合法性的封禅文不仅只字未提"高祖"，对整个西汉一朝也仅用"（尧）后裔握机"四字带过。《续汉书·祭祀志上》，《后汉书》，第3165—3166页。

③ 《后汉书》卷二七《杜林传》，第937页。

且犹世主，不失先俗"。"宗庙至重，众心难违，不可卒改。……明当用祖宗之故文章也。宜用旧制……"颜师古注"种祠"："继嗣所传祠也。"① 杜林以"郊祀高帝"为汉民世代相传的先俗。实际上，郊祀高帝并非如他所说的是一种久远的"祖宗故文章""旧制"。

"以高帝配天"虽出现于文帝十六年（前164）和武帝元鼎五年（前112），② 但在汉人看来，它们并不符合儒典意义上的郊祀。③ 真正建立祀高帝之礼，是平帝元始四年大司马王莽的改制。实际上，杜林之议来源于王莽元始新制。他将王莽创立之制说成祖宗故事，是假托祖宗旧制之名，证明其祀高帝的正当性，未尝不是一种策略。这与他作为西汉后期"复古改制派"的出身和立场有关。下面根据他提出的"元年郊祀故事"方案，考证其"祖宗故事"的来龙去脉。

"元年郊祭故事"指建武元年光武的郊天仪式："光武即位于鄗，为坛营于鄗之阳。祭告天地，采用元始中郊祭故事。"上文提及，元年郊祭采用平帝元始四年王莽郊祀高祖配天之制。④ 这一制度与西汉后期儒生对南郊郊祀的呼吁有关。成帝即位初年，丞相匡衡

---

① 《汉书》卷二五下《郊祀志下》，第1259页。

② 《汉书》卷二五下《郊祀志下》载平帝元始五年王莽奏："孝文十六年用新垣平初起渭阳五帝庙，祭泰一、地祇，以太祖高皇帝配。日冬至祠泰一，夏至祠地祇，皆并祠五帝，而共一牲，上亲郊拜。后平伏诛，乃不复自亲，而使有司行事。孝武皇帝祠雍，曰：'今上帝朕亲郊，而后土无祠，则礼不答也。'于是元鼎四年十一月甲子始立后土祠于汾阴。或曰，五帝，泰一之佐，宜立泰一。五年十一月癸未始立泰一祠于甘泉，二岁一郊，与雍更祠，亦以高祖配，不岁事天，皆未应古制。"第1264—1265页。

③ 文帝所祠包括雍五畤、渭阳五帝。武帝所祠则雍五畤、甘泉泰畤。王莽在元始年间奏议中以"甘泉太阴，河东少阳，咸失厥位，不合礼制""皆未应古制"描述文帝、武帝两次高祖配天仪式，一定程度代表了朝廷儒生共识。见《续汉书·祭祀志上》刘昭注所引《三辅黄图》，《后汉书》，第3158页；《汉书·郊祀志下》，第1265页。

④ 《汉书》卷九九上《王莽传上》，第4066页。

等士人提议改革原有甘泉泰畤、河东后土祠的郊天体系，并按周礼
之制，在长安城南郊祭天。① 此提议因种种原因没能形成常制，也没
在南郊祭天的同时实现"以祖配天"。直到平帝元始年间，阻挠南郊
祭祀的局面才被打破。元始四年，宰衡王莽提出："帝王之义，莫大
承天；承天之序，莫重于郊祀。祭天于南，就阳位；祠地于北，主
阴义。……天子亲郊天地。先祖配天，先妣配地，阴阳之别。以日
冬至祀天，夏至祀后土。"② 主张郊祀要义在于以先祖、先妣与天
地、南北、阴阳相配。③ 元始五年王莽进一步提议：孟春天子亲祀天
地于南北郊，以高帝、高后配；冬至有司以高帝配南郊，夏至有司
以高后配北郊。④ 明言郊祀有"显太祖之功"⑤ 的意义。此奏结尾处
注明"与太师孔光、长乐少府平晏、大司农左咸、中垒校尉刘歆、
太中大夫朱阳、博士薛顺、议郎国由等六十七人议""宜如建始时丞
相（匡）衡等议"⑥，可见"高帝配南郊"虽由王莽提议，实代表了
自成帝以来士人群体礼制改革的愿望。关于这套郊祀模式，学界已
有不少研究，然似乎尚未留意其与杜林倡议之间的联系。杜林提出
"如（建武）元年郊祀故事"方案，是因为元年郊祀本之于王莽元
始郊祀，后者首倡祀高帝。建武元年郊祀虽"未以祖配"，却无法否
认其对王莽"元始中郊祭故事"的移用。

　　为深入理解杜林的倡议，我们需考察他对王莽新制的态度。这

---

① 匡衡之议详见《汉书》卷二五下《郊祀志下》，第1253—1254页。
② 《续汉书·祭祀志上》刘昭注所引《三辅黄图》，《后汉书》，第3158页。
③ "太祖高皇帝、高后配于坛上，西乡，后在北，亦同席，共牢而食。日冬至，
使有司奉祭天神于南郊，高皇帝配而望群阳。夏至，使有司奉祭地祇于北郊，高皇后
配而望群阴。"《续汉书·祭祀志上》刘昭注引《三辅黄图》，第3159页。
④ 王莽称："王者父事天，故爵称天子。孔子曰：'人之行莫大于孝，孝莫大
于严父，严父莫大于配天。'王者尊其考，欲以配天，缘考之意，欲尊祖，推而上
之，遂及始祖。是以周公郊祀后稷以配天，宗祀文王于明堂以配上帝。……皆曰宜
如建始时丞相衡等议，复长安南、北郊如故。"《汉书》卷二五下《郊祀志下》，第
1264—1265页。
⑤ 《汉书》卷二五下《郊祀志下》，第1266页。
⑥ 《汉书》卷二五下《郊祀志下》，第1265页。

要从他的父亲、生活于成哀年间的杜邺谈起。据《汉书·杜邺传》，邺"祖父及父积功劳皆至郡守"①，因迁家至扶风茂陵，其母是"好古文字"②的京兆尹张敞之女。邺"从敞子吉学问，得其家书"；"与车骑将军王音善"③，供职于车骑将军府。他协助王音解决与堂兄弟王商之间的矛盾，"二人皆重邺"；"商为大司马卫将军，除邺主簿，以为腹心，举侍御史"④。可见出身世家的杜邺与王氏外戚交往密切。此外，他还置身于其时发生的复古改制运动中，⑤有两件事与此相关：其一，成帝建始年间，作为改制运动的重要事件，匡衡提议以长安"南郊"取代甘泉泰畤、汾阴后土祠祭祀。杜邺力劝成帝恢复因其无嗣而废置的南北郊，⑥此举与王莽元始年间的立场一致，后者要求恢复哀帝时被废的南北郊。值得一提的是，杜邺此议托于大司马卫将军王商，可见他与王氏的亲近关系是其提出改良主张的途径。其二，元寿元年（前2），哀帝立皇后父傅晏为大司马卫将军，将失势的王莽遣返新都国。杜邺谏言傅太后专权，流露出对王莽的同情："前大司马新都侯莽退伏弟家，以诏策决，复遣就国。"⑦这两个细节反映了杜邺对王莽的认同，这种现象在持改制立场的儒生中应比较普遍。哀帝朝的受挫，让原本在成帝朝已颇有名

---

①　《汉书》卷八五《杜邺传》，第 3473 页。

②　《汉书》卷二五下《郊祀志下》，第 1251 页。"好古文字"的外祖父张敞影响了杜林的学养。张敞对宣帝所言"愿明主时忘车马之好，斥远方士之虚语"，与复古改制派立场接近。张、杜两家关系紧密。

③　《汉书》卷八五《杜邺传》，第 3473 页。

④　《汉书》卷八五《杜邺传》，第 3474 页。

⑤　所谓"儒家改制运动"，指元、成帝以后所开展的以宗庙、郊祀礼制改革为核心而波及政治、教化领域的士人运动，具体可参《汉书·郊祀志下》《韦贤传》。学者对此的研究参见鲁惟一（Michael Loewe），*Crisis and Conflict in Han Dynasty*, London：George Allen & Unwin Ltd, 1974；阎步克：《士大夫政治演生史稿》；陈苏镇《〈春秋〉与"汉道"——两汉政治与政治文化研究》。

⑥　"成都侯王商为大司马卫将军辅政，杜邺说商曰：'……今甘泉、河东天地郊祀、咸失方位，违阴阳之宜。……旧章，先王法度，文王以之，交神于祀，子孙千亿。宜如异时公卿之议，复还长安南、北郊。'"《汉书》卷二五下《郊祀志下》，第 1262—1263 页。

⑦　《汉书》卷八五《杜邺传》，第 3477 页。

望的王莽赢得改制派儒生们的同情，[①] 他作为儒生政治家代表的地位日渐巩固。这种局面最终使元始年间王莽的礼制改革在士人支持下出台。从杜邺提出"复还长安南北郊"到王莽落实"复长安南北郊如故"，同为西汉改制运动的部分，二人前后呼应，有一致的目标。

　　作为杜邺之子，生长于三辅地区的杜林是南郊波折建立这一漫长过程的见证者。早在西汉时，"家既多书"的他"少好学沉深"，"博洽多闻，时称通儒"[②]，俨然已是成熟学者，在儒生中颇有名望。在其父的影响下，杜林对王莽新制有好感是不难理解的。张敞之孙𫗧"称莽功德"，为新莽丹阳太守、淑德侯，杜、张联姻家族与新莽颇亲近。[③] 直到东汉初年，杜林仍然将王莽新制视作解决礼制困境的理想选择，暗示元始郊祭中高祖配天之制的重要意义。王莽"新制"是改制运动的高潮，是西汉制礼的集大成；莽制虽已覆灭，但这场运动至东汉初年仍在蔓延，出身"西汉遗臣"、儒学世家的杜林依然心向往之。被制造的"祖宗故事"显示，祀高帝虽创制于王莽，却没有背离西汉法统：作为改制运动的成果，"祀高帝"是汉儒们呼吁下的产物，为的是"显太祖之功"[④]，尊崇汉家，具有宣示西汉法统的性质。下面对这一历史背景稍加梳理。

　　王莽第二次掌权始于哀帝去世。因傅氏、丁氏两位太后皆已离

────────────

　　① 哀帝建平二年，"傅太后、帝母丁姬皆称尊号。有司奏：'新都侯莽前为大司马，贬抑尊号之议，亏损孝道……皆就国。'""天下多冤王氏"王莽反对傅氏、丁氏用尊号皇太后、太后，招致疏离。《汉书》卷九八《元后传》，第4029页。《汉书》卷九九上《王莽传上》载哀帝时"在国三岁，吏上书冤讼莽者以百数。元寿元年，日食，贤良周护、宋崇等对策深颂莽功德"，第4043页；哀帝初崩，"太后诏公卿举可大司马者，大司徒孔光、大司空彭宣举莽"，第4044页。

　　② 《后汉书》卷二七《杜林传》，第935页。

　　③ 《汉书》卷七六《张敞传》，第3226页；《王莽传上》，第4053页。张𫗧为张敞孙，其事迹散见于《汉书·张敞传》《陈遵传》《王莽传上》《后汉书·杜林传》。他有两篇歌颂王莽的长奏见载于《王莽传上》。"（杜）林从𫗧受学，博洽多闻，时称通儒。"（《后汉书》卷二七《杜林传》，第935页）可见杜林受其影响之深。

　　④ 《汉书》卷二五下《郊祀志下》，第1266页。

世，在士人支持下，王莽在平帝元年地位逐渐提高。元始元年正月，群臣请求赐号"安汉公"于王莽，原因是他除董贤、立汉帝，"有定国安汉家之大功"①。这一名号定下了王莽在元始年间系列举动的基调。他随之建言"宜立诸侯王后及高祖以来功臣子孙，大者封侯，或赐爵关内侯食邑"②，这是对群臣"安汉家""安宗庙"之期待的回应。二年春，"使太师（孔）光奉太牢告祠高庙"③。三年夏，立官稷，④ 社稷与宗庙并立，共同象征汉家基业。⑤ 四年夏，"奏立明堂、辟雍。尊孝宣庙为中宗，孝元庙为高宗，天子世世献祭"⑥。在已有文、武二宗的情况下，另立宣帝、元帝为宗。五年正月祫祭明堂，以宗室为助祭："诸侯王二十八人、列侯百二十人、宗室子九百余人征助祭。"⑦ 五月，加九锡，群臣再次称颂其"安汉"功德："昭章先帝之元功，明著祖宗之令德，推显严父配天之义，修立郊禘宗祀之礼，以光大孝"；"遂制礼作乐，有绥靖宗庙社稷之大勋"⑧。直到五年冬平帝崩，王莽这一系列动作大致可以归入"安汉"范畴，那是群臣合力推动的结果。"郊祀高祖以配天"在这种历史背景下产生。

王莽的"安汉"改革满足了儒生长期以来的期待。儒生们要求效法周礼，按《礼记》《孝经》的说法落实郊祀，其中关键一步便是实现以汉朝的后稷——高祖配天。王莽此举首次将汉家祖宗融入象征理想制度的周礼中，是使汉摆脱承秦的重要一环。尽管平帝一

① 《汉书》卷九九上《王莽传上》，第4046页。
② 《汉书》卷九九上《王莽传上》，第4068页。
③ 《汉书》卷一二《平帝纪》，第352页。
④ 《汉书》卷一二《平帝纪》，第355页。
⑤ 《汉书》卷二五下《郊祀志下》载王莽言："帝王建立社稷，百王不易。社者，土也。宗庙，王者所居。稷者，百谷之主。所以奉宗庙，共粢盛，人所食以生活也。"第1269页。
⑥ 《汉书》卷一二《平帝纪》，第357页。
⑦ 《汉书》卷九九上《王莽传上》，第4070页。
⑧ 《汉书》卷九九上《王莽传上》，第4073页。

死就出现了宣扬取代汉室的符命，居摄至始建国年间不再以安汉为导向，我们仍不能忽视元始年间，身负儒生改革重任的王莽的确实现了一部分将汉家与儒典相融合的任务，满足了儒生在长期改制运动中的诉求。当然，从汉朝结局看来，王莽是在借此积累政治资本，终至篡汉。①

　　元始年间王莽改革对杜林有深远影响。他主张沿用"元年郊祀故事"，其实心中所指是王莽元始郊祭。而在东汉初年，公开声称效法王莽制度并不合适。为了有效推行他的礼制倡议，杜林给元始郊祭贴上旧制和祖宗故事的标签，借先人之法来制约现实。他提议的背后，是西汉复古改制派的一贯立场。这种立场在东汉初年与一种强调西汉法统或称"中兴"论的思路巧妙地结合在一起，构成互为彰显的政治文化意涵。显然杜林对元始年间王莽融合汉家与周礼的改制更感亲切。一个颇为吊诡的现象是：在特定历史条件下，王莽对"高帝"表现得非常尊重，光武帝却欲敬而远之，态度暧昧。

### （四）"祀尧"与"祀黄帝"：光武对始建国新制的效仿及其意义

　　"以尧配天"暗示尧为汉始祖，这一思路及举措在西汉历史上没有先例。然而，这与其说是光武的发明，不如说他同样地参考了王莽改制。与杜林从王莽的"元始郊祀"得到启发不同，光武祀尧本于新莽"始建国郊祀"。下面考辨始建国郊祀的过程及意义，探寻光武祀尧的模板及这种效仿的动机。

---

①　当时有不少儒生支持王莽的"安汉"诸举措，但强烈反对随后王莽的代汉。如刘歆、王舜等。"初，甄丰、刘歆、王舜为莽腹心，倡导在位，褒扬功德。安汉、宰衡之号及封莽母、两子、兄子，皆丰等所共谋，而丰、舜、歆亦受其赐，并富贵矣，非复欲令莽居摄也。居摄之萌，出于泉陵侯刘庆、前辉光谢嚣、长安令田终术。莽羽翼已成，意欲称摄。丰等承顺其意，莽辄复封舜、歆两子及丰孙。丰等爵位已盛，心意既满，又实畏汉宗室、天下豪杰。而疏远欲进者，并作符命，莽遂据以即真，舜、歆内惧而已。丰素刚强，莽觉其不说，故徙大阿、右拂、大司空丰、托符命文，为更始将军，与卖饼儿王盛同列"《汉书》卷九九中《王莽传中》，第4123页。

　　平帝去世后，王莽立两岁的孺子婴为汉帝，以周公自居摄政，改元为居摄（6—8）。此间虽有"告安汉公莽为皇帝"的符命出现，但王莽正式取代汉家，肇始于初始元年（8）梓潼人哀章所上一铜匮，其上有"天帝行玺金匮图"和"赤帝行玺某传予黄帝金策书"的字样。"某者，高皇帝名也。"① 王莽顺水推舟，不久便宣告"禅让"：

　　　　戊辰，莽至高庙拜受金匮神嬗。御王冠，谒太后，还坐未央宫前殿，下书曰："予以不德，托于皇初祖考黄帝之后，皇始祖考虞帝之苗裔，而太皇太后之末属。……赤帝汉氏高皇帝之灵，承天命，传国金策之书，予甚祗畏，敢不钦受！以戊辰直定，御王冠，即真天子位，定有天下之号曰'新'。其改正朔，易服色，变牺牲，殊徽帜，异器制。以十二月朔癸酉为建国元年正月之朔，以鸡鸣为时。服色配德上黄，牺牲应正用白，使节之旄旛皆纯黄，其署曰'新使五威节'，以承皇天上帝威命也。"②

王莽以"舜帝之苗裔"自居，③ 又以"舜"为"黄帝"的后裔。色尚黄，对应黄帝之土德。这一系列关于黄帝、舜、土德的叙述，对照"汉承尧运""汉为火德"④ 观念，联系尧舜禅让典故及五行相生原理，论证刘汉禅让于新莽的必然性。王莽为配合这套叙事，按

---

① 《汉书》卷九九上《王莽传上》，第4095页。

② 《汉书》卷九九上《王莽传上》，第4095页。

③ "惟王氏，虞帝之后也，出自帝喾；刘氏，尧之后也，出自颛顼。"（《汉书》卷九九中《王莽传中》，第4105页）《大戴礼记·帝系》和《史记·三代世表》都记载尧是帝喾之后、舜是颛顼之后。王莽此处采用新说，原因可能是欲令象征新莽的舜的先祖（帝喾）比象征刘汉的尧的先祖（颛顼）辈分更高。

④ 《汉书》所见西汉后期朝议流行的"汉承尧运"观念主要以宣扬禅让为内容，王莽利用之以服务其禅让剧本。"汉承尧运"话语在不同历史情境下有不同的逻辑和用意。

"周公郊祀后稷以配天，宗祀文王于明堂以配上帝"的典范，于始建国元年（9）建立了"郊祀黄帝以配天，宗祀舜于明堂以配上帝"的郊祀体系：

> 莽又曰：……自黄帝至于济南伯王，而祖世氏姓有五矣。黄帝二十五子，分赐厥姓十有二氏。虞帝之先，受姓曰姚，其在陶唐曰妫，在周曰陈，在齐曰田，在济南曰王。予伏念皇初祖考黄帝，皇始祖考虞帝，以宗祀于明堂，宜序于祖宗之亲庙。其立祖庙五，亲庙四，后夫人皆配食。郊祀黄帝以配天，黄后以配地。①

王莽早在元始五年郊祀议就提出"周公郊祀后稷以配天，宗祀文王于明堂以配上帝"，又于居摄三年（8）以五等爵封赏平定翟义之乱者再次提及，② 可见这一模式在其时儒生心目中的重要地位。王莽通过立郊祀及"九庙"宗庙体系，③ 将黄帝定为"初祖考"，郊祀配天；舜帝为"始祖考"，宗祀于明堂配上帝。一系列与黄帝相关的郊祀、宗庙新礼，都是为了拟构黄帝系王氏之太祖。④ 另一值得注意的现象是强调黄帝与舜的关系。按照尧禅舜、汉禅新的逻辑，王莽只

---

① 《汉书》卷九九中《王莽传中》，第4106页。
② 《汉书》卷九九上《王莽传上》，第4089页。
③ "九庙"的建立虽晚至地皇元年（9），但与郊祀黄帝、宗祀舜之举有关。"九庙一曰黄帝太初祖庙，二曰帝虞始祖昭庙，三曰陈胡王统祖穆庙，四曰齐敬王世祖昭庙，五曰济北愍王王祖穆庙，凡五庙不堕云；六曰济南伯王尊祢昭庙，七曰元城孺王尊称穆庙，八曰阳平顷王戚祢昭庙，九曰新都显王戚祢穆庙。"（《汉书》卷九九下《王莽传下》，第4162页）称黄帝为"太初祖"，舜为"始祖"，与始建国郊祀相一致。
④ 黄帝与王莽的关系应为东汉士人熟知。班固完全采纳这一说法，用以描述元帝王皇后的身世。见《汉书》卷九八《元后传》："莽自谓黄帝之后，其《自本》曰：黄帝姓姚氏，八世生虞舜。舜起妫汭，以妫为姓。至周武王封舜后妫满于陈，是为胡公，十三世生完。完字敬仲，奔齐，齐桓公以为卿，姓田氏。十一世，田和有齐国，二世称王，至王建为秦所灭。项羽起，封建孙安为济北王。至汉兴，安失国，齐人谓之'王家'，因以为氏。"第4013页。

需要将始祖追溯至舜，为何还需在舜之上找黄帝作为始祖？为何郊祀配天者是黄帝而非舜？直观的答案是，黄帝是尧之祖先。① 需要寻找一个比尧更为古老、更有神圣权威的始祖，才能证明王氏族系比刘氏更悠久，具有取而代之的正当性资格。

如果说，元始四年"郊祀高祖以配天"是王莽遵照儒典、融合汉家法统的具有"安汉"性质的改革，那么始建国元年的"郊祀黄帝以配天"则是服务于新莽王朝禅代而发明的"受命"改革，其意义与前者不同。前者为他赢得崇古儒生的支持，而后者则与"汉家再受命""更命有德""迁命贤圣"一类说法相呼应。② 在没有得到朝臣充分支持的情况下，王莽不太可能贸然取代汉家。③ 不管始建国年间的"受命"改革多大程度得到儒生认同，其推行是为了配合禅让及一系列"改正朔，易服色，变牺牲，殊徽帜，异器制"的措施，具有合法化新王朝的性质。

对比光武帝的祀尧与王莽的祀黄帝，别有意味。光武宣称祀尧以"周祀后稷"为模式，是受到西汉复古运动及王莽改制的影响。结合

---

① 按《史记》卷一《五帝本纪》、刘歆《世经》，尧为帝喾子，帝喾为黄帝曾孙。《史记》，中华书局 2013 年版，第 13—14 页；《汉书》卷二一下《律历志下》，第 1012—1013 页。

② 《汉书》卷一一《哀帝纪》建平二年六月："待诏夏贺良等言赤精子之谶，汉家历运中衰，当再受命，宜改元、易号。诏曰：'汉兴二百载，历数开元。皇天降非材之佑，汉国再获受命之符，朕之不德，曷敢不通！夫基事之元命，必与天下自新，其大赦天下。以建平二年为太初元年。号曰陈圣刘太平皇帝。漏刻以百二十为度。'"（第 339 页）王莽正当化这次事件，居摄三年诏曰："陛下至圣，遭家不造，遇汉十二世三七之厄，承天威命，诏臣莽居摄，受孺子之托，任天下之寄。……及前孝哀皇帝建平二年六月甲子下诏书，更为太初元将元年，案其本事，甘忠可、夏贺良谶书臧兰台。臣莽以为元将元年者，大将居摄改元之文也。于今信矣。……以居摄三年为初始元年，漏刻以百二十为度，用应天命。"（《汉书》卷九九上《王莽传上》，第 4094 页）显然他以完成哀帝未竟之"受命"为己任。"更命有德""迁命贤圣"语出谷永上书成帝，参见《汉书》卷八五《谷永传》。

③ 王葆玹指出，西汉儒生"鼓吹禅让或不反对禅让的理由，是认识到汉朝的衰亡已不可避免，真正有意义的事情不过是在暴烈的'革命'和温和的'禅让'之间进行选择，大家都害怕剧烈的社会动荡，愿意通过不流血的方式来实现权力转移"。见王葆玹《今古文经学新论》，中国社会科学出版社 1997 年版，第 454 页。

建武元年、二年两次祭礼上"采用元始中故事"①，曾于"天凤中"学习于长安的刘秀目睹了长安郊外以黄帝为始祖庙的九庙景观，② 对几年前的元始、始建国新制皆有所了解。相比起元始制度，光武帝的主张更带有始建国制度的印迹：对更符合汉家传统的高祖配天视而不见，反而采用了带有神话色彩的远古圣王为国之始祖，这与王莽的"祀黄帝"发明极其相似。不仅如此，在始建国新制及其仪式语境中，作为新朝始祖的黄帝比汉朝始祖的尧要久远得多，而在建武七年郊祀中，同样的情况出现在作为东汉始祖的尧与西汉始祖的高帝之间。正如王莽的"黄帝"象征对"尧"在历史和神秘效力上的超越，刘秀所择取的"尧"同样可视作对"高帝"的超越。

忽视实际存在的"高祖"，对曾经实施过的高祖配天弃而不用，史无前例地选择"远于汉"③ 的传说圣王尧为始祖，这是光武帝别有用心的设计：祀尧与其说是为了实现对西汉和东汉共同祖先的追忆，不如说是深受谶纬受命思想影响的刘秀为"创革"的东汉树立新的祖先崇拜。联系王莽两次郊祀各自不同的象征意义，我们可以揣测光武帝的心理："祀尧"的目的并非强调西汉法统，而是通过构拟一个超越西汉的合法性权威，说明本朝并不仅是西汉的延续，更是创业的新汉朝。

祀尧只是刘秀的初衷，他并没有坚持到底，但其中流露的观念不容忽视。建武七年郊祀议以"定从（杜）林议"为结束，光武最终放弃祀尧思路，转向认可祀高帝，反映了他所持"创革"论向"中兴"论的妥协。达成这一结果的因素推测如下：一方面，建武初年洛阳朝廷应有不少类似于杜林的西汉遗臣。统一全国的战争尚未结束，尚有

---

① 《续汉书·祭祀志》，《后汉书》，第 3157、3159 页。

② 五十年代在长安城西北郊出土了王莽时代的宗庙遗址，但数量是十二，不是《汉书》所记载的九。相关简报及解释，包括顾颉刚的意见，参考黄展岳《关于王莽九庙的问题——汉长安城南郊一组建筑遗址的定名》，《考古》1989 年第 3 期。关于莽庙数量差异，有可能是王莽先建九庙，后来根据需要增加到十二个。

③ 杜林语，《续汉书·祭祀志上》，《后汉书》，第 3160 页。

人处于观望状态，"中兴"话语更能赢得士人对本朝的支持。另一方面，"创革"说容易使人联想到王莽这一汉家罪人，光武若明显化用新莽礼制，势必招致声讨。着眼于大局，光武收敛起"创革"论调，没有将主观想法诉诸实践，是一种基于现实的稳妥安排。然而祀尧倡导是光武心迹的流露，在建武年间宗庙、封禅等礼制实践中皆有体现。从群臣"多以为周郊后稷，汉当祀尧。诏复下公卿议，议者佥同，帝亦然之"看，支持"祀尧"者不在少数，恐怕也不能简单视作对光武的迎合：对他们而言，"祀尧"所代表的是一种对新汉朝法统来源的解释，一种使自身新处境合法化的处置方式。

建武十九年（43），与杜林同出自西汉三辅儒学大族的张纯在宗庙礼议上以"虽实同创革，而名为中兴"[1] 形容光武帝的基业，颇为确切。尽管十九年的宗庙之争反映了两种正统体系之间的摩擦，光武晚年在封禅仪式上最终为自己择定了"受命中兴"的历史定位。这是对两条彼此矛盾的帝业思路的折中。他强调自己是刘氏第二次受命，在此意义上中兴了汉业。据笔者管见，"受命中兴"之说似乎未曾见于儒典，是个新造的概念。从"祀尧"与"祀高帝"之争，南顿四亲庙与西汉大宗庙孰先孰后之争，到"受命中兴"的最终落实，东汉初年的合法性问题经历了建武年间漫长而反复的争议。有趣的是，作为篡汉者的王莽，其礼制为东汉初年各方政治力量所利用，在"创革"论和"中兴"论皆有市场的情境下，再度以隐微的方式出台，演化出新的内容，成为东汉重建合法性的礼制资源。

## 二 重梳两"汉"关系："南顿四亲庙"的兴废与建武十九年的宗庙议

光武帝立宗庙的问题，在中国历史上一直受到关注。从结果上

---

① 《后汉书》卷三五《张纯传》，第 1194 页。

看，光武帝最终确立了"祠昭帝、元帝于太庙，成帝、哀帝、平帝于长安，春陵节侯以下四世于章陵"①的宗庙祠祀结构。首先，在洛阳太庙（又称高庙）中祠祀元帝，因为元帝是光武的父辈。其次，把同辈和晚辈的成、哀、平三帝宗庙安置在长安。最后，光武的亲生父祖四人"南顿四亲"被定为"私亲"，以皇考庙的形式（让南阳太守派使者祠）祀于帝乡南阳章陵。这意味着光武认可了"以元为父"、入继大宗的观念。后代"继统"皇帝在协调大宗和私亲宗法地位的时候，很受这一宗庙体系的影响。"上继元帝"成为后世对光武宗庙的普遍评价。

如南渡的东晋元帝为西晋武帝兄弟琅琊王司马觐之子，在宗庙上以晋武帝为父，"于元为祢，如汉光武上继元帝故事也"②。这样，晋元帝便可不亲自祠祀与他同辈和晚辈的晋惠帝、怀帝、愍帝，这是效法东汉光武对西汉之成、哀、平的安排，时人称为"宜准汉世祖故事，不亲执觞爵"③。唐玄宗开元年间，时人商议作为高宗之子的中宗、睿宗兄弟的宗庙地位，举"殷之盘庚，不序于阳甲，而上继于先君；汉之光武，不嗣于孝成，而上承于元帝"④，应以睿宗入继高宗，别立中宗庙。在这两例中，光武帝被视为在兄弟成帝之后即位，而入继元帝。

在北宋"濮议"和明代"大礼议"中，光武宗庙故事所扮演的角色以对待"私亲"的方式而突显。继宋仁宗即位的真宗，生父为濮王。对应以仁宗还是濮王为"皇考"的问题，朝廷分为两派，欧阳修一派以濮王为皇考的理由之一是"汉宣帝、光武皆称父为皇考"

---

① 《后汉书》卷一下《光武帝纪下》，第70页。
② 《晋书》卷一九《礼志上》，第603页。
③ 《晋书》卷一九《礼志上》，第604页。又见《晋书》卷六八《贺循传》，第1828页。
④ 《旧唐书》卷二五《礼仪志五》，中华书局1975年版，第950页。

的先例，① 指的是光武以南顿四亲为皇考庙。在濮议中，光武故事被用来证明尊崇私亲的正当性。明神宗是武宗之弟，生父为兴献王，也存在安置生父庙位的争议，是为"大礼议"。嘉靖尊崇生父的反对者如内阁首辅杨廷和，他称："前代入继之君，追崇所生者，皆不合典礼。……三代以前，圣莫如舜，未闻追崇其所生父瞽瞍也。三代以后，贤莫如汉光武，未闻追崇其所生父南顿君也。惟皇上取法二君，则圣德无累，圣孝有光矣。"② 礼部尚书汪俊也称"光武中兴，犹考孝元"③，神宗应以孝宗为父。在大礼议中，光武故事被用来证明"贬抑私亲，入继大宗"的正当性。对比宋、明两次庙议，光武的形象存在矛盾，这是因为东汉到宋对"皇考"的解释已有变化：欧阳修认为光武以私亲为"皇考"是为了尊奉私亲，但事实上在建武十九年这一举措是出于贬抑而出台的。总体而言，光武宗庙故事都是在"入继元帝"的意义上被引用的，这与时人所相信光武"中兴之君"的历史形象相符合。④

　　后代这种以光武为继统之君、认为其理所应当"以元为父"的认识，不完全符合建武年间的实际情况，因为它忽视了光武一度建立并长年尊奉的"南顿四亲"庙体制的存在，因此没能意识到"入继元帝"并非光武初衷，而是调整后的策略。学者偶有注意到"南顿四亲"庙，往往指出光武欲以尊奉私亲而彰显孝道，这种将宗庙

---

　　① 欧阳修：《中书请议濮安懿王典礼》，李之亮笺注《欧阳修集编年笺注》，巴蜀书社 2007 年版。

　　② 《明史》卷一九〇《杨廷和传》，中华书局 1974 年版，第 5037 页。

　　③ 《明史》卷一九一《汪俊传》，第 5058 页。

　　④ 光武作为"中兴之君"形象的树立，"创业之君"形象的抛弃，可能是后代层累形成的认识。东晋元帝、南宋高宗各自强调"光武中兴故事"，引之为本朝重建的榜样，有意忽略了这样的事实：东汉是在西汉灭亡后建立，与东晋、南宋因袭国土的情况完全不同。在元修《宋史》卷三二《高宗本纪九》中，宋高宗与夏少康、周宣王、光武、晋元帝、唐肃宗同为"中兴六君"，代表了时人对光武地位的认定。关于宋高宗利用"光武故事"构建合法性，参考何玉红《中兴形象的构建：光武故事与宋高宗政治》，《中国史研究》2017 年第 4 期。

之争视为"亲亲"和"尊尊"之矛盾的思路，同样没能很好地揭示光武立庙的深意。

本节拟从建武年间围绕南顿四亲庙的礼论切入，以士人张纯及四庙兴废为观察对象，梳理西汉后期、新莽以来相关礼制建设在具体政治情境下的变化情形，厘清不同意见者的逻辑起点和立场方法，追究光武建庙的初衷，力图还原南顿四亲庙背后透射的东汉正统意识形态从分歧到整合的复杂建构过程。

### （一）"实同创革，名为中兴"：张纯对"南顿四庙"的批评

在汉人看来，王朝安宁有赖于祖宗之灵的庇福，"宗庙"是沟通世俗与先祖关系的神圣空间。[①] 光武帝刘秀早在全国战乱之时便已筹划宗庙的重建。建武二年（26）正月，"立高庙于洛阳。四时祫祀，高帝为太祖，文帝为太宗，武帝为世宗，如旧"[②]。"（二年）壬子，起高庙、建社稷于洛阳，立郊兆于城南，始正火德，色尚赤。"[③] 在新国都洛阳恢复西汉"一祖二宗"宗庙的同时，立南郊，宣告本朝接受"火德"的天命。[④] 不久，又让入关的邓禹将十一帝神主从长

---

① 《汉书》卷四九《晁错传》载："赖天之灵，宗庙之福，方内以安，泽及四夷。"《汉书》，中华书局2014年版，第2290页。卷六四上《严助传》："天下赖宗庙之灵，方内大宁。"第2778页。卷七〇《陈汤传》："赖天地宗庙之灵，诛讨郅支单于，斩获其首。"第3019页。卷七三《韦玄成传》："今赖天地之灵，宗庙之福，四方同轨，蛮貊贡职。"第3116页。

② 《续汉书·祭祀志下》，《后汉书》，第3193页。

③ 《后汉书》卷一上《光武帝纪上》，第27页。

④ 景帝元年（前156），以高帝为太祖、文帝为太宗，成为定制。元帝建昭五年（前34），以武帝为世宗。哀帝时，关于武帝是否应立为宗的问题，光禄勋彭宣、中垒校尉刘歆等人有争议，最终才确立了"一祖二宗"体制。《汉书》卷五《景帝纪》，第138页；卷七三《韦贤传》，第3124、3127页。关于建武二年郊祀、"正火德"的过程，《东观汉记》有更详细记载："自汉草创德运，正朔服色未有所定……自上即位，案图谶，推五运，汉为火德。周苍汉赤，水生火，赤代苍，故上都洛阳，制郊祀于城南。行夏之时，牺牲尚黑，明火德之运，徽炽尚赤，四时随色。郊祀帝尧以配天，宗祀高祖以配上帝。"《太平御览》卷九〇《皇王部》引《东观汉记》，第431页下栏。

安迁至洛阳新高庙。① 这一系列举动不仅意在尊崇汉帝，更有着眼于现实政局、昭告天命所归的意义：既表明新建立的汉朝接续过去的法统，又宣告天命已从"旧都"转移至"新都"，"汉"将在洛阳有全面复苏。这两方面宣传，对于尚在混战中的新政权来说，有安抚人心、吸引贤才的作用。东汉初年宗庙建设与"立郊兆""正火德"一系列措施相配合，具有重建政权合法性的含义。

建武三年（27）光武帝又立"父南顿君"等四亲庙于洛阳。② 刘秀父祖庙由"南顿令钦、钜鹿都尉回、郁林太守外、春陵节侯买"③ 四人之庙所构成。四人在东汉被简称为"南顿四世"，四庙被称为"南顿君已上四庙"，④ 本书称之为"南顿四庙"。"四"之数量，多于供奉"一祖二宗""十一帝神主"的高庙，⑤ 这种宗庙在洛阳城显得新奇壮观。"时寇贼未夷，方务征伐，祀仪未设"⑥，之后，这套西汉诸帝与南顿四世并行尊奉的宗庙体制从此延续。学者对"南顿四庙"产生原因的探究解读，多止步于光武意欲尊私亲、彰显皇权，取情舍礼。⑦

---

① 《后汉书》卷一上《光武帝纪上》："是月，赤眉焚西京宫室，发掘园陵，寇掠关中。大司徒邓禹入长安，遣府掾奉十一帝神主，纳于高庙。"李贤注："神主，以木为之，方尺二寸，穿中央，达四方。天子主长尺二寸，诸侯主长一尺。"第28页。

② 《续汉书·祭祀志下》："三年正月，立亲庙洛阳，祀父南顿君以上至春陵节侯。时寇贼未夷，方务征伐，祀仪未设。"《后汉书》，第3193页。

③ 《后汉书》卷一上《光武帝纪上》："世祖光武皇帝讳秀……高祖九世之孙也，出自景帝生长沙定王发。发生春陵节侯买，买生郁林太守外，外生巨鹿都尉回，回生南顿令钦，钦生光武。"第1页。

④ 《后汉书》卷三五《张纯传》，第1194页；《后汉书》卷一上《光武帝纪上》，第32页。

⑤ 《后汉书》卷一上《光武帝纪上》李贤注引《汉礼制度》："光武都洛阳，乃合高祖以下至平帝为一庙，藏十一帝主于其中。"第27页。从"立高庙于雒阳。四时祫祀，高帝为太祖，文帝为太宗，武帝为世宗，如旧"，"大司徒邓禹入长安，遣府掾奉十一帝神主，纳于高庙"的记载看，仅有高庙一庙被恢复，一祖二宗、十一帝神主应并祀其中。

⑥ 《续汉书·祭祀志下》，《后汉书》，第3193页。

⑦ 郭善兵《汉唐皇帝宗庙制度研究》认为光武"违礼"是"君统与宗统、情与礼冲突的具体体现"（博士学位论文，华东师范大学，2005年，第103页），李亚娜《东汉初政治合法性的建构》观点类似（硕士学位论文，山西大学，2018年，第44页）。王柏中《论汉代皇帝宗庙设置的特点》认为此举"是为了彰显孝意"（《辽宁大学学报》2001年第2期，第68页）。

建武十九年（43），虎贲中郎将张纯对"南顿四庙"提出异议。京兆杜陵士人张纯是汉宣帝时重臣、富平侯张安世的六世孙。他在哀、平时任侍中，嗣爵富平侯，"有敬侯（安世）遗风"[①]，属于典型的"长安系士人"。平帝元始五年（5）张纯以领衔人进九锡于王莽，"王莽时不失爵"[②]，一度是新莽朝的支持者，是汉末新莽时代的礼制专家。建武初年，"旧章多阙，每有疑议，辄以访纯，自郊庙婚冠丧纪礼仪，多所正定。帝甚重之"[③]。光武重用张纯，不仅因为他"明习汉家制度故事"[④]，更因其出身显赫家族，是"前汉遗臣"的典范。尊重汉遗臣，恢复遗制，与光武自称继承前汉之意相符。但张纯坦言"南顿四亲庙"对汉家祖宗有冒犯，则与光武意见相左：

> 纯以宗庙未定，昭穆失序，十九年，乃与太仆朱浮共奏言："陛下兴于匹庶，荡涤天下，诛锄暴乱，兴继祖宗。窃以经义所纪，人事众心，虽实同创革，而名为中兴，宜奉先帝，恭承祭祀者也。元帝以来，宗庙奉祠高皇帝为受命祖，孝文皇帝为太宗，孝武皇帝为世宗，皆如旧制。又立亲庙四世，推南顿君以上尽于舂陵节侯。礼，为人后者则为之子，既事大宗，则降其私亲。今禘祫高庙，陈序昭穆，而舂陵四世，君臣并列，以卑厕尊，不合礼意。设不遭王莽，而国嗣无寄，推求宗

---

① 按《汉书》卷五九《张汤传》，张纯父祖世系为汤—安世—延寿—勃—临—放—纯。第 2747—2757 页。

② 《汉书》卷九九上《王莽传上》："公卿大夫、博士、议郎、列侯张纯等九百二人皆曰：'圣帝明王招贤劝能，德盛者位高，功大者赏厚。故宗臣有九命上公之尊，则有九锡登等之宠。……谨以《六艺》通义，经文所见，《周官》、《礼记》宜于今者，为九命之锡。臣请命锡。'"第 4072 页。

③ 《后汉书》卷三五《张纯传》，第 1193—1194 页。

④ "放子纯嗣侯，恭俭自修，明习汉家制度故事，有敬侯遗风。王莽时不失爵，建武中历位至大司空，更封富平之别乡为武始侯。"《汉书》卷五九《张汤附纯传》，第 2657 页。

室，以陛下继统者，安得复顾私亲，违礼制乎？昔高帝以自受命，不由太上；宣帝以孙后祖，不敢私亲；故为父立庙，独群臣侍祠。臣愚谓宜除今亲庙，以则二帝旧典，愿下有司博采其议。"①

以张纯的出身、经历及熟谙汉礼的学养，其质疑意见值得玩味。第一，张纯开宗明义指出本朝"虽实同创革，而名为中兴，宜奉先帝，恭承祭祀"。对光武立国的表述，张纯以"创革"和"中兴"对举，且强调"中兴"的优先性：虽然事实上光武确有创业之功，"中兴"应为这一过程的名义。"名位不同，礼亦异数"②，光武既是中兴之君，则应行中兴之礼。关于"中兴"一词，汉人虽常用却少有注解，似乎对《诗·大雅·烝民》毛序"尹吉甫美宣王也，任贤使能，周室中兴"③ 中"中途复兴"之义有共识。④ 汉人看来，"中兴之君"以夏少康、殷高宗、周宣王等重振国运的天子为代表，与"创革之君"不同。对二者分野的典型记载是魏帝曹髦与群臣讨论夏少康与汉高帝功德优劣，侍中荀顗称"天下重器，王者天授，圣德应期，然后能受命创业。至于阶缘前绪，兴复旧绩，造之与因，难易不同。少康功德虽美，犹为中兴之君，与（汉）世祖同流可也，

---

① 《后汉书》卷三五《张纯传》，第 1194 页。同事《祭祀志下》载张纯、朱浮之言："礼，为人子事大宗，降其私亲。礼之设施，不授之与自得之异意。当除今亲庙四。孝宣皇以孙后祖，为父立庙于奉明，曰皇考庙，独群臣侍祠。愿下有司议先帝四庙当代亲庙者及皇考庙事。"《后汉书》，第 3193—3194 页。

② 哀帝初年刘歆引《左传》语，见《汉书·韦玄成传》，第 3127 页。"名位不同，礼亦异数"又见于《汉书》卷三〇《艺文志》描述名家之语（第 1737 页），应为汉代通行的常识。

③ 毛亨传，郑玄笺，孔颖达疏：《毛诗正义》卷一八，《十三经注疏》，中华书局1980 年影印本，第 568 页。

④ 汪华龙认为："光武中兴，在东汉一朝是被广泛使用的政治术语。然而，'中兴'一词，却是一个出现甚晚的语汇。在先秦的典籍中，似乎从未出现过'中兴'的说法，而晚迄司马迁著《史记》，也未见'中兴'一词。"汪华龙：《"中兴"说的缘起与东汉士大夫的"中兴"理想》，《南都学坛》2012 年第 5 期。

至如高祖，臣等以为优"①，时人以"受命之君"与"中兴之君"分属不同范畴，刘邦属前者、刘秀属后者。② 在张纯看来，本朝之"名"应为中兴，故"宜奉先帝，恭承祭祀"。身为前汉遗臣，张纯持"中兴"论不难理解，这是他一系列论证的起点。名与实的分辨，暗示了作为张纯对话者的光武帝有另外的立场。

第二，张纯明言"一祖（高帝）二宗（文帝、武帝）"的高庙与南顿四亲庙并列极不妥当，原因是"礼，为人后者则为之子，既事大宗，则降其私亲"。"为人后者为之子"指成为继承人即为其子，语出《春秋公羊传》成公十五年，③ 曾在西汉多个政治场合被引用。④ "为人后者为之子"作为汉儒的礼学观念，被用来处理皇帝非前任之子情况下的宗庙问题。⑤ 其解决方式是"既事大宗，则降其私亲"，勿将亲父视作大宗。"南顿四亲"与大宗高庙并列，"以卑厕尊，不合礼意"。张纯指出，若没有王莽出现，光武仍会作为天命所归而即位，这是"推求宗室"的结果，是"继统"，又何能考虑立私亲之庙？在他的"中兴"思路中，新莽的介入并没有割裂前、后汉，两汉依然一体。这暗含了对光武功业是"创革"的否定。这一议论不仅涉及以哪位汉帝为大宗的问题，还隐含对本朝与前汉王

① 陈寿撰，裴松志注：《三国志·魏志》卷四《三少帝纪》注引《魏氏春秋》，中华书局1964年，第134页。

② 东汉早期认为光武既受命又中兴的观念，到汉末曹魏时已然转变。

③ 公羊高传，何休注，徐彦疏：《春秋公羊传注疏》卷一八，《十三经注疏》，中华书局1980年影印本，第2296页。

④ 昭帝去世的元平元年（前74），奉霍光意旨的丞相杨敞引此责备即位的刘贺"服斩缞"却"亡悲哀之心，废礼谊"，最终废其帝位。《汉书》卷六八《霍光传》，第2940页。宣帝以武帝戾太子之孙身份即位，丞相蔡义引此，强调宣帝应以昭帝为父，降低其亲父始皇孙、祖父戾太子墓园的规格至"比诸侯王园"。《汉书》卷六三《武五子戾太子传》，第2749页。哀帝以成帝堂侄即位，大司空师丹引此，反对哀帝尊其私亲定陶共王为共皇帝、傅太后为共皇太后。《汉书》卷八六《师丹传》，第3505—3506页。

⑤ 东汉延平元年（106）殇帝夭折，即位的安帝追认其父清河王庆之兄和帝为父，邓太后诏书中出现此语。《后汉书》卷五《安帝纪》，第204页。

朝法统关系的理解。①

　　第三，张纯举出高帝、宣帝"旧典"作为解决问题的方案："昔高帝以自受命，不由太上，宣帝以孙后祖，不敢私亲，故为父立庙，独群臣侍祠"，提出以"先帝四庙"代替南顿四庙。案高帝六年（前201）尊父太公为"太上皇"②，十年"令诸侯王皆立太上皇庙于国都"③；宣帝本始元年（前73）议祖父戾太子、祖母史良娣、父始皇孙的谥号和墓园，有司议"以湖阌乡邪里聚为戾园……广明成乡为悼园"④；元康元年（前65），尊改其父之悼园为皇考庙。在这里，张纯所称赞的"旧典"是皇考庙之设。皇考庙既尊崇生父，又不进入大宗之庙。需要指出，作为亲王莽的士人，张纯深受西汉后期儒生改制运动的影响，他对"皇考庙"的推崇意见是在一种"七庙"理念影响下产生的。元帝以来，随着"复古改制"运动的兴起，士人日渐呼吁周礼中的"七庙"制度。"周之所以七庙者，以后稷始封，文、武受命而王，是以三庙不毁，与亲庙四而七。"⑤经过众儒反复讨论，七庙中"太祖"高帝、"太宗"文帝和"世宗"武帝作为"三庙不毁"的地位得以确立，另外四亲庙，根据与皇帝的远近亲疏依次将毁。张纯说如今以"高皇帝为受命祖，孝文皇帝为太宗，孝武皇帝为世宗"为旧制，因为这是"汉七庙"的太祖和二祧；"高帝以自受命，不由太上"，指高帝受命定天下，七庙之始

---

　　① 赵翼认为张纯言"为人后者为之子，既事大宗，则降其私亲"这一要求不近情理："究而论之，光武以宗室崛起，中兴受命，少时并未奉诏入为帝嗣，与哀帝之入继成帝不同。则有天下后，但立高祖、太宗、世宗、中宗为不祧之庙，其下即祀舂陵四世为亲庙，自协情理之正。乃必奉西京诸帝为大宗，而辈行又不可为成、哀、平三帝之后，则又舍此三帝而尊宣、元为祖、父，终觉窒碍不可通也。"《廿二史札记校证》卷四《东汉四亲庙别祭》，第92页。张纯不顾"情理之正"、以西汉诸帝为大宗的主张别有目的。

　　② 《汉书》卷一下《高帝纪下》，第62页。

　　③ 《汉书》卷一下《高帝纪下》，第68页。又《汉书》卷七三《韦贤传》称"初，高祖时，令诸侯王都皆立太上皇庙"，第3115页。

　　④ 《汉书》卷六三《武五子戾太子传》，第2748页。

　　⑤ 《汉书》卷七三《韦玄成传》，第3118页。

为高帝而非太上皇,皇考庙不属于七庙。在他看来,皇考庙的意义在于以一种"例外"的方式维护了"七庙"常制——当"七庙"中没有生父的位置,便需要七庙之旁的"皇考庙"的出现以解决大宗和私亲的矛盾。然而,"七庙""毁庙"的主张大概兴于元帝以后,高帝、宣帝立皇考庙的动机可以说与七庙结构无关。① 张纯其实对"二帝旧典"作了一种并非基于高、宣,而是元帝以后时代的解读,认为皇考庙不妨害七庙,可以之取代南顿四庙的功能;这样,光武既保全了西汉诸帝大宗法统的地位,又对"私亲"南顿四亲不失尊重。在皇考庙之外,另"议先帝四庙当代亲庙者",将南顿四庙变为皇考庙后留下的空位让于前汉四帝,与"一祖二宗"组成完整的七庙。

张纯的论证逻辑折射出其作为前汉遗臣和复古改制派儒生的立场。他在与"创革"相对立的语境下强调了"中兴"观念,以此为起点,引《公羊》"为人后者为人子"为据,要求光武"既事大宗,降其私亲"。他在"七庙"理念框架下诠释"高、宣旧典",论证皇考庙与"七庙"之间既分离又相互支撑的关系,提出用皇考庙取代"南顿四庙"。最后重新建立前汉四帝庙。应情境性地理解张纯此议:其处于与光武的对话之中,逆光武之意图而发。

### (二)从"皇考庙"到"九庙":西汉、新莽庙议与"南顿四庙"之关系

虽无明言,光武"南顿四亲"庙制无疑有其依据,其正当性来自与"为人后者为人子"针锋相对的另一条礼经:"父为士,子为天子,祭以天子。"《礼记·丧服小记》载:"父为士,子为天子诸侯,则祭以天子诸侯,其尸服以士服。"② 父为士,子为天

---

① 元帝之前"京师自高祖下至宣帝,与太上皇、悼皇考(宣帝父始皇孙)各自居陵旁立庙"(《汉书》卷七三《韦玄成传》,第3115页)。各帝之庙连同两亲父庙位于陵墓,并没有形成"七庙"的排列。

② 郑玄注,孔颖达疏:《礼记正义》卷三二,《十三经注疏》,第1496页。

子，当以天子之礼祭父。下面围绕西汉及新莽时人对这条礼经的理解、申引，及由之引起的"皇考庙"讨论，追踪光武立庙的依据及意图。

"父为士，子为天子，祭以天子"作为朝议最早见于宣帝年间。宣帝是汉武帝曾孙，在霍光废刘贺后即位，继昭帝之后。本始元年（前73），有司以"礼，为人后者，为之子也"，认为宣帝应"降其父母不得祭"，"为孝昭帝后，承祖宗之祀"①。建议祭祖父戾太子于湖阌乡邪里聚戾园，父始皇孙于广明成乡悼园。悼园"比诸侯王园，置奉邑三百家"，戾园"置奉邑两百家"②，享诸侯王规格之"园"及相应的奉邑，而不立"庙"。宣帝虽接纳此议，但很可能介意于血亲谥位之低，八年后的元康元年遂有升"园"为"庙"之举：

> 有司复言："《礼》'父为士，子为天子，祭以天子'。悼园宜称尊号曰皇考，立庙，因园为寝，以时荐享焉。益奉园民满千六百家，以为奉明县。尊戾夫人曰戾后，置园奉邑，及益戾园各满三百家。"③（元康元年……夏五月，立皇考庙。益奉明园户为奉明县。④）

宣帝最终将"悼园"改为"皇考庙"。对比张纯之议，宣帝皇考庙以"父为士，子为天子，祭以天子"为支持，对立于张纯所持"为人后者为人子"之义。上已交代，张纯强调"为人后者为人子"立场的同时，主张效法高、宣"二帝旧典"即皇考庙之设立，但其实这一立场不合宣帝意。礼书记载并没考虑即位天子不

---

① 《汉书》卷六三《武五子戾太子传》，第2748页。
② 《汉书》卷六三《武五子戾太子传》，第2748页。
③ 《汉书》卷六三《武五子戾太子传》，第2749页。
④ 《汉书》卷八《宣帝纪》，第258页。

是亲生的情况，为私亲立庙不在经典叙述范围之内。① 儒生追求的七庙之制本为尊大宗而降私亲，皇考庙不在七庙之中。宣帝时虽然已有"为人后者为人子"观念，但七庙制度尚未正式成立，皇考庙没引起大的争议。到了元帝时大议七庙，就有儒生议宣帝皇考庙为"非礼""宜毁"②。总之，宣帝立庙实以"父为士，子为天子，祭以天子"为据，目的是提升私亲至大宗地位。

如果说宣帝时是否立皇考庙尚未成为儒生关注的头等大事，那么随着复古改制运动的兴起和演进，哀帝时皇考庙争议已变得非常激烈。哀帝是元帝庶孙，定陶王之子，因成帝绝嗣而入继为帝。在祖母傅氏影响下，哀帝"追尊定陶共王为共皇帝，尊傅太后为共皇太后，丁后为共皇后"③。傅氏进一步要求去"共（恭）"号，并"立恭皇庙于京师"④。对立皇考庙反对强烈的大司空师丹说：

> 今定陶共皇太后、共皇后以定陶共为号者，母从子、妻从夫之义也。欲立官置吏，车服与太皇太后并，非所以明尊卑亡二上之义也。定陶共皇号谥已前定，义不得复改。《礼》："父为士，子为天子，祭以天子，其尸服以士服。"子亡爵父之义，

---

① "考庙"之名见于《礼记·祭法》"王立七庙，一坛一墠，曰考庙，曰王考庙，曰皇考庙，曰显考庙，曰祖考庙，皆月祭之"（《礼记正义》卷四六，《十三经注疏》，中华书局 1980 年影印本，第 1589 页）。此处"考庙"指父死子继的七庙之制，并非汉代所出现即位皇帝非上任之子的情况。

② 《汉书》卷七三《韦贤传》："谏大夫尹更始等十八人以为，皇考庙上序于昭穆，非正礼，宜毁。"第 3119 页。

③ 《汉书》卷八六《师丹传》，第 3505 页。

④ 郎中令泠褒、黄门郎段犹等复奏言："定陶共皇太后、共皇后皆不宜复引定陶蕃国之名以冠大号，车马衣服宜皆称皇之意，置吏二千石以下各供厥职，又宜为共皇立庙京师。"上复下其议，有司皆以为宜如褒、犹言。《汉书》卷八六《师丹传》，第 3505 页。《汉书》卷一一《哀帝纪》："（建平二年）夏四月，诏曰：'汉家之制，推亲亲以显尊尊。定陶恭皇之号不宜复称定陶。尊恭皇太后曰帝太太后，称永信宫；恭皇后曰帝太后，称中安宫。立恭皇庙于京师。'"第 339 页。

尊父母也。为人后者为之子，故为所后服斩衰三年，而降其父母期，明尊本祖而重正统也。……陛下既继体先帝，持重大宗，承宗庙天地社稷之祀，义不得复奉定陶共皇祭入其庙。今欲立庙于京师，而使臣下祭之，是无主也。①

申明"为人后者为人子"的师丹以"子亡爵父之义，尊父母也"批判了"父为士，子为天子，祭以天子"之说，可见此说被迎合哀帝和傅氏者引作"尊私亲"立皇考庙的根据。随着复古改制运动的继续升温，到平帝元始年间，出现了复古派士人对皇考庙及"父为士，子为天子，祭以天子"最为激烈的声讨。《汉书·韦贤传》这段记载，对我们理解光武设立"南顿四庙"的动机，有关键性的帮助：

至平帝元始中，大司马王莽奏："本始元年丞相（蔡）义等议，谥孝宣皇帝亲曰悼园，置邑三百家，至元康元年，丞相（魏）相等奏，父为士，子为天子，祭以天子，悼园宜称尊号曰'皇考'，立庙，益故奉园民满千六百家，以为县。臣愚以为皇考庙本不当立，累世奉之，非是。……此两统贰父，违于礼制。案义奏亲谥曰'悼'，裁置奉邑，皆应经义。相奏悼园称'皇考'，立庙，益民为县，违离祖统，乖缪本义。父为士，子为天子，祭以天子者，乃谓若虞舜、夏禹、殷汤、周文、汉之高祖受命而王者也，非谓继祖统为后者也。臣请皇高祖考庙奉明园毁勿修。"②

王莽否定了元康元年宣帝立皇考庙的正当性，原因不是皇考庙本身违礼，而是宣帝是"继统为后"而非"受命而王"之君——

① 《汉书》卷八六《师丹传》，第 3505—3506 页。
② 《汉书》卷七三《韦贤传》，第 3129—3130 页。

"父为士,子为天子,祭以天子"这一礼经只对后者成立,故皇考庙只能为后者所立。相比师丹借"子亡爵父之义"全盘否定"父为士,子为天子,祭以天子",王莽的论证更精细:他通过以"受命"与"继统"之君的区别来划定这句礼经的适用对象。"乃谓若虞舜、夏禹、殷汤、周文、汉之高祖受命而王者也,非谓继祖统为后者也。"对受命王可立考庙的论证最早见于成帝时平当的议论:"高皇帝圣德受命,有天下,尊太上皇,犹周文、武之追王太王、王季也。"① 他认为受命的高祖得以效法文、武二王追尊先祖。案《礼记·中庸》:"武王末受命,周公成文武之德,追王大王、王季,上祀先公以天子之礼。"郑玄注:"追王大王、王季者,以王迹起焉。"② 又《礼记·大传》:"牧之野,武王之大事也。既事而退,柴于上帝,祈于社,设奠于牧室。……追王大王亶父、王季历、文王昌,不以卑临尊也。"郑注:"不用诸侯之号临天子也。文王称王早矣,于殷犹为诸侯,于是著焉。"③ 郑玄认为文王尚未真正受命,待武王方得以追王祖先,可见这是受命天子的"权利"④。孔颖达疏清晰揭示了王莽之义:"此大王、王季追王者,王迹所由兴故追王也。所以追王者,以子为天子,而不以卑临尊。若非王迹所由,不必追王也。"⑤ 武王追曾祖大王、祖季历为王,是因为彼乃自己受命王迹所由兴。尽管汉人对文王、武王何者受命尚有异议,从平当到王莽的论述逻辑是清楚的:唯有受命王方可"祀先公以天子之礼"⑥。王莽

---

① 《汉书》卷七一《平当传》,第 3049 页。

② 《礼记正义》卷五二,《十三经注疏》,中华书局 1980 年影印本,第 1628 页。

③ 《礼记正义》卷三四,《十三经注疏》,中华书局 1980 年影印本,第 1506 页。

④ 关于文王受命,《诗·大雅·文王》《灵台》等篇已有清晰交代。郑玄此处的意思是文王尚未王天下。

⑤ 《礼记正义》卷三四,《十三经注疏》,中华书局 1980 年影印本,第 1506 页。

⑥ 关于周代哪位王实现了"追王",《中庸》《大传》明言武王,也有文献认为是文王。如《孔丛子·居卫》:"文王受命,断虞芮之讼,伐崇邦,退犬夷,追王太王、王季,何也?"《汉书》卷七一《平当传》颜师古注:"言文王始受命,宜为周之始祖。乃追王太王、王季,以及后稷,是不以卑临尊。"

声称，"父为士，子为天子，祭以天子"在经典语境下说的是武王，故其适用范围也仅止于受命之君；[①] 由此推论，是高祖而非宣帝有资格立皇考庙。

王莽此议宣示了他不妥协于"汉制"的激进态度。然而，结合考察汉新禅代后王莽的礼制实践，我们会发现他对"父为士，子为天子，祭以天子"的发挥并非仅为坚守经义，更有特殊用意。王莽所行礼制，既以复古运动为基础，又有论证新莽王朝受命的新义。如平帝元始四年（4），王莽根据礼书"周祀后稷"的始祖配天之义，实现汉儒期待已久的"高祖配天"郊祀礼；而在禅代后的始建国元年（9），他宣称王氏是黄帝、舜之后裔，又按照"以祖配天"发明了郊祀黄帝配天，宣明"火德衰而土德兴"、新朝"革命"的用意。这种发明还见于宗庙礼，即地皇元年（20）所兴之"九庙"：

> 九庙一曰黄帝太初祖庙，二曰帝虞始祖昭庙，三曰陈胡王统祖穆庙，四曰齐敬王世祖昭庙，五曰济北愍王王祖穆庙，凡五庙不堕云；六曰济南伯王尊祢昭庙，七曰元城孺王尊祢穆庙，八曰阳平顷王戚祢昭庙，九曰新都显王戚祢穆庙。[②]

"九庙"以七庙为基础而变化：将七庙中不毁的三庙变为五，而亲庙四的数量不变。他宣称黄帝为王氏太祖，舜为始祖。陈胡王是舜后、陈国始祖，齐敬王陈完是陈后、齐国始祖，济北愍王田安是齐后。相比五庙中年代久远的人物，四亲庙减少了传说色彩，是王

---

① 此处王莽认为周的受命之君是文王，并非《中庸》和《大传》所说的武王。

② 《汉书》卷九九下《王莽传下》，第4162页。五十年代后期，今长安西北郊出土了王莽"九庙"遗址，庙数疑似十二。相关简报、形制及解释，参考黄展岳《关于王莽九庙的问题——汉长安城南郊一组建筑遗址的定名》，《考古》1989年第3期，第261页。

莽父族四人。① 追尊这些私亲并为之立庙，当是效法了武王受命时"追王"太王、王季、文王之举。元始年间，王莽主张以"父为士，祭以天子"为支撑的皇考庙仅适用于"受命"而非"继统"之君，这一观点可谓为地皇元年"九庙"之设做了铺垫：通过"追王先公""上祀先公以天子之礼"，宣告自己是接受禅让的受命王。梳理王莽元始议论与九庙设立之间的逻辑关系，有助于我们理解光武帝立"南顿四庙"的动机以及张纯批评其"创革"之义的内在意蕴。

南顿四庙的形式，与其说因袭了宣、哀二帝的皇考庙制度，不如说更接近于王莽九庙：为私亲多达四人立庙，这在新莽以前是没有的。"四"的数量显示南顿庙处于周礼七庙结构之中：他构想的新七庙以高祖、文帝、武帝"一祖二宗"占不毁位，南顿四祖占迭毁位。考虑到洛阳高庙已有"十一帝神主"，新七庙虽保留一祖二宗，却在四亲位置上摒弃了西汉皇帝。学界一向以为光武帝自居为元帝之后，以继承汉宗的方式彰显其合法性。然而从建武三年到十九年的"南顿四庙"其实流露了他自视为"受命"而非"继统"的意识。此举很可能是受到新莽地皇九庙的影响，而不仅仅如宣、哀考庙以尊崇私亲为目的。刘秀曾于新莽"天凤中"学习于长安，② 很可能亲见南郊尚未完工的九庙，感受到其宣扬受命的义涵。活跃于

---

① 学者多已指出"九庙"与新莽政权合法性构建的关系。鲁惟一（Michael Loewe）将"九庙"建制置于王莽一系列建构王氏家族谱系的行动中观察，这些行动和叙事中颇多诸如"祢祭""少皞"等汉朝所无的概念，认为其主要是目的是新政治秩序的宣传。见鲁惟一《王莽及其祖宗：神话的制造》（"Wang Mang and his Forbears: the Making of the Myth", *T'oung Pao*, Second Series, Vol. 80, 1994, pp. 197 – 222）。贝克定（Timothy Baker Jr.）借用社会学家布尔迪厄（Pierre Bourdieu）的社会场（Field）、习性（Habitus）、文化再生（Culture reproduction）的概念，认为九庙结构体现了王莽对多重社会关系和集体记忆的塑造，以此将合法性代系传递，化解不同群体的认知矛盾。另外，班固有意将王莽庙数记为九而非十二，是想突出九庙来源于七庙，即王莽改制源于汉代后期儒家改制运动这一叙事。见贝克定《汉代文化传承和历史解释的冲突：班固"九庙"与王莽"十二庙"》（"Contested Cultural Transmission and Historical Interpretation in Han Dynasty China: The Nine Temples of Ban Gu and the Twelve Temples of Wang Mang", *Dong Hwa Journal of Humanistic Studies*, 21, 2012, pp. 1 – 27）。
② 《后汉书》卷一上《光武帝纪上》："王莽天凤中，乃之长安，受《尚书》，略通大义。"第1页。

平帝朝和新莽朝的张纯更不会不知九庙的用意，他特意将"创革"和"继统"对立而议，是因为他理解了南顿四庙与地皇九庙之间的逻辑关联，洞察了光武的用意。在张纯的论述中，"创革"所指不仅是对光武征服天下的实然描述，更是一种阐释东汉王朝来源的合法化思路。

在张纯议庙之后，大司徒戴涉、大司空窦融提出以元、成、哀、平四帝取代南顿四亲庙的方案。但这样光武上接孙辈的平帝，也不妥。光武最终在洛阳高庙中增加宣、元二帝，自己上接父辈的元帝；将成、哀、平留在长安"西庙"，以示天命在元帝之后发生分途而垂青了自己；将南顿四亲庙移至"园"，在郡县侍祠。面对张纯的反对意见，光武没有固执己见。接纳张纯建议实际上是接纳"中兴"观念，它表明东汉正统理念尚处于调整、尝试和协商之中。光武没有绝对化地靠向"创革"或"中兴"，而是将双方有利于论证合法性的资源纳入其中，选择一种两头兼顾的方式。关于明帝对光武世祖庙与西汉帝庙之关系的安排，下章再作讨论。

## 三　建武末年合法性构造与光武身份想象：以封禅礼议和封禅文为中心

汉儒相信封禅礼是圣王向天宣示功德的仪典。[1] 封，指封存告神

---

[1]　区别于儒生，方士多视封禅为追求登仙、不死之途径。汉武帝听信之鼓吹封禅者多为方士，其人言封禅多与黄帝、升仙、不死有关。如齐地方士申公。"（申公）曰：'宝鼎出而与神通，封禅。封禅七十二王，唯黄帝得上泰山封。'……曰：'汉主亦当上封，上封能迁登天矣。'"（第 1393 页）"天子既闻公孙卿及方士之言，黄帝以上封禅，皆致怪物与神通，欲放黄帝以上接神迁人蓬莱士……于是天子曰：'嗟乎！吾诚得如黄帝，吾视去妻子如脱屣耳。'"（第 1394 页）后有齐丁公，"年九十余，曰：'封禅者，合不死之名也。'"（第 1397 页）《史记》卷二八《封禅书》，中华书局 2014 年版。对武帝封禅与方术之关系，参考葛志毅《战国秦汉之际的受命改制思潮与封禅——对封禅礼形成的学术思想探源》，《学习与探索》2006 年第 5 期，第 141—149 页；胡正之：《两汉封禅转变及其意义》，辅仁大学中国文学系出版《先秦两汉学术》第 20 期，2013 年 9 月，第 47—76 页。

的文书于土石之中，告祭于天。禅，祭地之礼。司马迁曰："自古受命帝王，曷尝不封禅？……虽受命而功不至，至梁父矣而德不洽，洽矣而日有不暇给，是以即事用希。"① 董仲舒曰"天之无常予，无常夺也。故封泰山之上，禅梁父之下，易姓而王"②，"故天为之下甘露，朱草生，醴泉出，风雨时，嘉禾兴，凤凰麒麟游于郊，囹圄空虚……以时至，封于泰山，禅于梁父"③。都提及封禅之礼须满足"受命"及"太平"两大条件才得举行。唯当完成封禅，改朝换代的正当性才确立，功成治定才被证明。然"受命"与"太平"何者才是封禅的主要条件，却在具体历史时刻下有所争议。

东汉建国三十年（54）之际是一个特殊的时刻。按"如有王者，必世而后仁"④ 的观念，这是一个检验和证实光武拨乱反正功德的神圣时刻，亟需一场仪式宣告东汉的建立和治理符合天地鬼神之意。朝廷上下如大司空张纯、太尉赵憙、虎贲中郎将梁松、博士曹充皆有封禅的倡议。光武君臣在封禅问题上有过不少讨论，存在不少分歧。此次封禅在后代亦有争议。西晋司马彪在《续汉书·祭祀志》末对光武封禅有一段耐人寻味的评价：

自上皇以来，封泰山者，至周七十二代。封者，谓封土为坛，柴祭告天，代兴成功也。《礼记》所谓"因名山升中于天"者也。易姓则改封者，著一代之始，明不相袭也。继世之王巡狩，则修封以祭而已。……且唯封为改代，故曰岱宗。夏康、周宣，由废复兴，不闻改封。……帝王所以能大显于后者，实

① 《史记》卷二八《封禅书》，第1355页。
② 苏舆著，钟哲点校：《春秋繁露义证·尧舜不擅移、汤武不专杀第二十五》，中华书局1992年版，第220页。
③ 《春秋繁露义证·王道第六》，第100—104页。
④ 《论语·子路》。何晏注引孔安国："三十年曰世。如有受命而王者，必三十年，仁政乃成。"何晏注，邢昺疏：《论语注疏》卷一三，《十三经注疏》，中华书局1980年影印本，第2507页。

在其德加于民，不闻其在封矣。①

司马彪从黄帝至周"七十二代"的封禅礼谈起，强调封土为坛、祭祀告天的"封"展示的是改朝换代之大功告成，接受新的天命；易姓则需"改封"（改变前朝的封土而新封），表示本王朝是一代新的开始，不与前朝相因袭。因此"继世之王"只能巡狩、修封，不称封禅，哪怕是夏少康、周宣王这种复兴之主都没有封禅的资格。最后称王道之实质在德不在封。字里行间隐约可见司马彪对光武帝"不易姓而封"有所质疑。东晋史家袁宏也有相似的看法。毕竟汉武帝已经举行过封禅礼，光武帝号称继承前汉，后者在何种意义上能够再行封禅？封禅象征的"易姓受命"与光武帝"不易姓而封"之间的矛盾，东汉时人似乎已经有所觉察。光武"不易姓而封"有何根据，是个值得追踪的问题。

　　目前学界对秦汉封禅礼及其社会意义的研究，较多集中于秦皇、汉武上，对光武封禅的思想意识与东汉立国之关系缺乏深入的研究。本小节首先讨论在光武封禅实施之前的一场关于封禅议论，其隐含了士人对光武创业的不同评价。② 其次分析泰山封禅文中出现的"赤九"和"匹庶"两种义涵矛盾的光武身份叙述，这是理解光武晚年折中整合"中兴"与"创革"两种思路、最终确立"受命—中兴"复合式合法性模式的重要线索。

---

① 《续汉书·祭祀志下》，《后汉书》，第 3205 页。

② 学界多认为验证谶纬受命预言是光武封禅的主要目的。参考何平立《巡狩与封禅——封建政治的文化轨迹》第三章，齐鲁书社 2003 年版，第 210—233 页；徐兴无《谶纬文献与汉代文化构建》第六章，中华书局 2003 年版，第 295—296 页；杨英《谶纬影响下的国家大礼——光武帝的封禅》，载吴丽娱主编《礼与中国古代社会》秦汉魏晋南北朝卷，中国社会科学出版社 2016 年版，第 103—109 页；邢义田《东汉光武帝与封禅》，载邢义田《天下一家：皇帝、官僚与社会》，中华书局 2012 年版，第 177—200 页。

### （一）"治世之隆"或"受命而帝"？张纯与曹充对封禅前提的不同侧重

张纯仍是这场封禅礼义议论的主角，他的意见与南顿四亲庙议有直接联系。建武三十年，纯上奏论封禅：

> 自古受命而帝，治世之隆，必有封禅，以告成功焉。《乐动声仪》曰："以《雅》治人，《风》成于《颂》。"有周之盛，成、康之间，郊配封禅，皆可见也。书曰："岁二月，东巡狩，至于岱宗，柴"，则封禅之义也。臣伏见陛下受中兴之命，平海内之乱，修复祖宗，抚存万姓，天下旷然，咸蒙更生，恩德云行，惠泽雨施，黎元安宁，夷狄慕义。《诗》云："受天之祜，四方来贺。"今摄提之岁，仓龙甲寅，德在东宫。宜及嘉时，遵唐帝之典，继孝武之业，以二月东巡狩，封于岱宗，明中兴，勒功勋，复祖统，报天神，禅梁父，祀地祇，传祚子孙，万世之基也。①

张纯指出封禅的意义在于"告功成"。"功成"体现为光武"受命而帝"和"治世之隆"两方面。二者中，他更强调"治世之隆"。举周成王之例，称周朝在成、康时代达到治盛，成王故得封禅；光武统治下，"抚存万姓，天下旷然……黎元安宁，夷狄慕义"，其盛况与之相似；又引《诗》及"仓龙甲寅"之象，皆为了说明现今已具备"治世之隆"这一条件。"治世之隆"表明汉朝在经历衰颓后实现了"中兴"，重现前汉之盛，这是对光武拨乱反正的最有力证明。张纯声称光武"受中兴之命"，强调了"修复祖宗""复祖统"之义。封禅正可"明中兴"。汉中兴而致太平，是张纯论述封禅大义的

---

① 《后汉书》卷三五《张纯传》，第 1197 页。

基本逻辑。①

突显"治世之隆"之余，张纯似乎弱化了封禅的另一条件："受命而帝"。他将光武与周成、康二王而非文、武二王作比，暗示光武是继统而非创业之君。② 封禅奏显示出张纯对光武"中兴之君"身份的认定，与其宗庙议论的逻辑相似。《春秋繁露》曰"受命于天，易姓更王，非继前王而王也"③，"王者必受命而后王，王者必改正朔……明易姓，非继人，通以己受之于天也"④，可见受命的重要标志是"易姓"。如今刘秀以不易姓的方式受命，虽然可被称为"再（第二次）受命"，但毕竟与儒学经典说法不一致，尚有可商议的余地。正因为封禅的"受命易姓"理念与刘秀"不易姓"而创业的事实有矛盾，东晋史家袁宏质疑了光武封禅的理据：

> 夫揖让受终，必有至德于天下；征伐革命，则有大功于万物。是故王者初基，则有封禅之事，盖以其成功告于神明者也。夫东方者，万物之所始；山岳者，灵气之所宅。故求之物本，必于其始；取其所通，必于所宅。崇其坛场，则谓之封，明其代兴，则谓之禅。……故自黄帝、尧、舜，至于三代，各一封

① 与张纯这一逻辑相似的，是太尉赵熹的封禅议："自古帝王，每世之隆，未尝不封禅。陛下圣德洋溢，顺天行诛，拨乱中兴，作民父母，修复宗庙，救万姓命，黎庶赖福，海内清平。功成治定，群司礼官咸以为宜登封告成，为民报德。百王所同，当仁不让。宜登封岱宗，正三雍之礼，以明灵契，望秩群神，以承天心也。"赵熹同样主张光武封禅的原因是"治世之隆""拨乱中兴""修复祖宗"，而不是曹充和封禅文所强调的"受命创业"。《续汉书·祭祀志上》李昭注引《东观汉记》，《后汉书》，第3162页。

② 明帝追忆和纪念光武的一系列祀礼常将光武比拟作周文王。永平二年明帝"宗祀光武皇帝于明堂以配五帝"的做法，仿照《孝经·圣治》"宗祀文王于明堂以配上帝"之说。东平王苍进光武世祖庙登歌《武德》，辞曰"于穆世庙，肃雍显清，俊乂翼翼，秉文之成。越序上帝，骏奔来宁"，几乎照搬《诗·周颂·清庙》"于穆清庙，肃雍显相。济济多士，秉文之德。对越在天，骏奔走在庙"之句。郑玄注："《清庙》，祀文王也。周公既成洛邑，朝诸侯，率以祀文王焉。"用纪念周文王的礼节纪念光武，是为了凸显其"受命"之功德。参考第三章第一节。

③ 《春秋繁露义证·楚庄王第一》，第17页。

④ 《春秋繁露义证·三代改制质文第二十三》，第185页。

禅，未有中修其礼者也。虽继体之君，时有功德，此盖率复旧
业，增修前政，不得仰齐造国，同符改物者也。①

袁宏指出封禅目的是"明其代兴"，每朝代应只有一次封禅，"未有
中（"仲"，再次）修其礼者"，光武不该在汉武帝之后再次封禅。
类似于张纯所谓"继统"，袁宏称光武为"继体之君"，应以"率复
旧业，增修前政"的中兴功业为标榜，不应以封禅炫耀"仰齐造国，
同符改物"的创革之功。袁宏的意见某种程度上体现了东汉儒生对
光武"中兴"与封禅之间矛盾性的顾虑。

值得注意的是，建武三十二年（56），博士曹充表达了对封禅之
义的看法：

> 殷统未绝，黎庶继命，高宗久劳，犹为中兴。武王因父受
> 命之列，据三代郊天，因孔子甚美其功，后世谓之圣王。汉统
> 中绝，王莽盗位，一民莫非其臣，尺地靡不其有，宗庙不祀，
> 十有八年。陛下无十室之资，奋振于匹夫，除残去贼，兴复祖
> 宗，集就天下，海内治平，夷狄慕义，功德盛于高宗、武王。
> 宜封禅为百姓祈福，亲定刻石纪号文，太常奏仪制。②

曹充虽也提及"治世之隆"，但逻辑重点放在"受命而帝"，即光武
的受命创业上。有意思的是他将光武与殷高宗、周武王作对比，认
为其功德高于二者。第一，"殷统未绝"而"汉统中绝"。既然汉统
已绝，则光武乃创业而非继统，殷高宗中兴之功不能与之同日而语。
刻意对比殷高宗，曹充似在与强调"中兴"的张纯对话。

第二，创业的周武王也不如光武。不同于武王"因父受命之列"

---

① 《续汉书·祭祀志上》刘昭注引，《后汉书》，第3171页；袁宏撰，周天游点
校：《后汉纪》卷八，中元元年二月，天津古籍出版社1987年版，第230页。
② 《续汉书·祭祀志上》刘昭注引《东观汉记》，《后汉书》，第3164页。

即继承了文王的有利形势，光武"无十室之资，奋振于匹夫"。强调光武的匹夫出身是曹充的另一重要说法，应是光武的一种自我构造。封禅文说"皇天眷顾皇帝，以匹庶受命中兴"，王充《论衡·恢国》也提到"起于微贱，无所因阶者难；袭爵乘位，尊祖统业者易……光武由白水奋威武帝海内，无尺土所因，一位所乘，直奉天命"①。尽管刘秀出身宗室疏属，身份近似匹庶，但时人仍认为他与刘𬛦、刘玄皆属于汉宗室。身份认同的关键，不在于刘秀客观上是什么，而在于时人看来或他自己认定他是什么。王常鼓动下江兵与刘𬛦兄弟结盟，原因是"以秦、项之势，尚至夷覆，况今布衣相聚草泽？以此行之，灭亡之道也。今南阳诸刘举宗起兵，观其来议事者，皆有深计大虑、王公之才，与之并合，必成大功"②。王常认为"布衣"的绿林军起事难以成功，须借助宗室"王公之才"，正道出南阳诸刘绝非草泽布衣。曹充迎合光武强调匹庶身份的这一心理，称其"振奋于匹夫"，割裂了刘秀与汉宗室的关系以突显其"无所因阶"，淡化前汉祖宗法统对他立汉的助力，创业之君的含意显出。

第三，曹充强调"王莽盗位"及十八年的"绝统"，与"奋振于匹夫"的叙事相配，构成光武"创革"的逻辑前提：旧汉朝已为王莽所篡，刘秀的合法性建立在平定王莽之乱上。这一凭借个人至高的文德武功、获得天命垂青而建立的功业，就不只是身为"刘氏旧泽"因阶而成，这一观点与张纯在庙议所言"设不遭王莽……以陛下继统者"之间构成牴牾的张力。对"自古受命而帝，治世之隆，必有封禅"的范式，张纯重在"治世之隆"，曹充重在"受命而帝"，其背后有"中兴"与"创革"两种观念的角力。

曹充对封禅和光武受命的认识，又流露于明帝初年的礼议。"显宗即位，充上言：'汉再受命，仍有封禅之事，而礼乐崩阙，不可为

---

① 黄晖撰：《论衡校释》，中华书局1990年版，第826页。这段话有个别衍文，可参考原文。

② 《后汉书》卷一五《王常传》，第579页。

后嗣法。五帝不相沿乐，三王不相袭礼，大汉当自制礼，以示百世。'"① 他暗示西汉一代承秦礼阙，光武受命、封禅后，有责任匡正前汉承秦而未更化之局面，按"太平乃制礼作乐"② 制成汉礼，使"汉"比肩三皇五帝。其原理基于董仲舒的"新王改制"说："新王必改制者，非改其道，非变其理，受命于天，易姓更王，非继前王而王也，若一因前制，修故业，而无有所改，是与继前王而王者无以别。"③ 在曹充"受命制礼"理念下，光武是"受命→太平→制礼"这一逻辑链条中的新王，是使汉朝真正实现受命更化者，远不只是中兴之君。

张纯、曹充各有一套由礼学观念发展而来的、描述本朝与西汉之关系的封禅礼议。二人在"汉朝是否绝统"问题上存有歧异，其背后则是"创革"和"中兴"两种思路的牴牾。尽管如此，二者并未走向对抗，而是处于协商和谋求共识的状态。正如"实为创革，名为中兴"所显示的，"创革"和"中兴"应在"实"与"名"上各司其职，恰如其分地表现光武功业的两个侧面。然而问题是，重建合法性必须借助古礼，一旦将抽象观念落实到具体礼制上，名分问题就变得格外突出。"名不正，则言不顺；言不顺，则事不成；事不成，则礼乐不兴"④，"名位不同，礼亦异数"⑤。汉儒"正名"观念要求"名"与"实"范畴一致。东汉该用创革受命，还是守文继统之礼？光武的礼制身份是创业还是守成之君？这些问题的答案亟待皇帝的定夺。光武最终在封禅文中择定的"受命—中兴"一词，呈现"赤九"与"匹庶"双重身份构造，应是在充分考虑群臣的对

① 《后汉书》卷三五《曹褒传》，第1201页。
② 《白虎通疏证》卷三《礼乐》，第98页。
③ 《春秋繁露义证·楚庄王第一》，第17页。
④ 《论语·子路》，《论语注疏》卷一三，《十三经注疏》，中华书局1980年影印本，第2506页。
⑤ 见于刘歆在哀帝朝一次礼议，见于《春秋左氏传》庄公十八年。《汉书》卷七三《韦贤附韦玄成传》，第3127页。

立意见后，表现了他对二者的兼顾、整合和折中，那是特定历史背景下的权宜之计。

### （二）塑造继统："赤九"身份与"汉九世火德之厄"

东汉末年曾任泰山太守的应劭，著成《汉官马第伯封禅仪记》，保存了当年封禅礼随行官员马第伯的记录。马第伯详细记录了光武封禅之过程，文笔优美，可谓是历史上现存第一篇关于泰山的游记。① 据其记述，建武三十二年正月二十八日，光武帝与文武百官从洛阳出发，二月九日抵达鲁国，十五日开始斋戒。马第伯等七十人先登泰山探路，寻找汉武帝封禅遗迹。他们先考察了山脚下的祭山坛和明堂宫，发现若干汉武帝封禅时所用石头，包括镌刻功德的石碑和用于容放玉牒文书的石检。随后上山，一路上找到颇多汉武帝封禅留下的器物，最终抵达山顶天门附近的"封"的地方。发现秦始皇和汉武帝两次封禅的诸多遗存，包括圆台上的祭坛、阙、石室、玉龟、玉盘等，周围洒满当年百官留下的钱币和供品。皇帝和百官在十九日抵达山脚，二十二日凌晨上山。众人搀扶而登，早晡时分到达"封"之地，举行封礼。封礼的内容主要是将刻字的玉牒和玺封存在石检中，用方石覆盖。光武封礼在汉武帝封礼的祭坛上进行，其中最困难的一步，是让三千余人打开祭坛上汉武帝封礼所用的被距石、石跗所固定住的方石，在坛上放置玉牒及石检，并将方石封盖于其上。接着在祭坛侧面竖立刻有封禅文的石碑。对用石头、石检封存玉牒，事前光武与梁松有所商议：

> 上以用石功难，又欲及二月封，故诏（梁）松欲因故封石、空检，更加封而已。松上疏争之，以为"登封之礼，告功皇天，垂后无穷，以为万民也。承天之敬，尤宜章明。奉图书之瑞，尤宜显著。今因旧封，窜寄玉牒故石下，恐非重命之义。受命

---

① 《续汉书·祭祀志上》注引《封禅仪》，《后汉书》，第3167—3170页。

中兴，宜当特异，以明天意"。①

光武认为制作封石太困难，就打算沿用汉武帝用过的封石和石检来寄存玉牒，遭到梁松的反对。梁松认为"因旧封"的做法对天意不敬，有失封禅大义，强调光武"受命中兴，宜当特异"，应该新造封石和石检，不该沿用汉武帝封禅之物。梁松的顾虑反映当时主张东汉乃"创革"的士人群体对光武封禅的想法：封禅本是一代受命之事，需突出圣主具有新受天命的合法地位；光武属于受命之君，就应该尽量避免沿用前汉封禅之礼则。光武接纳了梁松的意见，但因为时间紧迫，封禅仍然建立在当年武帝典礼的基础上。"封"礼结束后的第三天，实施"禅"礼，祭地于梁阴，以高帝配天、高后配地。这是光武建武三十二年实施封禅典礼的大致过程。

光武封禅仪制还有几点值得注意。其一，汉武帝封禅在元封元年四月，光武封禅却改定在二月，这和《尚书·舜典》所记"岁二月东巡狩，至于岱宗，柴"相符合，封禅碑文更是直接化用这句话。其二，首次凸显出天地阴阳的区别，仪式过程中出现"用乐如南郊""如元始中北郊故事"的设置，深受西汉后期复古运动的影响，并可能效仿后苍礼学之制。光武封禅"在时间选择上恢复了古制，祭天、祭地则比照后仓弟子所制南、北郊之礼，和先前秦皇、汉武的封禅仪完全不同"②。其三，据《封禅仪》记载，光武封禅结束后上下一片祥和、一切顺利，如光武所言"昨上下山，欲行迫前人，欲休则后人所蹈，道峻危险，恐不能度。国家不劳，百官已下露卧水饮，无一人蹉跌，无一人疾病，岂非天邪"，"泰山率多暴雨，如今上直下柴祭封登，清晏温和"③。这与秦皇汉武封禅后的景况形成鲜明对比：秦始皇封禅的半山途中风雨暴至，为儒生所讥。而汉武帝封禅

---

① 《续汉书·祭祀志上》，《后汉书》，第3164—3165页。
② 唐宸：《汉代今文礼学考论》，第123页。
③ 《续汉书·祭祀志上》注，《后汉书》，第3170页。

后，发生"奉车子侯暴病，一日死""柏梁灾""蝗大起""方士之候祠神人，入海求蓬莱，终无有验。而公孙卿之候神者，犹以大人迹为解，无其效"一系列不祥之事。在儒生眼中，秦皇汉武的封禅遭遇隐喻着天意对封禅的某种质疑和抵触。与二者不同，光武封禅得到了天意的嘉许，这也意味着光武开创的新时代、创立的新秩序被天意所认可。可以说，光武缔造的人间的儒家化秩序被儒学意义的"天"所最终承认，是有史以来的首次。

当时书刻的泰山封禅碑文，对理解光武封禅的主旨思想有重要帮助。以下细读碑文，围绕其中"赤九"和"匹庶"这对词语，讨论光武帝借助典礼开展的两种自我身份构建。这两种身份与张纯、曹充关于"治世之隆"和"受命而帝"的争议有关。① 首先是"赤九"，即"赤帝九世"。"赤刘"和"九世"是封禅文中多次出现的关键词。围绕"九世"当受命及封禅的六段谶纬文字如下：

> 《河图赤伏符》曰："刘秀发兵捕不道，四夷云集龙斗野，四七之际火为主。"《河图会昌符》曰："赤帝九世，巡省得中，治平则封，诚合帝道孔矩，则天文灵出，地祇瑞兴。帝刘之九，会命岱宗，诚善用之，奸伪不萌。赤汉德兴，九世会昌，巡岱皆当。天地扶九，崇经之常。汉大兴之，道在九世之王。封于泰山，刻石著纪，禅于梁父，退省考五。"《河图合古篇》曰："帝刘之秀，九名之世，帝行德，封刻政。"《河图提刘予》曰："九世之帝，方明圣，持衡拒，九州平，天下予。"《雒书甄曜度》曰："赤三德，昌九世，会修符，合帝际，勉刻封。"《孝经钩命决》曰："予谁行，赤刘用帝，三建孝，九会修，专兹竭

---

① 建武三十二年正月，"上斋，夜读《河图会昌符》曰：'赤刘之九，会命岱宗。不慎克用，何益于承！诚善用之，奸伪不萌。'感此文，乃诏松等复案索《河》《洛》谶文言九世封禅事者。"读到"赤刘""九世"应当封禅的谶文，光武坚定其信念，顾不上"执德不弘，信道不笃"的忧虑。对该过程的论述，见邢义田《东汉光武帝与封禅》，载邢义田《天下一家：皇帝、官僚与社会》，第180—187页。

行封岱青。"①

文中的核心概念是"九世"。据东汉时的文献叙述，光武为汉高帝九世孙。《东观汉记》载："世祖光武皇帝，高祖九世孙。"②《汉书·律历志》称："光武皇帝……以景帝后高祖九世孙受命中兴。"③ 应劭《汉官仪》："光武第虽十二，于父子之次，与成帝为兄弟，与哀帝为诸父，于平帝为祖父，皆不可为之后。上至元帝，于光武为父，故上继元帝而为九代。故河图云'赤九会昌'，谓光武也。"④ 蔡邕《独断》说："宣帝弟次昭帝，始皇孙之子，于昭帝为兄孙，以系祖不得上与父齐，故为七世。光武虽在十二，于父子之次，于成帝为兄弟，于哀帝为诸父，于平帝为父祖，皆不可为之后；上至元帝，于光武为父，故上继元帝为九世。"⑤ 东汉人相信光武以元帝为父印证了"赤九"之谶，"九世"指明了光武与高祖的代辈关系。但这是颇有疑问的。宋人程大昌指出光武"上继元帝"是为了附会赤九之谶：

> 光武以应谶起，信之既笃，凡出政定制，拜易宰相，亦皆奉以从事。故终汉之世，人人宗尚，遂以为俗。凡事不与之应者，亦皆牵合文致之。……自高帝以至光武，于世次乃在十二，上不应九，下不在十一。于是汉人曲为之说，曰兄弟不相为后。……光武世次，当继元而不继成也。于是高惠文景武昭宣

---

① 《续汉书·祭祀志上》，《后汉书》，第3165—3166页。
② 《太平御览》卷九〇《皇王部》引，中华书局1960年影印本，第430页上栏。
③ 《汉书》卷二一下《律历志下》，第1024页。
④ 《后汉书》卷一下《光武帝纪下》，第70页。《汉官仪》为汉献帝建安年间应劭所作，将本为平辈的哀、平误为二辈。出现这种常识性错误，意味着作者可能对两汉之际的史实并非完全熟悉。又见《光武帝纪上》李贤注引《汉礼制度》："元帝次当第八，光武第九，故立元帝为祖庙。"第27页。另见李贤注"赤九"："汉以火德，故云赤也。光武于高祖九代孙，故云九。"
⑤ 蔡邕：《独断》，影印《文渊阁四库全书》第850册，台湾商务印书馆1986年版，第90页。

元，是为八世，而光武世实在九。此其附会，非不巧也。然成、哀、平实尝为帝，乃云兄弟不应相后，故谶文黜成哀平而跻光武，以曲就世次当九之文。既昭昭无理矣。更以其说自攻自说，则文之继惠，正兄弟也。若帝弟而兄不得数，如光武之于成帝，然则惠先于兄，正当黜矣。惠而当黜，则自高而光才八世耳。今欲其减之至八，则斥成、哀、平使在世数之外。欲其增之至九，则惠、文虽以弟继兄，亦概数之以当世数。岂不可笑哉！①

他认为"兄弟不相为后"只是汉人回护光武之辞，如果因为成帝与光武同辈而不计入"世"数的话，那么文帝的兄弟惠帝也不应该计入，这样光武只算八世。若按蔡邕上述说法，以宣帝为昭帝孙辈而为七世，则第六世无皇帝，也难以算作一"世"。光武以九世自居不完全是汉帝宗庙的自然排序，程大昌这一观点有参考价值。

光武必以"赤九"自居，当是因为"赤九受命"的相关文本和观念在当时已经非常流行，深入人心，光武需要对号入座，顺应、利用之。"九世"当另有义涵，实来自西汉后期所流行"九世火德之厄"的思想。《汉书·五行志中之下》载元帝年间一起灾异现象及王莽的解读：

> 元帝初元四年，皇后曾祖父济南东平陵王伯墓门梓柱卒生枝叶，上出屋。刘向以为王氏贵盛，将代汉家之象也。后王莽篡位，自说之曰："初元四年，莽生之岁也，当汉九世火德之厄，而有此祥兴于高祖考之门。门为开通，梓犹子也，言王氏当有贤子开通祖统，起于柱石大臣之位，受命而王之符也。"②

汉元帝初元四年，王皇后曾祖父墓门梓柱上生出枝叶，同年王莽出

---

① 程大昌：《考古编》，中华书局 1985 年版，第 52—53 页。
② 《汉书》卷二七中之下，第 1412—13 页。

生。此年"当汉九世火德之厄"，意思是汉家在九世时将遭遇灾厄。元帝为八世，元帝的下一辈将"受命而王"，此人就是王莽。这种言说的逻辑可能在刘向时已有，新莽王朝进一步完善和利用之。"汉九世火德之厄"是新莽常用的合法性观念，又见于新朝始建国元年（9）王莽的自述："帝王受命，必有德祥之符瑞，协成五命，申以福应，然后能立巍巍之功，传于子孙，永享无穷之祚。故新室之兴也，德祥发于汉三七、九世之后。"① "三七"指二百一十年。② 以上两段文字的要旨便是王氏在汉朝"九世"受命。"九世火德之厄"意味着刘汉天命将尽，抛弃九世天子，转移至元帝王皇后之侄的王莽，以实现"九世"天命的继承和再兴。"九世火德之厄"舆论的兴起与成帝朝统治不得人心有关。西汉人以成帝为"九世"③，多称成帝时值"汉家逢天地之大终""汉历中衰"，多有"危亡之征"，是汉之"季世"。谷永、刘向明言汉"九世"的灾异前所未有之多，成帝将有"迁命贤圣""更命有德"的危机。在"汉历中衰"思想氛围下产生的哀帝"再受命"改革，④ 正是试图通过刘汉第二次受命，以"厌胜"这种九世之厄。⑤ 这说明"九世火德之厄"的观念

① 颜师古注引苏林："二百一十岁，九天子也。"《汉书》卷九九中《王莽传中》，第4112、4114页。

② 与"九世之厄"类似，"三七之厄"也是西汉后期流行的"末世论"观念。孙少华：《"三七之厄"与两汉之际经学思想之关系——以路温舒、谷永、王莽为中心》，《岭南学报》第九辑，2018年第1期。

③ 西汉时人将元帝视为汉第八世。翼奉言于元帝："有天下虽未久，至于陛下，八世九主矣"（《汉书》卷七五《翼奉传》，第3177页），"八世"当为高、惠（文）、景、武、昭、始皇孙、宣、元，"九主"当加上高后，惠、文作二，除始皇孙。此处"世"的概念区别于"主"，指辈。成帝时谷永称"陛下承八世之功业"，"汉兴九世，百九十余载"（《汉书》卷八五《谷永传》，第3463页），可知时人认为元帝为八世、成帝为九世无疑。光武以元帝为父，恰满足"汉九世"的条件。

④ 哀帝建平二年诏书："汉兴二百载，历数开元。皇天降非材之佑，汉国再获受命之符。"《汉书》卷一一《哀帝纪》，第340页。

⑤ "厌胜"一词见于《光武帝纪下》论曰："明年（哀帝建平二年），方士有夏贺良者，上言哀帝，云汉家历运中衰，当再受命。于是改号为太初元年，称陈圣刘太平皇帝，以厌胜之。"第86页。

不是王莽集团的制造，而是西汉后期士人批判王朝而形成的社会政治舆论。①

"九世之厄"所推演出的逻辑结果是同世或下一世有圣人受命，哀帝改制、王莽禅代便基于此说。两汉之际，这一观念仍有影响力。真定王刘扬欲起兵，"复造作谶记云：'赤九之后，瘿扬为主。'"② 这条谶记可理解为遭火德之厄的九世以后有"瘿扬"受命，③ 符合西汉后期上述观念的逻辑，可能是刘扬利用之，不可简单归之于"造作"。于更始元年（23）称天子的邯郸人王郎以"成帝子子舆"自居，称"母故成帝讴者，尝下殿卒僵，须臾有黄气从上下，半日乃解，遂妊身就馆"④。"黄气从上下"暗示取代火德的土德天命在成帝子嗣身上兴起，同样可视为对厌胜"九世之厄"的宣传。可见"九世之厄"成为两汉之际各路豪强竞逐天命时利用的话语。

光武塑造的"赤九"身份当受"九世之厄"的影响。封禅文中"赤汉德兴，九世会昌""汉大兴之，道在九世之王""九世之帝，方明圣，持衡拒，九州平"等说法，都将"九世"与"复兴"相联系。光武利用这类说法，意在表达对"汉九世火德之厄"的厌胜，汉朝在经历厄运、衰微后，光武重振国运，恢复盛治。泰山封禅正是天命从遗弃到重回汉朝，再次眷顾大汉的见证。与"入继元帝"的宗庙举措配合，"赤九"身份营造了光武为汉继统之君、中兴之主的形象。封禅礼议上，张纯所强调"治世之隆"背后的东汉"中兴"论，在"赤九"身份构建中得到展现。

还需指出，"赤帝九世"是对光武的"预先设定"。"赤九"被

---

① 代国玺追溯"赤九"谶在西汉后期的渊源，指出"九世火德之厄"的提出者是成帝时甘忠可、哀帝朝夏贺良等"再受命"派士人，与王莽等"复古改制"派士人形成对立势力。参考代国玺《"赤九"谶与两汉政治》，《文史哲》2018 年第 5 期。主张改朝禅代的王莽也是"九世火德之厄"的利用者，说明这一观念不仅发源于维护刘汉王朝的"再受命"派。

② 《后汉书》卷二一《耿纯传》，第 763 页。

③ 据《汉书》卷一四《诸侯王表》，刘扬是景帝子常山王刘舜之后，为汉十世。

④ 《后汉书》卷一二《王昌传》，第 491 页。

时人视作来自谶纬经典的概念而赋予光武，光武对号入座，顺应这个既有概念的义涵所指。光武自认作"赤九"，而无法摆脱"赤九"概念所蕴含的中兴义涵。在群臣和封禅文的叙述中，光武封禅的因果逻辑是：谶纬记载"赤汉九世，当巡封泰山"，光武是赤九，所以当封禅。① 所以，无论何人重建汉朝，都必须接受社会对其"汉九世"的认定，② 因此"赤九"对光武来说是个既定的"消极"身份。在看到刘秀利用"赤九"话语、宣扬其继统义涵的同时，也应注意到他对这一"既成事实"的被动接受。与消极身份的"赤九"不同，下面要讨论的"匹庶"则完全是光武主动树立的身份，带有强烈的自主性和建构色彩；与"赤九"看似对立的"匹庶"的产生，或是因为既定的"赤九"身份不完全符合光武的自我期待。

### （三）构造创业："匹庶"身份与"无所因阶"

在罗列了几段有关"赤九"的谶语后，封禅文转入这一段描述：

> 《河》《雒》命后，经谶所传。昔在帝尧，聪明密微，让与舜庶，后裔握机。王莽以舅后之家、三司鼎足冢宰之权势，依托周公、霍光辅幼归政之义，遂以篡叛，借号自立。宗庙堕坏，社稷丧亡，不得血食，十有八年。杨、徐、青三州首乱，兵革横行，延及荆州，豪杰并兼，百里屯聚，往往借号。北夷作寇，千里无烟，无鸡鸣狗吠之声。皇天眷顾皇帝，以匹庶受命中兴，年二十八载兴兵，以次诛讨，十有余年，罪人斯得。黎庶得居

---

① "群臣奏言：'登封告成，为民报德，百王所同。陛下辄拒绝不许，臣下不敢颂功述德业。《河》《洛》谶书，赤汉九世，当巡封泰山，凡三十六事，傅奏左帷。陛下遂以仲月令辰，遵岱岳之正礼，奉《图》《洛》之明文，以和灵瑞，以为兆民。'"《续汉书·祭祀志上》刘昭注引《东观汉记》，《后汉书》，第3163页。

② 代国玺认为两汉之际的"赤九"观念一度指更始帝。参考代国玺《"赤九"谶与两汉政治》，《文史哲》2018年第5期。

尔田，安尔宅。书同文，车同轨，人同伦。舟舆所通，人迹所至，靡不贡职。建明堂，立辟雍，起灵台，设庠序。同律、度、量、衡。修五礼，五玉，三帛，二牲，一死，贽。吏各修职，复于旧典。①

"匹庶"身份是解读这段叙述的关键点。从帝尧讲起，用"后裔握机"四字轻描淡写地一笔带过西汉王朝历史，转入对新莽篡汉的描绘渲染，强调其带来"宗庙堕坏，社稷丧亡，不得血食，十有八年"的结果。在这一叙事中，"西汉"以"新莽篡汉"的方式被动地出现，西汉的角色是为了衬托新莽，新莽的角色又是为了铺垫东汉的崛起。通过对两汉之际"绝统"的认定，确认汉统中断了十八年，顺理成章地推出光武以"匹庶"之身崛起于民间"受命中兴"。与"匹庶"相对应的是光武诛讨寇贼，平定战乱之功业。盖世过人的武功正是刘秀作为"匹庶"——而非作为继承西汉血脉和有利形势的贵族——受天命垂青的原因之一。这种强调武功的叙述，强化了"受命创业之君"的光武构建。进而，光武重新建立了天下一统的政治秩序，将中华大地重新归拢于文明的统治；建立了西汉未曾建立的礼制——"建明堂，立辟雍，起灵台，设庠序"、修五等诸侯朝聘之"五礼"，又寓意教化的开展。最后，"在位三十有二年，年六十二。乾乾日昃，不敢荒宁，涉危历险，亲巡黎元，恭肃神祇，惠恤耆老，理庶遵古，聪允明恕"。光武强调自己即位以来一直兢兢业业，为政以德，复古敬神，方才万分幸运得以承蒙天意厚爱进行封禅，自己的政绩和道德是获天命庇佑的基础。有趣的是，在这篇系统描述光武开国、治理功德的封禅文辞中，"西汉"始终没有直接出现，"西汉皇帝"也没被提到。

光武采纳了曹充关于"殷统未绝"而"汉统中绝""陛下无十室之资，奋振于匹夫……功德盛于高宗、武王"这套话语，建立了

---

① 《续汉书·祭祀志上》，《后汉书》，第3166页。

从汉家绝统到匹庶受命的开国叙述。光武在确立"赤九"后，又以"匹庶"自居，这两种身份之间有所矛盾。"赤九"意味着光武是元帝之后，是赤汉皇室的第九世，这种凸显与汉家之血亲联系、带有贵族后裔色彩的身份，似乎不应该是"匹庶"。关于刘秀出身算不算匹庶，前章已谈到，尽管刘秀的家族属于宗室疏属，新莽年间已形同匹庶，但在南阳起事者看来，他属于宗室无疑。宗室匡汉是刘縯兄弟起兵的正当性所在。在给公孙述的信中，刘秀甚至称"吾自继祖而兴，不称受命。求汉之断，莫过王莽"①，他强调自己"继祖"身份，力辩两汉之间未曾中断。这些措辞与封禅文"汉统中绝"、以"匹庶"自居的叙述颇相违背。刘秀善于因时采用对自己有利的叙述，在对立的表达之间游刃有余，顺势取舍。可见，刘秀是"宗室"还是"匹庶"的问题，与其说是事实描述，不如说是主观性、情境性、策略性的身份认同。

光武"匹庶"身份强调其功业"无所因阶"。班固也说光武"不阶尺土一人之柄，同符乎高祖"②。相似的，王充《论衡·恢国》说：

　　丘由易以起高，渊易以为深。起于微贱，无所因阶者难；袭爵乘位，尊祖统业者易。尧以唐侯入嗣帝位，舜以司徒因尧授禅，禹以司空缘功代舜，汤由七十里，文王百里，武王为西伯，袭文王位。五代之起，皆有因缘，力易为也。高祖从亭长提三尺剑取天下，光武由白水奋威武帝海内，无尺土所因，一位所乘，直奉天命，推自然。此则起高于渊，为深于丘山也。比方五代，孰者为优？③

---

① 常璩撰，刘琳校注：《华阳国志校注》卷五《公孙述刘二牧志》，第 475 页。
② 《汉书》卷一三《异姓诸侯王表》："汉无尺土之阶，繇一剑之任，五载而成帝业。"第 364 页。
③ 黄晖撰：《论衡校释》，第 826 页。这段话有个别衍文，可参考原文。

王充认为高祖、光武功德高于尧、舜，因为"起于微贱，无所因阶者难"。曹充、班固、王充一以贯之的话语逻辑显示，光武"由匹庶兴国"已成为从官方到士人都信奉的说法。我们探讨了光武集团"去地域化""去宗室化"和"去宗族化"的观念建构，将地域、世袭、血缘视为"私家"，否定更始"因资"的合法性，宣称"同符高祖"，以此展开"公家"的新汉建设。"匹庶"身份的建构与这一进程有关：它割裂了光武与前汉祖宗的关系，淡化前汉法统对其功业的助力，将其还原为"无所因阶"的个体。与这种思路对应，封禅文一笔带过前汉王朝，有意忽略前汉之历史功绩。

一方面，"匹庶"身份突出了光武立汉是因为帝尧的保佑及火德天命的降临，而非前汉祖宗"余烈"的庇荫。光武是匹庶，也是尧后，这两种身份不相妨碍。光武在封禅前夕称"喜于得承鸿业，帝尧善及子孙之余赏"①。封禅文称"年二十八载兴兵"照应《赤伏符》"四七之际火为主"，暗示刘秀二十八岁接受尧运火德天命。刘秀强化"尧子孙"、淡化"汉子孙"身份，有策略性意义：象征火德天命的尧，是光武树立和利用以超越西汉的神秘意象。以虚无缥缈、带神话色彩的远古圣人尧为祖先，与匹庶身份并行不悖，班彪以同样方式论证了汉高祖的出身。汉人以高祖为匹庶，光武称匹庶还与"同符高祖"的构拟有关，突显光武与高祖相似，皆获得火德之符，有利于塑造其受命创业的叙事。另一方面，"无所因阶"背后无疑突显的是光武因贤德、武功等个人因素而受命，这种资质使光武成为名副其实符合天意之君，故得以告祭于泰山。"赤九会昌"与"匹庶受命"这两种颇相违悖的论述，最终共存于封禅叙事中，达成了"受命—中兴"的对立统一。在"火德"和"九世"这两种身份构造下，光武兼备了卡里斯玛型和传统型两种合法性要素，既富有超越世俗的神圣色彩和神秘效力，又符合汉家传统"继位"之正当性，两方面因素使他具备了至高无上的统

---

① 《续汉书·祭祀志上》刘昭注引《东观汉记》，《后汉书》，第3164页。

治权威。①

实际上，"受命中兴"是个光武发明的复合词，似乎未见于此前的经典和史书，于后世也相当少见。南宋高宗自称"受命中兴"，是对光武叙事修辞的模仿。② 这个复合词是两个相互矛盾的词拼接而成的。汉人以尧、舜、禹、汤、文、武、高祖为"受命"之君，其职责为"变更制度"；夏少康、殷高宗、周宣王、汉宣帝为"中兴"之主，以"继体守文"为其定位。③ 两个范畴之间的差别在于"易姓"与否。彼此似乎没有重叠。尽管，以不易姓的方式受命的"再受命"观念在西汉后期已经出现，如眭孟引述董仲舒的话"虽有继体守文之君，不害圣人之受命"，但这种兼容"受命"和"继体"、不易姓而受命的天子毕竟没有真正出现过。要时人完全接受从古至今首个"再受命"之君，需要运用特定的修辞和叙事，予以逻辑上的细密论证。封禅文辞借助两种身份论述定义了光武的"受命—中兴"。

建武晚年的泰山封禅事件隐含了东汉对合法性的争议与整合。对封禅的前提条件，张纯强调"治世之隆"，为说明光武重振了衰微的前汉国运；曹充强调"受命而帝"，为凸显光武乃汉绝统后兴起的创业新王。两场礼议对经义的诠释皆着眼于现实，反映了东汉立国之初一度存在"中兴"与"创革"两种观念的抵牾。二人的争论对

---

① 韦伯根据不同的社会形态，将统治合法性分成"理性型""传统型"和"卡里斯玛型"。其中"传统型"合法性建立在遗留下来的制度和统治权力基础之上，"卡里斯玛型"合法性建立在统治者超自然、被视为神灵差遣的奇迹般的个人魅力之上。参考［德］马克斯·韦伯《经济与社会》上卷，温克尔曼整理，林荣远译，商务印书馆 1997 年版，第 251—274 页。

② 如南宋建炎年间高宗的即位礼上，模仿光武建武元年郊祀，称其神坛为"受命中兴坛"。参考何玉红《中兴形象的构建：光武故事与宋高宗政治》，《中国史研究》2017 年第 4 期。

③ 如匡衡说："受命之王务在创业垂统传之无穷，继体之君心存于承宣先王之德而褒大其功。"（《汉书》卷八一《匡衡传》，第 3338 页）汉哀帝建平三年诏曰："继体之君不宜改作。"（《汉书》卷二五《郊祀志下》，第 1264 页）

封禅碑文有直接影响，光武充分吸收了二者的思路，在封禅文中作出整合"创革"与"中兴"的叙述，表现为"赤九"和"匹庶"两种身份塑造。前者不但确定了光武与西汉皇帝的代际关系，还隐含厌胜"汉九世之厄"的深意；后者则为突显光武受命"无所因阶"，淡化了西汉法统的助力。两种思路对光武立国的叙事都是不可或缺的正当性要素。这对看似矛盾的身份，与刘秀建国历程中对"中兴"与"创革"不偏不倚、因时采择的策略一致，协助构造了东汉对立统一的合法性。明、章二帝的政治文化构建将围绕这一"新汉朝"形象而展开。

　　本章讨论贯穿建武前、中、后期的仪式争论与东汉合法性确立之间的关系。郊祀、宗庙和封禅争议有一条一以贯之的线索，即"创革"与"中兴"的对峙、交锋和整合。持中兴论者，主张"祀高帝"的杜林、论证"入继元帝"的张纯都属于"长安系士人"，都与曾在长安创设新礼的新莽王朝有过亲密关系。新莽的礼制成为东汉"创革"与"中兴"两种思路共同援引的对象，服务于不同士人群体对政治合法性建构的论证。有意思的是，郊祀、七庙这些西汉后期以降屡经讨论的带有理想主义的"周制"，在此时却悄然转化为一种论证王朝合法性的手段——整理历史记忆、重建两汉关系、理顺朝野秩序、树立新的意识形态的政治文化仪式，从而获得了现实的生命力。建武时期的礼乐制度摆脱了新莽式的空想，演变为具有现实功效和意义的仪式，蕴含理性色彩。在特定历史时刻下，礼仪的商议和重建，显示了王朝共同体借此重构正统的努力，体现了"两汉承续"认知从分歧、协商、磨合到确立的过程。在这一过程中，光武没有固执地坚持"创革"这一彰显其个人功德的论调，而是充分吸纳"长安系士人"的继承论，最终奠定了兼顾两头的辩证的"受命—中兴"理念模式。这也是他政治眼光的独到之处。光武的后继者们围绕"受命—中兴"理念，着眼于光武的"受命"和"盛治"两大功业，开展制礼和教化，建构新的理想秩序。

# 第 三 章

## 圣汉想象：后继者的秩序重建与“新汉本位”的合法化计划

　　光武帝确立了“受命—中兴”的合法化模式。两位继任者汉明帝（57—75 年在位）、汉章帝（76—88 年在位）继续做着这一模式的确认、继承、发展工作，将之秩序化、完整化、理想化。①中元二年明帝即位诏称“先帝受命中兴，德侔帝王……朕承大运，继体守文”，注云“创基之主，则尚武功以定祸乱；其次继体而立

---

① 　学者论述了明、章时期礼制建设与新莽制度的承袭关系。渡边信一郎提出“古典化国制”和“王莽世纪”概念：“中国的古典国体，即天下型国家与天下观念的形成时期相对应，从西汉元帝初元元年（前 46）由翼奉提出洛阳迁都的进言开始，到东汉明帝永平二年（59）典章制度的确立为止，大致历时一百一十余年。”（《天下観念と中国における古典の国制》，《中国の歴史世界》，东京都立大学出版会 2002 年版，第 595—609 页）“所谓王莽世纪，是指从西汉末诸改革的嚆矢的汉元帝初元三年四月由翼奉上奏改革开始，到东汉明帝永平三年八月通过公卿会议基本确定礼乐制度的一百年时间。这期间，将汉初以来的故事放在政治运作的根本位置的故事派官僚和重视儒学礼制、古典的古制派官僚相对立，从而创生了新的制度。”（《东汉古典国制的建立——汉家故事和汉礼》，《法律史译评》第 5 卷，2017 年）与渡边信一郎观点相似的，是渡边义浩的系列著作。他分析了新莽的十四项改制内容，据此拟定了“儒教一尊体制”的标准，以其开启了“儒教化”，因袭这些改制的东汉在章帝白虎观会议后形成了“儒教国家”（参考渡边义浩《后汉国家の支配と儒教》，雄山阁，1995 年；《后汉における“儒教国家”の成立》，汲古书院 2009 年版；《王莽—改革者の孤独—》，大修馆书店 2012 年版）。笔者认为，东汉前期的礼乐改革并非简单因袭新莽，应该从“两汉关系”和“新汉本位”的角度进行理解。

者，则守文德"①。明帝以"受命创业"与"继体守文"分别定位
光武与自己不同的历史使命；将建武之治视作汉朝的全新起点，需
要将光武新立秩序的遗愿发扬光大。礼仪是明帝、章帝确认、发展
"受命—中兴"模式所依藉的手段。明、章时期延续了建武年间仪式
作为文化记忆梳理和合法性构造的媒介功能，精心设计了一种理想
的政治秩序。在后继者的仪式建构中，光武的形象倾向于"受命之
君"，是使汉朝质变、升华的神圣节点；"建武之元"的时刻被他们
纪念；他们以光武开创的"新汉朝"为本位，确定东汉王朝独立的
身份、发展道路和特殊的历史使命。对前汉的扬弃仍是其中的核心
议题。明、章二帝开展了一系列在特定空间下的表演性典礼，吸引
和感染观众，彰显象征义涵，制造"跻身先王之道"的诸多意象，
构拟了本朝超越西汉的神圣特质。这一度兴盛的"制礼作乐"思潮，
在章帝"制汉礼"事件中达到顶峰，却因章帝意外去世等多重原因
而终止，礼仪兴建宣告失败，圣汉想象终遭幻灭。东汉前期围绕两
汉承续和"新汉"建构的合法化工程至此告一段落。

　　学者曾指出这一历史现象：东汉王朝回归了"王霸道杂之"
的汉家政治传统，以此为契机，转向了儒家理想色彩较弱、理性
行政因素更强的政治路线。这体现在光武诸帝注重"法治"、察举
制"授试以职"的出现、文吏地位的上升、儒生的吏化等方面；
另一重要表现则是，东汉士人对西汉后期至新莽带有空想性的复
兴古礼运动不再有太高热情。② 在本书的视域下，这种观点仍然成
立。首先，"受命—中兴"的"新汉朝"包含着创业和继承两个层

---

　　① 《后汉书》卷二《明帝纪》，第95—96页。永平十八年章帝即位诏亦自称"深
惟守文之主，必建师傅之官"。《后汉书》卷三《章帝纪》，第129页。
　　② 钱穆较早指出："新朝短命，光武中兴，不仅把新莽'发得周礼'的新圣典贱
视了……汉宣帝所谓的'汉家自有制度，本以王霸道杂用之，奈何纯任德政用周政'
之说，也变成了光武以下之国是。"（钱穆：《孔子与春秋》，《两汉经学今古文平议》，
九州出版社2011年版，第248页）阎步克先生集中深入阐述了这一观点，参考阎步克
《察举制度变迁史稿》，辽宁大学出版社1991年版，第45—60页；阎步克：《士大夫政
治演生史稿》，北京大学出版社1996年版，第412—454页。

面的合法性要素，"新汉"是辩证的：虽是"新"的，仍还是"汉"，而不是完全的新王朝。东汉王朝延续了国号和国姓，恢复汉政、重建祖宗制度也构成其合法性的重要组成部分。因此，东汉确实在诸多政制建设上回归汉政，存在着这种理性化趋势。其次，东汉的礼制设计与这种理性化回归并不矛盾。东汉复兴的礼制并不是空想性的，更是一种整理历史记忆和组织正统意识的政治性、社会性仪式，是梳理两汉承续、塑造当下社会的重要手段。东汉兴礼带有政治理性，有其现实意义。最后，东汉"制礼作乐"隐含的观念逻辑是到东汉方才实现了"先王之道"，这形成一种超越西汉的合法性模式——"制作属于汉的礼乐"，成为东汉彰显自身历史地位和政治道路的独特方式。唯当东汉做到此点之时，才被认为符合天命，具备了统治的正当性。礼乐被视为对现实之缺憾和传统之弊病的一种补救。人们对礼乐的某种期盼，源自于他们对现实的体验和规划，对重建秩序的向往，对新旧汉朝之关系的思考和对自我身份的安顿。

此外，东汉兴起制礼作乐，也有经学、礼学方面的原因。西汉流行的官方礼学主要依据的文献是高堂生所传的今文《仪礼》十七篇。《仪礼》十七篇记载的礼制残缺不全，在"天子之礼"上尤其匮乏。"天子之礼"指的是郊祀、封禅、宗庙、三雍、巡狩等以天子为主体，以侍奉祖宗和天帝为主要内容的礼仪。这些礼在今文《仪礼》中没保存下来。面对文献不足征的窘境，西汉的礼学大师后仓为重建天子礼，发明了"推士礼而致于天子"的办法，即从残存的"士礼"按照礼数的比例推演出"天子之礼"。西汉后期儒者对"天子之礼"的阙如颇感焦虑，其时三番五次复兴古礼，却始终游移不定，都以失败告终，礼学文献之不足是其中的重要原因。光武帝时，经学上的一大重要举措是将后仓的弟子大小二戴之礼学立为博士。① 二戴《礼记》大概定本于西汉元帝年间，以后仓之学为基础，吸收糅合了当时新发现的古文《逸礼》三十九篇的内容，其形成有层累之过程。② 二戴《礼》中《王制》《祭义》《祭法》《郊特牲》等篇目为重建天子礼提供了资源，是西汉后期以降制礼运动的重要依据。光武立二戴之学为博士，正式赋予二戴之学以官方权威，当是为重建天子礼做准备。然而或因二戴《礼》仍多缺漏、二戴《礼》学者泥古拘谨，③ 东汉前期制礼的重任最终落到了后仓另一弟子庆普的后学曹充、曹褒身上。总之，东汉前期制礼的目的正是要重建阙如之天子礼，完成西汉始终没能完成的历史任务。

　　本章从以下三个侧面探讨这场被笔者称为"新汉本位"的合法化计划，揭示其中"受命、教化、太平、制礼"诸事项的逻辑联系

---

　　① 班固在《汉书》卷八八《儒林传》赞说："初，《书》唯有欧阳，《礼》后，《易》杨，《春秋》公羊而已。至孝宣世，复立大小夏侯《尚书》，大小戴《礼》，施、孟、梁丘《易》，《穀梁春秋》。"关于二戴礼立于学官在宣帝年间的记载，多有学者辨其非。二戴立于学官的确切记载是《后汉书》卷三《章帝纪》建初四年诏书："孝宣皇帝以为去圣久远，学不厌博，故遂立《大、小夏侯尚书》，后又立《京氏易》。至建武中，复置颜氏、严氏《春秋》，大、小戴《礼》博士。"及《后汉书》卷七九《儒林传》之说："及光武中兴，爱好经术，未及下车，而先访儒雅，采求阙文，补缀漏逸……于是立《五经》博士，各以家法教授，《易》有施、孟、梁丘、京氏，《尚书》欧阳、大小夏侯，《诗》齐、鲁、韩，《礼》大小戴，《春秋》严、颜、凡十四博士，太常差次总领焉。"戴德、戴圣礼学并立于学官是光武帝的创举。

　　② 汉武帝时，出现了《礼古经》五十六篇和古文《礼记》二百余篇。前者有十七篇与今文《礼经》的文字相似，其余三十九篇是当时人没看过的文献，称为《逸礼》。后者可能是二戴编纂《礼记》的材料来源，戴德编成八十五篇，号称《大戴礼记》；戴圣编成四十九篇，号称《小戴礼记》。参考王葆玹《西汉经学源流》，四川人民出版社 2021 年版，第 242—257 页。钱玄基于东汉初年糅合今古文的学术风气背景，认为大小戴记成书于东汉初年。参考钱玄《三礼通论·大小戴礼记及古文记》，南京师范大学出版社 1996 年版，第 39—42 页。

　　③ 《魏书·礼志》载北魏景明二年孙惠蔚上言曰："暨秦燔《诗》《书》，鸿籍泯灭。汉氏兴求，拾缀遗篆，淹中之经，孔安所得，唯有卿大夫士馈食之篇。而天子诸侯享庙之祭、禘佩之礼尽亡。曲台之《记》，戴氏所述，然多载尸灌之义，牲献之数，而行事之法，备物之体，蔑有具焉。"第 2759 页。可见"《戴》记"在东汉仍被认为残缺不全，不足以很好地用于"行事"。这也许是庆氏礼学派兴起的原因之一。

和意义结构，它在什么意义上将东汉视为"新汉"，这场计划的展开、鼎盛和失败：（1）永平明堂诸礼的展开与光武纪念体系的建立；（2）辟雍礼与明帝多重理想身份的建构；（3）"汉当自制礼"的思潮、相关实践及其理想的崩塌。借此探讨明、章时期求新求变的仪式构建，人们某种不愿附庸于西汉的心理意识，贮存于心的圣汉理想，对东汉王朝未来的规划和展望，及由此带来的困境等。

# 一　"文王受命"：永平诸礼的展开<br>与光武纪念仪式的建立

明帝即位的永平元年（58）时值东汉建立第三十三年。在"开国三十年"和光武去世这双重契机下，明帝展开了一系列彰显"功成制作"和"继业守成"意义的礼仪活动。[①] 明帝制礼，上承光武帝开郊祀、兴封禅、立三雍等建制，下启章帝"汉当自制礼"的思潮及相关实践，成为东汉前期儒家政治合法性建构过程中意义独特的一环。永平诸礼，贯穿着一条主线，即对光武帝的追忆和纪念。已逝的光武帝作为一种象征性的存在，成为明、章二帝重建秩序的逻辑起点：正因有光武的"受命"，才有随之而来的"太平"和"制礼"。光武受命，是汉朝升华的时间节点。后继者们运用礼仪赋予光武起始的意义，以光武受命为出发点，营造了东汉开天辟地、革故鼎新的形象，建构了本王朝的特殊历史地位，推出以"新汉"

---

[①] 对于这一时间节点与礼制建构的关系，《后汉书》卷三五《曹褒传》载："显宗即位，充上言：'汉再受命，仍有封禅之事，而礼乐崩阙，不可为后嗣法。五帝不相沿乐，三王不相袭礼，大汉当自制礼，以示百世。'"（第1201页）卷四二《光武十王传》载："是时中兴三十余年，四方无虞，苍以天下化平，宜修礼乐。"（第1433页）相关讨论参见陈苏镇《〈春秋〉与"汉道"——汉代政治与政治文化研究》，中华书局2011年版，第172—180页；徐兴无：《论汉儒"太平乃制礼作乐"的思想》，载潘斌主编《经学、礼学与中国社会》，南京大学出版社2020年版，第127—149页。

为本位的理念设计。张衡的《东京赋》详细描绘了永平诸礼的场景，突显出东汉儒者对永平礼仪的瞩目和理想化构造，及一种狂欢的心态。① 永平礼仪活动围绕光武纪念而展开，有其构建东汉王朝之独立性、超越性的寓意，值得深究。目前学界多认为永平礼制承袭王莽"元始故事"，对此暂无深入探讨，尚未从"光武纪念仪式"的角度分析其建制的意义。本节将永平礼制视作为组织和建立文化记忆的仪式媒介，分析永平礼制在东汉前期承上启下的政治文化实践脉络中的特殊义涵。

光武去世前两年，礼仪建制在紧锣密鼓地进行，其中最重要的是"三雍"明堂、灵台、辟雍的建立。中元元年（56）二月封禅礼落成后，到二年二月驾崩这一年之中，光武先后创立了洛阳北郊郊祀和"三雍"这两组礼制，皆效法王莽"元始故事"而建。② 明堂、灵台、辟雍之设是当时人看来非常隆重的事项，张纯、桓荣、赵熹、梁松、曹充皆有此呼吁。③ 落成三雍有两方面思想动因。一是"元

---

① 张震泽：《张衡诗文集校注》，上海古籍出版社 2009 年版，第 92—166 页。

② 设"北郊"情况如下。封禅时"祭地于梁阴，以高后配，山川群神从，如元始中北郊故事"（《续汉书·祭祀志上》，《后汉书》，第 3170 页）。在泰山临时祭祀北郊，说明洛阳北郊尚未设立。中元二年之际春，初立北郊于洛阳城北四里，祀后土。"别祀地祇、位南面西上，高皇后配，西面北上，皆在坛上，地理群神从食，皆在坛下，如元始中故事。"（《后汉书》卷一下《光武帝纪下》，第 84 页）在南郊之后继续建成北郊，是受到"元始故事"中王莽阐述《周礼》"天地分合"之义的影响（详见《汉书》卷二五下《郊祀志下》，第 1265—1266 页）。这里的高后指文帝薄后而非吕后。《续汉书·祭祀志中》载："迁吕太后于园。上薄太后尊号曰高皇后，当配地，郊高庙。"（第 3177 页）关于光武尊薄后贬吕后之举，参考张小锋《薄太后"配食"高庙与光武晚年政局》，《清华大学学报》2010 年第 1 期。

③ 《后汉书》卷三五《张纯传》："纯以圣王之建辟雍，所以崇尊礼义，既富而教者也。乃案七经谶、明堂图……欲具奏之。未及上，会博士桓荣上言宜立辟雍、明堂，章下三公、太常，而纯议同荣，帝乃许之。"第 1196 页。《后汉书》卷三四《梁松传》："松博通经书，明习故事，与诸儒修明堂、辟雍、郊祀、封禅礼仪。"第 1170 页。《后汉书》卷二六《赵熹传》："（建武）三十年，熹上言宜封禅，正三雍之礼。"第 914 页。《后汉书》卷三五《曹褒传》："（充）建武中为博士，从巡狩岱宗，定封禅礼，还，受诏议立七郊、三雍、大射、养老礼仪。"第 1201 页。

始故事"的推动。平帝元始四年，王莽效法周公制礼，请起三雍于长安南郊。①扬雄《剧秦美新》称："夫改定神祇，上仪也；钦修百祀，咸秩也；明堂、雍、台，壮观也。"②"元始故事"虽由王莽主持推行，但它所蕴含的对理想礼制的追求，仍然被东汉儒者承袭。"元始故事"推动了东汉人对兴建三雍的期待。《东观汉记》曰"汉承秦灭学，庶事草创，明堂、辟雍阙而未举。武帝封禅，始立明堂于泰山，犹不于京师。元始中，王莽辅政，庶绩复古，乃起明堂、辟雍"③，暗示了西汉礼阙、新莽复古与东汉建三雍的逻辑关系。班固认为三雍象征东汉对西汉的超越："建章甘泉，馆御列侧，孰与灵台明堂，统和天人？太液昆明，鸟兽之囿，曷若辟雍海流，道德之富？"④奢侈享乐的西汉长安甘泉宫、太液池，与"统合天人""道德之富"的东汉洛阳三雍相比，高下立判。在东汉人看来，三雍之设出于对西汉承秦、礼缺乐崩的反思，这延续的是西汉后期古礼复兴运动、"元始故事"和新莽制礼的思路。

二是东汉三雍之设与谶纬有关。被视为蕴藏神之预言的谶纬文本多有对三雍的记载，推促东汉君臣落成这些神圣建筑及相关礼制。《孝经援神契》载："明堂上圆下方，八窗四达，布政之宫，在国之阳。"⑤《礼含文嘉》载："礼，天子灵台，所以观天人之际，阴阳之会也。揆星度之验，征六气之端，应神明之变化，睹日气之所验，为万物获福于无方之原……天子得灵台之礼，则五车三柱，明制可行，不失其常。"⑥在谶纬文献的构拟下，圣王政制会通阴阳、沟通

---

①　《汉书》卷一二《平帝纪》载元始四年，"安汉公奏立明堂、辟雍"。元始五年，"羲和刘歆等四人使治明堂、辟雍，令汉与文王灵台、周公作洛同符"。第357、359页。

②　李善注《文选》卷四八符命类，上海古籍出版社1986年版，第2153页。

③　《太平御览》卷五三三引《东观汉记》，刘珍等撰，吴树平校注：《东观汉记校注》，中华书局2008年版，第157页。聚珍本脱"庶绩复古"一句。

④　《后汉书》卷四〇下《班彪传下》，第1370页。

⑤　《续汉书·祭祀志中》刘昭注引，《后汉书》，第3177页。

⑥　《续汉书·祭祀志中》刘昭注引，《后汉书》，第3178页。

天人、感应灵气，展示圣王与天地神明的联动。作为神圣空间的三雍能实现这一目的。光武"尝问（郑）兴郊祀事，曰：'吾欲以谶断之，何如？'"① "有诏会议灵台所处，帝谓（桓）谭曰：'吾欲以谶决之，何如？'"② 光武笃信谶纬，虔诚建构这一神圣空间，视之为"受命"且实现教化的印证，正如班固所说，三雍事关"天人"和"道德"。张纯"案七经谶、明堂图、河间《古辟雍记》、孝武太山明堂制度，及平帝时议，欲具奏之（兴建辟雍）"③，时人以谶纬和元始制度为依据，杂糅前汉旧制，设计三雍制度。

从东汉人鲜活、铺陈、夸张的描述中，可知三雍典礼给他们留下了强烈的视觉震撼。班固《东都赋》称："至于永平之际，重熙而累洽，盛三雍之上仪，修衮龙之法服，敷洪藻，信景铄，扬世庙，正予乐。人神之和允洽，君臣之序既肃。""觐明堂，临辟雍。扬缉熙，宣皇风。登灵台，考休征。"④ 崔骃《达旨》称："临雍泮以恢儒，疏轩冕以崇贤。"⑤ 张衡《东京赋》称："乃营三宫，布教颁常。复庙重屋，八达九房。规天矩地，授时顺乡。造舟清池，惟水泱泱左制辟雍，右立灵台。……穆穆焉，皇皇焉，济济焉，将将焉，信天下之壮观也。"⑥ 李尤《辟雍赋》称："太学既崇，三宫既章。灵台司天，群耀弥光。太室宗祀，布政国阳。辟雍岩岩，规矩圆方。阶序牖闼，双观四张。流水汤汤，造舟为梁。神圣班德，由斯以匡。"⑦ 汉儒皆称道三雍之"壮观"，可见这一系列仪式具有高度的

---

① 《后汉书》卷三六《郑兴传》，第 1223 页。
② 《后汉书》卷二八上《桓谭传》，第 961 页。
③ 《后汉书》卷三五《张纯传》，第 1196 页。
④ 《后汉书》卷四〇下《班彪传下》，第 1363 页。班固还作《明堂诗》《辟雍诗》《灵台诗》描绘各典礼的场景。与之相似的是稍晚和帝时的李尤作《明堂铭》《辟雍铭》《灵台铭》。
⑤ 《后汉书》卷五二《崔篆传》，第 1709 页。
⑥ 张震泽：《张衡诗文集校注》，上海古籍出版社 2009 年版，第 116 页。
⑦ 《艺文类聚》卷三八《礼部上·辟雍》，汪绍楹校，上海古籍出版社 1985 年版，第 690 页。

"舞台"展示性、观赏性。三雍仪式通过视觉表演，向观众传达灌输特定的意义，具有公共政治仪式的意味。

光武中元元年"初起明堂、灵台、辟雍"。"世祖大会灵台，得鼠如豹文，荧荧光泽，世祖异之，以问群臣，莫能知者"①，灵台已用作君臣集会。然而还没来得及行三雍之礼（"未用事"），光武帝即驾崩。继任者明帝真正将三雍付诸实践，以永平二年（59）"宗祀光武皇帝于明堂"发其端绪。明帝时代，三雍典礼配合光武纪念仪式体系而展开，是"新汉本位"计划的开端：在明堂举行宗祀光武的大礼，在灵台重现万民对光武的拥戴，纪念其功德，将其神化；围绕对光武的追忆，创建乐制、冕服、墓祭制度，以此形成一系列政治文化动作的逻辑起点。以下，从明堂宗祀礼的落实、冕服的成立、乐舞的改革和墓祭的建立四方面，讨论"光武纪念体系"的仪式结构和意义层次。沿此展开对明、章时期理想秩序设计的多侧面探讨。

### （一）明堂、灵台宗祀礼与光武"受命祖"地位的确立

永平二年正月，明帝举行了宗祀光武于明堂的大典，随后登灵台"望元气"。《后汉书·明帝纪》记载此事：

> （永平）二年春正月辛未，宗祀光武皇帝于明堂，帝及公卿列侯始服冠冕、衣裳、玉佩、绚屦以行事。礼毕，登灵台。②

《续汉书·祭祀志中》记载了明堂宗祀礼上五帝方位等仪节：

> 永平二年正月辛未，初祀五帝于明堂，光武帝配。五帝坐位堂上，各处其方。黄帝在未，皆如南郊之位。光武帝位在青帝之南少退，西面。牲各一犊，奏乐如南郊。卒事，遂升灵台，

---

① 《文选》卷三八《为萧扬州荐士表》注引挚虞《三辅决录注》，第 1745 页。
② 《后汉书》卷二《明帝纪》，第 100 页。

以望云物。①

明堂、灵台行礼结束后，明帝使尚书令诏骠骑将军、东平王刘苍及三公：

> 今令月吉日，宗祀光武皇帝于明堂，以配五帝。礼备法物，乐和八音，咏祉福，舞功德，班时令，敕群后。事毕，升灵台，望元气，吹时律，观物变。群僚藩辅，宗室子孙，众郡奉计，百蛮贡职，乌桓、濊貊咸来助祭，单于侍子、骨都侯亦皆陪位。斯固圣祖功德之所致也。朕以暗陋，奉承大业，亲执珪璧，恭祀天地。仰惟先帝受命中兴，拨乱反正，以宁天下，封泰山，建明堂，立辟雍，起灵台，恢弘大道，被之八极。而胤子无成、康之质，群臣无吕、旦之谋，盥洗进爵，踧踖惟惭。②

这段诏文可见明帝君臣对明堂、灵台礼意涵的认识。这是东汉王朝首次在明堂和灵台举行礼仪大典。这两座建筑物位于洛阳城正南门平城门南约1千米，明堂在东，灵台在西，中间相隔一条约80米宽的御道。③ 永平明堂、灵台礼的一大特点，是仿效了儒家经典所载祭祀周文王的方式。"宗祀光武皇帝于明堂，以配五帝"是对《孝经·圣治》所载"宗祀文王于明堂以配上帝"的模仿，发扬"严父配天"的义涵。④ 明堂礼毕后，明帝西向穿过平城门大道，登临灵

---

① 《续汉书·祭祀志中》，《后汉书》，第3181页。

② 《后汉书》卷二《明帝纪》，第100页。

③ 《汉官仪》载："明堂去平城门二里所，天子出，从平城门，先历明堂，乃至郊祀。"（《后汉书》卷一下《光武帝纪下》李贤注引，第84页）这一情况基本被考古发掘证实，参见中国社会科学院考古研究所编著《汉魏洛阳故城南郊礼制建筑遗址：1962—1992年考古发掘报告》，文物出版社2010年版，第80—125页。

④ 《孝经注疏》卷五《圣治》，阮元校刻《十三经注疏》，中华书局1980年版，第2553页。在西汉后期至新莽时期，《孝经》此语作为恢复"明堂宗祀"的依据，被儒生多次引用，参见《汉书》卷25下《郊祀志下》，第1264—1265页。

台，观望云彩，聆听各种与时令相应的乐律，推测四季吉凶，祈求风调雨顺。① 此与明堂祀五帝时"班时令"之举相合，源自《礼记·月令》将四季与五帝之德相匹配，进而颁行相应政令的观念。② 灵台也与周文王有紧密联系。首先，灵台是周文王受"天命"之后建立的。《易纬·是类谋》载："文王比隆兴始霸，伐崇，作灵台，受赤雀丹书，称王制命，示王意。"《诗经·灵台》郑玄笺："文王受命，而作邑于丰，立灵台。"③ 其次，周文王建灵台而"民始附"，灵台象征文王拥有让人民主动归顺的"灵德""至德"④。最后，灵台还象征文王统治下人民的安乐景象。⑤ "受命""灵德"和民之安乐，是文王起灵台的几个主要特征。在东汉人眼中，光武建灵台与之含义相近。

光武"受命中兴，拨乱反正"，功成而建灵台，灵台落成而民归附。此为光武功成治定、社会安乐祥和的仪式表达。灵台礼上，"群僚藩辅，宗室子孙，众郡奉计，百蛮贡职，乌桓、濊貊咸来助祭"

---

① 《后汉书》卷一下《光武帝纪下》李贤注引《汉宫阁疏》载："灵台高三丈，十二门。"（第 84 页）耸立在地面上的夯土高台基址残高 8 米余，即灵台遗址，相关情况参见中国社会科学院考古研究所编著《汉魏洛阳故城南郊礼制建筑遗址：1962—1992 年考古发掘报告》，第 5—79 页。

② 薛梦潇指出，东汉洛阳明堂的构造理念区别于汶上明堂和元始明堂，更接近于"月令明堂"，"班时令"是其重要功能，参见《"周人明堂"的本义、重建与经学想象》，《历史研究》2015 年第 6 期。

③ 《毛诗正义》卷一六之一《文王之什》孔疏引，《十三经注疏》，第 502 页。

④ 《毛诗正义》卷一六之一《文王之什》、卷一六之五《灵台》，《十三经注疏》，第 502、524 页。《说苑·修文》亦载："积恩为爱，积爱为仁，积仁为灵，灵台之所以为灵者，积仁也……是故文王始接民以仁，而天下莫不仁焉。文德之至也。"（刘向撰，向宗鲁校证：《说苑校证》，中华书局 1987 年版，第 476 页）

⑤ 如《孟子注疏》卷一上《梁惠王章句上》载："文王以民力为台为沼。而民欢乐之，谓其台曰灵台，谓其沼曰灵沼……古之人与民偕乐，故能乐也。"（阮元校刻：《十三经注疏》，第 2665—2666 页）《盐铁论·未通》载："夫牧民之道，除其所疾，适其所安，安而不扰，使而不劳，是以百姓劝业而乐公赋。若此，则君无赈于民，民无利于上，上下相让而颂声作……灵台之诗，非或使之，民自为之。"（王利器校注：《盐铁论校注》，中华书局 1992 年版，第 192 页）

的场景，既是对《孝经·圣治》所记文王葬礼时"四海之内，各以其职来助祭"的再现，① 也反映了"民始附"的景象。明堂、灵台礼毕，明帝诏称这一盛况乃"圣祖功德之所致"，并强调自己有幸"奉承大业，亲执珪璧，恭祀天地"，是"先帝受命中兴，拨乱反正，以宁天下"的结果。明帝登灵台"布德"的身影，班固有所描述："扬缉熙，宣皇风，登灵台，考休征。俯仰乎乾坤，参象乎圣躬，目中夏而布德，瞰四裔而抗棱。"② 这种盛况更显示出行灵台礼者之"德"，寓意光武之德在明帝身上发扬光大。

"宗祀文王于明堂"和"文王筑灵台"，是明帝明堂、灵台礼所模仿的对象。以周文王功德为参照，光武"受命"、天下归心在仪式中得以充分展现。这一仪式包含纪念光武功德和确立光武祖宗身份两方面内容，周文王是其不可或缺的历史参照，不仅仅以纪念父亲、彰显孝道为目的。

一般认为，明帝"宗祀光武皇帝于明堂"源于汉平帝元始四年（公元4年）王莽"宗祀孝文以配上帝"之举。不过，两者其实存在差别：一是元始年间宗祀的是上帝，而非五帝，并另祭五帝于五郊；二是元始年间宗祀不在明堂而在南郊，王莽奏立明堂在此之后。③ 因此，明帝设计明堂宗祀不完全效法"元始故事"，而是有特殊用意，其中关键在于他对光武"受命祖"身份的确认。④

---

① 《孝经注疏》卷五《圣治》，《十三经注疏》，第2553页。

② 《后汉书》卷四〇下《班固传》，第1364页。

③ 《汉书》卷一二《平帝纪》，第356页；卷二五上《郊祀志上》，第1268页；卷99上《王莽传上》载："（元始）四年春，郊祀高祖以配天，宗祀孝文皇帝以配上帝……是岁，莽奏起明堂、辟雍、灵台……五年正月，祫祭明堂。"（第4066—4070页）可见宗祀文帝必不在明堂。钱穆指出王莽实施南北郊当在《平帝纪》所载元始四年，而非《郊祀志》所载元始五年。钱穆：《两汉经学今古文平议》，商务印书馆2001年版，第100页。

④ "受命祖"的概念不见于礼书，但被东汉人使用，如张纯称"宗庙奉祠高皇帝为受命祖"（《后汉书》卷三五《张纯传》，第1194页）。参见皮锡瑞之说："文王，周受命祖，祭之宗庙，以鬼享之，不足以昭严敬，故周公举行宗祀明堂之礼，而宗文王以配上帝。"（皮锡瑞：《孝经郑注疏》，中华书局2016年版，第82页）

《孝经·圣治》记载："周公郊祀后稷以配天，宗祀文王于明堂以配上帝。"后稷和文王分别为周代郊祀配天者和宗祀配上帝者。东汉人由此演绎出本朝的郊祀配享制度，借以确立光武"受命祖"的身份。汉人认为后稷是周之"始封之君"，文王是"受命而王"之"受命祖"①。值得说明的是，西汉元始四年宗祀的对象文帝是汉之太宗，并非"受命祖"。东汉君臣未照搬"元始故事"，建武二年（公元 26 年），议者建议郊祀尧以配天、宗祀高祖以配上帝，此制采用了郊祀始祖、宗祀受命祖的结构，但此建议并未施行。② 可见东汉初年已经明确将"受命祖"视作宗祀对象。延续建武郊祀而来的永平宗祀中光武帝的身份，仿效的并非"元始故事"中的汉文帝，而是周礼中"受命"的太祖周文王。梳理东汉此前郊祀活动中的特点和形式，能进一步看清此举的意图。

永平宗祀格局的形成，与建武以来郊祀屡次调整有关。见于史籍记载的光武帝时期南北郊祀共有四次。第一次是在建武元年，光武即位于鄗城南郊之时进行的。《续汉书·祭祀志上》载光武帝"为坛营于鄗之阳，祭告天地，采用元始中郊祭故事。六宗群神皆从，未以祖配。天地共犊，余牲尚约"。时值王朝草创，郊祀仪节尚未完备，主要祭祀皇天、后土，尚未以祖宗配享。第二次是在建武二年，因迁都洛阳，光武在洛阳南郊营建郊兆。其仿照元年鄗南郊兆而建，设立了中坛祀天地、外坛祀五帝的祭坛，可能仍未设祖配之位。因此在建武七年，光武与侍御史杜林等商议郊祀配享的问题，光武本欲以尧配，在杜林的坚持下改为以高帝配。这场讨论最终确定了此前郊祀尚未明确的汉朝始祖。第三次是在建武十三

---

① 如《汉书》卷七三《韦贤传》载韦玄成等议："周之所以七庙者，以后稷始封，文王、武王受命而王，是以三庙不毁，与亲庙四而七。"（第 3118 页）另《汉书》卷二五上《郊祀志上》颜师古注曰："郊祀，祀于郊也。后稷，周之始祖也。宗，尊也。文王，周始受命之王。"（第 1194 页）

② 《太平御览》卷五二七《礼仪部》引《东观汉记》，中华书局 1960 年影印本，第 2393 页；卷九〇《皇王部》，第 431 页。

年，真正实现了郊祀高帝以配天。光武晚年的中元元年（公元 56 年），在洛阳城北设立北郊兆域，二年落实了祭祀地神、以高皇后配享的北郊郊祀，是为第四次。① 这四次郊祀总体上效法、继承"元始故事"。

放在这一线索中来观察，明帝永平宗祀有其显著特点。永平祭祀的对象是五帝，不含规格更高的天地。这是因为在天地、五帝的七郊之祀中，光武已祭天地二郊，剩下五郊未祭。五郊指在都城五个方位建立郊兆来祭祀五帝，这是按周礼"兆五帝于四郊"而复原的制度。② 七郊是光武生前非常重视的儒家典礼，他在晚年已规划好三雍和七郊兆域，不过来不及举行五帝五郊礼即抱憾而终。明帝继承其父遗志，即位不久就举行五郊礼。③ 永平二年的五郊礼由两个环节组成，即明堂宗祀五帝与五郊迎气。前者于正月在明堂举行；后者在立春、立夏、立秋、立秋后 18 日和立冬这 5 天，在五郊分别举行，不再祀五帝。④ 明堂宗祀与五郊迎气是五帝祀礼的一体两面，是不可分割的两个环节。⑤

明帝祭祀五帝在新落成的明堂，这是比附《孝经》所载的西周明堂宗祀，而不沿用建武时选定的南郊兆域。不过，明帝将《孝经》所载的"上帝"转换为"五帝"，这又作何解释呢？班固《明堂诗》记载此事，称"上帝宴飨，五位时序；谁其配之，世祖光武"⑥，可

---

① 《续汉书·祭祀志上》，《后汉书》，第 3157、3159、3161、3181 页。中元元年所祀高皇后为薄太后。

② 《周礼》卷一九《春官·小宗伯》，《十三经注疏》，第 766 页。

③ 《续汉书·舆服志下》，《后汉书》，第 3662 页。

④ 《后汉书》卷二《明帝纪》载，永平二年"始迎气于五郊"。《续汉书·祭祀志中》曰："迎时气，五郊之兆。自永平中，以《礼谶》及《月令》有五郊迎气服色，因采元始中故事，兆五帝于洛阳四方。"（《后汉书》，第 104、3181 页）永平二年未在迎气时祀五帝，是因为同年明堂宗祀时已祀。

⑤ 《周礼》郑玄注以四郊和明堂为五帝祭祀之所。参见《周礼》卷二《太宰》、卷六《掌次》，《十三经注疏》，第 649、676 页。

⑥ 《后汉书》卷三〇下《班彪传下》，第 1371 页。

见明帝在此或将"五帝"与"上帝"有所混同。这应是受纬书"宗祀文王于明堂，以配上帝五精之神"之说影响，[①] 明帝借彼时流行的谶纬学说，既能发明新制，又能弥补光武未祀五帝之憾。[②] 这种解释成为东汉人的共识，张衡《东京赋》描述永平宗祀，就将"上帝"解作"五精"[③]。光武在建武十三年确立了以高帝配天的郊祀，但宗祀配上帝者付之阙如。明帝若按照"元始故事"，仍应继续以汉文帝配祀上帝，但他打破了元始旧格局，以光武作为明堂宗祀配祭上帝者，由此将光武安置于本朝"受命祖"的地位上。此举其后成为东汉常制，章帝元和二年（85 年）宗祀五帝于汶上明堂，亦以光武帝配享，"如洛阳明堂祀礼"；安帝延光三年（124），"祠汶上明堂，如元和三（二）年故事"[④]。

郊祀高帝以配天、宗祀光武于明堂以配五帝格局的确立，对东汉王朝意义重大。随着建武十三年郊祀高帝以配天的确立，高帝成为类似于周之后稷的汉朝始祖；至永平二年，光武通过宗祀配享，成为类似于周文王的"受命祖"。随着光武"始创本朝"形象的确立及强化，光武身份从元帝后裔转换为本朝之祖，东汉王朝获得了与西汉王朝有别的独立性。对东汉而言，由高帝创建、被王莽终结

---

① 《文选》卷一《东京赋》注引《孝经钩命决》，上海古籍出版社 1986 年版，第 115 页。皮锡瑞已指出："是《孝经纬》说以上帝为五帝，郑（玄）义本《孝经纬·钩命决》也。"（《孝经郑注疏》，第 77 页）

② 明帝视"上帝"为"五帝"的做法被郑玄继承。《礼记》卷三四《大传》郑玄注："《孝经》曰'郊祀后稷以配天'，配灵威仰也。'宗祀文王于明堂'，以配上帝，汎配五帝也。"《周礼》卷二〇《典瑞》郑玄注："上帝，五帝，所郊亦犹五帝，殊言天者，尊异之也。"（阮元校刻：《十三经注疏》，第 1506、777 页）但郑玄有时又说"上帝"即"天"："上帝者，天之别名。神无二主，故异其处，避后稷也。"（《续汉书·祭祀志中》注引，《后汉书》，第 3181 页）对此，陈赟提出郑氏的"上帝体用论"："在郑玄那里，'上帝'的观念比较复杂，有时候它被等同于'昊天'，属于天之体的范畴；但更多的情况是，它被安置在天之用或天之德的架构之中，而似乎是五帝的总称。"（《郑玄"六天"说与禘礼的类型及其天道论依据》，《陕西师范大学学报》2016 年第 2 期，第 99 页）郑玄之后，注家多认为"上帝"即"五帝"。

③ 《文选》卷一《东京赋》，第 115 页。

④ 《续汉书·祭祀志中》，《后汉书》，第 3183、3187 页。

的乃是"前代"①。如加引申，明帝此举显示，高帝"受命"只是以武力建立王朝，汉承秦制，尚未更化，还未真正履行"天命"赋予汉朝之责任——教化天下；西汉王朝的改制活动都以失败告终，建立东汉王朝的光武重建三雍、七郊古礼，才正式开启教化天下之路。与明堂宗祀共同反映这一理念的，是冕制和乐舞的改革。

### （二）仪式化的新冕服：光武"反秦易服"的义涵建构

永平二年诏令提到明堂礼上，"帝及公卿列侯始服冠冕、衣裳、玉佩、絇屦以行事"。这套新冕服被学者称为"永平冕制"。冠冕，"郊天地，宗祀，明堂，则冠之"②。"显宗遂就大业，初服旒冕，衣裳文章，赤舄絇屦，以祠天地，养三老五更于三雍。"③ 说明这是汉代皇帝初次采用"冕服"行礼。永平冕服是明帝"诏有司采《周官》《礼记》《尚书·皋陶篇》，乘舆服从《尚书》欧阳家说，公卿以下从大小夏侯氏说"所制，以儒典记载为底色。其细节在蔡邕《独断》、董巴《舆服志》、徐广《车服注》中有记载。④ 阎步克通

---

① "前代"是东汉一朝对西汉的常见称呼。如东平王刘苍议："光武皇帝受命中兴，拨乱反正，武畅方外，震服百蛮，戎狄奉贡，宇内治平，登封告成，修建三雍……比隆前代。"（《续汉书·祭祀志下》注引《东观汉记》，《后汉书》，第3196页）又如《后汉书》卷2《明帝纪》注引《东观汉记》曰"光武闵伤前代权臣太盛"、卷一〇上《皇后纪上》载安帝邓太后"每览前代外戚宾客"、卷三八《冯绲传》言"前代陈汤、冯、傅之徒"（第124、423、1281页），"前代"所指都是西汉。

② 《续汉书·舆服志下》，《后汉书》，第3664页。

③ 《续汉书·舆服志下》，《后汉书》，第3662页。

④ 关于冠冕，《续汉书·舆服志下》载："孝明皇帝永平二年，初诏有司采《周官》、《礼记》、《尚书·皋陶篇》，乘舆服从欧阳氏说，公卿以下从大小夏侯氏说。冕皆广七寸，长尺二寸，前圆后方，朱绿里，玄上，前垂四寸，后垂三寸，系白玉珠为十二旒，以其绶采色为组缨。三公诸侯七旒，青玉为珠；卿大夫五旒，黑玉为珠。皆有前无后，各以其绶采色为组缨，旁垂黈纩。郊天地，宗祀，明堂，则冠之。"《后汉书》，第3663—3664页。关于服裳，《后汉书·明帝纪》李贤注引董巴《舆服志》云："显宗初服冕衣裳以祀天地。衣裳以玄上纁下，乘舆备文日月星辰十二章，三公、诸侯用山龙九章，卿已下用华虫七章，皆五色采。乘舆刺绣，公卿以下皆织成。陈留襄邑献之。"又引徐广《车服注》云："汉明帝案古礼备其服章，天子郊庙衣皂上绛下，前三幅，后四幅，衣画而裳绣。"第100页。

过纵向对比，在现实及经典记载中的"冕服演变史"内考察永平冕制，对其与《尚书》《周官》《礼记》记载之间的差异有细密分析，推论皇权对冕服的控制和调整，甚为精要。① 下面着眼于永平冕制纪念东汉受命的特征，再作一点补充论述。

　　永平冕制的基本特征是"法服"，即祭服，与明堂、灵台等仪式空间及祭典过程相配合而产生意义。十二纹章的华丽纹饰，既为了在仪式表演中有精彩的展示效果，也蕴藏着仪式流程所需的特定象征义涵。后人称颂"永平之际……盛三雍之上仪，修衮龙之法服"②；"天子始冠通天，衣日月，备法物之驾，盛清道之仪，坐明堂而朝群后，登灵台以望云物"③；"乃整法服，正冕带。珩紞紘綖，玉笄綦会。火龙黼黻，藻繂鞶厉"④。这些画面来自观众对冕服的视觉感受和感官认识，足见"法服"在观赏性上颇具震撼力。在永平初年的历史背景下，正因为要实行久阙的三雍礼、祭祀光武，才有重建冕服的必要。永平祀礼为了纪念光武"受命中兴"之功德，冕服的制作服务于这一目的。《东观汉记》载明帝母弟、东平王苍议论冕服与祭礼之关系：

　　　　孔子曰"行夏之时，乘殷之路，服周之冕"，为汉制法。高皇帝始受命创业，制长冠以入宗庙。光武受命中兴，建明堂，立辟雍。陛下以圣明奉遵，以礼服龙衮，祭五帝。礼缺乐崩，久无祭天地冕服之制。按尊事神祇，洁斋盛服，敬之至也。日月星辰，山龙华藻，天王衮冕十有二旒，以则天数；旗有龙章

----

　　① 阎步克：《服周之冕——〈周礼〉六冕礼制的兴衰变异》，中华书局 2011 年版，第 159—191 页。

　　② 《后汉书》卷四〇《班固传》，第 1363 页。

　　③ 《后汉书》卷七九上《儒林传上》，第 2545 页。

　　④ 张衡《东京赋》。"珩紞紘綖"说的是冕。珩，固冕之横笄，天子以玉。紞，悬瑱之绳，下悬以瑱，垂冕两旁，当充耳。紘，固冕系绳，联结耳与颔。綖，冕上覆之板，玄帛裹之。繂，配巾。鞶，皮带。厉，皮带下垂之成饰者。张震泽：《张衡诗文集校注》，第 122—123 页。

日月，以备其文。今祭明堂宗庙，圆以法天，方以则地，服以华文，象其物宜，以降神明，肃雍备思，博其类也。天地之礼，冕冠裳衣，宜如明堂之制。①

刘苍这段议论透露出永平制冕的动机，即"礼缺乐崩，久无祭天地冕服之制"不符合光武"受命中兴"应有的作为。其中有几个层次的意思。首先，新冕服与明堂礼的过程相配合，有特定象征含义。明堂上圆下方、法天则地；与之形成配合，冕服上"日月星辰，山龙华藻"等各种"华文"，各象征某类事物，是对万物的表达。《礼记·郊特牲》载："旂十有二旒，龙章而设日月，以象天也。天垂象，圣人则之，郊所以明天道也。"② 明堂礼借此虚拟了天子与天地万物之神的联系。"盛服"是为了以至高敬意尊奉神明，以求神降。班固用"人神之和允洽"形容这一场景。③ 将天地万物集于明堂的思路，应与"月令明堂"的"班时令"功能有关，并配合永平二年明帝登灵台"望元气，吹时律，观物变"：天子须掌握四时节令的物候变化，才得以布政。④ 可见，带有十二纹章的冕服配合明堂这一特定空间，可谓玉璧相合。⑤ 需要明确的是，明堂礼在那时候是宗祀光武以配五帝之礼，冕服十二纹章是为配合这一祀礼的过程而设计的，

---

① 《续汉书·舆服志下》刘昭注引，《后汉书》，第3663页。

② 《礼记正义》，《十三经注疏》，第1453页。

③ 《后汉书》卷四〇《班固传》，第1363页。

④ 早期文献中明堂可分为"治朝""太庙"和"月令明堂"，前两者属于"周公故事"传统，后者出于月令理论，带有汉儒的建构性。参考薛梦潇《"周人明堂"的本义、重建与经学想象》，《历史研究》2015年第6期。

⑤ 东汉行礼注重服饰，所发明的礼服多与礼仪有关。辟雍行大射礼，"公卿诸侯大夫行礼者，冠委貌，衣玄端素裳。执事者冠皮弁，衣缁麻衣，皂领袖，下素裳，所谓皮弁素积者也"。行养老礼，三老、五更"皆服都纻大袍单衣，皂缘领袖中衣，冠进贤，扶王杖"。五郊祭，根据不同时节不同的神祇对象，服青、赤、黄、白、绛五色服。雩礼、大傩礼等各有各的服饰要求。《续汉书·礼仪志》，《后汉书》，第3109、3125页。

所谓"礼备法物"。

其次，新冕服的创设蕴含对汉高祖"受命却汉承秦服"的假定，以及东汉对这一状况的反省和整顿。刘苍认为，汉高帝虽"受命创业"，却"制长冠"以祭祀宗庙，没达到孔子"为汉制法"的标准。长冠即刘氏冠，"高祖为亭长，乃以竹皮为冠，令求盗之薛治，时时冠之，及贵常冠，所谓刘氏冠也"①。"此冠高祖所造，故以为祭服，尊敬之至也。"② 长冠又与秦二十等爵制相联系，高帝八年有令"爵非公乘以上毋得冠刘氏冠"③。以这种起源于楚地民间、与秦爵相依的冠式祭祀宗庙，不合古礼。④

与长冠类似的，还有"䋲玄"祭服、韍和佩玉。《续汉书·舆服志》载："秦以战国即天子位，灭去礼学，郊祀之服皆以䋲玄。汉承秦故。至世祖践祚，都于土中，始修三雍，正兆七郊。显宗遂就大业，初服旒冕，衣裳文章。"⑤ 指出西汉祭服继承了秦之"䋲玄"，这种全黑的深衣是"灭去礼学""旧法扫地"的产物。⑥值得注意的是在《舆服志》这段冕服史叙述中，作者夹杂了一句无关冕服的"（光武）都于土中，始修三雍，正兆七郊"，说明冕服变革与东汉"都洛"及兴三雍等政教建构有关。又如韍和佩玉。韍指腰间的蔽膝，"古者君臣佩玉，尊卑有度；上有韍，贵贱有殊。佩，所以章德，服之衷也。韍，所以执事，礼之共也。故礼有其度，威仪之制，三代同之"。据《舆服志》的叙述，战国时韍、佩玉皆遭

---

① 《史记》卷八《高祖本纪》，第 346 页。

② 《续汉书·舆服志下》，《后汉书》，第 3664 页。

③ 《汉书》卷一下《高帝纪下》，第 65 页。

④ 南朝梁代天监年间，祠部郎中沈宏议："竹叶冠是汉祖微时所服，不可为祭服，宜改用爵弁。"《通典》卷五七《礼一七》，第 1609 页。

⑤ 《续汉书·舆服志下》，《后汉书》，第 3662 页。

⑥ 《宋书》卷一八《礼志五》载魏人秦静说："汉氏承秦，改六冕之制，但玄冠绛衣而已。"第 504 页。《晋书》卷二五《舆服志》："秦变古制，郊祭之服皆以䋲玄，旧法扫地尽矣。汉承秦弊，西京二百余年犹未能有所制立。"第 765 页。

废弃，秦用"绶"代替，西汉承之加上佩刀装饰，直到明帝才重新恢复了韨、玉。①"长冠""袀玄"，及韨、玉的废弃，暗示高祖"创业却因袭秦制"的非正当性。儒学意义上的受命，不仅是王朝更替，更是制度上的改易。上述几段叙述包含一以贯之的逻辑：永平重建冕服的原因，不是刘苍表面上说的"礼缺乐崩，久无祭天地冕服之制"，而是西汉延续秦的祭服，不符合"受命"所为。这种对西汉的理解既言及事实，也带有东汉人基于当下的想象和事后的追认。因为"汉承秦故"，才使本朝负有孔子所说"为汉制法"的使命，实现"服周之冕"的理想。永平冕制建构了"汉承秦制、未更化"的认知，确立明帝"改制"的正当性。

最后，新冕服的制定蕴含光武"受命"之意，包含"受命易服、制礼作乐"的诉求，突显了光武的特殊历史地位。宗祀礼是纪念光武"受命"之礼，不可沿用秦服。只有建立不同于周、秦前代的"汉"服，"受命"方得到落实。"王者必受命而后王，王者必改正朔，易服色，制礼乐，一统于天下，所以明易姓非继人，通以己受之于天也。"②"王始起，改正朔、易服色、殊徽号、异器械、别衣服也。"③ 易服为了表明王者"受命于天"而非"继之于人"。祭服是王朝之服的重要一环。"礼缺乐崩，久无祭天地冕服之制"，永平冕服被视为东汉"制礼乐"的组成部分。损益前代之服而来的"汉服"，宣告了东汉拥有制服作礼的资格，暗示直到光武、明帝时，

---

① 《续汉书·舆服志下》："五霸迭兴，战兵不息，佩非战器，韨非兵旗，于是解去韨佩，留其系璲，以为章表。……韨佩既废，秦乃以采组连结于璲，光明章表，转相结受，故谓之绶。汉承秦制，用而弗改，故加之以双印佩刀之饰。至孝明皇帝，乃为大佩，冲牙双瑀璜，皆以白玉。乘舆落以白珠，公卿诸侯以采丝，其玉视冕旒，为祭服云。"《后汉书》，第3671—3672页。

② 苏舆撰，钟哲点校《春秋繁露义证》卷七《三代改制质文》，中华书局1992年版，第185页。

③ 《白虎通》引《丧服大传》。陈立撰，吴则虞点校：《白虎通疏证》卷八《三正》，第360页。

汉才接近于实现儒学意义上的受命改制。章帝元和三年诏曰"汉遭秦余，礼坏乐崩，且因循故事，未可观省"①，君臣对汉之"承秦""因循故事"颇为忧虑。这种叙述未尝不是东汉人对秦、西汉及两汉关系的一种想象性建构。后来，极在意礼乐之事的两晋在继承永平冕制的同时，也延续了这种观念："秦变古制，郊祭之服皆以袀玄，旧法扫地尽矣。汉承秦弊，西京二百余年犹未能有所制立。及中兴后，明帝乃始采……说，还备衮冕之服。"②"秦灭礼学，事多违古。汉初崇简，不存改作，车服之仪，多因秦旧。至明帝始乃修复先典。"③永平冕制对秦、西汉、东汉因循损益关系有一套说辞，对魏晋南北朝时期的"古礼复兴运动"产生了深远的影响。④因此，永平冕服一方面服务于宗祀光武以配五帝的明堂典礼所需；另一方面通过建构落实理想化的服制，印证光武"受命"的货真价实。从这两方面看，永平冕制是"纪念光武"仪式体系的重要一环。

---

① 《后汉书》卷三五《曹褒传》，第 1203 页。

② 《晋书》卷二五《舆服志》，第 765 页。

③ 《宋书》卷一八《礼志五》，第 493 页。这段记载后有一句"司马彪《续汉志》详之矣"，似乎暗示是西晋人司马彪有意详载和突出"至明帝始乃修复先典"的情况。解释司马彪这句话是有困难的。一方面，从《舆服志》的体例看，"蔡邕创立此志，马彪勒成汉典"（《南齐书·舆服志》语），司马彪《续汉书·舆服志》中的内容当因袭自蔡邕《东观汉记·舆服志》。另一方面，司马彪也可能受到西晋"古礼复兴运动"的影响。中古君主，如隋文帝杨坚，实行礼乐、律令等制度改革时，会以"汉魏故事""汉魏旧制"为标榜，东汉永平改制的成果占主要内容。渡边信一郎认为："应该注意的是，尽管杨坚明言（新制度）依据的是'汉魏故事''汉魏之旧'，但此处'汉魏'之'汉'实是曹魏继承的东汉之制，而非西汉之制。东汉之制以儒家意识形态为基础，以礼乐制度的形成为核心，是自西汉后期元帝开始，到东汉明帝时期，百年间所奠定的古典国制。此种礼乐制度在东汉被称之为'元始故事'，到了继承曹魏的西晋时期，'汉魏故事''汉魏旧事'等说法被确定下来。直至南朝、甚至是北魏孝文帝的诸多改革，汉魏故事仍是参考的对象。"（渡边信一郎：《中国古代の乐制と国家：日本雅乐の源流》，绪论，东京：文理阁 2013 年版）在这一观念和实践下，汉明帝"革秦复古"被刻意突显。

④ 中古"古礼复兴运动"的概念借用自阎步克先生（《中古"古礼复兴运动"：以〈周礼〉六冕制度为例》，阎步克《官阶与服等》，复旦大学出版社 2010 年版，第 60—73 页）。魏晋时期这一恢复古礼思潮的产生可追溯至东汉明、章时期的制礼作乐。

### （三）《大武》与大予乐：光武功德的歌舞表达

音乐在中国古代王朝政治活动与政治文化中具有重要的功能和意义。一方面，宗庙歌乐以类似史诗的方式赞颂帝王功德，所谓"歌者，所以发德也；舞者，所以明功也"①，寄寓着继承先祖遗德、治世长存的愿望；另一方面，制礼和作乐都是对王朝"功成治定"的检验，正所谓"王者功成作乐，治定制礼。其功大者其乐备"②。礼乐是否完备，体现了帝王治理天下是否有成效。两汉之际，谶纬文献强化了帝王"受命"和制作礼乐的关系，以"受命圣王"为主体进行"作乐"的观念颇为流行，③ 如"受命而王，为之制乐，乐其先祖也"，"圣人之作乐，不可以自娱也，所以观得失之效者也"之说。④

明帝在建构光武"受命"的诸项举措中，一项重要内容就是"作登歌，正予乐"⑤。这里的"登歌"指世祖庙乐，"予乐"指大予乐，均与纪念光武的仪式有关。明帝通过创立新的乐舞形式，用以歌颂光武立国之功。明帝至章帝时期的乐制改革，主要从三个方面展开：制订新《武德》诗歌，创立以大予乐为首的汉四品乐，以及设立"共庙共乐"制度。三者存在紧密联系。

永平三年八月，公卿奏议光武世祖庙登歌舞名，刘苍制作登歌1章26句，称赞光武功德。⑥ 此事有几点值得注意。首先是刘苍制订登歌《武德》的始末。《武德》本是汉高祖的宗庙乐名，永平初年

---

① 《汉书》卷五《景帝纪》，第137页。
② 《礼记正义》卷三七《乐记》，《十三经注疏》，第1530页。
③ 如《尚书璇玑钤》："使帝王受命，用吾道，述尧理，代平制礼，放唐之文，化洽作乐。""有帝汉出，德洽作乐，名予。"关于"受命"与"制乐"的关系，可参见付林鹏《〈乐纬〉与汉代儒家乐政论的学理架构》，《哲学研究》2019年第8期。
④ 《纬书集成》，第558、555页。清代纬书辑佚家多将此二语归入《乐叶图征》。
⑤ 《后汉书》卷三《章帝纪》，第131页。
⑥ 《续汉书·祭祀志下》，《后汉书》，第3196页。《南齐书》卷11《乐志》，中华书局1972年版，第178页。从《东观汉记》载刘苍所言，应为14句（《后汉书》，第3196页）。

进行同题新编，用作世祖庙乐。《续汉书·祭祀志下》注引《东观汉记》载刘苍议论：

> 以为汉制旧典，宗庙各奏其乐，不皆相袭，以明功德。秦为无道，残贼百姓，高皇帝受命诛暴，元元各得其所，万国咸熙，作《武德》之舞……光武皇帝受命中兴，拨乱反正，武畅方外，震服百蛮，戎狄奉贡，宇内治平，登封告成，修建三雍，肃穆典祀，功德巍巍，比隆前代。以兵平乱，武功盛大。歌所以咏德，舞所以象功，世祖庙乐名宜曰《大武》之舞。①

刘苍这里称"世祖庙乐名宜曰《大武》之舞"，与高祖庙乐《武德》有别。不过，他下文又称：

> 依书《文始》《五行》《武德》《昭真修》之舞，节损益前后之宜，六十四节为舞，曲副八佾之数。十月烝祭始御，用其《文始》《五行》之舞如故。进《武德》舞歌诗曰："於穆世庙，肃雍显清，俊乂翼翼，秉文之成。越序上帝，骏奔来宁，建立三雍，封禅泰山，章明图谶，放唐之文。休矣惟德，罔射协同，本支百世，永保厥功。"②

明帝准其所奏，"进《武德》之舞如故"③。这里又称光武庙乐为《武德》，记载前后矛盾。对刘苍所进光武庙乐名为《大武》还是

---

① 《续汉书·祭祀志下》注引《东观汉记》，《后汉书》，第 3196 页。
② 《续汉书·祭祀志下》注引《东观汉记》，《后汉书》，第 3196 页。"依书《文始》《五行》《武德》《盛德》修之舞"，原文作"依书《文始》《五行》《武德》《昭真修》之舞"。此据聚珍本改，参见刘珍等撰，吴树平校注《东观汉记校注》，中华书局 2008 年版，第 173 页。
③ 《续汉书·祭祀志下》注引《东观汉记》，《后汉书》，第 3196 页。

《武德》的问题，《宋书·乐志一》认为是《大武》，乃刘苍损益《文始》《五行》《武德》之旧乐歌辞，整合而成。① 清代钱大昕则认为所进是《武德》："东平王苍之议，正主《武德》之舞。其前云乐名宜称《大武》者，或当时公卿有此议，故博引图纬经传以驳之耳。"② 钱氏认为，《大武》是公卿的提议，刘苍用《武德》反驳之。目前看来，钱氏的意见更合理，虽然他讲得较简单。

细读刘苍奏议，他似乎并不认同将光武庙乐命名为《大武》。他举种种例证，证明天地之乐属于"文典"，庙乐应颂扬帝王之德：

> 《元命包》曰："缘天地之所杂乐为之文典。"文王之时，民乐其兴师征伐，而诗人称其武功。《琁机钤》曰："有帝汉出，德洽作乐。"各与虞《韶》、禹《夏》、汤《护》、周《武》无异，不宜以名舞。《协图征》曰："大乐必易。"《诗传》曰："颂言成也，一章成篇，宜列德，故登歌清庙一章也。"③

光武之"德洽"而作乐，德洽比武功更重要。刘苍还提到周公纪念文、武二王所制《大武》的由来，与《礼记·明堂位》"朱干玉戚，冕而舞《大武》"等记载相合，④ 这是为了强调《大武》注重弘扬武功。光武庙乐如也取名《大武》，则与舜《（大）韶》、禹《（大）夏》、汤《（大）护》等乐名相似，更与周《（大）武》相同；"大乐必易"⑤，光武庙乐之名不应如周代仅强调武功，还要重视道德。因此，刘苍的立场是主张用《武德》之名。上引史料中，从"汉制

---

① 《宋书》卷一九《乐志一》，第 534 页。

② 王先谦：《后汉书集解》引钱大昕说，中华书局 1984 年影印本，第 1134 页。

③ 《续汉书·祭祀志下》注引《东观汉记》，《后汉书》，第 3196 页。

④ 《礼记正义》卷三一《明堂位》，《十三经注疏》，第 1488—1489 页。

⑤ "大乐必易"出自《礼记·乐记》，参见《十三经注疏》，第 1529 页。"易"本指"简易"，刘苍此处理解作"变易"。

旧典，宗庙各奏其乐，不皆相袭，以明功德"到"世祖庙乐名宜曰《大武》之舞"，应是刘苍所引公卿的建议；《元命包》以下至"进《武德》舞歌诗"，才是刘苍自己的意见。明帝认可了刘苍建议，决定采用《武德》。《武德》本高祖庙乐之名，所以称"进《武德》之舞如故"。《宋书·乐志一》的说法似无根据，应是延续了《东观汉记》的错误。

刘苍上奏中还提到十月烝祭用《文始》《五行》之舞"如故"，此对应《后汉书·明帝纪》所载永平三年冬十月"蒸祭光武庙，初奏《文始》《五行》《武德》之舞"一事。[①] 刘苍此议在十月蒸祭前夕，之所以称"如故"，是因为《文始》和《五行》是西汉已有的旧乐舞。与之不同，《武德》是重编的新乐舞。《文始》本为舜之《韶》舞，高祖对之作了更名；《五行》本为周舞，秦始皇对之作了更名；《武德》创自高祖。[②]《文始》《五行》继承前代而来，西汉沿用，内容不需改动；《武德》本歌颂高祖功业，用于光武世祖庙，则需改作。因此，刘苍所进乃重新编写的《武德》，在永平三年光武庙蒸祭上初次演奏。

关于高祖旧《武德》，据班固之说，是叔孙通因袭秦人之乐而所制的宗庙乐。西汉宗庙诗"大氐皆因秦旧事"[③]。可见旧《武德》的底本应是秦乐。新《武德》将秦乐的因素完全革除。"於穆世庙，肃雍显清，俊乂翼翼，秉文之成。越序上帝，骏奔来宁"之句，完全模仿《诗经·周颂·清庙》"於穆清庙，肃雍显相。济济多士，秉文之德。对越在天，骏奔走在庙"，凸显前来助祭的诸侯庄严肃穆、缅怀天子之德的场景，一如永平二年宗祀礼对《孝经》"四海之内，各以其职来助祭"的化用。《毛诗传》云："《清庙》，祀文王也。周公既成洛邑，朝诸侯，率以祀文王焉。"《毛诗谱》曰："《周

① 《后汉书》卷二《明帝纪》，第 107 页。
② 《汉书》卷二二《礼乐志》，第 1044 页。
③ 《汉书》卷二二《礼乐志》，第 1043—1044 页。无论是否属实，这反映了班固等东汉士人所认为的情况。

颂》者，周室成功致太平德洽之诗。其作在周公摄政、成王即位之初。"①《周颂·清庙》是周公祭祀文王所用之乐，辞句凸显文王之大德，是周朝功成治定、天下太平之时所作。在明帝看来，他继承光武，社会趋近太平，与《清庙》的制作时刻颇为相似。由此可见，世祖庙乐《武德》效仿《清庙》而编，确有将光武比作周文王，以弘扬其服民之德，建构其"受命"之义。这与宗祀光武于明堂配享五帝之举，互为彰显。"建立三雍，封禅泰山，章明图谶，放唐之文"之歌辞，以设立三雍、泰山封禅为光武最显赫的业绩，凸显其接受"天命"、化致太平、比肩唐尧的功德，以为制礼作乐的前提，与《周颂》主旨"致太平德洽"遥相呼应。革除秦之遗迹、儒典色彩浓重的《武德》，被确立为东汉皇帝宗庙的例行乐舞，得到长期传颂。②

永平三年还建立了以大予乐为首的四品乐。班固《两都赋》称"扬世庙，正予乐"③，视创制大予乐为明帝重要的功德。大予乐本指大（太）乐，是西汉时掌管祀乐的官职。永平三年，博士曹充根据纬书"有帝汉出，德洽作乐，名予"，提议将大乐更名为大予乐，被明帝采用。④ 大予乐的更名和创制反映了时人深信汉帝"受命"、德洽则需作乐的理念。

大予乐又指特定乐类，即东汉建立的四品乐首席之乐。蔡邕《礼乐志》记述了汉四品乐之名，四品乐的建立时间则阙如。⑤

① 《毛诗正义》卷一九之一《清庙》《周颂谱》，《十三经注疏》，第583、581页。

② 郭茂倩编《乐府诗集》卷五二《舞曲歌辞》有"后汉《武德舞歌诗》"（中华书局1979年版，第754页），是现存汉代唯一一首宗庙祭祀乐歌，足见其流传之久远。

③ 《后汉书》卷四〇下《班固传》，第1363页。传世本《文选·两都赋》此处作"正雅乐"。李善注引《东观汉记》孝明诏亦作"有帝汉出，德洽作乐，名雅"。（刘跃进著，徐华校：《文选旧注辑存》，凤凰出版社2017年版，第一册，第140页）

④ 《后汉书》卷三五《曹褒传》，第1201页；《晋书》卷二二《乐志上》，中华书局1974年版，第676页。

⑤ 《续汉书·礼仪志中》注引，《后汉书》，第3131页。

据《隋书·音乐志上》和《通典·乐典一》，汉明帝建立了四品乐之格局。① 从史源上看，范晔《后汉书》、袁宏《后汉纪》都未记载四品乐，则唐修《隋书·音乐志上》和《通典·乐典一》所录汉四品乐很可能来自《东观汉记》礼乐部分，后者则出自蔡邕所撰《礼乐志》。② 四品乐于永平年间确立的记载，大致可信。

四品乐即大予乐、雅颂乐、黄门鼓吹乐和短箫铙歌乐，大予乐地位最高。蔡邕指出大予乐"典郊、庙、上陵、殿诸食举之乐"，大予乐令即主管郊乐、庙乐、上陵乐和殿中乐的官员。这四种乐被称为"食举之乐"，指王者进食时所奏之乐。西汉时虽已有食举乐，但其被置于大予乐下，应是汉明帝的发明。需要指出的是，永平年间设立的郊、庙、上陵之乐，皆与光武祭祀相关。明帝所建之"郊"当指永平二年的五郊迎气之礼，③ 此礼配合宗祀光武以配五帝之礼进行；庙乐指光武世祖庙之祭乐；"上陵"即在光武原陵举行的上陵礼。食举乐曲的设置服务于世祖庙蒸祭、上陵诸礼。这些仪式中，都少不了给光武之灵贡献食品（"上食"）这一程序。以食举为主要背景的大予乐在这些场合被演奏，被寄予供光武之灵享乐、歌颂其功德、以祈求福报的愿望。④

四品乐内部应存在一定顺序。大予乐是郊祀、宗庙、上陵之乐，吟诵汉帝"受命"、功成德洽，属天子之乐，地位最高。雅颂乐因无

---

① 《隋书》卷一三《音乐志上》，中华书局 1973 年版，第 286 页；《通典》卷一四一《乐一》，中华书局 1988 年版，第 3583—3584 页。

② 参见吴树平《蔡邕修撰的〈东观汉记〉十志》，《秦汉文献研究》，齐鲁书社 1988 年版，第 172—184 页；李骛：《汉四品乐文献考辨——兼论黄门鼓吹乐和短箫铙歌乐的关系》，《文献》2013 年第 4 期。

③ 五郊迎气时所奏《青阳》《朱明》诸乐舞，应属于"大予乐"。参见《后汉书》卷二《明帝纪》李贤注，第 104—105 页。

④ 如上陵礼时，"公卿群臣谒神坐。太官上食，太常乐奏食举，舞《文始》《五行》之舞"（《续汉书·礼仪志上》，《后汉书》，第 3103 页）。大予乐通过进食奏乐来供养神灵和祖先，祈求福报。如马防曰："王者饮食，必道须四时五味，故有食举之乐，所以顺天地，养神明，求福应也。"（《续汉书·律历志上》刘昭注引薛莹《后汉书》，《后汉书》，第 3015 页）

关汉家而居于其次，被视作从周代遗留、经孔子编次的古典雅乐，有移风易俗的教化之义，属教民之乐。黄门鼓吹为天子宴群臣所用、短箫铙歌为军中所用，两者皆承袭自西汉宫廷的世俗音乐。大予乐等级高于雅颂乐，表明四品乐的核心义涵是纪念东汉开国治平、"受命"中兴。根据"受命"、太平、制礼、教化的次序，先有大予乐所象征的东汉"受命"，才有周颂雅乐所象征的制礼乐和开展教化。享乐和军乐性质的黄门鼓吹和短箫铙歌，在儒学理念中相对次要，居于末品。① 四品乐的确立标志着"汉乐"的最终建立，显示了东汉王朝对合法性结构的布置。② 明帝去世时，"作登歌，正予乐"被视作他的重要功德。

章帝即位初年，刘苍主张祭祀明帝也采用新《武德》作为乐舞，由此开启了东汉"共庙共乐"的新制度。章帝以降，《武德》成为祭祀东汉皇帝所共用的乐舞。此举是对永平末年新设的高祖、世祖双庙及合祭于世祖庙制度的进一步演绎——将对所有西汉皇帝的祭祀归置于高庙，对所有东汉皇帝的祭祀归置于世祖庙，并用《武德》作为东汉庙祭共用的乐舞。③ "共庙共乐"凸显了光武以降东汉一朝法统的相对独立性和自身的绵延性，这一庙乐新制，仍带有永平制礼所表达的东汉"受命中兴"的精神特征。

刘苍这一提议，是因为明帝临终前决定不另设庙，将自己神主置于世祖庙内供奉。章帝去世，群臣"请上尊庙曰肃宗，共进《武德》之舞"④。这一做法被后世遵行，不另作乐舞。从此，东汉宗庙

---

① 大予乐和雅颂乐属太常，为雅乐；黄门鼓吹和短箫铙歌属少府承华令，为俗乐。四品乐分别了仪式音乐和宴娱音乐，雅俗之别更可见其中等级次序。相关研究参见王运熙《汉魏两晋南北朝乐府官署沿革考略》，《乐府诗述论》，上海古籍出版社1996年版，第185—191页。

② 对西汉雅乐的缺失及重建雅乐的失败，班固在《汉书·礼乐志》中有详细阐述。雅乐未成意味着德化未洽，这未尝不是东汉学者的想象和追认，最终是为铺垫东汉的制乐。

③ 《续汉书·祭祀志下》，《后汉书》，第3198、3196页。

④ 《后汉书》卷四《和帝纪》，第167页。

一改"前汉祖宗，庙处各异，主名既革，舞号亦殊"旧制，省略各庙各乐，统一采用新《武德》为乐，所谓"后汉诸祖，共庙同庭，虽有祖宗，不宜入别舞"①。与之相应，以旧《武德》作为西汉皇帝共用的庙乐。后人称东汉这一做法是"从俭"②，但这可能只是一方面的原因。东汉君臣创立的"共庙共乐"新制是对庙、乐关系的结构性调整，有其特殊用意。《武德》歌辞曰"休矣惟德，罔射协同，本支百世，永保厥功"，典出《大雅·文王》"文王孙子，本支百世"③，《武德》被反复吟诵于庙祭的时刻，光武开国功德被一次次缅怀，也寓意着光武的美好德行将在本支连绵流传，永远被铭记。

明帝仿照《诗经·周颂·清庙》制作新《武德》诗歌，以周文王譬喻光武；建立以大予乐为首的汉四品乐，完善祭祀光武的仪式音乐，宣扬"受命"功成、德洽作乐；章帝建立"共庙共乐"，以《武德》作为东汉诸帝庙祭音乐。以上做法，共同构成了歌颂光武"受命"功德的汉乐体系。

值得一提的是刘苍在永平制礼中扮演的角色。其时关于刘苍的"周公"舆论值得留意。刘苍，光武阴皇后子、明帝同母弟，"少好经书，雅有智思，为人美须髯，腰带八围，显宗甚爱重之。及即位，拜为骠骑将军，置长史掾史员四十人，位在三公上"④。光武去世时，遗诏令刘苍辅政，声称"方今上无天子，下无方伯，若涉渊水而无舟楫"，苍"可以受六尺之托，临大节而不挠"⑤，"苍以亲辅

---

① 《宋书》卷一九《乐志一》，第544、545页。
② "后汉从俭"是南朝宋建平王刘宏反驳颜竣而提出的理由，认为东汉这个制度只是追求俭朴的权宜之计，不足为刘宋所从。《宋书》卷一九《乐志一》，第545页。实际上，没有实质证据表明东汉创此制是因为俭朴。
③ 毛传："本，本宗也；支，支子也。"郑玄笺："其子孙嫡为天子，庶为诸侯，皆百世。"《毛诗正义》卷一六《文王》，《十三经注疏》，第504页。
④ 《后汉书》卷四二《光武十王传》，第1433页。
⑤ 《后汉书》卷二《明帝纪》，第96页。

政，尽心王室，每有议事，上未尝不见从"①。当时视刘苍为周公，如班固云："将军以周、邵之德，立乎本朝，承休明之策，建威灵之号，昔在周公，今也将军。"② 刘苍"周公"舆论的形成，折射出其时推崇"文王受命"、呼吁制礼作乐的社会氛围。永平之初，"是时中兴三十余年，四方无虞，苍以天下化平，宜修礼乐，乃与公卿共议定南北郊冠冕车服制度，及光武庙登歌八佾舞数"，"帝以所作《光武本纪》示苍，苍因上《光武受命中兴颂》"。刘苍去世时，章帝屡引《尚书》中赞美周公之语以示纪念。③ 刘苍作为皇室至亲，在立国30余年之际提出"太平制礼"并付诸实践，赞美光武功成治定，与周公制礼、褒念文王颇为相似。

### （四）双祖庙与上陵礼：光武冥界的身份安置

宗祀光武于明堂的新制，以及大予乐、"共庙共乐"的乐制改革，都与世祖庙及上陵制度的建立有关。中元二年三月，光武帝被安葬于原陵，有司奏上"世祖"庙号。④ 明帝对光武去世后的种种安排，带来了两汉魏晋宗庙制度的一次重大变革。永平年间对光武冥界身份的安置，从双祖庙的确立、上陵礼的奠定、原陵的规划和合祭制度的形成四个层面展开。

建武三年，光武在洛阳设立了供奉其高祖、曾祖、祖父、父亲南顿四世的四亲庙，及供奉汉高祖、文帝、武帝和安置西汉诸帝神主的高庙，形成五庙格局。⑤ 光武为四亲分别立庙，取法的可能是王莽所立九庙，借其中"唯受命之君得以立私亲庙"之义理，宣示自

① 刘珍等撰，吴树平校注：《东观汉记校注》，第241页。
② 《后汉书》卷四〇下《班固传下》，第1330页。关于明、章时期的刘苍"周公"舆论，参见缪哲《周公辅成王》，《浙江大学艺术与考古研究》第2辑，浙江大学出版社2016年版，第103—154页。
③ 《后汉书》卷四二《光武十王传》，第1436页。
④ 《后汉书》卷二《明帝纪》，第95页。
⑤ 《后汉书》卷一上《光武帝纪上》，第32、27页。

己"受命"而非继统的身份。① 建武十九年张纯对四亲庙提出异议后，五庙被重新安排：四亲庙被移至郡县，高庙则新增了宣、元二帝祭祀，形成了洛阳、长安"东、西庙"格局。东庙在洛阳，又称新高庙，常祀高祖、文帝、武帝、宣帝、元帝。西庙在长安，又称旧高庙，祀成、哀、平三帝。② 东、西庙格局显示出光武上继元帝的意图。③ 如果说在建武年间，光武考虑的是如何安置南顿四亲与西汉诸帝的宗庙关系，"东、西庙"是其解决方案的话；那么到了永平初年，明帝面对的新问题则是如何安置光武与西汉诸帝的关系。明帝没有选择将光武神主置于高庙、与西汉帝王并置，而是"更为起庙"④，另建世祖庙来单独供奉。由此形成世祖庙、高庙并立格局。建武至永平初年，宗庙格局三嬗，与两汉法统关系的一再调整密切相关。

永平初年，世祖庙、高庙、西庙三者并存，尤其前两者并立于洛阳，颇耐人寻味。世祖庙、高庙又称"二祖庙"，⑤ 透露出矛盾而又统一的宗法内涵。一方面，高庙尊奉汉帝的下限是元帝，西庙的上限是成帝，这都是因为光武生前采取了自居高帝九世孙的合法化策略。⑥ 元帝被视为光武入继之大宗，宗法上相当于其"父"。另一

---

① 王莽在平帝元始年间曾称，唯有"受命而王"的君主可以为生父立庙，"继统为后"者则不可以。建立新朝后，他设立了地皇九庙，以接受汉朝禅让的"受命之君"自居。参见《汉书》卷七三《韦贤传》，第3129—3130页；卷九九下《王莽传下》，第4162页。光武帝立四亲庙，可能效法了王莽以私亲庙彰显"受命"的做法。

② 《后汉书》卷一下《光武帝纪下》，第70页；《后汉书》卷三五《张纯传》，第1194页；《续汉书·祭祀志下》，《后汉书》，第3193—3194页。

③ 《后汉书》卷一《光武帝纪上》李贤注引《汉礼制度》载："元帝次当第八，光武第九，故立元帝为祖庙，后遵而不改。"（第27页）蔡邕《独断》称"光武继孝元，亦不敢加尊号于父祖也"（景印《文渊阁四库全书》，台湾商务印书馆1986年版，第850册，第90页），即指这一情形。惠、景、昭非殷祭时不祭。

④ 《续汉书·祭祀志下》，《后汉书》，第3195页。

⑤ 《后汉书》卷一〇下《皇后纪下》，第450页。

⑥ 刘珍等撰，吴树平校注：《东观汉记校注》卷一《世祖光武皇帝》，第1页；《汉书》卷二一下《律历志下》，第1024页；《续汉书·祭祀志上》，《后汉书》，第3165—3166页。相关讨论参见陈苏镇《两汉之际的谶纬与〈公羊〉学》，《文史》2006年第3辑；代国玺：《"赤九"谶与两汉政治》，《文史哲》2018年第5期。

方面，光武的庙位没有排在元帝之后，而是成了"祖"，即东汉王朝"受命"创业之祖。光武被称世祖，这是中国历史上首次采用世祖庙号。"世"有"父子相继"义，"祖"则意为"始封之君"①。世祖之号，兼顾"以元为父"和"开创本朝"双重义涵，继承与开创并彰，对应于光武"受命中兴"的自我叙述。双庙并立结构下，高庙显示了东汉法统承自西汉，本朝皇帝是西汉诸帝的继统；世祖庙则表达光武建立东汉之义，是本朝皇帝专属祖庙。双庙之设同样兼顾了继承和创业双重意义。由此，东汉形成了高帝、光武"双祖"的认识，如当时就有"高、光二圣""宣二祖之重光"等说法。② 告祠二祖庙成为东汉皇帝常见之礼仪。

明帝还建立了合祭世祖庙制度。明帝临终遗诏，一改西汉一帝一庙的制度，不另建自己的宗庙，而将神主安置于世祖庙内的更衣间。章帝遵行之，并将世祖庙更衣间称为显宗庙，小祠于此，"四时合祭于世祖庙"③。对西汉皇帝的供奉也都在高庙进行。由此，东汉王朝将祭祖的场合从各个宗庙转移至高庙和世祖庙，各自祠祀西汉、东汉的皇帝，呈现出两汉法统虽相继但有别、各自绵延的义涵。

双祖庙及合祭于双庙的设置，也使得东汉始祖问题变得模棱两可。蔡邕在《表志》中谈道：

> 孝明立世祖庙，以明再受命祖有功之义，后嗣遵俭，不复改立，皆藏主其中。圣明所制，一王之法也。自执事之吏，下至学士，莫能知其所以两庙之意，诚宜具录本事。建武乙未、

---

① 段玉裁《说文解字注》曰："《论语》'如有王者必世而后仁'，孔（安国）曰：'三十年曰世。'按父子相继曰世，其引申之义也。"（上海古籍出版社1981年版，第89页）《礼记正义》卷一二《王制》郑玄注："大祖，始封之君。"《春秋穀梁传注疏》曰："始封必为祖。"（《十三经注疏》，第1335、2397页）

② 《后汉书》卷四○下《班彪传下》，第1376、1380页。

③ 《续汉书·祭祀志下》，《后汉书》，第3196页。

元和丙寅诏书，下宗庙仪及斋令，宜入《郊祀志》，永为典式。①

明帝立世祖庙是为了彰显光武"再受命""祖有功"之义，但后来"自执事之吏，下至学士，莫能知其所以两庙之意"，因此他建议把光武和明帝设双庙的诏令与用意写进史书，供后人铭记。可见到了东汉后期，时人已不理解明帝同时设立高庙、世祖庙的用意。蔡邕所说的这种困惑，也显示了双庙体制及合祭于祖庙带来的一定程度上始祖认同的错乱。

配合世祖庙祭祀而展开的典礼是上陵礼。正月上旬的丁日，皇帝先后祠祀南郊、北郊、明堂、高庙和世祖庙，称为"五供"礼。②五供结束后，百官前往原陵，举行上陵礼。如果说五供及合祭是为保持双庙的平等及其所寓意的高祖与世祖地位的均等，上陵礼便是为凸显世祖的特殊地位。光武以薄葬为德，原陵效法古典而建，比西汉帝陵矮小得多。③但作为纪念光武最重要的场合，原陵受到高度重视。上陵礼是明帝创立的一种特别的仪式，永平元年春正月，"帝率公卿已下朝于原陵，如元会仪"④，此为东汉上陵礼之始。元会指

① 《续汉书·祭祀志下》刘昭注引，《后汉书》，第3196页。
② "正月上丁，祠南郊。礼毕，次北郊，明堂，高庙，世祖庙，谓之五供。五供毕，以次上陵。"《续汉书·礼仪志上》，《后汉书》，第3102页。
③ 《后汉书》卷一下《光武帝纪下》，第51页；卷四二《光武十王传》，第1437页。光武对陵墓的规划带有对"承秦之奢"之西汉陵制的反思。西汉帝陵普遍高12丈，武帝陵高20丈（《续汉书·礼仪志下》刘昭注引《汉旧仪》，《后汉书》，第3144页）；光武原陵仅有6丈（《后汉书》卷二《明帝纪》注引《帝王纪》，第95页）。原陵地望一直存在争议，位于河南省孟津县白鹤镇铁榭村的旅游景区"汉光武帝陵"，近年已被学界否定。据研究，原陵位置应是孟津县三十里铺村南的大汉冢，或其南侧附近的朱仓陵园。相关讨论参见韩国河《东汉帝陵有关问题的探讨》，《考古与文物》2007年第5期；钱国祥：《东汉洛阳帝陵的布局与归属辨析》，《中原文物》2019年第1期。
④ 《后汉书》卷二《明帝纪》，第99页。

元旦时朝廷举行的大型庆典。①"朝于原陵"这一过程效法元会仪式来进行，并非一般的祭拜陵墓。

上陵礼的过程值得注意，《续汉书·礼仪志》载：

> 东都之仪，百官、四姓亲家妇女、公主、诸王大夫、外国朝者侍子、郡国计吏会陵。书漏上水，大鸿胪设九宾，随立寝殿前。钟鸣，谒者治礼引客，群臣就位如仪。乘舆自东厢下，太常导出，西向拜，折旋升阼阶，拜神坐。退坐东厢，西向。侍中、尚书、陛者皆神坐后。公卿群臣谒神坐。太官上食，太常乐奏食举，舞《文始》《五行》之舞。乐阕，群臣受赐食毕，郡国上计吏以次前，当神轩占其郡国谷价，民所疾苦，欲神知其动静。孝子事亲尽礼，敬爱之心也。周遍如礼。最后亲陵，遣计吏，赐之带佩。八月饮酎，上陵，礼亦如之。②

上陵礼在原陵墙垣内的寝殿进行，围绕光武神坐、神轩展开。百官会聚陵寝，依次展开以下环节。首先，百官恭立。大鸿胪选出"九宾"，站在寝殿前，百官按分类站在其后，③钟声响起，谒者带领群臣进入寝殿，按照朝仪站在相应位置。其次，天子、百官拜谒灵位。天子乘舆到东厢下，西向拜谒，再升阶，拜灵位，回到东厢就座；侍中、尚书、陛者站在灵位之后；百官依次拜谒灵位。再次，上贡

---

①　［日］渡边信一郎：《元会的建构——中国古代帝国的朝政与礼仪》，载［日］沟口雄三、小岛毅主编《中国的思维世界》，孙歌等译，江苏人民出版社 2006 年版，第 363—409 页。

②　《续汉书·礼仪志上》，《后汉书》，第 3103 页。

③　《汉书》卷四三《叔孙通传》载："大行设九宾，胪句传。"（第 2127 页）王先谦《汉书补注》引刘攽曰："宾，谓傧接之宾。九宾，傧者九人，掌胪句传也。"（中华书局 1983 年影印本，第 1020 页）。《续汉书·礼仪志上》注引薛综："九宾谓王、侯、公、卿、二千石、六百石下及郎、吏、匈奴侍子，凡九等。"（《后汉书》，第 3103 页）《汉旧仪》载："宗庙三年大祫祭……大鸿胪、大行令、九宾传曰：'起。'复位。"（《续汉书·祭祀志下》刘昭注引，《后汉书》，第 3195 页）九宾以传话引导为务。

食、进乐舞。太官端上供奉之食；太常奏上陵食举乐，起《文始》
《五行》之舞；百官接受赐食。最后，上计。郡国上计吏逐一上前，
向光武灵位汇报当地物价、民间疾苦、地方政治变动等；① 终由明帝
遣返上计吏。八月饮酎礼也改至原陵举行。

　　整场仪式的基调是事死如事生地供奉世祖。光武灵位、明帝所
居、百官所立，都按照光武生前的朝廷格局来布置。大鸿胪、九宾、
谒者、太常按照朝仪履行相应职责；神位旁的侍中、尚书和陛者是
服侍和保卫人员；太官、太常以美食和乐舞供皇帝享乐；百官接受
赐食，一如庆典；上计等政务汇报工作也如实进行。这是因为光武
平日对政务"勤劳不怠""每旦视朝，日仄乃罢"②，热衷于听审上
计。这一系列仿真的做法"欲神知其动静，孝子事亲尽礼，敬爱之
心也"③。上陵礼将神坐、神轩视为光武真身，以之为仪式的核心，
重现光武生前朝政场景。

　　东汉人认为上陵礼表达了明帝的孝心。谢承《后汉书》载灵帝
建宁五年（172），蔡邕随行上陵，有一段对上陵之"本意"的
感慨：

> 　　建宁五年正月，车驾上原陵，蔡邕为司徒掾，从公行，到
> 陵，见其仪，忼然谓同坐者曰："闻古不墓祭，朝廷有上陵之
> 礼，始谓可损。今见其仪，察其本意，乃知孝明皇帝至孝恻隐，
> 不可易旧。"或曰："本意云何？""昔京师在长安时，其礼不可
> 尽得闻也。光武即世，始葬于此。明帝嗣位逾年，群臣朝正，
> 感先帝不复闻见此礼，乃帅公卿百僚，就园陵而创焉。尚书阶
> 西祭设神坐，天子事亡如事存之意。苟先帝有瓜葛之属，男女
> 毕会，王、侯、大夫、郡国计吏，各向神坐而言，庶几先帝神

---

① 《后汉书》卷二《明帝纪》注引《汉官仪》，第 99 页。
② 《后汉书》卷一下《光武帝纪下》，第 85 页。
③ 《续汉书·礼仪志上》，《后汉书》，第 3103 页。

> 魂闻之。今者日月久远，后生非时，人但见其礼，不知其哀。
> 以明帝圣孝之心，亲服三年，久在园陵，初兴此仪，仰察几筵，
> 下顾群臣，悲切之心，必不可堪。"①

蔡邕本以为上陵礼不符合"古不墓祭"的传统，此次亲随上陵，见
识仪典，才体察到明帝设立此礼的深意，是一种"至孝恻隐"的
"悲切之心"——即位的明帝在接受群臣"朝正"（即元会）时，感
慨光武无法再见此礼，便在上陵之时重现元会，一切按照光武生前
之朝仪来布置进行，"庶几先帝神魂闻之"。蔡邕感叹："今者日月
久远，后生非时，人但见其礼，不知其哀。"② 这或是因为后人渐已
淡忘明帝纪念光武的深意。当然，后来人"不知其哀""莫能知其
所以两庙之意"的情况，则需另作探究。

　　光武原陵的位置也被精心规划。原陵位于洛阳城西北，明帝显
节陵、章帝敬陵、和帝慎陵、殇帝康陵则位于洛阳城东南，与原陵
相距较远。③ 明帝、章帝的规划，可能是将后代之陵集中于洛阳东
南兆域，与西北的原陵分开，以此凸显原陵至尊的地位。但在安
帝去世时，其恭陵却打破了规划，被建于原陵不远处。此后顺帝、
冲帝、灵帝之陵也置于洛阳西北郊，形成南兆域与北兆域并立的
东汉帝陵布局，即考古发现的偃师陵区与邙山陵区。安帝及其时
主政的邓太后开启北兆域建陵先例，可能因安帝出自章帝子清河
王刘庆，与和帝、殇帝不属同系，且安帝与殇帝同辈，比后者年
长，故另择地建陵墓；也有可能是如上述蔡邕言论所体现的，明
帝设双庙、创上陵礼的本意已不被领会，原陵神圣地位已有所降
低。上陵礼只是因循例行之礼。甚至因长期疏于管辖，汉末原陵
已被盗掘一空。④

---

① 《续汉书·礼仪志上》刘昭注，《后汉书》，第3103—3104页。
② 《续汉书·礼仪志上》刘昭注，《后汉书》，第3103—3104页。
③ 《续汉书·礼仪志下》刘昭注，《后汉书》，第3149页。
④ 《三国志·魏志·文帝纪》，中华书局1959年版，第81页。

相较于西汉的宗庙，陵墓成为东汉祭祖的核心场域。对于东汉时祭祖仪式从宗庙转移至陵墓的原因，研究者提出种种解释。[①] 墓祭的建立应与双庙格局的形成一并考虑，二者皆为昭示东汉王朝法统相对独立于西汉朝的独特定位。

永平初年宗祀、冕制、乐舞和陵庙诸礼改革，构成了纪念光武的仪式体系。宗祀典礼在明堂和灵台举行，效法周礼建立了"宗祀光武于明堂以配上帝"，形成了将光武拟作周文王的隐喻。经典化的冕服作为祭祀光武的法服而被设计，彰显了"受命易服"、革除秦服的义涵。世祖庙祭祀的诗歌与乐舞被制定，歌颂了光武涵括并超越西汉诸帝的功德。独尊光武的陵庙制度被建立，形成了独立于西汉法统的本朝祖宗崇拜。由这四部分构成的"光武纪念体系"包含一以贯之的逻辑：验证和纪念光武如同周文王的"受命"，光武是"新汉"之祖；至光武受命后，方才摆脱西汉之承秦故制，"汉"才实现了真正受命，获得新生，走上符合天命的政教之路。

## 二　君臣·父子·师生：明帝辟雍礼与东汉儒学天子的拟构

辟雍，相传是周天子为教育贵族子弟所设立之"大学"，也是举

---

① 杨宽认为，"东汉初年所以会实行隆重而大规模的'上陵礼'……和西汉中期以后豪强大族势力的发展，东汉政权以豪强大族作为其基础有关"，上陵是豪族"上墓"礼俗的推广（《中国古代陵寝制度史研究》，上海人民出版社 2016 年版，第 37—41 页）；刘炜也认为上陵是"在豪强大族的丧葬礼制的基础上形成和确立起来的"（《东汉帝王陵寝制度》，《文博》1986 年第 6 期，第 60 页）；巫鸿则认为，上陵制度的确立源于东汉王朝对其法统中"创业"与"继承"之间矛盾的解决，参见《从"庙"至"墓"：中国古代宗教美术发展中的一个关键问题》，载郑岩、王睿编《礼仪中的美术：巫鸿中国古代美术史文编》，郑岩等译，生活·读书·新知三联书店 2016 年版，第 549—568 页。笔者更倾向于巫鸿的判断。

行养老、乡饮等仪式的场所。辟雍行礼，被后代赋予了天子教化天下的象征义涵。①《晋书·礼志》载："《礼》有三王养老胶庠之文，飨射饮酒之制，周末沦废。汉明帝永平二年三月，帝始率群臣躬养三老五更于辟雍，行大射之礼。"② 说天子养老、飨饮之礼自周末废绝，直到汉明帝行辟雍礼才恢复。《晋书》提及这一时间节点值得注意。西汉时的儒生相信，恢复古代之最高学府辟雍，是实现天下教化的重要一环，多次呼吁营建，但因"礼文不具"，始终没能落实。③ 辟雍被认为"堕废千载莫能兴"④。平帝元始四年，安汉公王莽立辟雍，但被毁于更始帝时期。在东汉儒者看来，西汉始终没实现教化的标志之一是没能重建辟雍。如果说儒家礼制建设的重要义

---

　　①　《礼记·王制》："天子命之教，然后为学。小学在公宫南之左，大学在郊。天子曰辟雍，诸侯曰泮宫。"《毛诗正义·大雅·灵台》孔颖达疏引《韩诗说》："辟雍者，天子之学，圆如璧，壅之以水，示圆，言辟，取辟有德。不言辟水，言辟水言辟雍者，取其雍和也，所以教天下春射秋飨，尊事三老五更。"《礼记正义》卷一二，《毛诗正义》卷一六之五，《十三经注疏》，第1332、524页。《周礼》中辟雍又叫成均。《周礼·春官·大司乐》："掌成均之法，以治建国之学政，而合国之子弟焉。"孙诒让《周礼正义》谓："周大学之名，见此经者唯成均，见于《礼记》者由又有辟雍、上庠、东序、瞽宗。"孙诒让撰，汪少华点校：《周礼正义》卷四二，中华书局1987年版，第2064页。刘向《五经通义》曰："天子立辟雍者何，所以行礼乐，宣德化，教导天下之人，使为士君子，养三老，事五更，与诸侯行礼之处也。"见欧阳询撰，汪绍楹校《艺文类聚》卷三八《礼部上》，上海古籍出版社1982年版，第690页。

　　②　《晋书》卷二一《礼志下》，中华书局1974年版，第670页。

　　③　汉成帝时刘向呼吁立辟雍未果："至成帝时，犍为郡于水滨得古磬十六枚，议者以为善祥。刘向因是说上：'宜兴辟雍，设庠序，陈礼乐，隆雅颂之声，盛揖攘之容，以风化天下。如此而不治者，未之有也。……'成帝以向言下公卿议，会向病卒，丞相大司空奏请立辟雍。案行长安城南，营表未作，遭成帝崩，群臣引以定谥。"哀帝时刘歆说："（学者）信口说而背传记，是末师而非往古，至于国家将有大事，若立辟雍、封禅、巡狩之仪，则幽冥而莫知其原。"《汉书》卷二二《礼乐志》，卷三六《楚元王传》，第1033—1034、1970页。平帝元始四年，在宰衡王莽的策划下，辟雍一度落成，后被毁于更始军队。有关王莽所立辟雍，参考《三辅黄图》所载"汉辟雍"、《水经注》"谷水"。汉长安城东地南七里出土的大土门遗址当为辟雍、明堂。中国社会科学院考古研究所：《西汉礼制建筑遗址》，文物出版社2003年版，第226页。

　　④　《汉书》卷九九上《王莽传上》，第4069页。

涵是教化天下，那么古之学校——中央之辟雍与地方之庠序的建立，便是制礼者实现教化天下的标志性举措。① 落成辟雍，成为儒者对东汉王朝得以重建先王之道的一种期待。

"兴辟雍"是东汉建武、永平之际一项引人注目的政治文化建制。② 建武晚年到永平初年，时值东汉建朝（建武元年，公元25年）约三十年，国家日渐安定，到了"世而后仁""富而教民"的时候。光武帝建武三十二年（56）的封禅礼渲染了"太平"气氛，君臣上下期盼重建礼乐文化制度。封禅礼结束后，初起"三雍"明堂、灵台、辟雍，未及行礼，光武即驾崩。③ 永平二年（59），明帝先完成了明堂和灵台行礼，随即又兴辟雍诸礼。诸礼间有不同的文化含义。④ 明帝辟雍礼包括大射礼、养老礼和天子自讲三部

① 时人班固在《汉书·礼乐志》中写道，"（圣人）象天地而制礼乐，所以通神明，立人伦，正情性，节万事者也"，"人性有男女之情，妒忌之别，为制婚姻之礼；有交接长幼之序，为制乡饮之礼；有哀死思远之情，为制丧祭之礼；有尊尊敬上之心，为制朝觐之礼……礼节民心，乐和民声"。又说东汉时，"然德化未流洽者，礼乐未具，群下无所诵说，而庠序尚未设之故也"。第1027—1027、1035页。
② 在立国三十年之际，张纯、桓荣、梁松等多位儒生提议立辟雍，论述了"富而教之"之意。"时，南单于及乌桓来降，边境无事，百姓新去兵革，岁仍有年，家给人足。（张）纯以圣王之建辟雍，所以崇尊礼义，既富而教者也。"《后汉书》卷三五《张纯传》，中华书局1965年版，第1196页。
③ 汉代以来学者对明堂、灵台、辟雍的关系问题有很大争议。汉末蔡邕认为，"三雍"甚至太学、清庙、太庙都是异名同物，其实指一个建筑。孔颖达多沿用其说（蔡邕《明堂月令论》，《毛诗正义·大雅·灵台》孔疏）。郑玄、西晋袁准则认为"三雍"彼此是不同建筑（《灵台》孔疏引袁准《正论》及其引"郑"说）。清代学者对此争议不定，汪中、阮元等人在郑玄说法上进一步论证了"三雍"是异名异物（阮元《揅经室集·明堂论》），惠栋则认同蔡邕之说（惠栋《明堂大道录》）。如今有学者认为金文材料显示的西周"三雍"应是异名同物（王晖：《西周"大学"、"辟雍"考辨》，《宝鸡文理学院学报》2014年第5期）。无论"三雍"本来面貌和经学建构如何，东汉初年重建的"三雍"是三个不同的建筑，承担着不同的礼制功能，这点已被洛阳南郊礼制建筑考古发现所证实。
④ 永平初年的明堂礼和灵台礼属于同一个仪式体系，发挥着纪念光武受命功德、界定"新汉朝"起点的作用。辟雍礼与此体系不同。

分内容。三者相继举行，① 互为依存，构成一个连贯而有特定义涵的仪式体系，在明帝永平年间一系列礼仪活动中扮演着重要角色。

相关考古遗址表明，东汉辟雍位于王朝都城洛阳城南墙开阳门外御道东，与西侧的明堂相隔御道，东北面紧邻太学。② 可知，辟雍的核心是个大型殿式建筑，位于整体建筑群偏北的位置；其四面皆有置双阙和门屏建筑；在这个核心建筑的南侧，若干建筑群环抱之中，有个广阔的广场；在其外围三面有环水沟槽，水上可能有桥。③ 辟雍及其广场位置，可谓是个开放性的"展示空间"④。据记载，辟雍可"观"。《白虎通·辟雍》载："辟雍，所以行礼乐，宣德化也。辟者，象璧圆，以法天也。雍者，雍之以水，象教化流行也。辟之为言积也，积天下之道德；雍之为言雍也，雍（按：堆砌）天下之仪则，故谓辟雍也。……外圆者，欲使观者平均也。"⑤ 《诗·大

---

① 《后汉书》卷三七《桓荣传》："每大射、养老礼毕，上辄引（桓）荣及弟子升堂，执经自为下说。"第 1253 页。

② 根据考古勘察，辟雍遗址地处河南省偃师市佃庄乡东大郊村北约 0.75 千米。1931 年民间在此出土了刻有"大晋龙兴皇帝三临辟雍皇太子又再莅之盛德隆熙之颂"的西晋咸宁四年辟雍碑，由此确定了洛阳辟雍的地理位置。关于汉魏洛阳辟雍遗址的发掘情况，参考中国社科院考古所编著《汉魏洛阳故城南郊礼制建筑遗址：1962—1992 年考古发掘报告》，文物出版社 2010 年版，第 126—179 页。

③ 传世文献记载了辟雍的圆形环水结构。《礼记·礼统》："辟雍之制奈何？《王制》曰，辟雍圆如璧，雍以水，内如覆，外如偃盘也。"桓谭《新论·正经》："王者作圆池如璧形，实水其中，以圜雍之，故曰辟雍。"李尤《辟雍铭》："惟王所建，方中圆外，清流四匝，荡涤浊秽。"李贤注《后汉书·崔骃传》："璧雍者，环之以水，圆而如璧也。"但根据考古勘察，洛阳辟雍仅在西、北、东三个方向设有宽 3—4 米的水沟槽，水槽是直行而非环形，直到遗址以南尚未显出转折闭合苗头。《水经注》卷一六《谷水》："（谷水）又迳明堂北，汉光武中元元年立。寻其基墌，上圆下方……故引水于其下为辟雍也。"（陈桥驿校证：《水经注校证》，中华书局 2007 年版，第 401 页）辟雍之水来自弘农郡渑池县的谷水。

④ 辟雍遗址中心发掘了东西长 46 米、南北长 32—33 米的大型夯土殿址和台基；其东南西北皆发现了双阙、门屏和建筑基址，其间范围阔大，南北长度与东西宽度相等，约 165 米。参考《汉魏洛阳故城南郊礼制建筑遗址：1962—1992 年考古发掘报告》，第 126—142 页。

⑤ 陈立撰，吴则虞点校：《白虎通疏证》，中华书局 1994 年版，第 259 页。

雅·灵台》毛传：“水旋丘如璧曰辟雍，以节观者。”① 《汉官仪》载：“辟雍以水周其外，以节观者。”② 《后汉书·儒林传》载：“飨射礼毕，帝正坐自讲，诸儒执经问难于前，冠带缙绅之人，圜桥门而观听者盖亿万计。”③ 袁山松《后汉书》载王充“诣太学，观天子临辟雍，作《六儒论》”④。几段材料都提及辟雍的“观者”，数量高达夸张的“亿万计”，可见行辟雍礼是有表演性质的仪式，其“宣德化”“雍天下之仪则”的象征意义通过观众的围观得以展现。

　　明帝在辟雍进行的一系列礼仪，构成东汉初年一种独特的政治文化景观。大射礼发挥“择贤”义涵，明帝辟雍拜官，形成求贤若渴的舆论氛围，展示儒家理想的君臣关系；养老礼借“不臣”义理，明帝暂离君之身份，扮演孝子，向三老五更行父礼，拟构孝的父子伦常秩序；天子自讲，明帝自称“我为孔子”，臣为弟子。以师生喻君臣，构造合乎儒家礼法的君臣关系。辟雍“可观”，现场充满了围观聆听的文武百官，那是一个明帝展示多重理想身份的表演空间。在这个空间中，明帝分别演绎了君臣、父子、师生的伦理关系。他穿行于公与私、威与德、长与幼、教与学多个身份场域，以天下仪则自我标榜，借之建立人伦化的政治秩序，昭示新汉朝政权的合法性所在。由此，明帝化身为以教化天下自我标榜的天子。⑤ 永平辟雍礼的意义非同寻常，是东汉初年整个重建工程的重要组成部分，有深入探究的必要。迄今为止，学界对这一史事缺少应有的关注，这

---

　　① 孔颖达疏：“以水绕丘所以节约观者，令在外而观也。”《毛诗正义》卷一六之五，《十三经注疏》，第 525 页。
　　② 《后汉书》卷一下《光武帝纪下》中元元年李贤注引，第 84 页。
　　③ 《后汉书》卷七九上《儒林传上》，第 2545—2546 页。
　　④ 《后汉书》卷四九《王充传》注引，第 1629 页。
　　⑤ 汉文帝下令在民间选拔三老、孝、悌、力田，武帝举行“劝孝悌，崇有德”的籍田礼，元帝置《五经》百石卒史，尹湾汉简所见文学卒史一职显示，经学在民间的推行，都是汉朝推行教化的具体措施。但这都与汉明帝建构教化天子之人格特质、以此自我标榜的情况并不相同。

就为本研究提供了空间。①

### （一）大射礼：择贤与君臣之道的缔结

大射礼，是发生于西周时，乡射礼主人为天子、围绕射箭而展开的一种礼仪活动。② 大射礼又应用于天子和诸侯祭祀时，通过射术来选拔参与祭祀者。考西汉史事，尽管多有儒生练习射礼，但没有明确记载天子行大射礼。③ 居摄元年正月（6），王莽行大射礼于长安南郊明堂、辟雍。④ 这是王莽所作出承接西周、行摄天子之事的一种姿态，为其篡汉做准备。与建武、永平年间诸多礼制效法"元始故事"相似，明帝兴大射同样是对莽礼制的效法。

建武晚年的封禅礼过后，光武帝让博士曹充"受诏议立七郊、三雍、大射、养老礼仪"⑤。大射礼作为"太平乃制礼""富而教之"的一项内容被正式提出。永平二年三月，明帝"临辟雍，初行大射礼"⑥。

---

① 目前关于辟雍的研究较多集中于周辟雍和晋辟雍。杨宽《西周史》（上海人民出版社 2003 年版）设《西周大学（辟雍）的特点及其起源》一章，阐述了辟雍的格局和功能。李山《〈诗〉"辟雍"考》（《河北师范大学学报》2003 年第 4 期）认为周辟雍与周穆王礼乐改革有关。王晖《西周"大学"、"辟雍"考辨》（《宝鸡文理学院学报》2014 年第 5 期）结合金文材料考辨周辟雍形制。郭炳洁《辟雍与东汉中央官学教育》（《孔子研究》2015 年第 4 期）讨论了辟雍作为东汉一代官学组成部分的作用。晋辟雍由东汉辟雍发展而来。目前对晋辟雍的研究主要以偃师出土的西晋咸宁四年辟雍碑为中心考察相关政治事件，参考汪华龙、熊长云《晋辟雍碑碑阴"凉州散生"考——兼谈辟雍碑碑阴题名的添改》，《中国史研究》2017 年第 4 期；李磊：《魏晋之际国子、太学之议与司马氏政权的合法性建构》，《江海学刊》2016 年第 6 期；童岭：《晋初礼制与司马氏帝室——〈大晋龙兴皇帝三临辟雍碑〉胜义蠡测》，《学术月刊》2013 年第 10 期。
② 关于大射礼的历史起源、大射与射礼的关系，参考杨宽《"射礼"新探》，载杨宽《古史新探》，上海人民出版社 2016 年版，第 315—342 页。
③ 《汉书》卷二七中之下《五行志中之下》载成帝鸿嘉二年三月"博士行大射礼"。第 1417 页。
④ 《汉书》卷九九上《王莽传上》，第 4082 页。
⑤ 《后汉书》卷三五《曹褒传》，第 1201 页。
⑥ 《后汉书》卷二《明帝纪》，第 102 页。

十月诏称此事"间暮春吉辰，初行大射"①。"初行"指汉代初次行此礼。有汉一代终于在永平初年落成了真正的大射，这是当时备受瞩目、非常隆重之事。明帝建立了大射礼的范式。

袁山松《后汉书》载明帝大射礼"天子皮弁素绩，亲射大侯"②。"大侯"取义于经典记载天子与公所射之箭靶。③"行大射礼于辟雍，公卿诸侯大夫行礼者，冠委貌，衣玄端素裳。执事者冠皮弁，衣缁麻衣，皂领袖，下素裳，所谓皮弁素绩者也。"④从天子到百官，"执事者"行射礼时都穿皮弁素绩，取自《礼记·郊特牲》"皮弁素服而祭"之义。从大侯到服装，都可见明帝"效法周礼"之意图。⑤此外，天子于三月"暮春吉辰"之时亲自行射，这一时间也有特殊意味。《白虎通·飨射》载："天子所以亲射何？助阳气达万物也。春，阳气微弱，恐物有窒塞不能自达者。夫射内发外，贯坚入刚，象物之生，故以射达之也。"⑥《汉书·五行志》载："礼，春而大射，以顺阳气。"⑦可见东汉儒者确定了天子"春而大射"义涵：春季阳气微弱、万物萌而未发，天子作为阳刚之首，通过行大射象征为万物注入阳气，促其生长。天子被赋予了连通天地、保育万物的神圣力量。

大射礼的执行者包括天子和士人。当射礼执行者由天子转变为士人时，就形成了"射以观德"之义。大射礼本是天子通过"比赛"射箭的方式来选拔"士"，引申出"择贤"含义。《礼记·射

---

① 《后汉书》卷二《明帝纪》，第102页。
② 《续汉书·礼仪志上》刘昭注引，《后汉书》，第3108页。
③ 《诗·小雅·宾之初筵》"大侯既抗，弓矢斯张"毛传："大侯，君侯也。"郑玄笺："天子诸侯之射，皆张三侯。故君侯谓之大侯。"《仪礼·大射》："公射大侯，大夫射参，士射干。"第484、1034页。
④ 《续汉书·舆服志下》，《后汉书》，第3665页。
⑤ 袁宏称汉明帝制礼及制服"睹先王之规矩，察秦汉之失制，作营务求厥中"。周天游点校：《后汉纪》，"明帝永平二年"，天津古籍出版社1987年版，第244页。
⑥ 陈立：《白虎通疏证》，第242页。
⑦ 《汉书》卷二七《五行志下之上》，第1458页。

义》载："射者，进退周还必中礼。内志正，外体直，然后持弓矢审固。持弓矢审固，然后可以言'中'。此可以观德行矣。""故天子之大射，谓之射侯。射侯者，射为诸侯也。射中则得为诸侯，射不中则不得为诸侯。"郑玄注："《射义》者，以其记燕射、大射之礼，观德行取其士之义也。""大射，将祭，择士之射也。"① 指天子射"侯"，引申出以射的形式选拔诸侯。《中庸》载："射有似乎君子，失诸正鹄，反求诸其身。"射是一种对人心志的训练，心态须专注沉稳，姿态庄重端正；射不中时须反诸内心、自我反省，不迁怒于靶心不正。射术优胜者，被认为在其为官所需的品格上比别人更胜一筹。②

大射礼将抽象的德具体化为一种射的行为。"射"可"观德行"，通过"射"的表演，呈现人的品行、心智和能力。"德"转换为一种可睹可视的视觉行为。"射"不仅是一种技艺性的表演，更是射者的德、贤、行的展示。东汉辟雍为这种展示提供了一个空间，在这个空间中的君臣，缔结了伯乐与千里马的关系。他们对德与贤怀有共同的理想。辟雍为他们提供了一个投桃报李的表演性空间。

"择贤"与"泽"有关。按古义，大射行于"泽"。《礼记·射义》载："天子将祭，必先习射于泽。泽者，所以择士也。已射于泽，然后射于射宫。"③ 郑玄注《礼记·郊特牲》："泽，泽宫也，所以择贤之宫也。"④ 东汉辟雍"四门外有水"的环水结构，当是按照"泽"义而建，使辟雍成为择士的绝佳场所，亦有天子"德泽四海"

---

① 又如射的姿势和节度是否符合礼乐决定了是否具有参与祭祀的资格："是故古者天子之制，诸侯岁献，贡士于天子，天子试之于射宫。其容体比于礼，其节比于乐，而中多者，得与于祭。其容体不比于礼，其节不比于乐，而中少者，不得与于祭。"《礼记正义》，《十三经注疏》，第 1686—1688 页。

② 《礼记·射义》："射者，仁之道也。射求正诸己，己正然后发，发而不中，则不怨胜己者，反求诸己而已矣。"《礼记正义》，《十三经注疏》，第 1689 页。

③ 《礼记正义》，《十三经注疏》，第 1689 页。

④ 《礼记正义》，《十三经注疏》，第 1453 页。

之意。① 其含义是，唯当天子有极高道德时，才能做到求贤若渴。一方面是天子"亲射"，另一方面被授予职位的士人也参与"射"。明帝在辟雍行礼之间确有拜官授职，择贤纳士。《后汉书·循吏任延传》载："显宗即位，拜颍川太守。永平二年，征会辟雍，因以为河内太守。"② 《儒林伏恭传》载："永平二年，代梁松为太仆。四年，帝临辟雍，于行礼中拜恭为司空，儒者以为荣。"③ 《承宫传》载："永平中，征诣公车。车驾临辟雍，召宫拜博士，迁左中郎将。"④ 永平年间几次拜官都与辟雍礼有关，可见辟雍大射包含"射侯"之义。任延、伏恭、承宫皆精通经术的名儒学者。任延"学于长安，明《诗》《易》《春秋》，显名太学，学中号为'任圣童'"，任九真太守时，"教其耕稼，制为冠履，初设媒娉，始知姻娶，建立学校，导之礼义"，是以礼化民之代表。伏恭出自琅琊《尚书》世家伏氏，"青州举为尤异，太常试经第一，拜博士，迁常山太守。郭修学校，教授不辍，由是北州多为伏氏学。永平二年，代梁松为太仆"，是儒生任中央官的代表。承宫是《春秋》学家，两汉之际以高节名震天下。建武时"三府更辟，皆不应"，是逸民隐士的代表。明帝在辟雍拜承宫为博士、左中郎将，有将天下逸民吸纳为朝臣的意思。李善注张衡《东都赋》"因进距衰，表贤简能"云："言因其进则举而用之，衰减者拒而退之。谓择贤以大射，所以表明德行，简录其能否，谓辟雍也。"⑤ 可见，明帝发挥辟雍大射的择贤之义，将大射当作标榜经术、勉励儒生、礼贤纳士之仪式。士人通过这场仪式，转换在野身份，凭借学问和德行，成为朝廷栋梁，

---

① 《后汉书》卷四〇下《班彪传下》载班固《两都赋》云"太液昆明，鸟兽之囿，曷若辟雍海流，道德之富？"注："《三辅黄图》曰'辟雍，水四周于外，象四海'也。"第1370页。
② 《后汉书》卷七六《循吏传》第2463页。
③ 《后汉书》卷七九下《儒林传下》，第2571页。
④ 《后汉书》卷二七《承宫传》，第945页。
⑤ 李善注：《文选》卷三，上海古籍出版社1986年版，第106页。

"儒者以为荣"。"射者，所以观盛德也"①，辟雍大射强调天子任用士臣的关键在于"德"，构拟了天子与儒生之间以德维系、以贤为贵的君臣关系。

借辟雍射礼，明帝创造了唯恐贤者不得其所、求才若渴的舆论环境。章帝时崔骃作《达旨》称："于时太上（明帝）运天德以君世，宪王僚而布官；临雍泮以恢儒，疏轩冕以崇贤；率惇德以厉忠孝，扬茂化以砥仁义；选利器于良材，求镆铘于明智。"②通过这些富有细节和画面感的描述，崔骃指出在辟雍礼上，明帝尊崇贤才、选拔贤能、树立儒者之表率。明帝一朝，以取士著称。樊准称明帝"多征名儒，以充礼官，如沛国赵孝、琅邪承宫等，或安车结驷，告归乡里；或丰衣博带，从见宗庙。其余以经术见优者，布在廊庙"③。张衡《东京赋》也称明帝时"乃羡公侯卿士，登自东除，访万机，询朝政，勤恤民隐，而除其眚。人或不得其所，若己纳之于隍。……君臣欢康，具醉熏熏。千品万官，已事而竣勤屡省，懋乾乾"④。明帝朝洋溢着天子求贤若渴、名儒济济、君臣默契的气氛。借助辟雍大射礼仪，重建君臣关系，调整光武帝时代众多遗老名士隐逸不仕的局面。⑤

### （二）养老礼：尊儒与父子伦常的拟构

在辟雍空间中，如果说大射礼演绎的是君臣之道在"公"场域中的理想身份关系，那么，"养老"则是明帝在"私"领域，将自我塑造为尊老养老的伦理模范。继永平二年三月初行大射，明帝在十月"初行养老礼"。明帝首次将经典记载的养老礼转化为现实行

① 《礼记·射义》，《礼记正义》，《十三经注疏》，第 1687 页。
② 《后汉书》卷五二《崔骃传》，第 1709 页。
③ 《后汉书》卷三二《樊准传》，第 1125 页。
④ 张震泽：《张衡诗文集校注》，上海古籍出版社 2009 年版，第 119—120 页。
⑤ 如北海逢萌、太原周党、太原王霸、会稽严光，见《后汉书》卷八三《逸民列传》，第 2759—2764 页。在辟雍拜官的承宫和任延皆有这种性质。

为，并有诸多发明创造。别有意味的是，他在辟雍时空下，暂时脱离了"君"的角色，转换身份为"孝子"兼"学生"。

养老礼的核心环节是天子尊奉"三老"和"五更"二人。值得注意的是，在明帝即位的礼仪活动中出现了两种"三老"。光武去世的中元二年夏四月，明帝诏"赐天下男子爵、人二级，三老、孝悌、力田人三级"；永平二年冬十月，"复践辟雍，尊事三老"①。前者泛指天下的三老，后者只有一位三老。② 这里不能简单认为后者是天下三老的典范，而应理解为含义不同的两种"三老"。三老之名承袭先秦和秦朝。"乡有三老、有秩、啬夫、游徼……皆秦制也"③。两汉有国三老、郡三老、县三老，皇帝多予赏赐。东汉常见赐爵三老、孝悌、力田人三级，"皆乡官之名"④。汉碑和简牍中多见县乡三老之名。⑤ 对此类"三老"，学界已从制度史和乡里社会势力的角度作了充分讨论，三老"非吏而得与吏比"的地方乡绅身份、发挥沟通官民的重要作用这一点，被充分认识。⑥

"三老五更"中的三老与乡官三老性质不同。对此可从"五更"

① 《后汉书》卷二《明帝纪》，第 96、102 页。
② 陈立：《白虎通疏证》卷五《乡射》，第 248 页："三老、五更几人乎？曰：各一人。何以知之？既以父事，父一而已，不宜有三。"尽管有三老为父、五更为兄的区别，但从"各一人"看，"既以父事，父一而已"，三老五更都应以事父对待。永平行礼时五更桓荣已八十多岁，三十岁的明帝以父事之，更合情理。
③ 《汉书》卷一九上《百官公卿表上》，第 742 页。
④ 《后汉书》卷二《明帝纪》李贤注，第 97 页。
⑤ 如《三老讳字忌日记》《嵩山室神道石阙铭》《仓颉庙碑》《曹全碑》和《赵宽碑》，各见高文《汉碑集释》（修订本），河南大学出版社 1985 年版。又见于尹湾汉墓简牍之《籍簿》。
⑥ 参考劳榦《三老余义》，《大陆杂志》1960 年第 9 期；刘修明：《两汉乡官"三老"浅探》，《文史哲》1984 年第 5 期；陈明光：《汉代"乡三老"与乡族势力蠡测》，《中国社会经济史研究》2006 年第 4 期；牟发松：《汉代"三老"："非吏而得与吏比"的地方社会领袖》，《文史哲》2006 年第 6 期；万广义：《汉代乡三老身份再探》，《南昌大学学报》2008 年第 5 期。王雪岩将汉代三老制度系统分为"县、乡三老制的基层行政系统"和"皇帝养老礼中的三老与郡、国三老共同构成的上层礼仪系统"。王雪岩：《汉代"三老"的两种制度系统——从先秦秦汉的社会变迁谈起》，《中国社会经济史研究》2009 年第 2 期。

之名入手分析。"五更"不像"三老"是一种制度性的存在，很少在史书上出现。按《礼记·文王世子》《乐记》《祭义》诸经书说法，尊"三老五更"始创自周文王。王莽居摄元年正月"养三老五更"于明堂，①这是史书上首次出现三老与五更的并称。多有东汉儒者诠释"三老五更"的内涵。宋均注《孝经援神契》："三老，老人知天、地、人事者。……五更，老人知五行更代之事者。"郑玄注《礼记》曰："皆年老更事致仕者也。名三五者，取象三辰五星，天所因以照明天下者。"应劭《汉官仪》曰："三老、五更，三代所尊也。……三者，道成于天、地、人。老者，久也，旧也。五者，训于五品。更者，五世长子，更更相代，言其能以善道改更己也。三老、五更皆取有首妻，男女完具。"②蔡邕《独断》指出"五更或为叟，叟、老称，与三老同义也。"③几位东汉学者对"五更"的理解有明显分歧：宋均强调"知五行更代之事"，郑玄取义"五星照明天下"，应劭解作"训于五品、五世长子"，蔡邕则平实地训"更"为"叟"。众人对"五更"解释的分歧，反映了"五更"不像三老有明确的涵义，更像一种较为随意的在儒家义理阐发语境中的即景发挥。太学辟雍尊崇的"三老五更"是儒家义理阐述的产物，而郡国乡官的"三老"则来自秦汉制度，二者的性质义涵不同。明帝"尊三老五更"之后有一环节，"其赐天下三老酒人一石，肉四十斤。有司其存耆耋，恤幼孤，惠鳏寡"，这里没提到五更，可见"三老五更"和"天下三老"分别属于不同的礼仪系统，尽管这两种三老礼仪都含"敬老"之义。④辟雍养

---

① 《汉书》卷九九上《王莽传上》："居摄元年正月，莽祀上帝于南郊，迎春于东郊，行大射礼于明堂，养三老五更，成礼而去。"第4082页。

② 以上诸家说法见《后汉书》卷二《明帝纪》李贤注，第103页。

③ 蔡邕：《独断》，影印《文渊阁四库全书》第850册，台湾商务印书馆1986年版，第79页。

④ "不臣"身份亦见于县三老，如东汉《赵宽碑》提到"以宽宿德，谒请端首，优号三老，师而不臣"。

老礼所表彰的耆儒，是象征意义上的三老，而非地方上维持社会关系的三老。

明帝养老礼的仪节，模仿了经典记载。《礼记·文王世子》载："始之养也：适东序，释奠于先老，遂设三老五更群老之席位焉。适馔省醴，养老之珍，具；遂发咏焉，退修之以孝养也。反，登歌清庙，既歌而语，以成之也。"① 《乐记》和《祭义》均载："食三老五更于大学，天子袒而割牲，执酱而馈，执爵而酳，冕而总干，所以教诸侯之弟也。"② 《孝经援神契》载："尊三老者，父象也。谒者奉几，安车软轮，供绥执授，兄事五更，宠以度，接礼交容，谦恭顺貌。"③ 以上述记载为参照来看汉明帝养老礼的展开：

尊事三老，兄事五更，安车软轮，供绥执授。侯王设酱，公卿馔珍，朕亲袒割，执爵而酳。祝哽在前，祝噎在后。升歌《鹿鸣》，下管《新宫》，八佾具修，万舞于庭。

养三老、五更之仪，先吉日，司徒上太傅若讲师故三公人名，用其德行年耆高者一人为老，次一人为更也。皆服都纻大袍单衣，皂缘领袖中衣，冠进贤，扶王杖。五更亦如之，不杖。皆斋于太学讲堂。其日，乘舆先到辟雍礼殿，御坐东厢，遣使者安车迎三老、五更。天子迎于门屏，交礼，道自阼阶，三老升自宾阶。至阶，天子揖如礼。三老升，东面，三公设几，九卿正履，天子亲袒割牲，执酱而馈，执爵而酳，祝鲠在前，祝饐在后。五更南面，公进供礼，亦如之。明日皆诣阙谢恩，以见礼遇大尊显故也。④

① 《礼记正义》，《十三经注疏》，第 1410 页。
② 《礼记正义》，《十三经注疏》，第 1543、1600 页。
③ 《续汉书·礼仪志上》刘昭注引，《后汉书》，第 3109 页。
④ 《后汉书》卷二《明帝纪》，第 102—103 页；《续汉书·礼仪志上》，《后汉书》，第 3109 页。

择吉日后，司徒将故三公人名、能讲经者上交太傅，从中选取三老和五更。三老、五更身穿"都纻大袍单衣，皂缘领袖中衣"，戴"文儒者"的进贤冠，三老得以持杖。两人先斋戒于太学，再乘舆至辟雍礼殿，等候使者迎接。明帝坐在东厢恭候三老、五更的到来，在大殿前门内的门屏迎接二人。① 之后，三老从宾阶登堂，东面而坐，三公九卿为之置桌正鞋。天子亲自割肉、敬酒。五更南面而坐。三老东面、五更南面，推测天子应西向，这样的座次安排值得注意。这一场合不属于皇帝南面的君臣之礼，而是家人之礼。东面、南面都为"上座"、尊位。② 汉代皇帝多在面对皇太后时才西向而坐，此时东向的皇太后是不称臣的尊者。③ 天子西向（或北向）的座席，暗示了"君"身份在养老礼上的缺位。④

进而演奏《鹿鸣》和《新宫》，这是模仿《仪礼·燕礼》的流程⑤。进"八佾"这一天子规格之舞，符合《乐记》"冕而总干"，即天子著冕而手持干盾起舞之义。乐舞渲染了对三老的礼敬及愉悦

---

① 关于殿、序、厢、屏之位置关系，参考陈苏镇《秦汉殿式建筑的布局》，《中国史研究》2016年第3期。

② 杨树达《秦汉坐次尊卑考》称："秦汉坐次，自天子南面不计外，东乡最尊，南面次之，西面又次之，北面最卑，其俗盖承自战国。"载《积微居小学述林》，科学出版社1954年版，第247页。辟雍养老礼上，东向的三老比南向的五更地位稍尊，天子西向而非北向，更能突出东向的三老之尊位。

③ 太后东向，天子西向，这是家人之礼的座次。蔡邕《独断》卷下："桓帝崩，今上（灵帝）即位。桓思窦后摄政，后摄政则后临前殿朝群臣。后东面，少帝西面，群臣奏事，止书皆为两通，一诣太后，一诣少帝。"《文渊阁四库全书》第850册，第88页。

④ 魏晋南北朝的养老礼上，天子多为北面、西面。《晋书》卷三三《王祥传》："天子幸太学，命祥为三老。祥南面几杖，以师道自居。天子北面乞言，祥陈明王圣帝君臣政化之要以训之。"《周书》卷一五《于谨传》："高祖幸太学以食之。三老入门，皇帝迎拜门屏之间，三老答拜。有司设三老席于中楹，南向。太师、晋国公护升阶，设几于席。三老升席，南面凭几而坐，以师道自居。大司寇、楚国公宁升阶，正舄。皇帝升阶，立于斧扆之前，西面。有司进馔，皇帝跪设酱豆，亲自袒割。三老食讫，皇帝又亲跪授爵以酳。有司撤讫。皇帝北面立而访道。"

⑤ "主人升受爵以下而乐阕。升歌《鹿鸣》，下管《新宫》。笙人三成，遂合乡乐。"《仪礼注疏》，《十三经注疏》，第1025页。

的气氛。整个流程展现了明帝养老礼对经典的模拟、采摘和重组。张衡《东京赋》记载这一场景："（天子）执銮刀以袒割，奉觞豆于国叟。降至尊以训恭，送迎拜乎三寿。敬慎威仪，示民不偷。我有嘉宾，其乐愉愉。声教布濩，盈溢天区。"整个过程长幼有序，散发着家人之间其乐融融的气氛。

"明日皆诣阙谢恩"，指三老、五更向天子的尊奉表示答谢。此举安排在第二日进行，别有深意。谯周《五经然否》载："汉初或云三老答天子拜，遭王莽之乱，法度残缺。汉中兴，定礼仪，群臣欲令三老答拜。城门校尉董钧驳曰：'养三老，所以教事父之道也。若答拜，是使天下答子拜也。'诏从钧议。"① 董钧是东汉初年庆氏礼学专家，② 他认为三老不应该答谢天子，否则，这便是要求天下父亲答谢儿子的侍奉，义不可取。在辟雍行礼之际，三老与天子之间呈现为父子关系；离开了这一场合，天子与三老还原了君臣关系，故答谢天子应放在第二日。可见在辟雍养老礼这一特殊时空下，天子暂时"脱离"了皇帝身份的含义。《白虎通·王者不臣》载：

> 王者有暂不臣者五，谓祭尸，受授之师，将帅用兵，三老，五更。不臣祭尸者，方与尊者配也。不臣授受之师者，尊师重道，欲使极陈天人之意也。故《礼·学记》曰："当其为师，则弗臣也。当其为尸，则不臣也。"不臣将帅用兵者，重士众为敌国，国不可从外治，兵不可从内御，欲成其威，一其令。《春秋》之义，兵不称使，明不可臣也。不臣三老、五更者，欲率天下为人子弟。③

这段话是说，祭尸、授业之师、将帅、三老、五更这五种身份者面

① 《续汉书·礼仪志上》，《后汉书》，第3109页。
② "永平初，为博士。时草创五郊祭祀，及宗庙礼乐，威仪章服，辄令钧参议，多见从用。"《后汉书》卷七九《儒林传》，第2577页。
③ 陈立：《白虎通疏证》卷七《王者不臣》，第319页。

对天子不用称臣。汉代人面对皇帝时都自称"臣某"①，而三老、五更则不需要，因为在养老礼这一特殊场合中，天子以"子弟"身份而非"君"的身份出现。"不臣"意味着君臣之道的暂时阙如。《白虎通·乡射》明确谈及此义："王者父事三老，兄事五更者何？欲陈孝弟之德以示天下也。故虽天子必有尊也，言有父也。必有先也，言有兄也。……三老、五更几人乎？曰：各一人。曰：何以知之？既以父事，父一而已，不宜有三。"②班固《辟雍诗》也提到"皤皤国老，乃父乃兄；抑抑威仪，孝友光明"③。养老礼上天子"欲率天下为人子弟"，以身作则，示天下以孝悌，建立"君"权无法替代的家族伦常秩序。养老礼结束后，"其赐天下三老酒人一石，肉四十斤。有司其存耆耋，恤幼孤，惠鳏寡，称朕意焉"④。这是明帝发挥《礼记·大同》"老吾老以及人之老"之义，希望"鳏寡孤独者皆有所养"，将自己"事父"推广至天下的"事老"。

　　儒典记载的养老礼主要围绕"父事三老，兄事五更"，为彰显天子之孝悌。明帝养老礼在继承这一义涵的基础上，进一步将三老五更建构为"儒师"，天子以学生自居。三老五更戴"文儒者之服"的进贤冠、在古之"大学"辟雍行礼，同时诏令"郡、县、道行乡饮酒于学校，皆祀圣师周公、孔子"——种种细节显示了养老礼所尊者不仅为"父"，而且为"师"。儒家认为理想的父子关系包含父亲对孩子的启蒙和教诲，父亲在某种程度上是孩子第一位老师。这场仪式展现不仅是一般的父子关系，更是儒学式的师生关系。《白虎通·王者不臣》以"授受之师"不需称臣。永平三老、五更的人选

---

① 关于"臣某"的自称称谓与汉代皇帝权力结构的关系，参考［日］尾形勇《中国古代的"家"与国家》，张鹤泉译，中华书局2010年版，第119—137页。
② 陈立：《白虎通疏证》卷五《乡射》，第248页。尽管有三老为父、五更为兄的区别，但从"各一人"看，"既以父事，父一而已"，三老五更都应以事父对待。永平行礼时五更桓荣已八十多岁，三十岁的明帝以父事之，更合情理。
③ 《后汉书》卷四〇下《班彪传下》，第1371页。
④ 《后汉书》卷二《明帝纪》，第103页。

是李躬和桓荣："三老李躬，年耆学明。五更桓荣，授朕《尚书》。"① 二人皆学问显著。桓荣是明帝太子时的师傅，为刘庄讲授欧阳《尚书》学十余年，以他为东汉首位五更，"学为儒宗，尊为帝师"，突显的是"为师者如父"观念。"每大射养老礼毕，帝辄引（桓）荣及弟子升堂，执经自为下说。"② 在这一场合中，天子变为"生"。明帝自居为生徒，与众弟子论经，尊认桓荣"亲、师一体"身份。桓荣担任辟雍舞台上明帝借以展现君臣之师生关系的"演员"角色。

　　东汉的三老五更多是明习经术的儒师，如习严氏《公羊春秋》的周堪和张霸，家传欧阳《尚书》的杨赐。可见东汉养老礼注重的不仅是西汉时一般意义上的尊老、劝勉孝悌，也不仅是对中央与地方社会关系的调理，更主要是对儒师的表彰、对儒术的尊崇。至此，秦和西汉"以吏为师""以法为教"的政治传统遭到摒弃，儒者而非官吏成为举国效法的"师"③。从三老五更的"不臣"身份，可见新汉朝某种程度上有"儒学高于帝术"之迹象。辟雍养老礼是一个构拟"三老五更"与天子之间父子及师生关系的仪式时空。其中，儒者凭借学养和年齿居于尊位，天子居于卑位；君臣关系暂时搁置，政治权威暂时让位，代之以尊老、敬贤的伦理推崇。这不意味着东汉帝国在实际政务运作中将儒术放在首位，而应理解为皇帝在仪式舞台上展露的姿态和巩固合法性的文化策略。明帝在养老礼中加入"事师"元素，对后世产生了深远影响。魏晋南北朝时期的养老礼侧

---

①　《后汉书》卷二《明帝纪》，第 102 页。

②　《后汉书》卷三七《桓荣传》，第 1253 页。桓荣门生在朝为官者众多，有豫章何汤、颍川丁鸿、九江胡宪、鲍骏、汝南张酺等，形成一文化扶持和利益相结之集团，在明帝朝廷中颇为显赫。明帝尊奉桓氏，与其影响力之深远有关。

③　《韩非子·五蠹》："无书简之文，以法为教；无先王之语，以吏为师。"王先慎：《韩非子集解》，中华书局 1998 年版，第 452 页。《史记》卷八七《李斯列传》载秦始皇三十四年李斯上书："若有欲学者，以吏为师。"第 2547 页。汉景帝六年五月诏曰："夫吏者，民之师也。"《汉书》卷五《景帝纪》，第 149 页。西汉以吏为师的内涵是倡导一种为民表率、导民向善的廉吏循吏。

重于彰显"尊师重道"之义，经典养老礼中"父事三老"的孝悌本义被弱化，强调师道优先。① 明帝对"师、生"关系还有另一个角度的构拟，体现在辟雍"天子自讲"之中。

### （三）天子自讲：明帝"我为孔子"义涵及君臣的师生化拟构

"圣人之道不能独以威势，成政必有教化。"② 在儒学理想中，天子的合法性基础在于他是伦理道德的源泉，是儒典教导的践行者。当天子有能力实施教化，成为天下的道德楷模，他才具备统治的正当性。养老礼中，明帝父事师傅；而在"讲学"中，明帝又摇身一变为"天下之师"，以"君、师"合一身份向众臣讲学。辟雍礼上的明帝自讲所著章句、坐而论道，开后代皇帝"经筵讲习"之先例。③

据《后汉书·儒林传》，"飨射礼毕，帝正坐自讲，诸儒执经问难于前，冠带缙绅之人，圜桥门而观听者盖亿万计"。李贤注："门外皆有桥，观者水外，故云圜桥门。"④ 射礼结束后，明帝坐于辟雍中自讲，儒生近距离向之问学，文武百官围观听讲于水侧。天子俨然成为儒学宗师，百官像是学生，君臣之间削弱了森严感。辟雍变

---

① 《晋书》卷三三《王祥传》："天子幸太学，命祥为三老。祥南面几杖，以师道自居。天子北面乞言，祥陈明王圣帝君臣政化之要以训之。"《晋书》，第 988 页。《周书》卷一五《于谨传》："高祖幸太学以食。……三老食讫，皇帝又亲跪授爵以酳。有司撤讫。皇帝北面立而访道。"《周书》，第 249 页。魏晋南北朝时期这种转变的表现是，经典所载及东汉的养老礼上奏乐、起舞这一彰显"家人和谐"的元素被摘除，取而代之是三老对天子的教诲训导。

② 《春秋繁露·为人者天第四十一》，苏舆《春秋繁露义证》，第 319 页。

③ 宋朝、明朝、清朝都兴盛经筵讲习，皇帝是听众还是讲者，各个时代不尽相同。宋和明的经筵偏向于由士大夫充当经筵官向皇帝讲学，皇帝是接受训导者。清朝的经筵则多由皇帝主讲，呈现君、师一体之义，士人成为听众。从这个角度看，汉明帝讲学的形式和意义，与清朝经筵更相似。关于从明到清经筵义涵的转变，参考杨念群《何处是江南？清朝正统观的确立与士林精神世界的变异》，生活·读书·新知三联书店 2010 年版，第 91—102 页。

④ 《后汉书》卷七九上《儒林传上》，第 2545—2546 页。

成了讲堂、学校。"每大射养老礼毕，帝辄引（桓）荣及弟子升堂，执经自为下说"①，正是明帝在辟雍讲学之例。辟雍自讲塑造了明帝 "天下之师" 的身份。西汉有皇帝聆听学者论辩并裁断学术，如宣帝甘露三年（前51）的石渠会议，② 并无皇帝自讲。最能反映 "天子自讲" 的核心义涵的是，其间，明帝宣称 "我为孔子"，以孔子自居。这一自比于圣贤孔子的说法在两汉极少见。③《东观汉记》记载一段辟雍自讲时明帝与桓郁的对话：

> 　　上谓（桓）郁曰："卿经及先师，致复文雅。" 其冬，上亲于辟雍，自讲所制《五行章句》已，复令郁说一篇。上谓郁曰："我为孔子，卿为子夏，起予者商也。" 又问郁曰："子几人能传学？" 郁曰："臣子皆未能传学，孤兄子一人学方起。" 上曰："努力教之，有起者即白之。"④

桓郁，明帝老师桓荣之长子，传父欧阳《尚书》学。明帝 "以郁先师子，有礼让，甚见亲厚，常居中论经书，问以政事，稍迁侍中"⑤。桓郁迁侍中在永平十四年（71），是个值得注意的时间点。明帝在辟雍宣讲自己撰写的《五行章句》，该稿由桓郁校定。⑥ 宣讲章句时，明帝俨然一副儒师姿态，称 "我为孔子，卿为子夏，起予

---

　　① 《后汉书》卷三七《桓荣传》，第1253页。

　　② 《汉书》卷八《宣帝纪》："诏诸儒讲《五经》同异，太子太傅萧望之等平奏其议，上亲称制临决焉。" 第272页。

　　③ 邢义田指出汉代天子几乎没有敢以圣人自居。刘秀等皇帝禁止臣下称其为圣。孔子名列汉代人的 "圣人名单" 之中。邢义田：《秦汉皇帝与 "圣人"》，载邢义田《天下一家：皇帝、官僚与政治》，中华书局2011年版，第59—73页。

　　④ 《后汉书》卷三七《桓郁传》李贤注引，第1255页。

　　⑤ 《后汉书》卷三七《桓郁传》，第1254页。

　　⑥ 《后汉书》卷三七《桓郁传》："帝自制《五家要说章句》，令郁校定于宣明殿"，李贤注引华峤《后汉书》："'帝自制《五行章句》'，此言 '五家'，即谓五行之家也。" 第1255页。

者商也"，并询问传学之事，鼓励郁等对后起者"努力教之"。明帝
多次以孔子自喻。《后汉书·祭肜传》载：

> （永平）十二年，征为太仆。……显宗既嘉其功，又美肜清
> 约，拜日，赐钱百万，马三匹，衣被刀剑下至居室什物，大小
> 无不悉备。帝每见肜，常叹息以为可属以重任。后从东巡狩，
> 过鲁，坐孔子讲堂，顾指子路室谓左右曰："此太仆之室。太
> 仆，吾之御侮也。"①

明帝称赞护主有力的祭肜为"御侮"，是对《尚书大传》这段记载
的发挥："孔子曰：'吾有四友焉。自吾得回也，门人加亲，是非胥
附邪？自吾得赐也，远方之士日至，是非奔走邪？自吾得师也，前
有光，后有辉，是非先后邪？自吾得由也，恶言不至门，是非御侮
邪？'"② 明帝将自己与祭肜，比作孔子与子路，与视桓郁为子夏如
出一辙。此次"东巡狩，过鲁"发生于永平十五年（72）三月，与
"我为孔子"的思路一脉相承。明帝对孔子的向往之心还表现在祠祀
上，此次东巡，他"幸孔子宅，祠仲尼及七十二弟子。亲御讲堂，
命太子、诸王说经"，"帝时升庙立，群臣中庭北面，皆再拜，帝进
爵而后坐。"③ 这是汉代在高祖之后，首个亲祀孔子的皇帝。④ 此前
的永平二年，行大射、养老礼后，明帝还推行了地方学校祀孔子之
举，"郡、县、道行乡饮酒于学校，皆祀圣师周公、孔子，牲以犬"，
此后东汉形成了与辟雍礼配合进行的祀孔常制。⑤ 明帝将其时诸多文

---

① 《后汉书》卷二〇《祭肜传》，第 745—746 页。
② 《后汉书》卷二〇《祭肜传》注引《尚书大传》，第 746 页。
③ 《后汉书》卷二《明帝纪》，第 118—119 页。
④ 《后汉书》卷一上《光武帝纪上》载建武五年冬十月，"幸鲁，使大司空祠孔
子"第 40 页。
⑤ 如桓帝时《乙瑛碑》载："故事辟雍礼未行，祠先圣师。侍祠者，孔子子孙、
太宰、太祝令各一人，皆备爵。"高文：《汉碑集释》（修订本），河南大学出版社 1997
年版，第 167 页。

化政策聚焦于孔子，说明"我为孔子"不是泛泛而谈，而是明帝有意为之，与其政治文化理念相关，有特定的含义。①

孔子形象在汉代有多种义涵，如"素王""玄圣"和"先师"，但这都不足以解释明帝为何以孔子自居。综观辟雍礼的思路，明帝借此想展现的是自己身兼天子与圣师双重角色的身份，自己有制礼乐、兴教化的资格，树立政教合一的权威形象。此举与东汉立国时期的特殊背景有关：孔子言论经常被君臣引用，多与"礼乐"联系。孔子形象可谓是"礼乐"的代言人。建武七年（31）朱浮引孔子"礼失求诸野"之语，主张在京师之外遴选博士。② 太子问军旅之事，光武帝答"昔卫灵公问陈，孔子不对，此非尔所及"，并引《论语·卫灵公》"俎豆之事，则尝闻之矣；军旅之事，未之学也"，表示如今应修礼息武。③ 建武十四年（38）杜林奏引《为政》"导之以德，齐之以礼，有耻且格"，呼吁减轻刑法，以礼代法。④ 建武晚年的泰山封禅文辞，引《八佾》"子贡欲去告朔之饩羊，子曰：'赐也，尔爱其羊，我爱其礼'"，表达对汉承秦礼阙的惋惜。⑤ 永平二年（59），东平王苍议冕服称"孔子曰：'行夏之时，乘殷之路，服周之冕'，为汉制法"⑥，提出汉代冕服制度继承秦制，需要更革。更典型的是和帝永元九年（97）张奋称：

　　圣人所美，政道至要，本在礼乐。《五经》同归，而礼乐之

①　赵璐认为汉明帝"我为孔子"之论主要受到谶纬文献影响。他从为汉制法的"玄圣"和明后王之道的"素王"两个角度，推论明帝自拟为孔子的意图和追求"太平"的理想，与其即位后的政局稳定性有关。参考 Zhao Lu, *To Become Confucius: The Apocryphal Texts and Eastern Han Emperor Ming's Political Legitimacy*, Asia Major, 28 (1), pp. 115–144, 2015。

②　《后汉书》卷三三《朱浮传》，第 1145 页。

③　《后汉书》卷一下《光武帝纪下》，第 85 页。

④　《后汉书》卷二七《杜林传》，第 938 页。

⑤　《续汉书·祭祀志上》，《后汉书》，第 3166 页。

⑥　《续汉书·舆服志下》刘昭注引，《后汉书》，第 3663 页。

用尤急。孔子曰："安上治民，莫善于礼；移风易俗，莫善于乐。"又曰："揖让而化天下者，礼乐之谓也。"先王之道，礼乐可谓盛矣。孔子谓子夏曰："礼以修外，乐以制内，丘已矣夫！"又曰："礼乐不兴，则刑罚不中；刑罚不中，则民无所厝其手足。"臣以为汉当制作礼乐，是以先帝圣德，数下诏书，愍伤崩缺。①

张奋引《论语》强调，孔子的"政道"就在于"礼乐"之道，提出东汉应兴隆礼乐、移风易俗的主张。明帝所谓"我为孔子，卿为子夏"所出之《论语·八佾》，正是一段围绕"礼"的讨论，含义是礼应以质朴为尚。② 很多例证表明，孔子在东汉前期的形象与"礼乐"相联系。"孔子"不仅是儒师，还是制礼作乐、实施教化的先导：他因循、损益先王礼乐，"为汉制法"，实现对天下的教导。如何将"制礼"落实，成为东汉初年君臣考虑的问题。建武、永平之际，应是"太平乃制礼""富而教之"的时刻，制礼作乐之事被陆续开展。正是在这种背景下，明帝宣称"我是孔子"，他要成为圣明如孔子的执政者、立法者。"为汉制法"的孔子是明帝的榜样，他希望将孔子"吾从周"的复古理想践行于新汉朝。永平年间兴三雍、复大射、建养老、创庙乐诸多礼仪活动，正是这一理念的实践。

桓郁被称作子夏、祭肜被称为子路，也值得注意。彼时流行一种将孔子与孔门弟子"君臣化"的观念。谶纬《论语摘辅象》载："仲尼为素王，颜渊为司徒。""子路为司空。""子贡为司空。""左丘明为素臣。"③ 王充《论衡》曰："孔子作《春秋》以示王意。然则孔子之《春秋》，素王之业也；诸子之传书，素相之事也。""孔子不王，素王之业在于《春秋》。然则桓君山（谭）不相，素丞相

① 《后汉书》卷三五《张奋传》，第1199—1200页。
② "子夏问曰：'巧笑倩兮，美目盼兮，素以为绚兮。何谓也？'子曰：'绘事后素。'曰：'礼后乎？'子曰：'起予者商也，始可与言诗已矣。'"
③ 《纬书集成》（中），第1071页。

之迹，存于《新论》者也。"① 孔门弟子被视为"素王朝廷"之臣，儒门师徒与君臣观念在此相结合。子夏、子路的形象未尝不是士人的自塑，他们期望皇帝是践行孔子之道的圣君，借此安置自己的身份位置，虽居官位仍自比于"素臣"。在辟雍"天子自讲"的仪式结构中，围观旁听的文武百官类似孔门弟子。明帝以孔门师生譬喻君臣，表明他们的志同道合，反映了东汉人对君臣关系理想化的拟构。

观听天子辟雍讲学，儒者欣喜于浓郁的"教化"氛围、鼎盛的典礼景观。《后汉书·儒林传》开头用"济济乎，洋洋乎"描写辟雍场景，可谓盛况空前。② 安帝时樊准回忆道："朝多蟠蟠之良，华首之老。每宴会，则论难衍衍，共求政化。详览群言，响如振玉。朝者进而思政，罢者退而备问。小大随化，雍雍可嘉。期门羽林介胄之士，悉通《孝经》。博士议郎，一人开门，徒众百数。化自圣躬，流及蛮荒，匈奴遣伊秩訾王大车且渠来入就学。八方肃清，上下无事。是以议者每称盛时，咸言永平。"③ 现场表演给天下民众以感官触觉的浸润，将抽象的儒家哲理融化在可视可听的典礼仪式中，以嘉年华的形式，打动人心，传递儒学理念，强化以"礼"教化天下的情景氛围。天子施展教化，"学生"进言献策，君臣同心协力，共求政治清明。这是明帝精心塑造以示"观者"的理想景象。"我为孔子，卿为子夏"，既是明帝充满自信的自喻，也是他经由辟雍礼构建"师"身份的一种方式。描述了辟雍大射礼、养老礼、天子自讲之盛况后，张衡《东京赋》赞颂明帝"遵节俭，尚素朴，思仲尼之克己"，并称：

---

① 黄晖：《论衡校释·超奇》，中华书局 1990 年版，第 610 页；《定贤》，第 1122 页。
② 《后汉书》卷七九上《儒林传上》，第 2545—2546 页。
③ 《后汉书》卷三二《樊准传》，第 1125 页。

于斯之时，海内同悦，曰："吁！汉帝之德，侯其祎而！"
盖莫英为难莳也，故旷世而不觌。惟我后能殖之以至和平，方
将数诸朝阶。然则道胡不怀，化胡不柔！声与风翔，泽从云游。
万物我赖，亦又何求？德寓天覆，辉烈光烛。狭三王之趑趄，
轶五帝之长驱，踵二皇之退武。①

张衡描绘了普天同庆、天下太平、万物齐心的场景。汉明帝对"承
秦制"之西汉皇帝的跨越已经不在话下——他视夏禹、商汤、周武
为狭陋，流露了超越五帝、接踵伏羲神农的圣王气象。

### （四）"辟雍始成，欲毁太学"的背后

如果将辟雍与东汉官方教育机构"太学"的关系作梳理，可进
一步看清辟雍的政治文化涵义。

东汉太学始建于光武帝时。建武五年（29）冬十月，"初起太
学。车驾还宫，幸太学，赐博士弟子各有差"②。其时尚在战乱中，
可见光武对太学之重视。建武七年（31）朱浮提议应在全国范围内
招纳太学博士，并提到光武"先建太学，进立横舍"；光武经常车驾
亲临，观看学生的礼仪演习。③ 太学由"讲堂"和"横舍"组成，
规模颇大。据考古勘察，太学遗址被发现于东汉洛阳城南郊偏东。④
建武晚年，在太学的西侧建立了辟雍、明堂和灵台三雍。辟雍在太
学的西南毗邻，二者是不同的建筑群。

永平初年大兴辟雍典礼的同时，辟雍与太学的孰存孰弃问题浮

---

① 张震泽：《张衡诗文集校注》，第 157 页。
② 《后汉书》卷一上《光武帝纪上》，第 40 页。
③ 《后汉书》卷三三《朱浮传》，第 1144 页。陆机《洛阳记》载："太学在洛阳
城故开阳门外，去宫八里，讲堂长十丈，广三丈。"（《后汉书》卷一上《光武帝纪上》
李贤注引，第 40 页）可见太学主要是讲堂和横舍两部分。
④ 关于辟雍、太学的位置关系，参考《汉魏洛阳故城南郊礼制建筑遗址：
1962—1992 年考古发掘报告》，第 180—343 页。

现了出来。《后汉书·翟酺传》载顺帝初年将作大匠翟酺议曰：

> 孝文皇帝始置一经博士，武帝大合天下之书，而孝宣论《六经》于石渠，学者滋盛，弟子万数。光武初兴，愍其荒废，起太学博士舍、内外讲堂，诸生横巷，为海内所集。明帝时辟雍始成，欲毁太学，太尉赵熹以为太学、辟雍皆宜兼存，故并传至今。而顷者颓废，至为园采刍牧之处。宜更修缮，诱进后学。①

翟酺提到明帝时，"辟雍始成，欲毁太学"。尽管在太尉赵熹劝阻下，太学与辟雍得以并存，但受明帝偏好辟雍的影响，太学逐遭荒废。《后汉书·儒林传》有太学被闲置废弃的记载："自安帝览政，薄于艺文，博士倚席不讲，朋徒相视怠散，学舍颓（通"颓"）敝，鞠为园蔬，牧儿荛竖，至于薪刈其下。"② 和帝永元十四年（102）司空徐防谈及太学生疏于学业，"皆以意说，不修家法""不依章句，妄生穿凿"，即不遵循师法章句来解经。这是太学衰落的表现。直到顺帝阳嘉元年（132）太学舍修缮，太学才得到恢复，时人称"太学新成"③。东汉时辟雍一词有时也指太学。王充写到汉景帝时"韩太傅为诸生时，借相工五十钱，与之俱入璧雍之中，相璧雍弟子谁当贵者"④。景帝时尚无辟雍，此处"璧雍"当为太学。有学者将这一情况归因于今文章句之学的衰落，或皇帝疏于文化建设，致使太学生地位低落。⑤ 实际上，太学的衰落与辟雍的兴起有关。

---

① 《后汉书》卷四八《翟酺传》，第1606页。
② 《后汉书》卷七九上《儒林传上》，第2547页。
③ 顺帝重建太学包括以下内容：扩建校舍、广增博士；诏试明经者补弟子，增甲乙之科，员各十人。参考《后汉书》卷六《顺帝纪》、卷四八《翟酺传》、卷六一《左雄传》。
④ 《论衡校释》卷三《骨相》，第119页。
⑤ 陈苏镇：《〈春秋〉与汉道——两汉政治与政治文化研究》，第583—586页。高海云《试析东汉"博士倚席不讲"》（《史学月刊》2019年第2期）认为安帝时太学衰败的原因是儒生的地位降低。

明帝"欲毁太学"之举让人疑惑：为何要舍弃光武创建没多久且屡受礼遇的太学？可能是，辟雍与太学有所重合，前者能取代后者。按周制，辟雍即古之太学，既然落成了辟雍，太学就无存在的必要。但更为重要的是，辟雍与太学在功能目标和君臣关系的象征性内蕴方面，有明显差异。若保留太学，意味着辟雍的效应实施不能尽致。以下从结构功能与象征含义两个角度，梳理明帝时辟雍与太学的关系问题。

从结构功能上看，辟雍与太学有相似之处，几乎可以取代太学的功能。第一，辟雍与太学的"观礼"功能有所重合。在汉代太学的教育内容中，礼仪的演习占很大比重。礼的学习主要通过观习和演练而展开。"建武五年，乃修起太学，稽式古典，笾豆干戚之容，备之于列，服方领习矩步者，委它乎其中"，光武"比日车驾亲临（太学）观飨"，可见太学生对礼乐演练的热衷。张衡"观太学"，即其《东京赋》所谓"于是观礼，礼举仪具"，当指观看习礼。① 所谓"太学行礼，车驾幸永福城门，临观其仪"之事颇常见于东汉。② 明帝将辟雍礼塑造为观礼的蓝本，在很大程度上模仿了太学的习礼。

第二，辟雍与太学的"博士讲学"功能有所重合。尽管辟雍礼多由天子亲讲，但也请名儒、博士讲学，或说后者参与天子讲学。"上亲于辟雍，自讲所制《五行章句》已，复令（桓）郁说一篇"，桓郁也有讲学机会。"每大射养老礼毕，帝辄引（桓）荣及弟子升堂，执经自为下说"，桓荣及门生面对明帝自讲，也要发言作答。天子自讲时，"诸儒执经问难于前"，表明学者也需发言。樊准论辟雍讲学："博士议郎，一人开门，徒众百数"。李贤注："开门谓开一家之说。"③ 博士、议郎"开门"为数百徒众讲学。《晋辟雍碑》载"咸宁三年，太常修阳子平原刘寔，命博士京兆段畅、渔阳崔豹，讲

---

① 《后汉书》卷五九《张衡传》，第1897页。
② 《后汉书》卷九《献帝纪》，第375页。
③ 《后汉书》卷三二《樊准传》，第1125页。

肆大礼"，西晋确有以辟雍为中心进行博士讲礼。可见东汉辟雍不仅包含天子自讲，还有儒师宣讲，与太学"讲堂"相似。

第三，太学生宿舍"横舍"可能服务于辟雍。光武当年"先建太学，进立横舍"，横舍本服务于太学；明帝时辟雍礼之大行，使横舍可能成为在辟雍学习者的住所。王莽在元始四年立辟雍时，便"为学者筑舍万区"①，可见一是参与者之众，二是辟雍需配备学者居所。《儒林传》记载明帝辟雍讲学时"冠带缙绅之人，圜桥门而观听者盖亿万计。其后复为功臣子孙、四姓末属别立校舍，搜选高能以受其业"。这数目庞大的观听者需要安置住所，紧邻辟雍的太学横舍应是上佳之选。且功臣子孙、匈奴子也可前来学习，② 可见参与者之众。"别立校舍"可能是太学横舍之外还另辟住宿处所，横舍和"别立校舍"都服务于辟雍讲学。辟雍还是个藏书之所："及董卓移都之际，吏民扰乱，自辟雍、东观、兰台、石室、宣明、鸿都诸藏典策文章，竞共剖散。"③ 可见辟雍是个包括了讲堂、学舍和书库的学校体系，它在某种程度上覆盖了太学。

综上，辟雍在观礼、授业、住宿、藏书等方面都覆盖太学。两个地点比邻、功能相似的教学机构，会形成一方对另一方的挤兑。

更值得注意的是，辟雍与太学的内在目标和象征义涵并不一致。明帝取前者而弃后者，有深远考虑。翟酺提到明帝欲毁太学的背景是"诸生横巷，为海内所集"，也就是太学生不仅讲学，而且议政，其议论具有极大的影响力。这是因为，西汉的太学被认为继承了"先王之道"，博士有"明于古今，温故知新，通达国体"之职责，④

---

① 《汉书》卷九九上《王莽传上》，第 4069 页。

② 樊准的话也可佐证此点："每飨射礼毕，正坐自讲，诸儒并听，四方欣欣……朝者进而思政，罢者退而备问。小大随化，雍雍可嘉。期门羽林介胄之士，悉通《孝经》。博士议郎，一人开门，徒众百数。化自圣躬，流及蛮荒，匈奴遣伊秩訾王大车且渠来入就学。"《后汉书》卷三二《樊准传》，第 1125 页。

③ 《后汉书》卷七九上《儒林传上》，第 2548 页。

④ 《汉书》卷一〇《成帝纪》阳朔二年诏书，第 313 页。

应该参与教化天下，这就分割了皇帝辟雍讲学中"我为孔子"所宣称的由天子独自教化天下的权力。贾谊提到，皇帝为太子时应该"入太学、承师问道"①，太学在传授先王之道的权威上高于天子。也因此，西汉太学出现太学生"举幡""守阙"表达对朝政的抗议。哀帝时司隶校尉鲍宣"坐距闭使者，亡人臣礼，大不敬，不道，下廷尉狱"，"博士弟子济南王咸举幡太学下，曰：'欲救鲍司隶者会此下。'诸生会者千余人。朝日，遮丞相孔光自言，丞相车不得行，又守阙上书"②。光武时大司徒欧阳歙下狱，"诸生守阙为歙求哀者千余人，至有自髡剔者"③。更典型的是东汉后期发生上千太学生上书诉讼某官不公正待遇的大规模请愿活动。可见，太学所代表的舆论意见往往与天子有所抵牾。天子与太学之间存在政、教权力二分的现象，它"侵占"了天子教化天下的权力。太学的存在使政、教一体化的理想难以实现。

明帝似乎想改变这种局面。"辟雍始成，欲毁太学"流露了这一想法。首先，构造君臣关系的师生化。君具备成为天下之师的德行，才能成为执行教化的权威者。弱化博士的原本职能，将教化之权收归于天子，象征对天下实施宣谕式的教导。其次，以辟雍取代太学，坐实辟雍所设置的君臣关系。唯当如此，天子才真正成为以道德服膺天下的君主，天子的统治方才具有儒学意义上的正当性。④ 明帝以辟雍代替太学，其背后有重建天子至上、政教一体的政治理想和集

① 《汉书》卷四八《贾谊传》，第 2249 页。
② 《汉书》卷七二《鲍宣传》，第 3093—3094 页。
③ 《后汉书》卷七九上《儒林传上》，第 2556 页。
④ 杨念群指出，与宋明经筵有士大夫充当的经筵官主讲不同，清朝经筵讲学由皇帝自己先开始讲，被"改造成训示汉人臣子的一个逆向互动的仪式"，"讲官和帝王的教化角色开始发生严重的颠倒"。经筵官"不知不觉地变成了帝王意识和思想的修正补充者，而不是思想灌输者"。可见教化角色掌握在皇帝还是士人手中，是皇帝与士人"何者为师"的问题，皇帝是否符合真"天子"之内涵，士人是否有约束和质疑皇权的权力。杨念群：《何处是江南？清朝正统观的建立与士林精神世界的变异》，第 97—98 页。

权需要。后来顺帝重振太学，增加博士席位和太学生名额，也意味着承载教权的太学作为与皇权分庭抗礼之势力的崛起，此时的皇权在外戚、宦官的分割下正趋于弱化。

班固在《东都赋》称："建章甘泉，馆御列侧，孰与灵台明堂，统和天人？太液昆明，鸟兽之囿，曷若辟雍海流，道德之富？"① 西汉武帝所建的建章、甘泉二宫和太液、昆明二池，皆是追求享乐的雕虫小技，在道德教化的价值上，无法与东汉洛阳的"灵台明堂""辟雍"相提并论。"三雍"象征着对西汉政制的超越。在东汉儒者的"三雍"规划中，如果说灵台、明堂主要发挥了统合天人的功能，那么辟雍的意义则在于重建现世的道德人伦秩序。

在辟雍时空中，天子有"皇帝"之外的多个身份角色，展示了天子在"帝国统治"领域之外的多个场域（家族、学校）中树立的典范形象。借助大射礼、养老礼和天子自讲，明帝演绎了君臣、父子、师生三种关系，分别对应天子在政治、伦理、教育三方面的表率作用。明帝并非唯我独尊，在自讲中他以"天下之师"自居，在养老礼中他却扮演了儿子和学生。这种双向性显示了天子在政、教两种权力之间维系平衡同时试图将之合二为一的努力。明帝一度自置于"子"的位置，以"子"奉"父"，借虚拟的血亲关系显示伦理秩序的优先性。相似的还有他以"生"奉"师"，展现了儒家政治理念下皇权对教权的某种退让。天子在政治权力上处于顶峰，在伦理领域却以弱势示人——他在公与私、威与德、教与学各场域中游刃有余，昭示不同的角色身份，建构了人伦化的政治秩序，形成东汉前期一种新型的文化形态。客观而言，皇权并非借儒学装点门面，相反的是，皇权真心诚意地接受儒学的限制，这种限制反而能促成皇权的自我强大，使其获得正当性的力量。借助对君臣的关系重塑，对权力和法制层面之外的道德和学问的尊重，汉明帝宣示了一种不同于"汉家故事"的皇帝身份——一位"教化"的天子由此诞生。

① 《后汉书》卷四〇下《班彪传下》，第 1370 页。

# 三 "汉当自制礼"：章帝"制汉礼"的
开展及失败

在明、章二帝"新汉本位"的实践建构下，"受命、太平、教化、制礼"诸个概念被一一落实，形成次序明确、意义完整、逻辑相扣的事项体系。如果说在明帝时代，光武纪念仪式体系的建立彰显了东汉之"受命"，辟雍礼的建构突显了东汉天子之"教化"，那么明帝意志的继承者章帝，则祁望在东汉建国"二世"之际落成"制礼"，真正实现属于汉朝的礼乐制作。

伴随永平年间一系列的礼制实践，至章帝时代，出现了"汉当自制礼"这一终极性的纲领，但制礼作乐的尝试最终以失败告终。汉礼当制而未制的结局，使这一纲领中的"当"字突显出一种应然性的思想史意义。因西汉后期至新莽不乏各式制礼主张，东汉这一呼声没有引起学界足够的关注，学者多将其视为西汉复古运动的余波，只是个别好事者的偶然倡议；其不了了之的结局，印证了王莽改制失败后儒生的制礼热情彻底消退一说。① 本节认

---

① 如阎步克认为东汉时"（制礼）这种活动已大大失去了大气候的波荡鼓动，引不起多大的兴趣和热情了。曹褒'次序礼事'可以说是西汉改秦制、定礼乐运动的小小余波；而这次制礼的结局，则显示了在大部分官僚和士人心目之中这种'礼乐'的实际地位"（阎步克：《士大夫政治演生史稿》，北京大学出版社 1996 年版，第 432页）。陈苏镇认为东汉政治文化的重心从西汉后期的"以礼为治"论转移至"以德化民"论，强调制礼作乐前的教化过程而不是制礼，因此"东汉始终不曾宣布天下太平，也未进行大规模的制礼作乐"，"这些（制礼）要求遭到多数儒学士大夫的激烈反对，理由是当时并未太平"（陈苏镇：《〈春秋〉与"汉道"——两汉政治与政治文化研究》，中华书局 2011 年版，第 466—468 页）。王葆玹将曹褒制礼视作庆氏《礼》学的努力，"当是要挽救今文《礼》学在皇家礼仪或天子礼仪方面的贫弱"，其失败既因为官方二戴《礼》学流派的抵制，也源于东汉中期古文礼学的勃兴（王葆玹：《今古文经学新论》，中国社会科学出版社 1997 年版，第 340—346 页）。学者从各自立场出发审视东汉制礼问题，对其重要性尚未加以深究。

为，一度兴盛的"汉当自制礼"理念基于东汉立国的特殊背景，既来自西汉古礼复兴运动的延续，又反映了东汉人求新求变的意识和建设本朝的构想，其背后有不同于西汉及新莽的观念逻辑。"汉礼"与西汉晚期所呼吁的"周礼"有微妙差别。"汉礼"最终的失败另有其因，未必完全是儒生失去对礼乐的热情。本书立足于东汉政权巩固、开拓的历史背景下，重新考察"汉自制礼"的缘起、逻辑推演及实践经过，旨在揭示其时君臣汲汲制礼的心态及这种过分的急切带来的后果。

### （一）"汉遭秦余，礼坏乐崩"："汉当自制礼"的逻辑演绎

光武帝建武三十二年（中元元年，56）的封禅礼后，逐渐出现"太平乃制礼"的呼声。[①]"世祖受命中兴，拨乱反正，改定京师于土中。即位三十年，四夷宾服，百姓家给，政教清明，乃营立明堂、辟雍。"[②]"是时中兴三十余年，四方无虞，（刘）苍以天下化平，宜修礼乐。"[③] 东平王刘苍认为，新汉朝建立三十年而天下"太平"，制礼是对光武拨乱反正、功成治定的印证。"王者功成作乐，治定制礼"（《礼记·乐记》），[④] 西汉所流行的"太平乃制礼"观念与东汉立国三十年之契机相结合，催生了"制汉礼"的思路。

明帝至和帝时期，曹充、曹褒父子及张奋先后提出"汉当自制礼"的主张。曾为博士和侍中的曹充活跃于建武晚年和永平初年，据《后汉书·曹褒传》载：

---

① 关于封禅礼与"太平"之关系，汉儒多有论述。董仲舒《春秋繁露》言："故天为之下甘露，朱草生，醴泉出，风雨时，嘉禾兴，凤凰麒麟游于郊，囹圄空虚……以时至，封于泰山，禅于梁父。"《白虎通义》载："王者易姓而起，必升封泰山何？教告之义也。始受命之时，改制应天，天下太平，功成封禅，以告太平也。"

② 《汉书》卷二二《礼乐志》，第1035页。

③ 《后汉书》卷四二《光武十王·东平王苍传》，第1433页。

④ 郑玄注："功成、治定同时耳。功主于王业，治主于教民。"

（襄）父充，持《庆氏礼》，建武中为博士，从巡狩岱宗，定封禅礼，还，受诏议立七郊、三雍、大射、养老礼仪。显宗即位，充上言："汉再受命，仍有封禅之事，而礼乐崩阙，不可为后嗣法。五帝不相沿乐，三王不相袭礼，大汉当自制礼，以示百世。"帝问："制礼乐云何？"充对曰："《河图括地象》曰：'有汉世礼乐文雅出。'《尚书璇机钤》曰：'有帝汉出，德洽作乐，名予。'"帝善之，下诏曰："今且改太乐官曰太予乐，歌诗曲操，以俟君子。"拜充侍中。①

此议可与曹充的建武封禅议并置考察。② 曹充对比了殷高宗和光武帝，指出"殷统未绝"而"汉统中绝"之区别，论证光武"创革"之功高于殷高宗"中兴"。其建议颇受光武重视，故得参与"定封禅礼"。明帝永平元年（58），曹充仍然强调光武受命远非一般意义的"中兴"。他表达了三层意思：第一，"再受命"。"汉再受命，仍有封禅之事，而礼乐崩阙，不可为后嗣法"。东汉王朝的受命尽管是汉的第二次（"再"）受命，但货真价实，"仍"要封禅。光武受命、封禅，随后需制礼。因此制礼隶属于东汉。第二，"功成"。封禅告成意味着"太平"已至，制礼将光武拨乱反正之功镌铭后世。"功成"要求"制礼"，后者印证前者，二者互为因果，相辅相成。③ 汉

---

① 《后汉书》卷三五《曹襄传》，第 1201 页。

② 建武三十二年，曹充议封禅："殷统未绝，黎庶继命，高宗久劳，犹为中兴。武王因父受命之列，据三代郊天，因孔子甚美其功，后世谓之圣王。汉统中绝，王莽盗位，一民莫非其臣，尺地靡不其有，宗庙不祀，十有八年。陛下无十室之资，奋振于匹夫，除残去贼，兴复祖宗，集就天下，海内治平，夷狄慕义，功德盛于高宗、武王。宜封禅为百姓祈福，亲定刻石纪号文，太常奏仪制。"见《续汉书·祭祀志上》刘昭注引《东观汉记》。这段话不仅强调殷统未绝而汉统中绝，还指出光武帝"无十室之资，奋振于匹夫"远胜于周武王"因父受命之列"，是为突出光武创业而非中兴之功。

③ 对太平制礼的重视，在章帝建初四年的白虎观会议中可见一斑。《白虎通·礼乐》载："太平乃制礼作乐何？夫礼乐，所以防奢淫。天下人民饥寒，何乐之乎？功成作乐，治定制礼。"

礼未成，就意味着尚未"功成"，东汉"受命中兴"尚未成功。第三，"汉当自制礼"。突出此礼独属于汉，而此前"礼乐崩阙"，制礼的主体必须是东汉。"当"显示了东汉人对此的责任感和使命感。"自"对应"不相沿袭"而言，突出制作的独立性，东汉要制作比隆周代的礼乐。承袭五帝三王的大汉也有自制礼的资格。"汉礼"与"周礼"相提并论，不必厚古薄今。

这一强调"汉"特别是"东汉"主体性的思路在章帝朝愈发明显，再看元和二年（85）诏书及曹褒的议论：

> 会肃宗欲制定礼乐，元和二年下诏曰："《河图》称'赤九会昌，十世以光，十一以兴'。《尚书璇机钤》曰：'述尧理世，平制礼乐，放唐之文。'予末小子，托于数终，曷以缵兴，崇弘祖宗，仁济元元？《帝命验》曰：'顺尧考德，题期立象。'且三五步骤，优劣殊轨，况予顽陋，无以克堪，虽欲从之，末由也已。每见图书，中心愿焉。"
>
> 褒知帝旨欲有兴作，乃上疏曰："昔者圣人受命而王，莫不制礼作乐，以著功德。功成作乐，化定制礼，所以救世俗，致祯祥，为万姓获福于皇天者也。今皇天降祉，嘉瑞并臻，制作之符，甚于言语。宜定文制，著成汉礼，丕显祖宗盛德之美。"①

曹褒指出制礼乐彰显"受命而王""功成化定"，如今因袭前汉礼缺乐崩，与圣王功德不相对称，故制礼格外迫切。曹褒于章和元年（87）正月受章帝命令制作"汉礼"。值得注意，曹充所说"汉再受命"至曹褒变更为"圣人受命而王"，淡化了"再"而凸显"圣人受命"。曹氏父子将光武（而非高祖）受命，看成是"汉"在儒学价值意义上的圣王受命，原因是"前汉"没能落成一代礼乐，未能

---

① 《后汉书》卷三五《曹褒传》，第1202—1203页。

接续先王之道。认为西汉"承秦制"而未能落实先王之道，并加以批判的观念，产生于西汉晚期，如扬雄总结西汉一代所言："会汉祖龙腾丰沛，奋迅宛叶……秦余制度，项氏爵号，虽违古而犹袭之。是以帝典阙而不补，王网弛而未张，道极数殚，阍忽不还。"① 到了东汉，儒者的这种观念有所强化，典型如章帝所言"汉遭秦余，礼坏乐崩，且因循故事，未可观省"②。东汉人谈西汉礼乐多含此意，如建武泰山封禅文："秦相李斯燔诗书，乐崩礼坏，建武元年已前，文书散亡，旧典不具。"③ 明帝时刘苍议冕服称"礼缺乐崩，久无祭天地冕服之制"④。蔡邕称"汉承秦灭学，庶事草创，明堂、辟雍阙而未举""汉承亡秦灭学之后，宗庙之制不用周礼"⑤。陈忠指出西汉虽有初步的礼乐建设，但远远不够："礼义之方，实为雕损。大汉之兴，虽承衰敝，而先王之制，稍以施行。"⑥ 皆指出礼阙局面直到东汉才有所改观。这种说法强调西汉承袭秦制、礼缺乐崩，未曾不是一种假设，为东汉制汉礼张本。

和帝永元九年（97）张奋进一步阐述"汉礼"之意义及落成之紧迫：

> 圣人所美，政道至要，本在礼乐。……揖让而化天下者，礼乐之谓也。先王之道，礼乐可谓盛矣。……臣以为汉当制作礼乐，是以先帝圣德，数下诏书，愍伤崩缺，而众儒不达，议多驳异。臣累世台辅，而大典未定，私窃惟忧，不忘寝食。臣

① 扬雄：《剧秦美新》，《文选》卷四八《符命》，上海古籍出版社1986年版，第2151—2152页。
② 《后汉书》卷三五《曹褒传》，第1203页。
③ 《续汉书·祭祀志上》，《后汉书》，第3166页。
④ 《续汉书·舆服志下》注引《东观汉记》，《后汉书》第3663页。
⑤ 李昉等：《太平御览》卷五三三，《礼仪部》第一二引蔡邕《礼乐志》，中华书局1960年影印本，第2419页；《续汉书·祭祀志下》注引袁山松《后汉书》，《后汉书》，第3199页。蔡邕的礼说应承袭自太傅胡广。
⑥ 《后汉书》卷四六《陈忠传》，第1561页。

犬马齿尽，诚冀先死见礼乐之定。

　　汉当改作礼乐，图书著明。王者化定制礼，功成作乐。谨条礼乐异议三事，愿下有司，以时考定。昔者孝武皇帝、光武皇帝封禅告成，而礼乐不定，事不相副。先帝已诏曹褒，今陛下但奉而成之，犹周公斟酌文武之道，非自为制，诚无所疑。久执谦谦，令大汉之业不以时成，非所以章显祖宗功德，建太平之基，为后世法。①

因明帝以来汉礼久未落定，张奋再次宣称，汉礼是否制成事关"大汉之业""祖宗功德""太平之基"能否彰显和奠定。② 从曹充的"大汉当自制礼"、曹褒的"著成汉礼"到张奋的"汉当制作礼乐"，可见其中一以贯之的"汉礼"观念：不仅泛指"汉代之礼"，而有其特殊的义涵。这种以"汉"为本位、标榜汉朝理想政道教化的礼乐制度，西汉没能实现，故东汉必须肩负起这一责任。西汉的礼制沿革变迁纷繁复杂，下面考察"汉礼"观念产生和演变的过程，其与"周礼"的关系。"汉礼"涉及两层内容：一是西汉的政治文化理念和实践，二是以《汉书》为代表的东汉意识对西汉礼制变迁现象的追认和设想。

### （二）"创汉礼"与"复周礼"：西汉致礼观念的流变及东汉的调整

　　高祖时就有叔孙通制汉礼仪。其由"古礼"及"不合古"的秦

---

① 《后汉书》卷三五《张纯传》，第 1199—1200 页。

② 从学术背景上看，曹氏父子属于庆氏《礼》学者。关于庆氏《礼》学与曹氏父子礼议的关系，参见王葆玹《今古文经学新论》，第 340—346 页；沈文倬：《从汉初今文经的形成说到两汉今文〈礼〉的传授》，《宗周礼乐文明考论》，浙江大学出版社 2006 年版，第 231—274 页；唐宸：《汉代今文礼学新论》，博士学位论文，浙江大学 2016 年。这一问题不应只从经学内部探索。

仪混合而成，并以后者为主。① 东汉班固称"汉兴之初，庶事草创，唯一叔孙生略定朝廷之仪。若乃正朔、服色、郊望之事，数世犹未章焉"②，认为其所作主要是"仪"而非"礼"，后者之匮乏显然。尽管所谓"秦仪"不见得与先秦之礼有多大差别，③ 但在汉儒看来，它远非儒家古礼，不足取法。

文帝时，贾谊、公孙臣希望按"太平乃制礼"思路革秦制、致新礼。④ 尽管时人扬言"汉家法周"⑤，"色尚黄，数用五"的德运安排显示贾谊、公孙臣的呼吁并非全然效法周礼，而是按照五运相克的转移原则建成汉一代之礼。此事后来不了了之。⑥ 文帝总体上不热心建立礼乐制度，其原因除了军功旧臣不习儒学外，更重要的是汉初"承秦"文化风气尚强盛。曾仕秦朝的丞相张苍，以汉承秦之

---

① 《史记·儒林列传》："叔孙通作汉礼仪，因为太常，诸生弟子共定者，咸为选首，于是喟然叹兴于学。"《史记·礼书》："至于高祖，光有四海，叔孙通颇有所增益减损，大抵皆袭秦故。"《史记·叔孙通传》载叔孙通自述其礼："臣愿颇采古礼与秦仪杂就之。"鲁地儒生批评叔孙通："礼乐所由起，积德百年而后可兴也。吾不忍为公所为。公所为不合古，吾不行。"《汉书·礼乐志》："高祖时，叔孙通因秦乐人制宗庙乐。"

② 《汉书》卷二五下《郊祀志下》，第 1270 页。

③ 参考陈戍国《秦汉礼制研究》，湖南教育出版社 1993 年版；［美］柯马丁（Martin Kern）：《秦始皇石刻——早期中国的文本与仪式》，刘倩译，上海古籍出版社 2015 年版。

④ 《史记·屈原贾生列传》："以为汉兴至孝文二十余年，天下和洽，而固当改正朔，易服色，法制度，定官名，兴礼乐。乃悉草具其事仪法，色尚黄，数用五，为官名，悉更秦之法。"《史记·文帝纪》载公孙臣"上书陈终始传五德事，言方今土德时，土德应黄龙见，当改正朔服色制度"。据《史记·封禅书》，公孙臣称："始秦得水德，今汉受之，推终始传，则汉当土德，土德之应黄龙见。宜改正朔，易服色，色上黄。"

⑤ 《史记》卷五八《梁孝王世家》，第 2091 页。

⑥ 《史记·屈原贾生列传》载："孝文帝初即位，谦让未遑也……于是天子议以为贾生任公卿之位。绛、灌、东阳侯、冯敬之属尽害之，乃短贾生曰……于是天子后亦疏之，不用其议。"《史记·封禅书》载："下吏治，诛夷新垣平。自是之后，文帝怠于改正朔服色神明之事。"

水德及正朔，① 反对以土德为运，可见其时风气重“承秦”而轻“更化”②。尽管文帝“使博士诸生刺六经中作《王制》，谋议巡狩封禅事”③，班固仍称“汉承百王之弊，高祖拨乱反正，文、景务在养民，至于稽古礼文之事，犹多阙焉”④，认为文帝致礼没能改变承秦礼阙之状。

武帝建元元年，出现申公、王臧、赵绾对“太平致礼”的呼吁。⑤ 申公为鲁儒生，应崇尚周礼。赵、王强调古立明堂为“朝诸侯”，本于“古礼”⑥。这些特点显示申公等人之议倾向于复古，而非如贾谊强调“更化”而成新礼。此事结果仍然流产。⑦ 诚如有学者指出：“汉初政治有两大潮流，一是承秦，二是尚质。”⑧ 无论复古还是更化，贾谊、申公两派主张均遭到这两股潮流的抵制，“汉礼”观念虽出现却无法落实。

与申公之议不同，汉武帝的主张带有“汉礼”的迹象。《史

---

① 《汉书·郊祀志上》：“秦始皇帝既即位，或曰：‘黄帝得土德，黄龙地蚓见。夏得木德，青龙止于郊，草木畅茂。殷得金德，银自山溢。周得火德，有赤乌之符。今秦变周，水德之时。昔文公出猎，获黑龙，此其水德之瑞。’于是秦更名河曰德水，以冬十月为年首，色尚黑，度以六为名，音上大吕，事统上法。”第1200—1201页。

② 《史记·张丞相列传》载：“自汉兴至孝文二十余年，会天下初定，将相公卿皆军吏。张苍为计相时，绪正律历。以高祖十月始至霸上，因故秦时本以十月为岁首，弗革。推五德之运，以为汉当水德之时，尚黑如故。……鲁人公孙臣上书言汉土德时，其符有黄龙当见。诏下其议张苍，张苍以为非是，罢之。”第2681页。

③ 《史记》卷二八《封禅书》，第1382页。

④ 《汉书》卷六《武帝纪》赞，第212页。

⑤ 《史记·孝武本纪》：“汉兴已六十余岁矣，天下乂安，荐绅之属皆望天子封禅改正度也。而上乡儒术，招贤良，赵绾、王臧等以文学为公卿，欲议古立明堂城南，以朝诸侯。草巡狩封禅改历服色事未就。”第452页。

⑥ 《史记·魏其武安侯列传》：“魏其、武安俱好儒术，推毂赵绾为御史大夫，王臧为郎中令。迎鲁申公，欲设明堂，令列侯就国，除关，以礼为服制，以兴太平。”第2843页。

⑦ 《史记·孝武本纪》：“会窦太后治黄老言，不好儒术，使人微得赵绾等奸利事，召案绾、臧，绾、臧自杀，诸所兴为者皆废。”第452页。

⑧ 陈苏镇：《〈春秋〉与“汉道”——两汉政治与政治文化研究》，第213页。

记·礼书》对此有重要记载："今上即位，招致儒术之士，令共定仪，十余年不就。或言古者太平，万民和喜，瑞应辨至，乃采风俗，定制作。上闻之，制诏御史曰：'盖受命而王，各有所由兴，殊路而同归，谓因民而作，追俗为制也。议者咸称太古，百姓何望？汉亦一家之事，典法不传，谓子孙何？……'乃以太初之元改正朔，易服色，封太山，定宗庙百官之仪，以为典常，垂之于后云。"① 武帝在统治了近三十年之后，主张更化礼乐：不满于"咸称太古"，认为"受命而王，各有所由兴"，欲按"功成制礼"，落成汉"一家"礼典，而非"法古"。这承袭了贾谊以五行相克论证王朝受命的思路，也结合了董仲舒主张效法夏朝的三统说。伴随封禅而来、颁行以夏历正月为岁首之历法的太初改制，体现了两种学说的杂糅："汉改历，以正月为岁首，而色上黄，官名更印章以五字。"② 从颛顼历到太初历的转变，与其说出于对历法精确化的追求，不如说更多有"受命改制"的考虑，以昭示"创业变改"③。这与武帝所谓"汉一家之事"理念一致。班固认为太初改制是兴"汉礼"的一次尝试，有"克秦"之意。④ 尽管太初改历背后有武帝隆兴"汉礼"的愿望，但历法仅是整个"汉礼"的一小部分。据《汉书·郊祀志》，因与儒典记载差异较大，其承秦、奢靡、追求登仙不死等要素与儒家格格不入，武帝诸多新制在西汉后期颇遭非议，不

---

① 《史记》卷二三《礼书》，第 1160—1161 页。

② 《史记》卷二八《封禅书》，第 1402 页。

③ 《汉书·律历志》："（御史大夫倪）宽与博士赐等议，皆曰：'帝王必改正朔，易服色，所以明受命于天也。创业变改，制不相复，推传序文，则今夏时也。'"这一观点参见 ［日］薮内清《中国的天文历法》第一章《汉代改历及其思想背景》，杜石然译，北京大学出版社 2017 年版。

④ 《汉书·郊祀志下》："太初改制，而倪宽、司马迁等犹从（公孙）臣、（贾）谊之言，服色数度，遂顺黄德。彼以五德之传，从所不胜，秦在水德，故谓汉据土而克之。"《汉书·武帝纪》："孝武初立……兴太学，修郊祀，改正朔，定历数，协音律，作诗乐，建封禅，礼百神，绍周后，号令文章，焕焉可述。"

被视作真正的"汉礼"①。东汉张奋说"昔者孝武皇帝……封禅告成，而礼乐不定，事不相副"，指的就是本有希望在武帝封禅后形成的"汉礼"最终没能落实。

贾谊倡议及太初改制反映其时盛行的"创汉礼"思路。无论是五德或三统，都主张革秦立汉，凸显汉朝在圣王道统中的地位，不专尚古。这是一种五行相克论与汉代本位论相结合的思路。董仲舒所论不多涉及古礼，他称"今汉继大乱之后，若宜少损周之文致，用夏之忠者"②，主张否定周道而效法夏道，后者的缥缈含糊给武帝创制汉礼留下空间。西汉前期政治文化构建的主要矛盾在于"承秦"抑或"立汉"，这一主题在制礼上表现为申公一派恢复古礼的思路不占上风。

大约在昭帝"盐铁会议"之后，逐渐兴起一种认为"周"与"汉"分别代表理想与现实的观念，二者的价值呈抵触之态，有非此即彼的各执一端。随着武帝晚年政策遭到批判，"汉制""汉礼"之价值也备受质疑，"是古非今"的观念被日益推崇。在这种语境下，议"礼"也发生转向：鲜有提及著成一代"汉礼"，而转向以复古为尚，呼吁效法"周礼"。"创汉礼"向"复周礼"的思路转变，二者对"周"态度迥异：前者强调"宜少损周之文致"，后者主张用古之周礼取代今之汉制。宣帝"颇修武帝故事，宫室车服盛于昭帝"，谏大夫王吉曰：

> 王者未制礼之时，引先王礼宜于今者而用之。臣愿陛下承天心，发大业，与公卿大臣延及儒生，述旧礼，明王制，驱一

---

① 武帝遵循雍五畤之祀，又于甘泉宫和汾阴祀泰一、后土之神。受"燕齐怪迂之方士"李少君、少翁、栾大诸人影响，祀"致神仙"之祠。据《史记·孝武本纪》，元封元年封禅泰山，"尽罢诸儒弗用"。听信齐地方士申公、丁公、公孙卿，祀黄帝、追求登仙不死。按所谓"黄帝时明堂图"兴建泰山奉高之明堂，用于祀泰一、五帝。匡衡、谷永、杜邺等儒生对武帝之礼的批评，参见《汉书·郊祀志下》。

② 《汉书》卷五六《董仲舒传》，第 2519 页。

世之民济之仁寿之域，则俗何以不若成、康，寿何以不若
高宗？①

王吉称"王者未制礼之时"，指汉代尚未制成一代之礼。这时需恢复
前代之礼。"引先王礼宜于今者而用之"对应"述旧礼，明王制"，
即"三代"礼，以周礼为著。王吉主张礼应尚"俭"，显然针对宣
帝承武帝之"制度尚奢"。然"上（宣帝）以其言迂阔，不甚宠异
也"，指王吉重古非今。"不甚用儒""持刑太深"的宣帝批评太子
欲以古制革汉制，② 而元帝"颇改宣帝之政"，试图更正武、宣"霸
王道杂之"的汉家制度。元帝所希望实现之礼，自然不倾向"汉"
礼。"汉家"所附有承秦、霸道、法治、奢侈等义涵，在儒生看来要
以"先王之礼"来革除。在这一思路下，彰显"汉"特质、区别于
三代的礼变得不必要。贡禹批评武、宣二帝"争为奢侈"，如今
"承衰救乱，矫复古化，在于陛下"，要求元帝"深察古道，从其俭
者"③。匡衡抨击"今天下俗贪财残义，好声色，上侈靡"，"今俗吏
之治，皆不本礼让"，声称"宜壹旷然大变其俗"④。在这种氛围下，
儒生们呼吁重建古礼以调整现行政教秩序，发起一场改革运动。贡
禹议宗庙，"建言汉家宗庙祭祀多不应古礼，上（元帝）是其言"⑤。
匡衡议以南郊郊祀取代五畤祀。⑥ 几经波折，符合古礼的七庙和南郊
郊祀最终落成。

---

① 《汉书》卷七二《王吉传》，第 3063 页。
② 《汉书》卷八一《匡衡传》，第 3332 页。《汉书·元帝纪》："汉家自有制度，
本以霸王道杂之，奈何纯任德教，用周政乎！且俗儒不达时宜，好是古非今，使人眩
于名实，不知所守。"
③ 《汉书》卷七二《贡禹传》，第 3070 页。
④ 《汉书》卷八一《匡衡传》，第 3333—3334 页。
⑤ 《汉书》卷二五下《郊祀志下》，第 1253 页。
⑥ 《汉书·郊祀志下》："今雍鄜、密、上、下畤，本秦侯各以其意所立，非礼之
所载术也。汉兴之初，仪制未及定，即且因秦故祠，复立北畤。今既稽古，建定天地
之大礼，郊见上帝。"

重建古礼的目的并非"尊天子"，而在"事天地"①。如儒生解释南郊之义："帝王之事莫大乎承天之序，承天之序莫重于郊祀，故圣王尽心极虑以建其制。"② 郊祀通过宣告"天赋皇权"，一方面论证了皇权的合法性；另一方面将天置于汉帝之上，暗示了天子之位的有限性、可变性。"奉天法古"的改制运动，凭借汉系承秦的话语预设、以古之周礼取代今之汉制的实践逻辑、"屈君伸天"的哲学理念，将"汉"的国运交付天命来处置。天得以评估汉帝之德是否称其皇位，"汉"的合法性变得可以质疑。王莽禅代与这一思潮的兴起有关：在儒生支持下，王莽号称顺应天命、效法周礼，建立新的政教秩序，取代失去合法性的汉朝。③ 西汉后期复古运动既彰显儒家对理想政教的诉求，又对汉统治正当性有所消解。理解这段历史的内在矛盾，即古礼运动对汉家合法性既巩固又解构的张力作用，对我们考察东汉前期"制作汉礼"的思想背景有重要意义。

新莽王朝的短命，似不能全然归咎于王莽制礼"失败"④。实际上，新莽礼制在东汉初年留下深远的影响，其明显者，如东汉国祀

---

① 如匡衡所言"王者各以其礼制事天地，非因异世所立而继之。"见《汉书·郊祀志下》。

② 《汉书·郊祀志下》载匡衡、张谭议南郊语。

③ 王莽自比于周公、模仿周公行事，说过"今制礼作乐，实考周爵五等"（《汉书·王莽传中》），屡引《周官》，其郊祀、三雍之礼无疑模仿的都是"周"之礼。近年学者发现，王莽所行之制度不是简单效法周礼，而是有很多自己的精妙创建，可谓一种独特的"土德之礼"。参见阎步克《诗国：王莽"庸部""曹部"探源》，《中国社会科学》2004 年第 6 期；阎步克：《文穷图见：王莽保灾令所见十二卿及州、部辨疑》，《中国史研究》2004 年第 4 期。贝克定（Timothy Baker Jr.）也暗示，王莽礼制不是西汉后期的"演化"，而是"革命"，参见氏撰 "Contested Cultural Transmission and Historical Interpretation in Han Dynasty China：The Nine Temples of Ban Gu and the Twelve Temples of Wang Mang"，《东华人文学报》第 21 期，2012 年 7 月。

④ 持续十五年的新莽政权的倒台是天灾、人祸各种因素作用下的结果，与其说是"制礼失败"所致，不如说新莽因太过短命而没来得及验证制礼的成果。真正压垮新莽的主要是豪族和流民武装动乱，相比起"制礼"，灾荒可能是更主要的导因。

多沿用王莽于平帝年间创立的"元始故事"①；建武元年刘秀即位礼上，采用"元始中郊祭故事"②；建武二年，"初制郊兆于雒阳城南七里，依鄗。采元始中故事"③；三十二年封禅泰山，"二十五日甲午，禅，祭地于梁阴，以高后配，山川群神从，如元始中北郊故事"④；三十三年北郊郊祀，"别祀地祇、位南面西上，高皇后配……如元始中故事"⑤；永平二年迎时气于五郊之兆，"以《礼谶》及《月令》有五郊迎气服色，因采元始中故事，兆五郊于雒阳四方"⑥。清代学者黄山认为东汉的"元始故事"未必曾发生于元始年间，应包括新莽朝之礼："莽奏议在元始五年，是年十二月帝崩，则定坛场、具郊仪必已在莽居摄之后……中兴于大祭祀动称'元始中故事'，实则皆莽之乱制；讳之，故曰'元始'耳。"⑦ 其隐微不著者，据笔者考证，建武七年光武"祀尧"之倡议源自新莽始建国年间"祀黄帝"之举；建武早期"南顿四亲"宗庙设置，则效法地皇年间的"九庙"而来。建武二十六年诏问"禘袷之礼不施行几年"，受"元始五年始行禘礼"的影响。⑧ 东汉前期多承王莽新礼，何以如此？经历了西汉后期改制运动的洗礼，东汉人普遍认为古礼所象征的理想政教秩序的实现是政权合法性的基本要素。"制礼作乐"是新王受命、功成治定、天命所归的验证和表征，这一逻辑已为东汉君臣所熟知。西汉后期和新莽对古礼所代表价值的追求为东汉所继承。另外，东汉人认为"元始故事"是汉儒议礼的集大成，彰显着汉制礼的成果，并非全然王莽发明。元始礼制是兼具理想性和可行

---

① 关于王莽所制"元始仪"的具体内容，参见《续汉书·祭祀志上》刘昭注引《三辅黄图》，《后汉书》，第 3158 页。

② 《续汉书·祭祀志上》，《后汉书》，第 3157 页。

③ 《续汉书·祭祀志上》，《后汉书》，第 3159 页。

④ 《续汉书·祭祀志上》，《后汉书》，第 3170 页。

⑤ 《续汉书·祭祀志中》，《后汉书》，第 3181 页。

⑥ 《续汉书·祭祀志中》，《后汉书》，第 3181 页。

⑦ 王先谦：《续汉志集解》，上海古籍出版社 2006 年版，第 536 页。

⑧ 《后汉书》卷三五《张纯传》，第 1195 页。

性的方案。这显示东汉对礼并非一味追求"法古"，也强调礼之从属于"汉"。结合班固对叔孙通、贾谊礼议及武帝太初改制的记述，东汉学者对西汉始终没能实现真正属于汉朝的礼乐，极不满意。制作汉礼渐渐演化为一种自觉的思潮。

古礼运动对西汉合法性的消解，深刻影响了东汉君臣。复用"汉"国号后，东汉一直警惕着古礼运动以"周"取代"汉"的思维方式。周礼后无汉礼，意味着汉只能袭用秦仪，尚未实现更化、延续先王之道，未有自己的礼。"大汉当自制礼""汉当制礼作乐"的呼声背后是东汉儒者的焦虑，"当"字更突显了事态的紧迫。

### （三）"礼乐未具"：《汉书·礼乐志》《刑法志》的书写

亲历曹褒制汉礼事件的班固，笔下的文本为我们观察"制作汉礼"思潮提供了有趣的个案。我们以《汉书》卷二二《礼乐志》为例，考察班固与其时"汉礼"呼吁的关系，分析其文本的叙事性，揭示其书写寓意，揣摩明章时代士人对落实"汉礼"急切又复杂的心态。章帝元和二年至章和元年之间，时任玄武司马的班固介入了曹褒制礼事件。史载：

> 拜（曹）褒侍中，从驾南巡，既还，以事下三公，未及奏，诏召玄武司马班固，问改定礼制之宜。固曰："京师诸儒，多能说礼，宜广招集，共议得失。"帝曰："谚言'作舍道边，三年不成'。会礼之家，名为聚讼，互生疑异，笔不得下。昔尧作《大章》，一夔足矣。"章和元年正月，乃召褒诣嘉德门，令小黄门持班固所上叔孙通《汉仪》十二篇，敕褒曰："此制散略，多不合经，今宜依礼条正，使可族行。于南宫、东观尽心集作。"①

---

① 《后汉书》卷三五《曹褒传》，第 1203 页。

班固密切关注于曹褒"改定礼制"事宜,其所上十二篇叔孙通《汉仪》被章帝用为制礼的素材。班固对"汉礼"的意见能从《汉书·礼乐志》中窥见一二。《礼乐志》的写作时间可能与曹氏父子议礼相距不远。① 清代王鸣盛在《十七史商榷》中有一段"汉无礼乐",称:"《礼乐志》本当礼详乐略,今乃礼略乐详。全篇共分两大截,后一截论乐之文较之前论礼,其详几三倍之。而究之于乐,亦不过详载郊庙歌诗,无预乐事。盖汉实无所为礼乐,故两截之首各用泛论义理,全掇《乐记》之文。"② 他指出《礼乐志》论礼极为简略,因为"汉无礼乐",班固只能"泛论义理",空谈礼义。笔者认为,班固这一书写方式颇有深意,与其所处时代背景有关。

《礼乐志》分为礼、乐两部分,引用他人之论,加以整合,形成有自己角度、立场和观点的整体性论述。就此而言,礼、乐两部分的叙述模式几乎一致,这里以礼部分为例。《礼乐志》首先对"周礼"作高度评价:"周监于二代,礼文尤具,事为之制,曲为之防,故称礼经三百,威仪三千。于是教化浃洽,民用和睦,灾害不生,祸乱不作,囹圄空虚,四十余年。孔子美之曰:'郁郁乎文哉!吾从周。'"③ 表达了作者对礼与社会之理想化关系的认识和界定。尽管经历了王莽之乱,在东汉人看来,周礼仍有楷模意义。曾经发达的礼治社会随着周代衰微而解体,"遭秦灭学,遂以乱亡",这是《汉书》评价周秦之变的典型论述,先王之道由此中断。其次,班固引用了贾谊、董仲舒、王吉、刘向四人关于"兴礼乐"的长篇议论。重点不是礼制施行的具体建议,而是泛论礼义。归纳之有以下内容:第一,对汉承秦俗的批判。如"汉承秦之败俗,废礼义,捐廉耻"

① 关于班固编撰《汉书》的时间,《后汉书·班彪传》载:"固以彪所续前史未详,乃潜精研思,欲就其业。……固自永平中始受诏,潜精积思二十余年,至建初中乃成。"

② (清)王鸣盛撰,黄曙辉点校:《十七史商榷》,上海书店出版社2005年版,第77—78页。

③ 《汉书》卷二二《礼乐志》,第1029页。

（贾谊）；"今汉继秦之后，虽欲治之，无可奈何"（董仲舒）；"继暴秦之余敝，民渐渍恶俗，贪饕险诐，不闲义理"（刘向）。① 第二，对礼义之道的对立面"俗吏之道"的批判，如"移风易俗，使天下回心而乡道，类非俗吏之所能为也"（贾谊）；"独用执法之吏治民，而欲德化被四海，故难成也"（董仲舒）；"今俗吏所以牧民者，非有礼义科指可世世通行者也，以意穿凿，各取一切"（王吉）。② 第三，对德教的对立面"刑罚"的批判。如"王者承天意以从事，故务德教而省刑罚"（董仲舒）；"是以诈伪萌生，刑罚无极，质朴日消，恩爱浸薄"（王吉）；"刑罚之过，或至死伤。今之刑，非皋陶之法也，而有司请定法，削则削，笔则笔，救时务也"（刘向）。③ 第四，呼吁社会"更化"，如董仲舒所言："琴瑟不调，甚者必解而更张之，乃可鼓也。为政而不行，甚者必变而更化之，乃可理也。"④ 颇为整齐地，四位学者皆论述了以上内容，"齐声"呼吁被秦中断的先王之礼必须在汉得到接续。经《礼乐志》的剪辑、归纳，四人的礼议被整合为一套互为关联、自成体系的西汉观念，西汉一代儒者关于礼的思想由此被指认。

有趣的是，上述四人，加上叔孙通、申公的倡议，均遭遇有花无果的结局：

1. 以（叔孙）通为奉常，遂定仪法，未尽备而通终。

2. （贾谊）乃草具其仪，天子说焉。而大臣绛、灌之属害之，故其议遂寝。

3. 会窦太后好黄老言，不说儒术，（申公兴礼）其事又废。

4. 是时，上方征讨四夷，锐志武功，不暇留意礼文之事。（董仲舒议末）

---

① 《汉书》卷二二《礼乐志》，第1030、1032、1034页。

② 《汉书》卷二二《礼乐志》，第1030、1032、1033页。

③ 《汉书》卷二二《礼乐志》，第1032、1033、1033—1034页。

④ 《汉书》卷二二《礼乐志》，第1032页。

5. 上不纳其言，（王）吉以病去。

6. 成帝以（刘）向言下公卿议，会向病卒，丞相大司空奏请立辟雍。案行长安城南，营表未作，遭成帝崩，群臣引以定谥。①

　　经由上述类型化的结局记载，我们得到诸儒礼议最终并未落实的印象。既然如此，汉"承秦礼阙"的状态一直延续。但从另一些记载看，皇帝对汉儒礼制主张是有采纳的。《史记·礼书》载武帝太初元年"改正朔，易服色，封太山，定宗庙百官之仪，以为典常"②，与"不暇留意礼文之事"之描述不相符。又如锐意复古的元帝对贡禹礼议的接纳。若不是元、成二帝的支持，七庙和南郊之礼恐怕没法落成，这些情况各有颇详细的记载。③ 可见西汉诸帝也有兴礼的主见和接纳礼议的宽容，而《礼乐志》却有意略过。这里，班固为了凸显"汉无礼乐"而对史实作了筛选，提炼和强调有利于佐证"汉无礼乐"的事迹，有其叙事意图。这种表达基于一种东汉的理解，呈现了彼时的诉求：正因为西汉礼阙，东汉有责任重建古礼。《礼乐志》中，诸儒所议并非具体礼制，而是反对俗吏和刑罚之道、呼吁以礼治更化政教的主张，隐含班固对西汉致礼失败而导致政教失败的前提性假设：东汉建立以前，汉仍承秦，未能实现更化、接续先王之道。这与和帝时张奋所说"臣以为汉当制作礼乐，是以先帝圣德，数下诏书，愍伤崩缺"④，心态相似。

　　在礼部分的结尾，班固写至东汉情况，带有对至今"汉典寝而不著"的忧虑：

　　　　世祖受命中兴，拨乱反正，改定京师于土中。即位三十年，

----

① 《汉书》卷二二《礼乐志》，第 1030、1031、1032、1033、1034 页。

② 《史记》卷二三《礼书》，第 1161 页。

③ 参见《汉书》之《贡禹传》《韦贤传》《郊祀志下》。

④ 《后汉书》卷三五《张纯传》，第 1199 页。

四夷宾服，百姓家给，政教清明，乃营立明堂、辟雍。显宗即位，躬行其礼，宗祀光武皇帝于明堂，养三老、五更于辟雍，威仪既盛美矣。然德化未流洽者，礼乐未具，群下无所诵说，而庠序尚未设之故也。孔子曰："譬如为山，未成一篑，止，吾止也。"今，叔孙通所撰礼仪与律令同录，臧于理官，法家又复不传。汉典寝而不著，民臣莫有言者。又通没之后，河间献王采礼乐古事，稍稍增辑，至五百余篇。今学者不能昭见，但推士礼以及天子，说义又颇谬异，故君臣长幼交接之道浸以不章。①

这是《礼乐志》的落脚点，是《汉书》中对东汉着墨最多的段落。对西汉诸儒礼议的引述，是为了烘托明章时代的作为。先交代光武及明帝初年一系列的仪典活动，从"定京师于土中""营立明堂、辟雍"到"宗祀光武皇帝于明堂"，班固暗示这些举措都在向"周"看齐，呼应本文开头对"周礼"的称颂。之后话锋一转，指出"德化未流洽"的原因，是"礼乐未具""庠序未设"，而前者正是班固最关注的问题。他引孔子言，比喻延续礼阙，会使光武、明帝的建制功亏一篑。又举叔孙通所撰礼仪和河间献王"采礼乐古史"五百篇作为佐证。这些材料可能是流传至东汉的仅存的汉礼文本。据章帝敕令曹褒"此制（叔孙通《汉仪》）散略，多不合经，今宜依礼条正，使可族行"，《汉仪》被认为"不合经"，需以古礼订正。"今学者不能昭见，但推士礼以及天子，说义又颇谬异"，与曹褒所"撰次天子至于庶人冠婚吉凶终始制度"②情况暗合，似有所指。

乐部分，班固也表达了对西汉一代"雅乐不行"的惋惜。论

---

① 《汉书》卷二二《礼乐志》，第1035页。
② 《后汉书》卷三五《曹褒传》，第1203页。

及自高祖至宣帝所制庙乐，以"大氐皆因秦旧事焉"为总结。①
武帝时，引河间献王"以为治道非礼乐不成，因献所集雅乐"一
事，结果却是"今汉郊庙诗歌，未有祖宗之事，八音调均，又不
协于钟律，而内有掖庭材人，外有上林乐府，皆以郑声施于朝
廷"②，不尽如人意；成帝时，举平当兴雅乐的主张，"事下公卿，
以为久远难分明，（平）当议复寝"③；哀帝时，载孔光、何武罢
郑卫之声的奏议，"奏可。然百姓渐渍日久，又不制雅乐有以相
变，豪富吏民湛沔自若，陵夷坏于王莽"④。其论证方式与礼部分
相同：经由引据诸人论述，证明雅乐始终没施行于汉。既然古礼、
雅乐皆没有恢复，汉就未能达到河间献王所说"治道"的标准，
这一使命有待东汉王朝来完成。全文末处，班固再次联系东汉状
况，提出"礼乐之教化"的迫切：

> 今海内更始，民人归本，户口岁息，平其刑辟，牧以贤良，
> 至于家给，既庶且富，则须庠序、礼乐之教化矣。今幸有前圣
> 遗制之威仪，诚可法象而补备之，经纪可因缘而存著也。孔子
> 曰："殷因于夏礼，所损益可知也；周因于殷礼，所损益可知
> 也；其或继周者，虽百世可知也。"今大汉继周，久旷大仪，未
> 有立礼成乐，此贾谊、仲舒、王吉、刘向之徒所为发愤而增
> 叹也。⑤

"今海内更始"指光武的拨乱反正。随着社会日渐富庶，"庠序、礼
乐之教化"也变得迫切。"今幸有前圣遗制之威仪"，结合孔子所
言，应损益"周礼"而制新礼，《礼乐志》两处提及"因前王之礼

---

① 《汉书》卷二二《礼乐志》，第1044页。
② 《汉书》卷二二《礼乐志》，第1070—1071页。
③ 《汉书》卷二二《礼乐志》，第1072页。
④ 《汉书》卷二二《礼乐志》，第1074页。
⑤ 《汉书》卷二二《礼乐志》，第1075页。

乐"正指此。① 大汉在未作礼乐之前，须因循周礼；至太平而创礼，也需损益周礼，从中汲取礼制资源。"久旷大仪，未有立礼成乐"，这种汲汲心态与曹氏父子如出一辙。

古代礼、法不分，班固对刑法的认识，也带有他对"今汉"当革除"承秦"礼法的暗示。在《汉书·刑法志》中，班固有与《礼乐志》意旨相近的书写。② 作为一部讨论刑法之意义及东汉以前刑法状况的专论，《刑法志》申明了几个原则：德与法之间是本和末的关系；周代"先王之法"优于今之法，法应该"合古便今"；针对清平和衰乱的环境，适时选择法之轻重。有趣的是，在叙述西汉诸帝刑法政策时，班固屡屡表达了"名曰轻法，实则不然"的观点。如，汉初"虽有约法三章，网漏吞舟之鱼。然其大辟，尚有夷三族之令……彭越、韩信之属皆受此诛"。文帝时看似"刑罚大省"，废肉刑，实际上却遗失了肉刑"因罪量刑"之义，导致"外有轻刑之名，内实杀人"的局面。景帝时完善笞刑规定，但"自是笞者得全，然酷吏犹以为威。死刑既重，而生刑又轻，民易犯之"。武帝时刑法甚严。长于民间的宣帝尽管"狱刑号为平"，但他仅仅做到勤于躬亲听审司法，任用循吏为法官，无法做到"定律令"这一根本；面对郑昌"不若删定律令"的建议，"宣帝未及修正"。元帝、成帝屡下宽法之诏令，但"有司无仲山父将明之材，不能因时广宣主恩，建立明制为一代之法，而徒钩摭微细，毛举数事，以塞诏而已。是以大议不立，遂以至今"。以上笔调的一致，构造了西汉法酷、革而未改的景象。在他看来，"至今"仍未能落实比较完整而宽厚的"一代之法"。尽管班固也提到不少西汉"合古便今"之法，他在全文末尾抒发了一段议论，见出他对西汉用法之不当的反思、对东汉应

---

① 《汉书》卷二二《礼乐志》："王者必因前王之礼，顺时施宜，有所损益，即民之心，稍稍制作，至太平而大备。""王者未作乐之时，因先王之乐以教化百姓，说乐其俗，然后改作，以章功德。"这也是董仲舒的观念，见《汉书·董仲舒传》。

② 以下讨论《刑法志》的引文都出自《汉书》卷二三《刑法志》，第1079—1112页。

该加以补救的提醒：

> 孔子曰："如有王者，必世而后仁；善人为国百年，可以胜
> 残去杀矣。"言圣王承衰拨乱而起，被民以德教，变而化之，必
> 世然后仁道成焉；至于善人，不入于室，然犹百年胜残去杀矣。
> 此为国者之程式也。今汉道至盛，历世二百余载，考自昭、宣、
> 元、成、哀、平六世之间，断狱殊死，率岁千余口而一人，耐罪
> 上至右止，三倍有余。古人有言："满堂而饮酒，有一人向隅而
> 悲泣，则一堂皆为之不乐。"王者之于天下，譬犹一堂之上也，
> 故一人不得其平，为之凄怆于心。今郡、国被刑而死者岁以万
> 数，天下狱二千余所，其冤死者多少相覆，狱不减一人，此和气
> 所以未洽者也。……自建武、永平，民亦新免兵革之祸，人有乐
> 生之虑，与高、惠之间同，而政在抑强扶弱，朝无威福之臣，邑
> 无豪杰之侠。以口率计，断狱少于成、哀之间什八，可谓清矣。
> 然而未能称意比隆于古者，以其疾未尽除，而刑本不正。

班固引孔子之言指出，统治到一定年岁后实现仁德教化（圣王）和胜
残去杀（善人），这是"为国者之程式"，但西汉并未如此，即便是号
称轻法的元、成时代，违法遭刑甚至冤死者仍然很多。班固把关注点
从刑法本身转移到刑法背后的精神上：如果在日久承平的时代，民众
却仍然不断触犯刑法，这意味着王者没能"富而教之"，没实现教化，
证明其统治仍有缺陷。王者应让每一个人都得到公平的待遇，刑法是
协助建立而不是毁坏这种公平。建武、永平以来，"断狱少于成、哀
之间什八"，狱案比西汉时大为减少，暗示光武、明帝在教化上更加
完善。尽管如此，"然而未能称意比隆于古者，以其疾未尽除，而刑
本不正"，仍比"先王之法"差得远，西汉承秦遗留的刑法顽疾未能
去除，律令的根本——制定律令的仁德原心——还没端正。全文末尾
说："今汉承衰周暴秦极敝之流，俗已薄于三代，而行尧、舜之刑，
是犹以鞿而御駻突，违救时之宜矣。"班固将西汉视作与衰周、暴秦

的一脉相承，犹如肆意之悍马，宣称"今汉"当革除衰周、暴秦之重法，迫切需要建立比隆古者的"一代之法"。《刑法志》的主旨与《礼乐志》遥相呼应，皆源于班固对如今"当制汉礼"的思考。

置于明章时期"制作汉礼"的思潮背景下，更能看出《汉书·礼乐志》《刑法志》的意旨。这种书写一定程度上代表了东汉儒者对西汉制礼、立法的理解和叙述，不免带有想象和建构性质；与当下的朝政建设及政治文化心理息息相关，寄寓了对东汉王朝发展、开拓方向的期待。

### （四）中止协商：章帝制礼时机的选择及"汉礼不行"的结局

曹褒于章和元年（87）正月受敕制礼。此年秋七月将年号从"元和"改为"章和"，对此章帝诏称："朕以不德，受祖宗弘烈。乃者凤皇仍集，麒麟并臻，甘露宵降，嘉谷滋生，芝草之类，岁月不绝。朕夙夜祗畏上天，无以彰于先功。今改元和四年为章和元年。"① 这段诏文措辞本于前一年元和三年（86）商议礼乐事宜之诏。② 案光武中元元年、明帝永平九年祥瑞屡现，曹褒即言"宜定文制，著成汉礼，丕显祖宗盛德之美"③。章帝改元"章和"与敕令曹褒"制礼"直接相关，足见皇帝对制礼的高度重视。另外，章帝君臣急于制礼，与章和元年这一特殊时间点有关。章和元年距建武三十二年（56）光武封禅泰山过了三十一年，近"一世"；距东汉建国的建武元年（25）过六十二年，近"二世"。据汉代思想传统，"一世"是达成太平的最短周期。④ "汉再受命，仍有封禅之事，而

---

① 《后汉书》卷三《章帝纪》，第157页。其中"朕夙夜祗畏上天，无以彰于先功"的"上天"二字应有错简。

② 《后汉书·曹褒传》载诏书："朕以不德，膺祖宗弘烈。乃者鸾凤仍集，麟龙并臻，甘露宵降，嘉谷滋生，赤草之类，纪于史官。朕夙夜祗畏，上无以彰于先功，下无以克称灵物。"

③ 《后汉书》卷三五《曹褒传》，第1202页。

④ 《论语·子路》："如有王者，必世而后仁。"何晏注引孔安国说："三十年曰世。如有受命而王者，必三十年，仁政乃成。"见《论语注疏》卷一三，《十三经注疏》，第2507页。

礼乐崩阙，不可为后嗣法"，光武封禅落成就达成了制礼的条件，礼乐本应完成于明帝之时。但因永平后期发生楚王英谋反所牵连之大狱，破坏了"太平"构想，礼乐然至今仍阙而未成，如今又过了"一世"。如果说建武三十二年的封禅是东汉王朝见证开国兼治国功德的第一个神圣时刻，则章和元年应是见证制礼成果的第二神圣时刻，这种时间观念影响着章帝的决策。其时流传的谶纬《河图》载"赤九会昌，十世以光，十一以兴"①，"十一"指章帝，他自感肩负光大东汉的使命，不甘于汉礼被无限期地延后，毅然以落成汉礼的圣王自居。深感日程紧迫的他"数下诏书，愍伤崩缺"。所谓"肃宗欲制定礼乐""帝旨欲有兴作""元和中，肃宗始修古礼"②，章帝为迎接光武封禅后"一世"的到来而有意识、有目的地发起制礼活动，其实是东汉合法性建立过程的一项重要举措。了解东汉人对这一"神圣时间"的预设，是理解章帝对制礼急于求成的关键。

这一计划因种种原因而搁浅。东汉"制作汉礼"计划最终流产，章帝突然去世是其直接原因，同时也与章帝急于求成、操之过急、一意孤行有关。③

汉礼的出台颇为曲折。"褒既受命，及次序礼事，依准旧典，杂

---

① 《后汉书》卷三五《曹褒传》，第 1202 页。

② 《后汉书》卷五二《崔骃传》，第 1718 页。

③ 甘怀真指出："《汉礼》的失败主要肇因于天子意志与儒家官僚共识间的矛盾。汉章帝制礼的决心十分坚定，恐怕也因为白虎观会议的经验，他知道制礼工作如交付儒家官僚、礼学家集议，必然因为礼学的聚讼难定，结果延宕难成，故他对召集京师诸儒共议新礼的建议置之不理，只将此任务托付曹褒……即使皇帝握有礼典编纂颁行的若干裁量权，但没有真正的同意权，一部国家礼典的成立还必须建立在朝廷中儒家官僚的共识之上，因为礼典的正当性来自儒家的'圣术。'"见氏著《皇权、礼仪与经典诠释：中国古代政治史研究》，第 45 页。向晋卫认为在这一事件中，分为对"礼乐"功效看法不同的现实派和理想派："对于君主以及现实一派的儒生来讲，对'礼乐'的看法是工具性的……（希望）尽快达到'章显祖宗功德，建太平之基，为后世法'的目的。而对于理想主义一派的儒生来讲，他们之所以坚持'化定制礼，功成作乐'的制礼门槛……'礼乐政治'并不仅仅是一项单纯的制度建设，而是一项系统的社会工程，'礼乐'寄托了汉儒的几乎全部社会理想，故不可轻易为之，因为欲速则不达。"见氏撰《两汉时期的"制礼"运动》，《云南社会科学》2006 年第 3 期。

以《五经》谶记之文，撰次天子至于庶人冠婚吉凶终始制度，以为百五十篇，写以二尺四寸简。其年十二月奏上。"① 曹褒在章和元年十二个月之内制成"汉礼"，颇为急促。汉礼最终没法实现，阻力来自朝臣的异议。元和二年"章下太常，太常巢堪以为一世大典，非褒所定，不可许"②。巢堪不是否定"汉礼"，而是指出汉礼是"一世大典"，如此隆重之事不可由曹褒一人决断。巢堪任太常，其观点在礼学学者中应有代表性。"帝知群僚拘挛，难与图始，朝廷礼宪，宜时刊立。"③ 这里的"时"可能与章帝心目中的神圣时间有关。章帝、曹褒与群臣之间矛盾不一定在于是否制礼，而是如何制，由一人定夺还是群策群力的问题。从班固与章帝的对话可看出这一点："固曰：'京师诸儒，多能说礼，宜广招集，共议得失。'帝曰：'谚言：作舍道边，三年不成。会礼之家，名为聚讼，互生疑异，笔不得下。昔尧作《大章》，一夔足矣。'"呈上叔孙通《汉仪》十二篇的班固，是支持制礼的，他的《礼乐志》对如今礼崩乐坏深表忧虑，与章帝"汉遭秦余，礼坏乐崩，且因循故事，未可观省"④ 的态度一致。最重要的是，班固称制礼应综合各家意见。但章帝急于求成，希望尽快实现这一夙愿，将任务托付给曹褒一人，全力维护后者的决议，与巢堪、班固的意见有所抵触。"帝以众论难一，故但纳之，不复令有司平奏。"⑤ 急于在章和元年即立国"二世"时刻落成汉礼，章帝力排众议，纳用曹褒新礼，堵住了朝臣商议之路。此后不到一年，作为新礼担保人、年仅三十三岁的章帝突然去世。⑥ "会帝崩，和帝即位，褒乃为作章句，帝遂以《新礼》二篇冠。擢褒监羽林左骑。" 曹褒在和帝即位之时为一百五十篇《汉礼》作章句，意

① 《后汉书》卷三五《曹褒传》，第 1203 页。
② 《后汉书》卷三五《曹褒传》，第 1202 页。
③ 《后汉书》卷三五《曹褒传》，第 1202 页。
④ 《后汉书》卷三五《曹褒传》，第 1203 页。
⑤ 《后汉书》卷三五《曹褒传》，第 1203 页。
⑥ 章帝去世于章和二年（88）二月壬辰，是一比较意外的事件。

在试探新帝的态度，希望得到其支持而继续推行汉礼，但和帝对制礼的热情远不及章帝。永元五年，"太尉张酺、尚书张敏等奏褒擅制汉礼，破乱圣术，宜加刑诛。帝虽寝其奏，而汉礼遂不行"①。"张酺拜太尉。章帝诏射声校尉曹褒案汉旧仪制汉礼，酺以为褒制礼非祯祥之特达，有似异端之术，上疏曰：'褒不被刑诛，无以绝毁实乱道之路。'"②与巢堪相似，张酺、张敏所批评的并非汉礼，而是曹褒"擅制汉礼"，是一种"破乱圣术"的异端——言下之意，曹褒所制并非真正汉礼。

可见异议者的逻辑：作为"一世大典"的汉礼，不容由曹褒一人"擅制"。一方面，被瞩目为作为政教基础及合法性来源、神圣的汉礼乐，必须高度谨慎地对待。另一方面，经历了个人崇拜式的王莽改制、禅代，汉儒已经对由某一人全盘主导礼乐建设之事充满警惕。就连和帝本人也不愿成为众矢之的，以至于张奋劝他"先帝已诏曹褒，今陛下但奉而成之，犹周公斟酌文武之道，非自为制，诚无所疑"③，他仍无所动。"自为制"一说透出朝臣对制礼者的疑心和警惕。这种局面的造成，与章帝力保曹褒制礼、堵塞各家集思广益之路有关。

需要指出，东汉此前一直存在"礼议协商"的传统。总揽权纲的光武帝，却在郊祀、宗庙、禘祫、建设明堂、灵台等的礼制问题上非常重视朝臣的异见。如建武二年郊祀议，"议者"主张祀尧，"有司"则主张祀高帝；④七年，"诏三公曰：'汉当郊尧。其与卿大夫、博士议。'"⑤"大议郊祀制，多以为周郊后稷，汉当祀尧。诏复

---

① 《后汉书》卷三五《曹褒传》，第 1203 页。

② 《文选》卷四六任昉《王文宪集序》李善注引《东观汉记》，吴树平《东观汉记校注》，中华书局 2008 年版，第 714 页。

③ 《后汉书》卷三五《张奋传》，第 1199—1200 页。

④ 《太平御览》卷五二七《礼仪部》引《东观汉记》，第 2393 页上栏。

⑤ 《续汉书·祭祀志上》，《后汉书》，第 3160 页。

下公卿议，议者佥同，帝亦然之。”① 唯侍御史杜林反对祀尧，光武最终听取了他的主张。光武还“尝问（郑）兴郊祀事，曰：‘吾欲以谶断之，何如？’”② “有诏会议灵台所处，帝谓（桓）谭曰：‘吾欲以谶决之，何如？’”③ 这种君臣协商，还见于建武十九年的宗庙议论：光武面对张纯和朱浮所言革除“四亲”庙的建议，“下公卿、博士、议郎”，司徒戴涉、司空窦融提出意见后，才最终决策。④ 建武末年至永平初年的“三雍”、南北郊、车服之设，更可见士人学者的群策群力：

> （张）纯以圣王之建辟雍，所以崇尊礼义，既富而教者也。乃案七经谶、明堂图、河间《古辟雍记》、孝武太山明堂制度，及平帝时议，欲具奏之。⑤
>
> （曹充）受诏议立七郊、三雍、大射、养老礼仪。⑥
>
> 博士桓荣上言宜立辟雍、明堂，章下三公、太常。⑦
>
> （梁松）明习故事，与诸儒修明堂、辟雍、郊祀、封禅礼仪，常与论议。⑧
>
> （建武）三十年，（赵）熹上言宜封禅，正三雍之礼。⑨
>
> 永平元年，（樊儵）拜长水校尉，与公卿杂定郊词礼仪。⑩
>
> 时草创五郊祭祀，及宗庙礼乐，威仪章服，辄令（董）钧

---

① 《后汉书》卷二七《杜林传》，第937页。
② 《后汉书》卷三六《郑兴传》，第1223页。
③ 《后汉书》卷二八上《桓谭传》，第961页。郑兴、桓谭因“不信谶”的态度招致光武打击，并不能说明光武在礼议上是独断的。
④ 《续汉书·祭祀志下》，《后汉书》，第3193—3294页。
⑤ 《后汉书》卷三五《张纯传》，第1196页。
⑥ 《后汉书》卷三五《曹褒传》，第1201页。
⑦ 《后汉书》卷三五《张纯传》，第1196页。
⑧ 《后汉书》卷三四《梁松传》，第1170页。
⑨ 《后汉书》卷二六《赵熹传》，第914页。
⑩ 《后汉书》卷三二《樊儵传》，第1122页。

参议，多见从用。①

（刘）苍以天下化平，宜修礼乐，乃与公卿共议定南北郊冠冕车服制度，及光武庙登歌八佾舞数。②

从"与论议""参议""共议""与公卿杂定"中，可见诸儒的参与。这里应有一个取长避短、反复商讨论证的过程。就连"受命圣王"光武帝也没独断决策，这种兼容并包、博采诸家的态度做法，自有其道理。礼乐作为政治教化之基础，其制定施行须合乎"公意"，方能体现天命之不私。理想礼乐相传为古之圣人所立，寄托着整个儒学阶层的期望，承载着圣汉的发展方向，不是某人可以擅自定夺的。在这点上，礼乐不像世俗的制度，它具有联结天命、绍继圣王的神圣性。在中兴三十年、天下化平之际，儒生们对制礼作乐的郑重，以"汉礼"比肩周礼的承诺，使他们严谨而虔诚。曹褒只是诸多礼议者中的一家，他的新方案只是一家之言。章帝一改光武的协商惯例，支持曹褒而拒绝他家，将曹褒推上了风口浪尖。当章帝、曹褒们准备大干一场时，章和二年二月皇帝突然去世，留下失去章帝保护、未经过时间考验的新礼。不难想象此后诸儒对曹褒"擅制汉礼"的声讨。抗议最激烈的太尉张酺，是《尚书》学家，"事太常桓荣"③。桓荣在建武永平之际曾呼吁三雍之设，可推测张酺并非反对致礼。

曹褒制礼遭到非议带来汉礼"不行"："（和）帝虽寝其（张酺、张敏）奏，而汉礼遂不行。"曹褒的失败影响深远。永元十三年，张奋提出定礼新方案："谨条礼乐异议三事，愿下有司，以时考定"，

---

① 《后汉书》卷七九下《儒林董钧传》，第 2577 页。"汉初或云三老答天子拜，遭王莽之乱，法度残缺。汉中兴，定礼仪，群臣欲令三老答拜。城门校尉董钧驳曰：'养三老，所以教事父之道也。若答拜，是使天下答子拜也。'诏从钧议。"《续汉书·礼仪志上》引谯周《五经然否》。

② 《后汉书》卷四二《光武十王·东平王苍传》，第 1433 页。

③ 《后汉书》卷四五《张酺传》，第 1528 页。

然"帝虽善之，犹未施行"①。要使一代典礼得以施行，无论有多少商议，都需要有某一人为某一方案拿定和负责。当年接受章帝诏令的曹褒敢言"当仁不让，吾何辞哉"，虽未敢以周公自居，却慨然以作《鲁颂》的鲁公子奚斯和作《商颂》的孔子先人正考甫自许，②足见其舍我其谁的制作信念。汉礼事件之后，东汉一代士人包括皇帝，不再有这种自信。用张奋的话，便是"久执谦谦，令大汉之业不以时成"。范晔评论汉礼的失败，准确地道出了东汉人既热忱又惋惜的复杂心态：

> 汉初天下创定，朝制无文，叔孙通颇采经礼，参酌秦法，虽适物观时，有救崩散，然先王之容典盖多阙矣，是以贾谊、仲舒、王吉、刘向之徒，怀愤叹息所不能已也。资文、宣之远图明懿，而终莫或用，故知自燕而观，有不尽矣。孝章永言前王，明发兴作，专命礼臣，撰定国宪，洋洋乎盛德之事焉。而业绝天算，议黜异端，斯道竟复坠矣。夫三王不相袭礼，五帝不相沿乐，所以《咸》《茎》异调，中都殊绝。况物运迁回，情数万化，制则不能随其流变，品度未足定其滋章，斯固世主所当损益者也。且乐非夔、襄，而新音代起，律谢皋、苏，而制令亟易，修补旧文，独何猜焉？礼云礼云，曷其然哉！③

———————————

① 《后汉书》卷三五《张奋传》，第1199—1200页。

② 《后汉书》卷三五《曹褒传》："褒省诏，乃叹息谓诸生曰：'昔奚斯颂鲁，考甫咏殷。夫人臣依义显君，竭忠彰主，行之美也。当仁不让，吾何辞哉！'遂复上疏，具陈礼乐之本，制改之意。"注曰："《韩诗》曰：'新庙奕奕，奚斯所作。'薛君《传》云：'是诗公子奚斯所作也。'""正考甫，孔子之先也，作《商颂》十二篇。"第1203—1204页。以制礼之圣贤为榜样，是那个时代士人流行的做法。班固《两都赋》序曰："夫道有夷隆，学有粗密，因时而建德者，不以远近易则。故皋陶歌虞，奚斯颂鲁，同见采于孔氏，列于《诗》《书》，其义一也。稽之上古则如彼，考之汉室又如此。"（《文选》，第3页）他认为今汉也有皋陶、奚斯。

③ 《后汉书》卷三五《曹褒传》，第1205页。

范晔首先谈到叔孙通、贾谊、董仲舒、王吉、刘向的制礼者谱系，与班固《汉书·礼乐志》的叙述一致，显然受到后者的影响。范晔体会到《汉书·礼乐志》的书写与章帝制礼事件之间的关系，认同班固所说"东汉须制礼"的历史背景——西汉屡制礼而不能成，"有不尽矣"。其次，章帝制礼属于"洋洋乎盛德之事"，然而"业绝天算，议黜异端"，分别指章帝骤然驾崩和张酺废黜曹褒之礼，暗示制礼失败有一定的偶然性，"斯道竟复坠"，颇为可惜。最后，强调当世之主应对礼乐有所损益革新，这是为了说明章帝新礼的正当性，流露出对章帝新礼的认同和同情：既然"音乐"和"律令"都可更新增补，为何唯独要求"礼制"因循守旧，对新礼猜忌颇多（"独何猜焉"）？末以"礼云礼云，曷其然哉"感叹汉礼之难定，呼应了西汉诸儒之"怀愤叹息所不能已"，暗示东汉制礼失败的原因与西汉相似，最终走上了西汉的老路。

曹褒新礼在顺帝时有所保留，但规模应不大。[①] 终东汉一代，"汉礼"只能算一个高悬着的理想。郑玄在《尚书·洛诰》注中借助"王者未制礼作乐，恒用先王之礼乐"之说，力主"用周礼"理念，正是以东汉时"汉礼未成"为逻辑前提。[②] 到了汉末，儒生士人多呼吁加强刑法以治国，但值得注意的是，他们也没有将章帝时的"制礼"视为虚美、无用、不务实之举。三国时陆景《典语》总结西汉、新莽到东汉"振帝纲"和"用文德"两种治国路线的摇摆，说：

---

[①] 《宋书》卷一四《礼志一》："汉顺帝冠，又兼用曹褒新礼。褒新礼今不存。"第334页。又见《通典》卷五六《嘉礼一》。

[②] 《尚书·洛诰》孔颖达疏引"郑玄云"。陈苏镇指出："事实上，汉朝始终没有实现'太平'，不曾制作自己的'礼乐'，不是西周之后的又一代'王'者。魏晋以降，也未出现过符合儒家标准的'太平'和真正的'制礼作乐'。这样一来，郑玄的说法便可推而广之，周礼也适用于汉以后的王朝了。"陈苏镇：《〈春秋〉与"汉道"》，第607页。

中世，孝武以成功恢帝纲，元成以儒术失皇纲，德不堪也。王莽之世，内尚文章，外缮师旅，立明堂之制，修辟雍之礼，招集儒学，思遵古道，文武之事备矣；然而命绝于渐台，支解于汉刃者，岂文武之不能治世哉？而用之者拙也！班输骋功于利器，拙夫操刀而伤手，非利器有害于工匠。而夫膏粱旨馔，时或生疾；针艾药石，时或瘳疾，故体病而攻之以针艾，疾瘳则养之以膏粱；文武之道，亦犹是矣。世乱则威之以师旅，道治则被之以文德。①

陆景认为，王莽并用"帝纲"之术和"儒学"之道而侧重后者。新莽的失败不意味着这种"文武之事"无法有效治国，而是因为实施者拙劣，不懂得"世乱则威之以师旅，道治则被之以文德"之道理，用"文德之事"于乱世。他没否定王莽"立明堂之制，修辟雍之礼，招集儒学，思遵古道"，而是强调衰世当用重典，盛世才宜兴礼。崔寔所说"刑罚者，治乱之药石也；德教者，兴平之粱肉也"②，荀悦所说"或先教化，或先刑法，所遇然也。拨乱抑强则先刑法，扶弱绥新则先教化"③，仲长统所说"德教者，人君之常任也，而刑罚为之佐助……时势不同，所用之数亦宜异"④，与陆景所论相似，构成汉末"因时设教"的政治观念。⑤ 按这种观点的逻辑

---

① 陆景：《典语》阙题六，孙启治《陆景〈典语〉校注》，《历史文献》第十八辑，2014 年，第 30 页。

② 《后汉书》卷五二《崔寔传》，第 1728 页。

③ 张烈点校：《汉纪》卷二三《元帝纪下》，中华书局 2002 年版，第 407 页。

④ 仲长统：《昌言》，《全后汉文》卷八八，严可均辑《全上古三代秦汉三国六朝文》，中华书局 1958 年影印本，第 948 页。

⑤ 稍早的王充甚至认为，即使是衰世也要用德治，不能任刑弃德："韩子岂不知任德之为善哉？以为世衰事变，民心靡薄，故作法术，专意于刑也。夫世不乏于德，犹岁不绝于春也。谓世衰难以德治，可谓岁乱不可以春生乎？人君治一国，犹天地生万物。天地不为乱岁去春，人君不以衰世屏德。"《论衡·非韩》，《论衡校释》，第 441 页。

推论，东汉前三朝时值明君圣主，国家安定强盛，则应该采用以制礼乐、兴教化为重的治国路线。可见东汉一代，兴礼活动尽管没落，制礼作乐的理念始终保留着某种正当性。

东汉前期君臣对制礼作乐的热切程度可能超出我们以往认识。恰恰因为这种急切，章帝不愿在光武封禅后仍然一拖再拖，力保被赋予众望的"汉礼"在建朝六十年之际仓促出台。几个月后章帝的意外病逝，使"汉礼"深遭众多虔诚儒生的质疑。"汉礼"所肩负的时代重要使命和过高的期待，使它不堪重负，最终失去了落成的可能。这种崩解可归因于理想与现实关系过度紧张所致：东汉人看来，"汉礼"不是叔孙通、汉武帝因袭秦制或夸耀功德的"今"礼，也不是复古运动中否定汉制、追求纯粹儒典理想的"古"礼。"汉礼"应该既完美又能落实，符合天意、继承王道而又隶属于汉，这种矛盾性也构成了东汉王朝的自我定位。在"汉礼"范畴中，"古""今"之间仍存在着无法融洽的矛盾，东汉人试图以礼乐调和这一矛盾的努力最终仍遭失败。尽管如此，一度兴盛的"汉当自制礼"理念为我们展示了东汉伊始的人们不愿作为西汉附庸的心态，他们对开创和变革的追求、对新身份的探寻、建设未来的使命感及由之而陷入的困境。

章帝以后制礼运动的式微、消歇，原因复杂。从章帝晚年曹褒制礼所遭遇的阻力看，制礼的理想性一面在日益理性化的彼时，已遭到某种程度的抵制，如果没有章帝的全力支持，曹褒之礼难以实施，章帝崩后也证明了这一点。可见制礼至少需要两方面条件：一是社会心理的支持，一是皇帝的魄力和决心。具体而言，东汉中后期的社会政治形势决定制礼的衰落。首先，自和帝始，东汉诸帝往往年少即位，不再有光武、明、章那种当仁不让的魄力和满怀壮志的理想。太后称制，外戚主政，分割了天子的权力，削弱了天子统治核心和教化楷模的身份，以天子为价值中心、以天子功德为逻辑前提的礼乐建设就难以施展。其次，天子屡屡借助宦官势力，与外戚展开你死我活的权力争斗，这种极度的宫廷混乱，使礼乐不再有开展的闲暇余地。再次，东汉中后期的政治社会不再给士人以光武、明、章三朝那种繁荣安定的感觉。扭转颓势、应对危机、谋求改革的理性主义政治思潮，成为主流，加强刑法和吏治才是重振汉道的正确方式。① 离“太平”越来越远，失去了这一前提基础，自然就没有制礼作乐的可能性。建设“太平”，追求圣汉理想，显得太虚太远，是可望而不可即的事情。总之，章帝之后，出于种种必然和偶然的因素，“汉礼”失去了政治文化和思想意识的环境土壤，不再是有识之士关注、思考的问题。

本章经由“新汉受命”“汉家天子”和“汉当自制礼”三种理念实践的建立，讨论了“光武纪念仪式体系”的形成、三雍行礼的义涵展开、“汉礼”的意义建构等问题，梳理了明、章时期由“新汉本位”理念所主导的礼仪革新和秩序再造。想表达的是，有一种糅合复古改制与中兴汉家的理想，引导着东汉前三朝的政治文化建设，使之肩负起建立超越“汉承秦制”的神圣王朝的使命。“新汉本位”建构实践尽管具有理想性，却早已不是王莽时代那种乌托邦式的空想，相反，它同时呈现出高度的现实理性精神。自光武开始，一套风格务实、贴近民生的制度和政策被推行开来。正如陈来指出，注重“明德慎罚”“敬天保民”“天命无常”，具有高度伦理政治性的周代礼乐文明，相比起商代崇尚神意的自然宗教文明，是一种人文理性主义的突破和飞跃。② 极力效法周代制礼作乐的东汉明帝、章帝时代，也呈露这种与周代相似的政治理性精神。从即帝位时的“谨慎恐惧”，对“鳏寡孤独”的救济赡养，对“过称、虚誉”的抑制，面对灾异时的警戒，“济之以宽”的律法改革、对严酷刑罚的减轻，“理冤狱，录轻系”的吏政方

---

① 关于东汉后期这种祈望“中兴”的政治思潮，参考余论及附录《“汉三百五十年之厄”与东汉后期的“中兴”论》。

② 陈来：《古代宗教与伦理——儒家思想的根源》（增订本），北京大学出版社2017年版，第185—232页。

向，"罢边屯"的边政转向，① 都显示出明帝、章帝在政策制定上
的理性主义定位。《后汉书·明帝纪》赞曰"业业兢兢，危心恭
德，政察奸胜，备章朝物，省薄坟陵"，《章帝纪》论曰"感陈宠
之义，除惨狱之科……平徭简赋，而人赖其庆。又体之以忠恕，
文之以礼乐，故乃蕃辅克谐，群后德让"，二帝的施政风格彰显着
理性务实、谨慎克制的精神，在王朝的长治久安上有实在的贡献。
可见，明帝、章帝不仅希望恢复周代的礼乐制度，更意在继承发
扬周代"明德慎罚""敬天保民""天命无常"等思想遗产，将之
作为当今政治的指导。象征理性务实政治风气的文法吏阶层，地
位提高，得以与儒生平起平坐，甚至超越之。此时被恢复和改良
的诸多汉家旧制，既及时摒弃了新莽的新制度，又抑制着新汉理
想主义建构的冲动，形成礼法交错、被东汉后期称作"故事"的
制度结构。

　　尽管东汉制礼作乐的努力最终以失败告终，但前三朝的种种立
制，为王朝提供了得以因循的"故事"，影响和制约着东汉后期乃至
魏晋南北朝时期礼乐、律令秩序的重建。礼乐的隆兴带来法制的儒
学化。渡边信一郎指出："东汉初再定位的诸改制，和新创生的礼
制、祭仪一起再次成为（在宣帝'汉家故事'之后的又一种）故
事，作为'建武故事''永平故事''建初故事'被编成，成为后世
的规范。正是在东汉初期构筑概要的'汉家故事'，体现了古典化国
制，其范围包含法制、礼制，成为中国传统国家国制特质的礼、法
交错结构的基础。"② 东汉前期对新王朝合法性的建构，融合了理想
古制与西汉故事，由此形成一种新的"故事"，成为后世不断返回参
照的政治文化形态。

---

　　① 关于这些政策措施，参考《后汉书》之《明帝纪》《章帝纪》，卷四六《陈宠
传》，卷四八《杨终传》。
　　② ［日］渡边信一郎：《东汉古典国制的建立——汉家故事和汉礼》，张娜译，
载周东平、朱腾编《法制史译评》第五卷，中西书局 2017 年版。括号内容为笔者所
加。

# 第 四 章

# 东汉前期的"文"实践

　　《两都赋》中,"西都宾"称赞"东都主人"曰:"美哉乎此诗! 义正乎杨雄,事实乎相如,非唯主人之好学,盖乃遭遇乎斯时也。"说这优美诗文的诞生不仅因"东都主人"的文采学识,更应归功于遇上了今日之时代。班固认为是时代造就了"美文",这是个值得注意的说法。东汉有一新兴观念,即对"文"的重视,① 对"文章""文人"的推崇。② 这或许与两汉之间从"尚质"到"尚文"的转变有关:西汉尚质,③

---

　　① 刘师培指出:"三代之时,一字数用,凡礼乐、法制、威仪、言辞、古籍所载献谓之文。"(《文说·耀采篇第四》,《刘申叔遗书》,江苏古籍出版社 1997 年版,第 1283 页)"文"之起源,古代有"错画"和"文身"二说。"文"的本义指物之象(《说文解字叙》"文者,物象之本";《淮南子·天文训》高诱注"文者,象也"),引申出人为的创造物之义,即礼乐法制。进而又产生言辞之义,及文采—美(与质相对)、文德—善(与武相对)的形容词义。近年结合考古材料及出土文献对"文"义涵演变的阐述,参考陈民镇《"文""体"之间:中国古代文体学基本概念的界说与证释》,《文化与诗学》2018 年第 1 期。

　　② 《后汉书》多用"能文章""以文章显"评价士人才华,这在《汉书》中比较少见。《后汉书·文苑传》首次确立了一个以"文"为身份特征的人物谱系。《后汉书》的书写固然反映了魏晋风习,亦有其渊源,从中可推知东汉时代的"文"已成为某类人物的标识、评价人物的重要尺度。

　　③ 董仲舒以心志为"质"、外物为"文",主张先质后文的观念颇为典型:"志为质,物为文,文著于质,质不居文,文安施质;质文两备,然后其礼成;文质偏行,不得有我尔之名;俱不能备,而偏行之,宁有质而无文,虽弗予能礼,尚少善之,介葛卢来是也;有文无质,非直不予,乃少恶之,谓州公寔来是也。然则春秋之序道也,先质而后文。"苏舆撰:《春秋繁露义证》卷一《玉杯》,中华书局 1992 年版,第 27 页。

对"文"多有贬义用法。① 东汉尚文,"文"的价值被突出,"文"成为一个相对独立的概念。人才之高低,国势之兴衰,都被认为与"文章"之畅滞、隆寝有关。王充《论衡》有"物以文为表,人以文为基"(《书解》)、"笔能著文,则心能谋论,文由胸中而出,心以文为表"(《超奇》)、"鸿文在国,圣世之验也……知文锦之可惜,不知文人之当尊,不通类也。天文人文,文岂徒调墨弄笔为美丽之观哉"(《佚文》)之论,呈现对"文"与人、与心、与国之表里关系的构造。② 汉末应场《文质论》大彰"质者之不足,文者之有余",并用"从质到文"概括汉代历史演变,被视作一部开启"文学自觉时代"之作。③ 刘勰《文心雕龙·时序》述魏晋文章源流,追溯至东汉初年,说:

> 自哀平陵替,光武中兴,深怀图谶,颇略文华,然杜笃献诔以免刑,班彪参奏以补令,虽非旁求,亦不遐弃。及明帝叠耀,崇爱儒术,肄礼璧堂,讲文虎观;孟坚珥笔于国史,贾逵给札于瑞颂,东平擅其懿文,沛王振其通论,帝则藩仪,辉光相照矣。自和安以下,迄至顺桓,则有班(昭)傅(毅)三崔

---

① 如指涉奢侈、繁复、(法令)严密、外在诸义。另外,按西汉"文质论"的历史哲学,汉朝正在经历着"忠、质、文"的三教循环,须革除"周之文",实现"夏之忠"。司马迁曰:"夏之政忠。忠之敝,小人以野,故殷人承之以敬。敬之敝,小人以鬼,故周人承之以文。文之敝,小人以僿,故救僿莫若以忠。三王之道若循环,终而复始。周秦之间,可谓文敝矣。秦政不改,反酷刑法,岂不缪乎?故汉兴,承敝易变,使人不倦,得天统矣。"(《史记》卷八《高祖本纪》,第393—394页)董仲舒曰:"今汉继大乱之后,若宜少损周之文致,用夏之忠者。"(《汉书》卷五六《董仲舒传》,第2519页)对"文质""三教循环"学说,参考陈苏镇《〈春秋〉与"汉道"——汉代政治与政治文化研究》,第190—198页。

② 对"文"的重视可能影响了"取士"途径的改革。阎步克先生指出在左雄主持的察举改革中,顺帝时"阳嘉新制"的重要取向是"以文取人",建立"诸生试家法,文吏课笺奏"的笔试考核选拔制度,取代了过去的"以能取人"和"以德取人"。参考阎步克《察举制度变迁史稿》,第73页。

③ 吴云校注:《建安七子集校注》,天津古籍出版社2005年版,第533—542页。

（骃、瑗、寔），王（延寿）马（融）张（衡）蔡（邕），磊落鸿儒，才不时乏，而文章之选，存而不论。①

指出图谶之兴②、光武崇文、明章爱儒，都对"文"之兴盛有推动，导致东汉一代文人辈出，为魏晋文学之茂奠定基础。还提到"孟坚（班固）、贾逵、东平（刘苍）、沛王（刘辅）"之作文，都不是个体化的文人行为，背后有王朝理念实践的依托和驱使。生活在这个时代的王充在《论衡·超奇》中说：

> 周有郁郁之文者，在百世之末也。汉在百世之后，文论辞说，安得不茂？……汉氏治定久矣，土广民众，义兴事起，华叶之言，安得不繁？夫华与实俱成者也，无华生实，物希有之。山之秃也，孰其茂也？地之泻也，孰其滋也？文章之人，滋茂汉朝者，乃夫汉家炽盛之瑞也。天晏，列宿焕炳。阴雨，日月蔽匿。方今文人并出见者，乃夫汉朝明明之验也。③

王充此论代表了其时思潮："文章"繁茂，"文人"辈出，正是汉朝治理鼎盛之"实况"的反映。尽管"文"属于表面的、形式的"华"，但这种"华"是由王朝之"实"决定的，文采之高低与国力之强弱是表里如一的关系。"文"的兴起，是东汉前期的独特政治文化现象。其时产生了集体化的"文"实践，与对"文"的观念想象互为推动，构成独特的文化景观。"文"的实践形式，是其时"新汉本位"合法化建设计划的重要构成。本章分三节具体讨论"新汉本位"语境下士人的"文"实践。首先论明章时代围绕"兰台"所

---

① 范文澜注：《文心雕龙注》，人民文学出版社 1958 年版，第 673 页。

② 魏晋人认为谶纬具有文学性，推动了文章修辞的丰富化，如挚虞《文章流别论》曰"图谶之属，虽非正文之制，然以取其纵横有义，反覆成章"。

③ 黄晖：《论衡校释》，中华书局 1990 年版，第 616 页。

展开的"文"实践。其次论贾逵的经学实践：通过《春秋左氏传》注将"汉承尧运"这一深具现实意义的命题学理化。区别于此前章节立足于皇帝、政治、礼制诸中央层面的讨论，本章将站在文人及其撰著的文本的角度，讨论东汉前期政治文化实践的另一种面向。

## 一 书写"新汉朝"：兰台文实践的展开

兰台原来是长安未央宫中一座典籍藏书库。西汉时，兰台由御史大夫的属官御史中丞管辖，根据所藏"图籍秘书"，通晓文书规范的御史得以纠察奏议中行书不规范者。[1] 东汉时，光武帝在洛阳新设兰台，置兰台令史六人，秩百石，掌书劾奏。[2] 至明、章二帝时期，兰台令史的职责有所扩大。"孝明世好文人，并征兰台之官，文雄会聚。"[3] "兰台之史班固、贾逵、杨终、傅毅之徒，名香文美。"[4] 兰

---

① 班固：《汉书》卷一九上《百官公卿表上》，中华书局1962年版，第725页。

② 东汉兰台位置在洛阳南宫北部，"殿中"端门之内。参考陈苏镇《东汉的"殿中"与"禁中"》，《中华文史论丛》2018年第1期。《后汉书》卷四〇上《班彪传上》引《汉官仪》："兰台令史六人，秩百石，掌书劾奏。"范晔《后汉书》，中华书局1965年版，第1334页。《续汉书·百官志三》："兰台令史，六百石。本注曰：掌奏及印工文书。"（《后汉书》，第3600页）两处记载的兰台令史秩级差异很大。《汉官仪》载："能通苍颉史篇，补兰台令史。满岁补尚书令史。满岁为尚书郎。"（孙星衍等辑，周天游点校《汉官六种》，中华书局1990年版，第142页）按尚书令史秩二百石，尚书郎秩四百石（《续汉书·百官志三》，《后汉书》，第3597页）。兰台令史比二者低，秩百石似为合理。《汉官名秩》载岁终腊月赏赐，"大将军、三公腊赐钱各三十万，牛肉二百斤，粳米二百斛；特进侯十五万；卿十万；校尉五万；尚书丞、郎各万五；千石、六百石各七千；侍御史、谒者、议郎、尚书令各五千；郎官、兰台令史二千"（《续汉书·礼仪志中》注，《后汉书》，第3129页）。千石到六百石官员的赏赐是七千，兰台令史是两千，不当为六百石。曹金华根据"中黄门，比百石……后增比三百石"，认为兰台令史先为百石，后升为六百石（曹金华：《后汉书稽疑》，中华书局2014年版，上册，第524—525页）曹说可从，东汉光武、明、章时期兰台令史应为百石。

③ 黄晖撰：《论衡校释》卷二〇，第866页。

④ 黄晖撰：《论衡校释》卷一三，第604页。

台成为安置鸿儒文士、展开创作的机构，其职能进一步清晰化。兰台文人学者的官方身份，决定他们的创作多为演绎王朝理念、颂美汉德、讴歌圣化之"文"。一种集体化、王朝化的"文"实践活动，肇始于明、章时代的兰台。

当时的"文"指以文字为媒介的史、赋、颂、诗、传等诸体裁的文本。所谓兰台"文"的实践，指经由有组织（以兰台为机构）的人员征召、主题拟构、规模化集体性创作，形成一场有社会影响力的"文"的实践活动。借助"文"叙事——话语、修辞、意象、体裁等，包括文本组织生成、意义建构和阅读传播，构成一系列关于历史和现实的说法，与时下流行的思想潮流相响应。① 从某种意义上说，兰台"文"实践参与了东汉王朝的身份拟构。"东汉"之名是后人的一种指称，以区别于西汉。而在当时，已经形成了本朝是区别于、优胜于旧汉朝的"新汉朝"观念。班固的《两都赋》，崇扬洛阳、贬抑长安，其主旨正是"今汉胜昔汉"。作为观念的"新汉朝"，正是在兰台"文"的构造下得以形成。兰台"文"的系列写作，借助"刘秀起家""建武革命"和"万夷宾服"诸叙事，描绘东汉开国、治理、教化的历程，宣叙本朝之受命创业、制礼作乐、功成德洽，赋予光武之后的"汉"以全新的形象和意义，以此确立"新汉朝"的主体性身份。

关于东汉的兰台文章，前人已有关注。② 主要从修史、颂德角度

---

① "文实践"强调"文"借助叙事、话语展开的寓意建构，"文"用特定的叙述话语塑造集体记忆，整合、创造、宣传特定的社会观念和意识形态。文献校勘、整理、修纂的实践并非本书的重点。

② 张宗品《校书与修史：东观与东汉帝制文化整合》（社会科学文献出版社2019 年版）讨论了兰台所修《世祖本纪》与明帝对这一过程的控制，皇帝借此以实现文化整合。陈君《论兰台文人及其文学活动》（《文学遗产》2008 年第 4 期）提出兰台文人的概念，分析东汉前期文学的复兴；李建华《东汉洛阳兰台、东观文人群体及其创作考论》（《古籍整理研究学刊》2015 年第 1 期）讨论了兰台文人的校雠、修史和文学创作。

切入，止步于考订兰台文章的职能、兰台文人的创作内容及艺术特色之类"史迹"。对东汉初年兰台机构设立的意图，兰台文章的文本生成、意义建构、阅读传播和社会影响情况，其与东汉初年政权合法性建构、东汉前期试图超越西汉的时代思潮之关系等，均未作深入的追究，这就为本研究提供了空间。本书将兰台的"文"实践活动置于东汉初年政权合法性建构的历史背景下，通过解读《世祖本纪》诸史作和"都赋""颂"诸作品以及《哀牢传》等反映夷夏关系的文本，考察兰台文章在组织材料、选择文体、运用修辞等背后的含义，这场文运动如何使"新汉朝"获得其合法性和正当性。揭示兰台文在彼时政治文化运作中扮演的角色，呈现东汉以"文"为载体的政治建构实践历程。

### （一）凸显和弱化：《世祖本纪》等史作的东汉开国史书写

现存《世祖本纪》在《东观汉记》中，但从多处记载看，《世祖本纪》应该修纂并完成于兰台。永平初年，兰台文人承担了修纂《世祖本纪》的任务。"盖东汉初，著述在兰台；至章、和以后，图籍盛于东观"①，兰台是明帝时代的本朝史修纂机构。其时光武帝刚去世，光武的开国功业亟待被记录。如何书写本朝开国历史，叙述两汉之间天命的断裂、承接和再兴，描述光武与更始帝及西汉王朝之间的关系，坐实光武"受命中兴"的功德，都是事关本朝正统性确立的重要问题。兰台在这种背景下承担了修史的重任。在明帝授意下，兰台令史班固撰《世祖本纪》及列传、载记二十八篇，构成兰台文中"史"的部分。班固年少时续写班彪之《汉书》，被告私撰国史罪。明帝赞赏其书，于永平五年任班固为兰台令史。明帝召班固入兰台，主要目的是编修以光武帝为中心的东汉史书：

---

① 《四库全书总目东观汉记提要》，刘珍等撰，吴树平校注《东观汉记校注》，下册，中华书局2008年版，第940页。

固以彪所续前史未详，乃潜精研思，欲就其业……显宗甚奇之，召诣校书部，除兰台令史，与前睢阳令陈宗、长陵令尹敏、司隶从事孟异共成《世祖本纪》。迁为郎，典校秘书。固又撰功臣、平林、新市、公孙述事，作列传、载记二十八篇，奏之。帝乃复使终成前所著书。①

"乃复"表明明帝对班固所撰《世祖本纪》和列传、载记诸篇的满意，才让他继续完成《汉书》，可见《世祖本纪》在明帝心中的位置。刘知幾《史通·史官建置》称"汉氏中兴，明帝以班固为兰台令史，诏撰《光武本纪》及诸列传、载记"②，《世祖本纪》虽日后被收入《东观汉记》中，但其诞生于兰台。兰台汇集了其时大量典籍，为修纂史书提供了档案材料。《世祖本纪》由班固领衔，利用兰台所藏之典籍资料修纂。③ 且《世祖本纪》完成之时，东观还没建成。④ 这部最早的东汉当代史作，具有兰台文学的特征。⑤

---

① 《后汉书》卷四〇下《班彪传下》，第1333—1334页。

② 刘知幾撰，浦起龙释：《史通通释》卷一一，上海古籍出版社1978年版，第310页。《史通·覈才》载："观孟坚《汉书》，实命代奇作。及与陈宗、尹敏、杜抚、马严撰中兴纪、传，其文曾不足观。"《史通通释》卷九，第251页。刘知幾提到陈宗、尹敏、杜抚、马严四人与班固共撰纪、传，但《后汉书》记载仅有陈宗和尹敏参与了这次修撰。"永平十五年，皇后敕使移居洛阳。显宗召见，严进对闲雅，意甚异之，有诏留仁寿闼，与校书郎杜抚、班固等杂定《建武注记》。"《后汉书》卷二四《马援传》，第859页。刘知幾据此将《世祖本纪》和《建武注记》混淆为一。《世祖本纪》始修于永平五年的兰台，《建武注记》始修于永平十五年的仁寿闼，应为两部书。《论衡·须颂》曰"陈平仲纪光武"，指陈宗撰《世祖本纪》。《论衡校释》卷二〇，第854页。

③ 郑鹤声列班固之"兰台史友"表，有刘复、贾逵、陈宗、尹敏诸人。郑鹤声：《班孟坚先生固年谱》，商务印书馆1980年版，第36—39页。

④ 参见本章第二节。

⑤ "兰台东汉史"和"东观东汉史"组成了现存《汉记》的主体。安帝以后，东汉官史修纂工作转移至东观，历朝学者利用东观所藏史籍档案第修本朝史，最终完成《汉记》。因其与东观的密切关系，后代名之为《东观汉记》。"兰台东汉史"与"东观东汉史"在写作风格和论题主旨上有所不同，但一直被混为一谈。前辈研究者虽关注东观修史，却未能辨识作于兰台的《世祖本纪》的独特意义。参张宗品《校书与修史：东观与东汉帝制文化整合》，社会科学文献出版社2019年版。

　　《世祖本纪》中"世祖"一词取自光武帝中元二年有司所用光武庙号。此称呼有其含义："世"为父子相继，"祖"为始封之君，"世祖"蕴含光武兼及"中兴之主"和"受命之君"的双重身份。永平十五年，明帝赐《世祖本纪》予东平王苍，刘苍献上《光武受命中兴颂》，"帝甚善之，以其文典雅，特令校书郎贾逵为之训诂"①。校书郎多在兰台工作，贾逵为《光武受命中兴颂》作训诂，也是兰台文人之职责。② 可见围绕《世祖本纪》的生成，兰台有诸多举措。及后，《世祖本纪》成为东汉国史的源文本。多朝第修《东观汉记》中《光武帝纪》、列传、载记之部分，当采自班固等撰《世祖本纪》、列传及载记。③

　　《世祖本纪》采用正史体例，对史迹的取舍、彰隐、裁剪、重写，有自己的叙事路径。在纷繁的历史事实面前，写或不写，彰显或隐晦，都有言外之意，显示了编纂者的意图。《世祖本纪》及载记有以下几方面的处理。

　　首先，褒刘秀而贬更始帝刘玄。谁是东汉的开国者？张衡说："更始居位，人无异望，光武初为其将，然后即真，宜以更始之号建于光武之初。"④ 刘知几《史通·编次》说："当汉氏之中兴也，更始升坛改元，寒暑三易。世祖称臣北面，诚节不亏。既而兵败长安，祚归高邑，兄亡弟及，历数相承。作者乃抑圣公（注：更始帝）于传内，登文叔（光武）于纪首，事等跻僖，位先不窋。夫《东观》秉笔，容或迫于当时。"⑤ 可知，永平年间的东汉开国著述"抑圣公于传内"，没将更始帝列入《本纪》，这在当时颇引争议。是否为更始立纪，事关光武能否排在"纪首"的问题。刘秀兄弟最初跟随更

---

①　《后汉书》卷四二《光武十王传》，第 1436 页。

②　东汉校书郎，即郎官领校书职，校书的地点多在兰台、东观。参见刘啸《从职位到官位（一）：以汉魏南北朝的校书郎为例》，《文史哲》2019 年第 1 期。

③　吴树平：《〈东观汉记〉的撰修经过及作者事略》，载吴树平《秦汉文献研究》，齐鲁书社 1988 年版，第 108—126 页。

④　《后汉书》卷五九《张衡传》，第 1940 页。

⑤　《史通通释》卷四，第 102—103 页。

始起事，一度称臣于更始帝；更始推翻汉家罪人新莽，奠定拨乱反正之大功；更始定都于长安，颇得三辅士心，一度被认为继承西汉，享法统之正。基于这三点原因，更始朝在当时被视为东汉之前身，更始帝当享"纪首"之位。

　　兰台东汉史的处理方式是，将更始的某些行迹作为光武的反衬和对比形象出现。《世祖本纪》正面记述光武充满神异色彩的出生、特殊的禀赋、平定天下混乱、登上帝位的生涯。这个过程绕不开更始帝，关于更始的记述成为光武称帝的前奏。《刘玄载记》强调更始即天子位之前"诸将立刘氏，南阳英雄皆归望于伯升（刘秀之兄刘縯）"[1]。同时又以"三马触铁柱""刮席语常侍""醉饮韩夫人""赵萌杀侍中""长安轻贱歌"诸事，突显更始之胆小怕事、沉湎酒色、受制于人、能力低下诸毛病，终于导致统治不得民心、不称天意。这样，更始所即之位便成了类似于王莽的伪位。[2] 天命抛弃之而移至光武，便顺理成章。[3]

　　其次，创立"载记"体例，以区别于"本纪""列传"。"固又撰功臣、平林、新市、公孙述事，作列传、载记二十八篇"。班固设立"载记"的史书体例，将两汉之际的各路诸侯平林、新市、公孙述、隗嚣等霸者列入"载记"。"载记"记录的是争霸天下、割据一方的不继正统者。《史通·题目》载"东观以平林、下江诸人列为载记"[4]，

---

　　① 《东观汉记校注》卷八，上册，第260页。

　　② 刘知幾指出范晔所书"更始事迹"本于东汉官史，属"曲笔"："案《后汉书·更始传》称其懦弱也，其初即位，南面立，朝群臣，羞愧流汗，刮席不敢视。夫以圣公身在微贱，已能结客报仇，避难绿林，名为豪杰。安有贵为人主，而反至于斯者乎？将作者曲笔阿时，独成光武之美；谀言媚主，用雪伯升之怨也。且中兴之史，出自东观，或明皇所定，或马后攽刊，而炎祚灵长，简书莫改，遂使他姓追撰，空传伪录者矣。"（《史通·曲笔》，《史通通释》卷七，第197页）吕思勉称许更始帝为"英断"之主，《后汉书·刘玄传》颇多"诬枉之辞""不尽可信"（吕思勉《秦汉史》，上海古籍出版社1983年版，第230页）。

　　③ 张宗品指出："东观史臣（按：指《世祖本纪》的作者）迫于当时语境，虽认为光武称帝为汉室中兴，但对于其他刘氏宗室有一定程度的贬抑排斥，只突出光武一系。"张宗品：《校书与修史：东观与东汉帝制文化整合》，第152页。

　　④ 《史通通释》卷四，第92页。

此处《东观》指班固所撰"载记"。聚珍本《东观汉记》以更始为"载记",似可从。考虑到《世祖本纪》多次强调更始与平林、下江军的关系,表明更始属于"平林、下江诸人",因此更始被归入载记的可能性更大。两汉之际,称天子者或号称接续汉统者多,各方均用谶纬佐证自己的受命,在其割据地区内有影响力。在"南方海滨江淮,多拥兵据土"①"时江南未宾,道路不通"②的时局下,东汉统一后,如何说服割据区域内的人们相信光武才是真命天子,需要有个过程。"载记"的设立有正本清源之意:用不同体例将刘秀与诸霸业者拉开距离,凸显"圣王"。更始、赤眉、隗嚣等"载记"中的人物属于"败者为寇"的闰位之徒,被视为"圣王之驱除"的对象。③班固称:"昔秦燔《诗》、《书》以立私议,莽诵《六艺》以文奸言,同归殊途,俱用灭亡,皆炕龙绝气,非命之运,紫色蛙声,余分闰位,圣王之驱除云尔。"④他指的虽是秦和新莽,但也反映出对两汉之际群雄的认知:后者同样是"紫色蛙声"、以假冒真。

再次,凸显光武的神异禀赋,塑造其"赤帝九世受命"的形象。光武笃信谶纬,《世祖本纪》带有浓重的神秘色彩,极显"光武神迹"⑤。汉哀帝建平元年有"赤光,室中尽明""嘉禾生,一茎九穗""凤皇来集济阳",一系列"圣瑞萌兆始形于此",宣告圣王的诞生。刘秀早年生活中有"王气郁郁葱葱""庐南若火光""南阳旱饿,上田独收""有人着大冠绛单衣"等神异现象出现。"赤光"和"嘉

---

① 《后汉书》卷二一《李忠传》,第3册,第756页。

② 《后汉书》卷二六《赵熹传》,第4册,第913页。

③ 徐冲指出"驱除"观念引起了中古史书"开国群雄传"书写的产生,参考徐冲《中古时代的历史书写与皇帝权力结构》,上海古籍出版社2012年版,第87—91页。"开国群雄传"的确立,意味着新兴君主平定群雄时的身份是前朝臣子,是中古王朝禅让合法性成立的必须结构之一。《东观汉记》的"载记"类似于"开国群雄传",但光武即位并非西汉禅让的结果。

④ 《汉书》卷九九下《王莽传下》,第4194页。

⑤ 以下见《东观汉记》,《太平御览》卷九〇《皇王部》引,《东观汉记校注》卷一,上册,第1—5页。

禾"是两个重要意象：光武借谶纬"赤帝九世"之说自居为赤帝之后，"赤光"是火德的彰显；"秀"字本义是禾类植物抽穗结籽，① 引申出茂盛义，从"嘉禾九穗""王气郁郁葱葱"到"上田独收"，都是对"秀"的发挥。纬书《春秋汉含孳》称"宝文出，刘季握。卯金刀，在轸北。字禾子，天下服"②，本指刘邦，但因其突出禾字，也是刘秀"嘉禾生"祥瑞的来源。至于"隆准，日角，大口，美须眉"则是高祖之相的仿写，有"同符高祖""感赤龙而生"的寓意，③ 是受命帝王之符号。到了征战河北阶段，有这段故事："还过邓禹营，禹进食炙鱼，上大餐啖。时百姓以上新破大敌，欣喜聚观，见上餐啖，劳勉吏士，威严甚厉，于是皆窃言曰：'刘公真天人也。'"④ 这当是取法《史记·周本纪》"武王渡河，中流，白鱼跃入王舟中，武王俯取以祭"之事，记录当时舆论，在叙事上烘托光武受命的氛围。以上从不同角度渲染了光武接受天命之神异形象。《汉书·律历志》引《建武注记》载："光武皇帝，《著纪》以景帝后高祖九世孙受命中兴，复汉，改元曰建武，岁在鹑尾之张度。"⑤《建武注记》是班固等撰作于永平十五年的著纪体史书，坐实东汉对

① 这类用法如《诗经·大雅·生民》"实发实秀，实坚实好"；《诗经·豳风·七月》"四月秀葽"；《论语·子罕》"子曰：'苗而不秀者有矣夫，秀而不实者有矣夫'"。学者认为"秀"字本义指禾类植物抽穗而还未开花。参考周艳红、刘雅楠《"秀"字本义考——兼论词义系统性在本义考证中的作用》，《宁夏大学学报》2015年第3期。

② 沈约：《宋书》卷二六《符瑞志上》，第3册，中华书局1974年版，第766页。

③ 《史记》卷八《高祖本纪上》："隆准而龙颜，美须髯。"注引文颖曰："高祖感龙而生，故其颜貌似龙，长颈而高鼻。"司马迁：《史记》，中华书局1959年版，第342、343页。模仿高祖的光武样貌记叙也有"感龙而生"的蕴意。

④ 《东观汉记校注》卷一，上册，第6页。《后汉书》卷二〇《王霸传》载光武部队被王郎追赶至虖沱河，河水突然结冰，待光武渡河后冰又溶解。王霸曰："此明公至德，神灵之祐，虽武王白鱼之应，无以加此。"第735页。《后汉书》卷一《光武帝纪上》载光武在鄗城得到符命《赤伏符》，群臣奏曰："受命之符，人应为大，万里合信，不议同情，周之白鱼，曷足比焉？"第21页。可见周武王"白鱼跃舟"故事是光武在河北称帝前夕常用的祥瑞意象。

⑤ 《汉书》卷二一下《律历志下》，第1024页。

光武"汉九世孙受命中兴"的身份定位。

最后，则是弱化刘秀之兄刘縯的首事之功。最初的起义者是刘縯，他起兵于舂陵，令刘秀在宛接应。① 作为南阳义兵的领袖，刘縯威名远扬，令王莽忌惮。② 直至刘縯被更始帝杀害之前，刘秀一直依附于这位兄长的翼下，默默无闻，以至后来很多人是听闻刘縯之大名才归顺刘秀的。③ 然而在《世祖本纪》中，刘縯的首事之功被淡化，甚至被说成是刘秀之功。现存《东观汉记·齐武王縯传》没有留下刘縯"首事"记述，④ 但光武首事之功则被《世祖本纪》着意渲染：

　　宛大姓李伯玉从弟轶数遣客求上，上欲避之。先是时伯玉同母兄公孙臣为医，伯升请呼难，伯升杀之。上恐其怨，故避之。使来者言李氏欲相见款诚无他意，上乃见之，怀刀自备，入见。固始侯兄弟为上言："天下扰乱饥饿，下江兵盛，南阳豪右云扰。"因具言谶文事。"刘氏当复起，李氏为辅。"上殊不意，独内念李氏富厚，父为宗卿师，语言谲诡，殊非次第，尝疾毒诸家子数犯法令，李氏家富厚，何为如是，不然诸其言。诸李遂与南阳府掾史张顺等连谋。上深念良久，天变已成，遂市兵弩，绛衣赤帻。时伯升在舂陵亦已聚会客矣。上归旧庐，望见庐南若火光，以为人持火，呼之，光遂盛，赫然属天，有顷不见，异之。遂从南郭归宅，乃与伯升相见。初，伯升之起也，诸家子弟皆逃自匿，曰："伯升杀我。"及闻上至，绛衣大

---

① 《后汉书》卷一四《齐武王縯传》，第 549 页。

② "王莽素闻其名，大震惧，购伯升邑五万户，黄金十万斤，位上公。使长安中官署及天下乡亭皆画伯升像于塾，旦起射之。"《后汉书》卷一四《齐武王縯传》，第 550 页。

③ 如寇恂说服上谷太守耿况出兵助刘秀时说："昔王莽时，所难独有刘伯升耳。今闻大司马刘公，伯升母弟，尊贤下士，士多归之，可攀附也。"《后汉书》卷一六《寇恂传》，第 621 页。

④ 尽管现存残篇可能遗失了此说，但也存在原本就记述较少的可能性。

冠，将军服，乃惊曰："以为独伯升如此也，中谨厚亦如之。"皆合会，共劳饷新市、平林兵王凤、王匡等，因率舂陵子弟随之，兵合七八千人。上骑牛与俱，杀新野尉后乃得马。光武起义兵，暮闻冢上有哭声，后有人着大冠绛单衣。①

刘縯（伯升）率宗族起兵是在舂陵，但这段故事发生在宛，给人以刘秀在宛起事是"首事"的印象。文中还精心构思了刘秀兴兵的过程，包括刘秀因为刘縯曾经杀过李家人而对前来劝说起兵的李轶充满戒心，李氏兄弟找南阳府掾史张顺劝说刘秀，回家时"望见庐南若火光……呼之，光遂盛，赫然属天"等事件。暗示天降大任于刘秀，起事属天意，并非因为刘縯号召。之前刘縯起事，大家都躲开："伯升杀我！"等看见刘秀穿将军服，舂陵子弟"以为独伯升如此也，中谨厚亦如之"，才有"皆合会……因率舂陵子弟随之"的结局。这段记述使刘秀"首事"充满细节，看上去与刘縯无关，似乎暗示刘縯想做而不成，李轶家族怨刘縯而亲刘秀，宗族起初对刘縯并不信任，是刘秀而非刘縯使舂陵加入义军，这就顺理成章地落实了"光武起义"。之后，又叙述刘秀在昆阳大败新莽军队的英勇表现，而刘縯在遇害之前，仅用"齐武王拔宛城"一句概括其功绩，几乎不再被提及。刘縯被杀一事，也带特定的叙述功能：凸显更始帝之不义和刘秀之隐忍，为刘秀日后背叛更始求得口实。《世祖本纪》通过对史料作精心选舍、编织和加工，突显刘秀首事之功，弱化了刘縯的作用。由此刘縯成了东汉建朝叙事中一个次要的角色。

兰台令史文采斐然，《世祖本纪》中不乏颂、赋笔法，充满抒情、颂扬调子："帝即有仁圣之明，气势形体，天然之姿，故非人之敌，翕然龙举云兴，三雨而济天下，荡荡人无能名焉""汉以炎精布耀，或幽而光""上东西赴难，以车上为家，傅荣合战，跨马操兵，

---

① 《东观汉记校注》卷一，《太平御览》卷九〇引，上册，第2—4页。

身在行伍"①。那与其说是记录史事，不如说是一部颂歌。它选摘细节、增删史迹、移花接木，突出了光武受命的丰功伟绩，坐实其新汉朝开创者的身份特征，塑造东汉的诞生。学者指出，在《世祖本纪》中"历史的真实未必被强调，而是否能突出东汉深膺天命的一面，才是（班固）诸人的主要任务"②。光武从出生、起义到登基称帝，伴随种种攀周武、附高祖的祥瑞。《世祖本纪》辞藻铺张华丽，文字繁缛雕琢，后来华峤、范晔对之多有删削。③《世祖本纪》以特定的修辞笔法颂扬光武受命，是永平年间纪念光武活动的组成部分，是东汉王朝合法性建设工程中的一环。

### （二）"汉历中绝"：都赋笔法与"建武革命"的塑造

兰台的设置，一方面为当朝介入文史撰述、文艺创作提供可能性，另一方面为文人间的合作、唱和、同题共作、才艺竞技等提供平台。二者互为推动，酿成一股文艺潮流。明、章时代出现的"都赋"热就是一例。赋是一种韵文和散文相结合的文体，集叙事、写景、抒情、说理于一体，既无需纪传体正史笔法的严谨客观，又能叙事、说理；既有"诗"的主观性、抒情性、写意性，又比"诗"的篇幅更长、笔法更自由。东汉早期的兰台文人青睐赋体，以国之"都"为主题的赋盛行一时。"都赋"弘扬新都洛阳之优越，夸大旧都长安之奢靡，寄寓东汉王朝政教功德超越西汉的信念。

---

① 《东观汉记校注》卷一，分别见《太平御览》卷九〇引，王延寿《鲁灵光殿赋》李善注引，《北堂书钞》卷一三九引，上册，第14页。

② 曲柄睿：《班彪班固父子的文史互动与时代图景》，《文学评论》2021年第2期。

③ 《晋书》卷四四《华表附峤传》："峤以《汉纪》烦秽，慨然有改作之意。会为台郎，典官制事，由是得遍观秘笈，遂就其绪，起于光武，终于孝献……咸以峤文质事核，有迁固之规，实录之风，藏之秘府。"房玄龄等：《晋书》，中华书局1976年版，第1264页。关于范晔对《东观汉记》的删减，参见吴树平《范晔〈后汉书〉与〈东观汉记〉》，载吴树平《秦汉文献研究》，第463—487页。

新汉朝定都洛阳，但建武年间，一批西汉遗老士人一再呼吁返都长安。兰台令史、后升为校书郎班固创作《两都赋》，就当时的迁都思潮作出回应。班固"除兰台令史……迁为郎，典校秘书。……自为郎后，遂见亲近。时京师修起宫室，浚缮城隍，而关中耆老犹望朝廷西顾。固感前世相如、寿王、东方之徒，造构文辞，终以讽劝。乃上两都赋，盛称洛邑制度之美，以折西宾淫侈之论"。《两都赋》正作于班固"迁为郎，典校秘书"之时。

《两都赋》精心构造了"西都宾"与"东都主人"的一场对话。"西都宾"代表着被称为"关中耆老"的前汉遗臣人群，"东都主人"则对应着向往洛阳的年轻士人群体，他们形成西与东、宾与主、耆老与新秀的二元隐喻。自信的"西都宾"沉浸在对繁华西汉的追忆中，带着对"旧墟"的自豪和"故老"的崇敬，大谈长安之美：地势之天险，社会之富庶，物产之丰盛，宫室之壮美。这时，"东都主人"斥"西都宾"为秦人，称"西都宾"早已被秦的"风俗"所浸染，劝他们不要把高祖入关时不得已而为之的权宜之策——"承秦"视为大汉之荣耀，所谓繁华不过是物欲横流的奢侈。"东都主人"强调，"建武之元"才是一场"天地革命"；"永平之际"洛阳大兴礼乐，此为适遇太平之标志；天子警戒于长安的奢侈，示天下以大俭，"遂令海内弃末而反本，背伪而归真"，洛阳才是人心所向的礼教之都。"子徒习秦阿房之造天，而不知京洛之有制也；识函谷之可关，而不知王者之无外也"，主人的一席话让"西宾客"相形见绌，自愧不如，想要告辞。主人挽留宾客，赋《明堂》等诗五首，让宾客再次感慨"非唯主人之好学，盖乃遭遇乎斯时也"，一切都是时势造就的。在《两都赋》的结尾，"西宾客"被"东都主人"说服，改变了认识（"变志"）。

"建武之元，天地革命"是《两都赋》一个重要说法。它强调新莽之乱让人间秩序的崩溃，生灵涂炭："往者王莽作逆，汉祚中缺，天人致诛，六合相灭。于时之乱，生民几亡，鬼神泯绝，壑无完柩，郛罔遗室，原野猒人之肉，川谷流人之血，秦、项之灾犹不克半，书契已来未之或纪也。"① 在 "汉祚中缺" 之时，是光武帝拯救了天下。班固颂扬光武重建秩序的功绩：

> 故下民号而上诉，上帝怀而降鉴，致命于圣皇。于是圣皇乃握乾符，阐坤珍，披皇图，稽帝文……遂超大河，跨北岳，立号高邑，建都河洛。绍百王之荒屯，因造化之荡涤，体元立制，继天而作。系唐统，接汉绪，茂育群生，恢复疆宇，勋兼乎在昔，事勤乎三五。……且夫建武之元，天地革命。四海之内，更造夫妇，肇有父子，君臣初建，人伦实始，斯乃虑羲氏之所以基皇德也。分州土，立市朝，作舟车，造器械，斯轩辕氏之所以开帝功也。龚行天罚，应天顺人，斯乃汤、武之所以昭王业也。迁都改邑，有殷宗中兴之则焉；即土之中，有周成隆平之制焉。不阶尺土一人之柄，同符乎高祖。克己复礼，以奉终始，允恭乎孝文。宪章稽古，封岱勒成，仪炳乎世宗。②

"建武之元" 是一场 "天地革命"，夫妇、父子、君臣之人间伦常被重新确立。光武的功德可与伏羲、轩辕、商汤、周武诸 "受命" 圣王相比肩。班固化用了一种关于文明诞生、秩序初建的叙述。③ 其中，伏羲被认为是人伦秩序的创始者，黄帝轩辕是国家秩序的奠基人。商汤、周武是商、周的建朝者。四位王者寄寓着 "起始" 意义，光武厕身其中，意味着他是新汉朝的创始人、人间秩序的重建者。他的功德涵盖汉高帝、文帝、武帝，不只是前汉的继承者。"不阶尺

---

① 《后汉书》卷四〇下《班固传》，第 1360 页。

② 《后汉书》卷四〇下《班固传》，第 1360—1361 页。

③ 如陆贾《新语·道基》："于是先圣乃仰观天文，俯察地理。画乾坤以定人道。民始开悟，知有父子之亲，君臣之义，夫妇之别，长幼之序。于是百官立，王道乃生。" 王利器：《新语校注》卷上，中华书局 1986 年版，第 9 页。《商君书·画策》："故黄帝作为君臣上下之义，父子兄弟之礼，夫妇妃匹之合。" 蒋礼鸿：《商君书锥指》卷四，中华书局 1986 年版，第 107 页。

土一人之柄，同符乎高祖"，意指刘秀的创业没有可以因袭和利用的
形势，这与高祖建立西汉相似。换言之刘秀并非以宗室身份承袭前
汉。光武克己复礼，与文帝一般恭谨施政；复古制、行封禅，与武
帝一般威武可观。"至于永平之际，重熙而累洽，盛三雍（按：明
堂、灵台、辟雍）之上仪，修衮龙之法服，敷洪藻，信景铄，扬世
庙，正予乐。"永平年间明帝的制礼作乐，使洛阳成为符合儒家政教
标准的国都。它摆脱新莽篡汉及其后战乱，恢复盛治景观。伴随
"建武革命"和永平制礼，东汉王朝获得了儒学伦理意义上的新生
命，超越了西汉"承秦制""杂霸道"诸弊。《两都赋》集说理、抒
情、颂扬、叙事于一体，美洛都而颂光武，为"建武之元"、天命重
启定下调性。

　　国都是王朝命脉继往开来的立足点，隐含王朝从何而来、往何
处走的合法性的落实。都赋追溯源头，理顺命脉，绝非浮泛之颂辞。
比班固《两都赋》稍迟，另一位兰台令史傅毅的《洛都赋》《反都
赋》也传扬一时。章帝年间，傅毅被任命为兰台令史："建初中，肃
宗博召文学之士，以毅为兰台令史，拜郎中，与班固、贾逵共典校
书……由是文雅显于朝廷。"① 傅毅作《显宗颂》等，弘扬明帝制礼
作乐之功，颂美汉德。《洛都赋》《反都赋》可能都写于这一时期。
因为明帝时傅毅尚未出仕，他"以显宗求贤不笃，士多隐处，故作
《七激》以为讽"②，还创作了发怀才不遇之牢骚的《迪志诗》，不太
可能写颂扬主题的都赋。

　　班固、傅毅诸篇都赋张扬了以下观念：第一，强调两汉之际的
法统断裂，光武登基是一场天命的改移。傅毅云"汉历中绝，京师
为墟""惟汉元之运会，世祖受命而弭乱"。二人皆认为西汉、东汉

---

① 《后汉书》卷八〇上《文苑传上》，第2613页。
② 《后汉书》卷八〇上《文苑传上》，第2613页。

之间的天命有个"绝统—再受命"的过程。① 第二,光武替天行道,是"上帝"在人间的代理人。班固云"上帝怀而降鉴,致命于圣皇";傅毅云"上帝受命,将昭其烈。潜龙初九,真人乃发"。第三,光武之军事才能极高。班固云"赫尔发愤,应若兴云,霆发昆阳,凭怒雷震";傅毅云"虏赤眉,计高胡,斩铜马,破骨都""挥电旗于四野,拂宇宙之残难"。正因如此,光武能平定混乱,重建秩序,在群雄中脱颖而出,得到天命的垂青。第四,定都洛阳是天命的要求。第五,建立明堂、辟雍、灵台"三雍",是洛阳新汉朝落实天命、实现理想教化的标志。都赋围绕武功、平乱、绝统、受命诸中心词,运用"汉历中绝""建武革命""体元立制""真人受命"诸话语,将光武定位为绝统创业之君,其功德远高于继统中兴之主,与同时期修撰的《世祖本纪》遥相呼应。"都赋"用诗、论、述杂糅的修辞笔法,对东汉开国景观作了铺排,内涵统一,感情澎湃,反复咏唱,形成一套修辞格调。明、章时期,社会趋于文治,振兴礼乐,重建教化,安抚民生。"兴废继绝、润色鸿业"② 成为这一时期思想文化的主流。诸篇都赋正是兰台士人与当朝合作的一项文化工程,显示了其时双方颇相契合的思路。

## (三)"万夷宾服":《神雀颂》《哀牢传》的太平构造

兰台文人会按皇帝的命题进行创作。《神雀颂》和《哀牢传》就是两例。永平十四年,有神雀飞集官府,明帝授意文人创作《雀颂》,班固、贾逵、傅毅、杨终等五人所作俱佳,时称"五颂

---

① 对比非兰台文人创作的都赋,可见其与班、傅观念迥异。早在建武十七年,杜笃作《论都赋》,带有强烈的怀念西汉功业的情绪。与班、傅观点相反,杜笃宣称东汉应该返都于长安。《论都赋》梳理贯穿秦、西汉各帝至光武帝绵延不绝的天命之脉,认为东汉之天命唯在长安才能延续,强调东汉定都洛阳只是战事未平时的权益之举。东汉初年士大夫关于"都"定何处的不同理解背后,有对两汉之间天命脉络的不同认识。

② 班固:《两都赋序》,萧统编,李善注《文选》卷一,上海古籍出版社 1986 年版,第 2 页。

金玉"①。"五颂金玉"是一次思想、学问和文学的竞技，其中，贾逵之《神雀颂》最得到明帝青睐。"有神雀集宫殿宫府，冠羽有五采色，帝异之，以问临邑侯刘复，复不能对，荐逵博物多识，（明）帝乃召见逵，问之。对曰：'昔武王终父之业，鸑鷟在岐，宣帝威怀戎狄，神雀仍集，此胡降之征也。'帝敕兰台给笔札，使作《神雀颂》，拜为郎，与班固并校秘书，应对左右。"② 从兰台赐贾逵笔札、命之作颂、拜之兰台校书郎，可见兰台是皇帝传达旨意、授命创作的机构，兰台令史、校书郎是皇帝奖掖、安置文人的职位。③ 面对神雀祥瑞，作颂是兰台文人应尽之责。

在"五颂金玉"中，贾逵《神雀颂》能脱颖而出，原因可能是他精通《国语》学。贾逵引《国语·周语上》"武王终父之业，鸑鷟在岐"之事比附当今，推演神雀祥瑞是"胡降之征"，深合明帝心意。明帝即位至十四年，先有烧当羌寇陇西，后有北匈奴犯五原，汉朝与非华夏族群之间的冲突不断。此情形阻碍了明帝实现"天下远近小大若一"的太平理想。远人不服，表示圣化不够，文德不足。光武封禅后却未能实现太平，明帝对此充满焦虑。彼时祥瑞说法流行，又配合明帝即将远征北匈奴的战略舆论，④ 贾逵写《神雀颂》作"胡降"之解，解开明帝的心结，预示征匈战争旗开得胜。《神雀颂》与班固围绕白雉祥瑞创作的《白雉诗》如出一辙："启灵篇兮披瑞图，获白雉兮效素乌。发皓羽兮奋翘英，容洁朗兮于淳精。

---

① 《论衡·佚文》："永平中神雀群集，孝明诏上《爵颂》，百官颂上，文皆比瓦石，唯班固、贾逵、傅毅、杨终、侯讽五颂金玉，孝明览焉。"《论衡校释》卷二〇，第864页。

② 《后汉书》卷三六《贾逵传》，第1235页。

③ 《北堂书钞》卷六二引华峤《后汉书》："贾逵字景伯，有赡才，能通古今学。神爵集宫殿，上召见，敕兰台给笔，作《神爵颂》。除兰台令史。"误为"华谭《汉书》"。周天游辑注：《八家后汉书辑注》，上海古籍出版社1986年版，下册，第542页。

④ 永平十六年春二月，明帝派奉车都尉窦固等远征北匈奴。《后汉书》卷二《明帝纪》，第1册，第120页。

章皇德兮侔周成，永延长兮膺天庆。"① 白雉典故出自周公居摄时交
趾越裳国献白雉。② 班固引"越裳氏献白雉"，突显章帝"德侔周
成"，万夷宾服。"白雉"是东汉常见的祥瑞，与"南蛮""西南夷"
归附有关，如建武十三年"南越徼外蛮夷献白雉、白菟"，章帝元和
元年"日南徼外蛮夷究不事人、邑豪献生犀、白雉"，元和中蜀郡
"甘露降，白乌见，始兴起学校，渐迁其俗"③。从西北"胡降"到
南方"越附"，洛阳文人自视为居于"天下之中"，借鸟雀意象构建
祥瑞，表达想象性的夷夏关系。兰台文人描绘"万夷宾服"的文学
风气影响了州郡，永平中益州刺史朱辅"在州数岁，宣示汉德，威
怀远夷。自汶山以西，前世所不至，正朔所未加。白狼、槃木、唐
菆等百余国，户百三十余万，口六百万以上，举种奉贡，种为臣
仆"④，因作《远夷乐德歌诗》《远夷慕德歌诗》《远夷怀德歌诗》。
其诗提炼"心归慈母"的意象，以母子比喻夏夷，彰显汉以"德"
服人，宾服是一种主动行为，淡化王朝以武力开边的征服者身份。
明帝"嘉之，事下史官，录其歌焉"，这里的"史官"应指兰台令
史。朱辅所谓"前世所不至，正朔所未加"，指本朝能使西汉未能归
顺的蛮夷宾服。

　　杨终作《哀牢传》，也应合了明帝君臣对夷夏关系的文学性想
象。蜀人杨终被"征诣兰台，拜校书郎"⑤。"杨子山为郡上计吏，

---

　　①　《后汉书》卷四〇下《班彪传下》，第 5 册，第 1373 页。
　　②　见《尚书大传》《孝经援神契》等记载。《后汉书》卷八六《南蛮西南夷传》
体现了东汉前期比附周公成王"白雉"之瑞的心态："交阯之南有越裳国。周公居摄
六年，制礼作乐，天下和平，越裳以三象重译而献白雉，曰：'道路悠远，山川岨深，
音使不通，故重译而朝。'成王以归周公。公曰：'德不加焉，则君子不飨其质；质亦
赘也。政不施焉，则君子不臣其人。吾何以获此赐也！'其使请曰：'吾受命吾国之黄
耇曰：久矣，天之无烈风雷雨，意者中国有圣人乎？有则盍往朝之。'周公乃归之于
王，称先王之神致，以荐于宗庙。周德既衰，于是稍绝。"反映东汉人眼中蛮夷归绝与
王朝道德隆寝之关系。《后汉书》，第 2835—2836 页。
　　③　《后汉书》卷八六《南蛮西南夷传》，第 10 册，第 2836、2837、2847 页。
　　④　《后汉书》卷八六《南蛮西南夷传》，第 10 册，第 2855 页。
　　⑤　《后汉书》卷四八《杨终传》第 1597 页。

见三府为《哀牢传》不能成，归郡作上，孝明奇之，征在兰台。"①哀牢是当时西南地区的少数民族政治体。建武二十七年，哀牢王贤栗率众至越巂太守求内属，光武以之为君长，"自是岁来朝贡"。永平"十二年春正月，益州徼外夷哀牢王相率内属，于是置永昌郡，罢益州西部都尉"②。为纪念哀牢内属，明帝令三府创作《哀牢传》，屡屡不能满意。蜀郡吏杨终到洛阳上计，闻而作之，深得明帝欣赏，被征至兰台。《史通·史官建置》提到《哀牢传》是应诏完成的典型的兰台文章："杨子山为郡上计吏，献所作《哀牢传》，为帝所异，征诣兰台。斯兰台之职，盖当时著述之所也。"③ 与贾逵相似，杨终因文章脱颖而出，被授予兰台职位。可见《哀牢传》也是一篇有代表性的兰台文章——由皇帝树立兰台文的榜样。

为哀牢立史传，在当时哀牢内附的形势下，对处理现实的夷夏关系有其重要意义。杨终《哀牢传》有若干片段保留了下来，从中可见夷夏同源的汉人式哀牢叙述。这种同源性体现在几方面：第一，《哀牢传》记述了哀牢始祖的"感神而生"。"哀牢夷者，其先有妇人名沙壹，居于牢山。尝捕鱼水中，触沉木若有感，因怀妊。十月，产子男十人。后沉木化为龙。"④ "感神而生"来自汉文化的创生故事，哀牢族群的祖先神话与周祖姜嫄触巨人足迹而妊神话相似，是《诗经》《史记》所记之圣王感生说的翻版。第二，建立代代相传、父死子继的王位继承谱系。⑤ 这种线索清晰、代际分明的王谱，未必是哀牢的实情，更可能是作者华夏思维的折射。第三，记述西汉时

① 《论衡·佚文》，《论衡校释》卷二〇，第863页。

② 《后汉书》卷二《明帝纪》，第114页。

③ 《史通通释》卷一一，第310页。

④ 《后汉书》卷八六《南蛮西南夷传》，第2848页。李贤注称此文出自应劭《风俗通》，应劭当取材自杨终《哀牢传》。

⑤ "九隆代代相传，名号不可得而数，至于禁高，乃可记知。禁高死，子吸代；吸死，子建非代；建非死，子哀牢代；哀牢死，子桑藕代；桑藕死，子柳承代；柳承死，子柳貌代；柳貌死，子扈栗代。"《后汉书》卷八六《南蛮西南夷传》李贤注引《哀牢传》，第2848页。

"南越国相吕嘉子孙宗族"与哀牢杂居，暗示哀牢领地遍布汉人，深受汉文化浸染。① 第四，记载建武年间哀牢人进攻已经归附东汉的鹿茤人，出征时遭遇"天诛"，江水翻涌，哀牢人死伤无数。这事令哀牢人领悟到汉帝之圣明，"中国有圣帝"之说流传开来，为其降服新汉朝作足铺垫。② 原为蜀吏的杨终，用华夏经验及其叙事模式来建构哀牢，结合时代的需要，塑造了华夏化的哀牢形象，搭建华夷政治体之间共识之桥梁，促进汉人对异族的理解接纳。《哀牢传》是建武晚年汉朝与哀牢之间良性关系的结晶，可能是东汉为迎接哀牢内属所作的一项民族志工作，类似于"民族资料"书写。③ 《哀牢传》符合明帝的以新汉朝为中心的"万夷宾服"想象，是他标榜盛世的一种舆论。它昭示了汉天子海纳百川、德洽万民，塑造夷邦顺化的文化景观。班固的《东都赋》以"绥哀牢，开永昌"为切入，描述了这种理想的景观：

> 俯仰乎乾坤，参象乎圣躬，目中夏而布德，瞰四裔而抗棱。西荡河源，东澹海漘，北动幽崖，南趣朱垠。殊方别区，界绝而不邻，自孝武所不能征，孝宣所不能臣，莫不陆詟水果，奔走而来宾。遂绥哀牢，开永昌，春王三朝，会同汉京。是日也，天子受四海之图籍，膺万国之贡珍，内抚诸夏，外接百蛮。④

位于天下之中心的洛阳"汉京"，具有凝聚四方的向心力。位于"四海""万国"中心的汉天子，是"诸夏""百蛮"崇拜的领袖。

---

① 《华阳国志》卷四《南中志·永昌郡》，常璩著，刘琳校注《华阳国志校注》，巴蜀书社1984年版，第424页。《华阳国志》关于哀牢的记载很可能源自杨终《哀牢传》。

② 《后汉书》卷八六《南蛮西南夷传》，第2848页。

③ 体现为对其土壤、特产、作物、布料等方面的记录。《后汉书》卷八六《南蛮西南夷传》，第2849页。

④ 《后汉书》卷四〇下《班彪传下》，第1364页。

"哀牢"归顺被视作新汉朝比肩周代的祥瑞意象。王充用"哀牢贡献"论证新汉朝之盛治超越周代："周家越常献白雉，方今匈奴、鄯善、哀牢贡献牛马。周时仅治五千里内，汉氏廓土收荒服之外。牛马珍于白雉，近属不若远物。古之戎狄，今为中国；古之裸人，今被朝服……化不宾为齐民，非太平而何？夫实德化则周不能过汉，论符瑞则汉盛于周，度土境则周狭于汉，汉何以不如周？"① 论道德，汉高于周，论土地，汉广于周，"方今之汉"正指东汉。永平十七年"西南夷哀牢、儋耳、僬侥、槃木、白狼、动黏诸种，前后慕义贡献""公卿百官以帝威德怀远，祥物显应，乃并集朝堂，奉觞上寿"② 这些事件促成了东汉人的圣汉想象：明帝的治理使"孝武所不能征，孝宣所不能臣"的蛮夷主动归顺，"汉德"向南方荒蛮之地的扩散，最终实现了《春秋公羊传》所说"天下小大远近若一"的状态。和帝时，班固作《封燕然山铭》纪念窦宪征服南匈奴的功绩，所谓"上以摅高（祖）、文（帝）之宿愤，光祖宗之玄灵；下以安固后嗣，恢拓境宇，振大汉之天声"③，也是这种心态的反映。君臣相信，东汉使西汉未能归顺的边疆民族心悦诚服，天子之德辐射的疆域比西汉时更加广阔，这证明东汉天子之道德和治理在某种程度上超越了西汉。

《神雀颂》《哀牢传》的授命创作和被推崇，正是兰台文本组织生成、意义建构和阅读传播过程的缩影，也是皇权与兰台机构、文人之关系的缩影。

### （四）兰台"汉颂"与东汉颂体盛行的象征性意涵

从诸篇"都"赋对光武创业革命的铺陈，到《神雀》《白雉》《哀牢》对夷狄归汉的想象，这一系列的创作都与"颂"体裁的兴

① 《论衡·宣汉》，《论衡校释》卷一九，第822—823页。
② 《后汉书》卷二《明帝纪》，第121页。
③ 班固：《封燕然山铭序》，《文选》卷五六，第2408页。

起有关。明章时期，兰台重要的工作之一是作"颂"，"颂"成为兰台文学创作的流行文体。贾逵在明帝时作《永平颂》，并为东平王刘苍所撰的《光武受命中兴颂》作注。①《论衡·须颂》云："《诗》颂国名《周颂》，与杜抚、[班] 固所上《汉颂》相依类也。"可见班固、杜抚也上《汉颂》。兰台的杨终参与章帝的东巡狩，时"凤皇黄龙并集，终赞颂嘉瑞，上述祖宗鸿业，凡十五章"②。兰台令史傅毅作《显宗颂》："毅追美孝明皇帝功德最盛，而庙颂未立，乃依《清庙》作《显宗颂》十篇奏之。由是文雅显于朝廷。"③ 由此王充称："兰台令杨终、傅毅之徒，虽无篇章，赋颂记奏，文辞斐炳。"（《论衡·案书》）和帝时李尤擅长作颂赋，"召诣东观，受诏作赋，拜兰台令史"④。在西汉仍未受关注的颂体，到了东汉前期已蔚为大观，这与兰台文人集体创作"颂"体文章有密切关系。兰台文人作颂，都与《诗经》之颂"相依类"。傅毅"依《清庙》作《显宗颂》"就是一例。顺着这一路径，可探讨"颂"在东汉兴起的思想源流及其文体深意。

傅毅依照《周颂·清庙》创作纪念明帝的《显宗颂》，将明帝功德与周文王相比拟。⑤《诗序》云："《清庙》，祀文王也。周公既成洛邑，朝诸侯，率以祀文王焉。"《周颂谱》曰："《周颂》者，周室成功致太平德洽之诗。其作在周公摄政、成王即位之初。"⑥《周颂·清庙》是周公祭祀文王所用之乐，辞句颂扬文王之大德，是周朝功成治定时所作。东汉明帝制礼作乐，天下趋于太平，与《清庙》

① 虞世南《北堂书钞》卷一三《帝王部十三》，天津古籍出版社 1988 年版，第 60 页。《后汉书》卷四二《光武十王传》，第 1436 页。

② 《后汉书》卷四八《杨终传》第 1600—1601 页。

③ 《后汉书》卷八〇上《文苑传上》，第 2613 页。

④ 《后汉书》卷八〇上《文苑传上》，第 2616 页。

⑤ 傅毅《显宗颂》原有十篇，均已佚，在《文选》注《曹植责躬诗》、张华《励志诗》留有零星句子。

⑥ 《毛诗正义》卷一九之一《清庙》，《十三经注疏》，中华书局 1980 年版，第 583、581 页。

的制作背景颇为相似。这种依古颂作今颂的“拟经”作法，是当时的一种潮流，影响了明章时代颂体的创作。① 晋代挚虞《文章流别论》谈到颂之起源：

> 颂，诗之美者也。古者圣帝明王，功成治定而颂声兴。于是史录其篇，工歌其章，以奏于宗庙，告于鬼神。故颂之所美者，圣王之德也。则以为律吕，或以颂形，或以颂声，其细已甚，非古颂之意。昔班固为《安丰戴侯颂》，史岑为《出师颂》《和熹邓后颂》，与《鲁颂》体意相类。而文辞之异，古今之变也。扬雄《赵充国颂》，颂而似雅。傅毅《显宗颂》，文与《周颂》相似，而杂以风、雅之意。若马融《广成》《上林》之属，纯为今赋之体，而谓之颂，失之远矣。②

挚虞称傅毅的《显宗颂》“文与《周颂》相似，而杂以风、雅之意”，指出东汉“颂”体的形成源于一种比附儒家经典的意识。“圣帝明王，功成治定”是颂产生的背景。颂“奏于宗庙，告于鬼神”；颂的对象是有德行的圣王，其内容在于歌颂圣德，至于“颂形”“颂声”则不甚重要。挚虞指出班固、史岑、傅毅、马融等东汉文人兴起了作颂的潮流，与诗经“颂”“雅”形似。挚虞以为今颂来源于古颂，折射出东汉人对颂的某种理解。明、章时“颂”的兴盛，源于东汉人处处希望比肩周代的时代意识，认为既然周致太平而作《周颂》，如今亦可作《汉颂》。文人通过效法古之作颂，期盼重遇

---

① 学者指出“拟经”是扬雄以来出现的重要的文化创作现象。参考赵培《波动的权威 游移的道统——经典化视域下儒家创经、拟经、广经、续经与补经现象》，《学术月刊》2021 年第 2 期；沈相辉：《论扬雄“拟经”与“作赋”之互动》，《文艺研究》2022 年第 10 期。这种现象尤盛于东汉，反映东汉士人以本朝比肩三代、锐意于复古改制的意识。

② 《全晋文》卷七七，严可均校辑《全上古三代秦汉三国六朝文》，第 3 册，第 1905 页。

历史上制作古颂的黄金时代。所谓"圣帝明王功成治定而颂声兴"，文人借古喻今，以打造儒家化汉朝为目标，勉励天子建设媲美西周的礼乐教化社会。

在王朝合法化理念塑造与文人作文之间，兰台是一座桥梁。兰台作颂，是当朝与文人的一次和谐的合作，诚如王充所言："陈平仲纪光武，班孟坚颂孝明，汉家功德，颇可观见。……颂文谲以奇，彰汉德于百代，使帝名如日月，孰与不能言，言之不美善哉。"① 颂的创作未必完全是官方授命，也有文人自己的由衷参与、主动认同，表现自己对时代处境的理解。"颂"的创作，是一项通过兰台而展开的"文"实践活动。

《文心雕龙·颂赞》述颂体之历史："四始之至，颂居其极。颂者容也，所以美盛德而述形容也。……夫化偃一国谓之风，风正四方谓之雅，容告神明谓之颂。风雅序人，事兼变正；颂主告神，义必纯美。"颂是《诗》各体之极品，将"德"转化为"美"的形式予以咏颂。"颂"概念最初起源于《诗》"三颂"。在汉代，诗经的颂、正风、正雅形成诗之"美政"传统与变风、变雅及骚体形成怨刺的"讽政"传统，对立并行。"颂"和"讽"被认为是不同社会环境下的产物，盛世多"颂"，衰世多"讽"。东汉文人认为，经学上的"古颂"是汉颂的典范，既然新汉朝趋于盛治，汉颂就该应运而生，如古颂一样是必备之作。郑玄《周颂谱》说："周室成功致太平德洽之诗，其作在周公摄政、成王即位之初。颂之言容。天子之德，光被四表，格于上下，无不覆焘，无不持载，此之谓容。于是和乐兴焉，颂声乃作。"② 郑玄《诗谱序》又称："论功颂德，所以将顺其美，刺过讥失，所以匡救其恶，各于其党，则为法者彰显，为戒者著明。……及成王、周公，致太平，制礼作乐，而有颂声兴焉，盛之至也。本之由此《风》《雅》而来，故皆录之，

---

① 《论衡·须颂》，《论衡校释》卷二〇，第854—855页。
② 《毛诗正义》卷一九之一，《十三经注疏》，第581页。

谓之诗之正经。……故孔子录懿王、夷王时诗，迄于陈灵公淫乱之事，谓之变风、变雅。"① 郑玄解释诗经体裁变化与时代兴衰之关系认为，周颂之兴在成王、周公太平德洽、制礼作乐之时。后来世风日下，颂被变风、变雅所取代，抒发"怨情"的骚体也随之产生。蔡邕《正交论》称："逮至周德既衰，《颂》声既寝，《伐木》有'鸟鸣'之刺，《谷风》有'弃予'之怨。其所由来，政之缺也。"② 赵岐注《孟子》"王者之迹熄而《诗》亡，《诗》亡然后《春秋》作"："王者，谓圣王也。太平道衰，王迹止熄，颂声不作，故《诗》亡。《春秋》拨乱，作于衰世也。"③ 都持颂声盛寝反映王朝道德兴衰的观点。东汉学者有"文""时"互动、文缘时兴之观念，这是"汉颂"兴起的思想前提。

西汉后期虽已呼吁"作颂"，但其时汉运中衰的舆论盛行，"作颂"尚缺基础。④ 到了东汉，光武帝立国三十年之际，出现了时人眼中的太平盛世。光武举行封禅礼，明帝兴明堂礼等三雍大典，天子自许为道德教化之榜样，昭告天命，宣示其时接近太平。人们相信"拨乱反正""受命中兴"的结果便是"治世之隆"，作颂是适时而必然的，是如实的描述。东汉士人以《周颂》为摹本，完善"颂"之文体样式，视"作汉颂"为儒家合法性建构的一部分。⑤

---

① 《毛诗正义》，《十三经注疏》，第 262 页。

② 《后汉书》卷四七《朱穆传》注引，第 1474 页。

③ 《孟子·离娄下》，《孟子正义》卷八上，《十三经注疏》，第 2727—2728 页。

④ 西汉宣帝时期王褒作有《圣主得贤臣颂》。《盐铁论·能言》载："去权诡，罢利官，一归之于民，亲以周公之道，则天下治而颂声作。"王利器校注：《盐铁论校注》，中华书局 1992 年版，第 459 页。元帝时贡禹说："（古者）天下家给人足，颂声并作。"《汉书》卷七二《贡禹传》，第 3069 页。成帝时刘向也说："宜兴辟雍，设庠序，陈礼乐，隆雅颂之声，盛揖攘之容，以风化天下。"《汉书》卷二二《礼乐志》，第 1033 页。

⑤ 蓝旭《东汉初期宫廷文学之观念与实践》（《中国典籍与文化》2001 年第 2 期）讨论东汉初期宫廷文学的颂美倾向时指出："不必认为这一切都出自文人的阿主取容之心。对颂美功能的强调，表现了文人对现实政治的认同，而这种认同，则是基于他们对儒家以礼乐治国的大传统的崇扬和东汉朝廷重视礼乐建设的事实。颂美说的文学本体观，是将其定位为国家礼乐制度的有机组成。"东汉的颂美说"具备了（西汉的）讽谏说所缺乏的实践意义"。

"建武革命"后的新汉朝，真正履行天命义务，在制礼作乐、道德教化上媲美周代，摆脱了旧汉承秦、杂糅霸道之弊。以周拟汉，强调古今同质、古今颂之价值等同，证明今之可颂。王充《论衡·须颂》提到：

> 虞氏天下太平，夔歌舜德；宣王惠周，《诗》颂其行；召伯述职，周歌棠树。是故《周颂》三十一，《殷颂》五，《鲁颂》四，凡颂四十篇，诗人所以嘉上也。由此言之，臣子当颂，明矣。……《诗》颂国名《周颂》，与杜抚、〔班〕固所上《汉颂》，相依类也。①

班固《两都赋序》也称：

> 或曰：赋者，古诗之流也。昔成、康没而颂声寝，王泽竭而诗不作。大汉初定，日不暇给。……故孝成之世，论而录之，盖奏御者千有余篇，而后大汉之文章，炳焉与三代同风。且夫道有夷隆，学有粗密，因时而建德者，不以远近易则。故皋陶歌虞，奚斯颂鲁，同见采于孔氏，列于《诗》《书》，其义一也。稽之上古则如彼，考之汉室又如此。②

王充认为古之三颂都是太平时诗人"嘉上"之作，与之相类，今应有《汉颂》，如杜抚、班固之作。这正是兰台的职责。班固指出正如孔子对虞颂和鲁颂一视同仁，皆采入《诗》《书》，同理如今也应推崇"汉颂"，"稽之上古则如彼，考之汉室又如此"。

还须一提的是，东汉前期十分推崇《诗·周颂》。其时，无论诏、奏类公文还是颂赋，皆多引《周颂》为典，活用其词句。三十

---

① 《论衡校释》卷二〇，第 3 册，第 848—849 页。
② 《文选》卷一，第 1—3 页。

一篇《周颂》中十七篇为祭祀诗，内容多是成王时祭祀文、武王之仪式文辞。① 傅毅等兰台文人从周颂中获得诸多灵感和启发。明帝时模仿成王祭祀文王的《周颂·清庙》而创作光武宗庙《武德》乐，以光武比附文王受命，正是一例。② 其效法《周颂》描述成王之忆文武、营洛都、制礼乐、致太平，追随周人步履，酿造颂汉气氛。班固《典引》将章帝朝的祥瑞与周成王、康王时的祥瑞相对比："昔姬有素雉、朱鸟、玄秬、黄莠之事耳，君臣动色，左右相趋，济济翼翼，峨峨如也。盖用昭明寅畏，承聿怀之福。亦以宠灵文武，贻燕后昆，覆以懿铄，岂其为身而有颛辞也？"③ 文中移用《周颂·思文》"贻我来牟"、《周颂·时迈》"我求懿德"、《周颂·酌》"於铄王师"、《大雅·文王》"济济多士"、《大雅·大明》"小心翼翼"、《大雅·棫朴》"奉璋峨峨"诸句。④ 李贤点明这种做法的用意："言诗人歌颂周之盛德，当成康之时。其成王、康王，岂独为身而有自专之辞也，并上宠文武之业，下遗子孙之基也。言今章帝既获符瑞之应，亦宜同成康之事也。"⑤ 章帝建初七年禘祭光武、明帝，诏曰"岂亡克慎肃雍之臣，辟公之相，皆助朕之依依"，语出《周颂·雍》"有来雍雍，至止肃肃。相维辟公，天子穆穆"⑥。和帝即位，有司上奏曰："孝章皇帝崇弘鸿业，德化普洽，垂意黎民，留念稼穑。文加殊俗，武畅方表，界惟人面，无思不服。巍巍荡荡，

---

① 《周颂》分《清庙之什》《臣工之什》《闵予小子之什》三大部分，如《清庙》《维天之命》《我将》关于文王，《执竞》《武》关于武王，《昊天有成命》关于文武二王。

② 世祖庙《武德》歌辞曰："於穆世庙，肃雍显清，俊乂翼翼，秉文之成。越序上帝，骏奔来宁。"其句完全模仿《诗经·周颂·清庙》"於穆清庙，肃雍显相。济济多士，秉文之德。对越在天，骏奔走在庙"，凸显前来助祭的诸侯庄严肃穆、缅怀天子之德的场景。《续汉书·祭祀志下》注引《东观汉记》，《后汉书》，第3196页。

③ 《后汉书》卷四〇《班彪传下》，第1382—1384页。

④ 李贤注："《诗·大雅》曰：'我求懿德。'又曰：'于铄王师。'"皆误。当出自《周颂》。

⑤ 《后汉书》卷四〇《班彪传下》，第1382页。

⑥ 《后汉书》卷三《章帝纪》，第142页。李贤注误作《大雅》，当为《周颂》。

莫与比隆。《周颂》曰:'於穆清庙,肃雍显相。'请上尊庙曰肃宗。"① 在章帝纪念明帝、和帝纪念章帝的场合中,《周颂》被当作宗庙颂诗的典范,《周颂》的历史记忆被唤起,歌咏先圣的方式被模仿。"汉颂"美赞的对象看似是笼统的"汉",其实是东汉,因为只有到了光武受命、明章制礼之时,"汉"才比肩西周,符合"颂"描绘的盛况。就如章帝、曹褒力推模拟周礼的"汉礼"出台,"汉颂"的兴起源自对《周颂》所描述理想治理境界的向往。正是基于这种共同的理解,东汉前期的当权者与兰台士人之间达成一种默契,"汉颂"的写作从思想义涵到文辞体式都臻于佳境——内容典雅庄重,行文雍容舒展,文辞美懿而言约,气势磅礴,义理彰明。颂德之意被巧妙地穿插于祥瑞的描述之中。由此酿成一个时代的文学潮流,汇入东汉前期合法性建构的总工程中。

## 二 "通人"、东观与"文"实践的转型

### (一) 兰台与文人:通人"以文载道"义涵的兴起

王充《论衡·别通》中提到兰台令史有一种不同于他人的特质:

> 或曰:"通人之官,兰台令史,职校书定字,比夫太史太祝,职在文书,无典民之用,不可施设。是以兰台之史,班固、贾逵、杨终、傅毅之徒,名香文美,委积不泄,无大用用于世。"曰:此不然。周世通览之人,邹衍之徒,孙卿之辈,受时王之宠,尊显于世。董仲舒虽无鼎足之位,知在公卿之上。周监二代,汉监周、秦。然则兰台之官,国所监得失也。……令史虽微,典国道藏,通人所由进,犹博士之官,

---

① 《后汉书》卷四《和帝纪》,第167页。

儒生所由兴也。①

王充称兰台令史是"通人之官"，是"通人"入仕之径。他反驳兰台令史"职在文书，无典民之用"一说，指出他们乃国家所借鉴得失之官。班固"博贯载籍，九流百家之言，无不穷究"。贾逵，"后世称为通儒"。傅毅"少博学"②。这几位兰台之史都是"周世通览之人"。可见"通"是兰台文人的群体特征。还值得注意的是，王充反驳了世人对兰台令史"名香文美，委积不泄，失用于世"的认识，暗示他们之特长不仅在"文美"，更有现实之大用。目前学界尽管注意到东汉"通人"风气的盛行，但对"通人"的多种义涵，其变化与历史背景之间的关系，尚未作深入探究。③缕析在东汉前期语境下何为"通人"，有助于我们进一步理解东汉"通人之官"的性质及其作为。"通人"概念其实颇有弹性，具有多种义涵；随着明、章时代文实践的开展，"通人"演化出"以文载道"的新义，使这一现象背后多了一层政治文化意味。

先对"通人"诸义涵作一梳理。"通人"第一个义涵是博通五经，不守章句者。西汉时，每一门经典都有相应的师法、章句之学，学者往往严守师法，只习一经之下的某家章句。进入东汉，打破五经、各家章句之间界限的通博的学者越来越多。桓谭"博学多通，遍习五经，皆训诂大义，不为章句"；班固"博贯载

① 《论衡校释》，第603—604页。"此不然"原文作"此不继"，依黄晖改。

② 《后汉书》卷四〇《班固传》，第1330页；卷三六《贾逵传》，第1240页；卷八〇上《文苑传上》，第2610页。

③ 参考钱穆《东汉经学略论》，《中国学术思想史论丛》（三），联经出版事业公司1998年版，第91—103页；王渭清：《两汉"通人"观源流考辨》，《宝鸡文理学院学报》2016年第1期；肖航：《从"通人"到"士大夫"—试论中国古代知识分子的转型》，《湖北省社会主义学院学报》2019年第3期。

籍……所学无常师，不为章句，举大义而已"；梁鸿"博览无所不通，而不为章句"。王充的《论衡》将"通人"视作"儒生"的对立面，"儒生"指章句之儒，"通人"则是"好博览而不守章句"者。①《论衡·书解》称"说章句者终不求解扣明，师师相传，初为章句者，非通览之人也"，《谢短》称"夫儒生之业，《五经》也，南面为师，旦夕讲授章句，滑习义理，究备于《五经》可也。《五经》之后，秦、汉之事，不能知者，短也"②。在这个意义上，"通人"指治经方法上相对于传统"章句之儒"的学者，"通经"乃至"通文"的博学之才。兰台是典籍收藏之所，兰台令史常与各类典籍文献打交道，须由博览群籍者担任。

"通人"第二个义涵是通古今文字之变者，明训诂者。许慎撰《说文解字》叙述文字源流，多引"通人"之说："今叙篆文，合以古籀，博采通人，至于小大，信而有证。"段玉裁注："凡言'某说'者，所谓'博采通人'也。有说其义者，有说其形者，有说其音者。"③《说文》引汉代"通人"之说三十家，东汉人有宋弘、贾逵、班固、傅毅、卫宏等。④ 如杜林，《汉书·杜邺传》载："邺从张吉学，吉子竦又幼孤，从邺学问，亦著于世，尤长小学。邺子林，清静好古，亦有雅材，建武中历位列卿，至大司空。其正文字过于邺、竦，故世言小学者由杜公。"杜林师从"好古文字"的外祖张敞，撰有《苍颉训纂》《苍颉故》，⑤ 史称"博洽多闻，时称通儒"。

---

① 以上见于《后汉书》卷二八《桓谭传》，第 955 页；《班固传》，第 1330 页；卷八三《逸民传》，第 2765 页；卷四九《王充传》，第 1629 页。

② 《论衡校释》，第 1160、555 页。

③ 许慎撰，段玉裁注：《说文解字注》，上海古籍出版社 1981 年影印本，第 764 页，第 21 页。

④ 马宗霍：《说文解字引通人说考》，科学出版社 1959 年版。

⑤ 《汉书》卷三〇《艺文志》小学类。又载刘歆言："《苍颉》多古字，俗师失其读，宣帝时征齐人能正读者，张敞从受之，传至外孙之子杜林，为作训故。"第 1720—1721 页。

张敞子竦"博学文雅过于敞",被称为"博通士"①。许慎将他们列为"通人",强调他们会通古今文字之演变。有这方面才能的学者,往往不限于某经某家,会形成"不为章句"的为学方法。②《汉官仪》载:"能通《苍颉》、《史籀篇》,补兰台令史,满岁,补尚书令史。"③ 兰台收藏古字书写的典籍,兰台令史须有训诂通字之才。

以上"通文"和"通字"两义,是"通人"得以在兰台任官立足的学术条件。西汉后期已出现这两种意义的"通人"。明、章二帝既看重其"博览群籍"和"通古今字"的才能,又对其有更高的要求和期待。在东汉建构太平风气的影响下,兰台由行政兼藏书机构变为表达政治文化之场域空间,"通人"也随之衍生了一种新的义涵:打通先王之道与现实之政,且用"文"为手段来接通。这可谓一种"以文载道"的通人观。王充在《论衡·超奇》中就对仅限于"通经""通字"意义上的博通表示了不满,认为真正的"通"远非如此:

> 通书千篇以上,万卷以下,弘畅雅闲,审定文读,而以教授为人师者,通人也。杼其义旨,损益其文句,而以上书奏记,或兴论立说、结连篇章者,文人鸿儒也。好学勤力,博闻强识,世间多有;著书表文,论说古今,万不耐一。<u>然则著书表文,博通所能用之者也</u>。入山见木,长短无所不知;入野见草,大小无所不识。然而不能伐木以作室屋,采草以和方药,此知草木所不能用也。夫通人览见广博,不能掇以论说,此为匿生书

---

① 《汉书》卷九九上《王莽传上》。又如刘歆、扬雄。《汉书》卷三〇《艺文志》载刘歆:"至元始中,征天下通小学者以百数,各令记字于庭中。扬雄取其有用者以作《训纂篇》,顺续《苍颉》,又易《苍颉》中重复之字,凡八十九章。"第1721页。

② 参考王国维《两汉古文家多小学家说》,《王国维遗书》第一册,《观堂集林》卷七,上海书店出版社1983年版,第13—16页。王国维又有《战国秦用籀文六国用古文说》,认为汉代今文源流自秦系文字,古文是六国文字。

③ 《通典》卷二二《职官四》引,第609页。

主人，孔子所谓"诵诗三百，授之以政，不达"者也，与彼草木不能伐采，一实也。①

王充提出"览见"与"论说"的区别：通人虽有广博的"览见"，却不能将所见组织成"论说"，便像只知草、木，却不懂和药、筑屋。"论说"包括"著书表文"，是"博通所能用之者"，目的是"达政"。王充强调"见"之外的"论"的重要性，"文"就是"论"的表现形式："著书表文"是"博通所能用"和"达政"的途径。通人的能力虽高于固守章句的儒生，却低于"文人鸿儒"，原因便在于只能"览见"而不能"论说"。联系上引《论衡·别通》"兰台之官，国所监得失"及对通人无用论的反驳，王充对理想通人的期待是通古今政道之材，以其所论、所书"有用"于国："凡贵通者，贵其能用之也，即徒诵读，读诗讽术虽千篇以上，鹦鹉能言之类也"。这种观点是对"通经"式通人的突破，赋予"通人"以新的内涵。应劭《风俗通义》指出：

> 儒者，区也。言其区别古今，居则玩圣哲之词，动则行典籍之道，稽先王之制，立当时之事，此通儒也。若能纳而不能出，能言而不能行，讲诵而已，无能往来，此俗儒也。②

应劭用"稽先王之制，立当时之事"定义通儒，用"无能往来"形容俗儒，一语中的。通儒、俗儒的区别可以看出《荀子·儒效》篇的思想影响："法先王，统礼义，一制度；以浅持博，以古持今，以一持万；苟仁义之类也，虽在鸟兽之中，若别白黑；倚物怪变，所未尝闻也，所未尝见也，卒然起一方，则举统类而应之，无所儗作；

---

① 《论衡校释》，第606页。
② 《后汉书》卷二七《杜林传》注，第935页。应劭还说："授先王之制，立当时之事，纲纪国体，原本要化，此通儒也。"《后汉书》卷三六《贾逵传》注，第1240页。

张法而度之，则晻然若合符节：是大儒者也。"① 强调将先王之学适应于不同时代，借以建设制度，施展教化。相比起抱残守缺、固守经义的俗儒，"大儒"以贯穿古代和未来为志，引导一国走向。如此意义的通儒已超越了"通经"范畴，比如郑玄就不被视为通人。郑玄学贯五经、谶纬、小学，是"通经"之儒的典范。② 然而"（袁）绍客多豪俊，并有才说，见玄儒者，未以通人许之"。"玄质于辞训，通人颇讥其繁。至于经传洽孰，称为纯儒，齐鲁间宗之。"③ 郑玄亦不被通人所认可。"齐鲁纯儒"和"通人"之间形成了界限。通人嫌其解经繁复，在他们看来其学无用于世，缺少达政、救世之"论说"④。

　　西汉"通儒"的说法比较少见。盐铁会议上当政大夫称"儒者口能言治乱，无能以行之""贤良文学称引往古，颇乖事务"，贤良也以"能言而不能行者，国之宝也"自矜，⑤ 从某个方面显示了儒者"言胜于行"的形象。元帝时贡禹提议迭毁宗庙，"禹卒后，上追思其议，竟下诏罢郡国庙，定迭毁之礼，然通儒或非之"。"有司奏罢郡国庙，是岁又定迭毁，罢太上皇、孝惠帝寝庙，皆无复修，通儒以为违古制。"⑥ 这一细节反映西汉后期的"通儒"对"毁庙"

---

　　① 王先谦：《荀子集解》，沈啸寰、王星贤整理，中华书局 2012 年版，第 139—140 页。

　　② 郑玄"师事京兆第五元先，始通《京氏易》、《公羊春秋》、三统历、《九章算术》"，"又从东郡张恭祖受《周官》、《礼记》、《左氏春秋》、《韩诗》、《古文尚书》"，又从"通人"马融学。《后汉书》卷三五《郑玄传》，第 1207—1208 页。钱穆说："东汉诸儒学最博通者，必推郑玄。"钱穆：《东汉经学略论》，《中国学术思想史论丛》（三），第 97 页。

　　③ 《后汉书》卷三五《郑玄传》，第 1211，1212 页。

　　④ 学界长期以来将郑玄视为"文献学家"，其经学与现实政治没什么联系。近年来学者开始辨析郑玄之学的政治色彩。参考陈苏镇《春秋与汉道——两汉政治与政治文化研究》第六章，中华书局 2011 年版，第 595—613 页。

　　⑤ 《盐铁论·能言》《击之》，《盐铁论校注》，第 459、471 页。盐铁会议上大夫反对贤良文学的一个基本预设，就是后者不能贯通古学与今务。

　　⑥ 《汉书》卷七二《贡禹传》，第 3079—3080 页；《汉书》卷二七上《五行志上》，第 1347 页。

多持否定态度：这里的"通儒"当指贯通群经之儒，他们深谙各类经典，恪守礼书，有一套对"古制"的刻板认识，认为复古改革的做法"违古制"。换言之西汉的"通儒"并不达政。"通儒"义涵到东汉时发生变化，体现为"通儒"对古今制度关系问题的态度的转变。《后汉书·儒林传》载：

> 董钧字文伯，犍为资中人也。习《庆氏礼》。事大鸿胪王临。元始中，举明经，迁廪牺令。病去官。建武中，举孝廉，辟司徒府。钧博通古今，数言政事。永平初，为博士。时草创五郊祭祀，及宗庙礼乐，威仪章服，辄令钧参议，多见从用，当世称为通儒。①

《庆氏礼》学者董钧"博通古今，数言政事"，参与汉礼建设。②"当世称为通儒"，时人对这种"通儒"颇为瞩目，认为其异于一般儒生。按这一标准，"博通经书，明习故事，与诸儒修明堂、辟雍、郊祀、封禅礼仪，常与论议"的梁松，"明习故事""自郊庙婚冠丧纪礼仪，多所正定"的张纯，声称"五帝不相沿乐，三王不相袭礼，大汉当自制礼，以示百世"的曹充、曹褒父子，都属于立志于在本朝实现理想礼制的"通儒"。他们不以礼书为鹄的，将古学用于今。"今"应理解为"后天"，指当下和未来。秉持古为今用的思路，东汉儒生以融合古典与汉制为志，汲汲于在新汉实现先王之道。东汉"通人"概念突破了学术层面的"通经""通字"，有兼及实用和理想的倾向。

更重要的是，这种新兴"通人"观与兰台的"文"实践运动互

---

① 《后汉书》卷七九下《儒林董钧传》，第 2577 页。
② 如明帝实施养老礼时，董钧论"三老答拜"。"汉初或云三老答天子拜，遭王莽之乱，法度残缺。汉中兴，定礼仪，群臣欲令三老答拜。城门校尉董钧驳曰：'养三老，所以教事父之道也。若答拜，是使天下答子拜也。'诏从钧议。"《续汉书·礼仪志上》引谯周《五经然否》，《后汉书》，第 3109 页。

为影响。新式通人多属于"文人"，文章是其安身立命之本。同时，文章被认为是经国之大业。王充指明"著书表文"是"博通所能用"和"达政"的途径，"文人鸿儒"胜于旧式通人："能说一经者为儒生，博览古今者为通人，采掇传书以上书奏记者为文人，能精思著文连结篇章者为鸿儒。故儒生过俗人，通人胜儒生，文人逾通人，鸿儒超文人。"① "著书表文"、以文载道，是儒者得以"通古今"的手段。《效力》篇则谈到一种"文"产生的影响现实的"力"。王充说："人有知学，则有力矣。……《梓材》曰：'强人有王开贤，厥率化民。'此言贤人亦壮强于礼义，故能开贤，其率化民。化民须礼义，礼义须文章，'行有余力，则以学文'，能学文，有力之验也。"② 贤人以德化民靠的是礼义，礼义需要以"文章"来表达，"文"具有"行"的效力。又说"文儒者，力多于儒生"，"夫能论筋力以见比类者，则能取文力之人立之朝廷""文儒怀先王之道，含百家之言，其难推引，非徒任车之重也"③，文儒指行先王之道于朝廷者。而在《超奇》篇的这段对话中，王充驳斥了时人认为"文人"只会舞文弄墨的看法，指出他们是以文建功、通达时务之"士"，与《别通》篇反驳兰台令史无用论立意相似：

或曰：著书之人，博览多闻，学问习熟，则能推类兴文。文由外而兴，未必实才学文相副也。且浅意于华叶之言，无根核之深，不见大道体要，故立功者希。安危之际，文人不与，无能建功之验，徒能笔说之效也。

曰：此不然。周世著书之人皆权谋之臣，汉世直言之士皆通览之吏，岂谓文非华叶之生，根核推之也？心思为谋，集扎（札）为文，情见于辞，意验于言。商鞅相秦，致功于霸，作

① 《论衡·超奇》，《论衡校释》，第607页。
② 《论衡·效力》，《论衡校释》，第579—580页。
③ 《论衡·效力》，《论衡校释》，第581、584页。

《耕战》之书。……陆贾消吕氏之谋，与《新语》同一意。桓君山易晁错之策，与《新论》共一思。观谷永之陈说，唐林之宜言，刘向之切议，以知为本，笔墨之文，将而送之，岂徒雕文饰辞，苟为华叶之言哉？精诚由中，故其文语感动人深。是故鲁连飞书，燕将自杀；邹阳上疏，梁孝开牢。书疏文义，夺于肝心，非徒博览者所能造，习熟者所能为也。

夫鸿儒希有，而文人比然，将相长吏，安可不贵？岂徒用其才力，游文于牒牍哉？州郡有忧，能治章上奏，解理结烦，使州郡连事，有如唐子高、谷子云之吏，出身尽思，竭笔牍之力，烦忧适有不解者哉？①

有人认为文人"浅意于华叶之言""不见大道体要"，无以建功立业，"徒能笔说之效"，这代表了传统（西汉时代）对文人的印象。不认同此说的王充将文人与"直言之士"相等同，说他们都属于权谋之"臣"、通览之"吏"，并列举商鞅、虞卿、鲁仲连、陆贾、邹阳、谷永、刘向、桓谭等文人为例，称他们皆是"见大道体要"、通达时事的"立功者"，"岂徒雕文饰辞，苟为华叶之言哉"？文是心思、情意、谋略的呈现，由文而成的"议论"和"上奏"，对现实有巨大的影响力。文人不止是"博览者"，更是"习熟者"，具备处理政务的实践能力，具有现实理性。"兰台之官，国所监得失也"，王充对通人的定义就是"文人"。通人以写文为方式，贯通古学与今务。

东汉儒者还强调"文须称实"，反感不实、虚美、"褒增"之文。王充说"丰文茂记，繁如荣华，恢谐剧谈，甘如饴蜜，未必得实""文不称实，未可谓是也"②。班固在《典引》中批评了司马相

---

① 《论衡·超奇》，《论衡校释》，第610—612页。"岂谓文非华叶之生，根核推之也"疑为"岂谓文非华叶之生，根核之推也"。

② 《论衡·本性》《物势》，《论衡校释》，第142、145页。王充还在《艺增》篇主要讨论了这一观点。

如《封禅》和扬雄《美新》两篇颂赋，认为前者有文采但不古典
（"靡而不典"），后者古典但所论不实（"典而不实"）；好的颂文应
既能引经据典，又能如实描述。《典引》所颂之"汉德"既符合现
状，又匹配经典所载之"德"，展现了"道"之古今一贯。①"文须
称实"的观念表明东汉儒者认为"文"应该追求形式与实质的统
一，"文"所描述的"新汉"是一种符合逻辑的"真实""此在"。
兰台通人以文的方式，打通先王之道与现实之汉，借助"建武革命"
"万夷宾服""刘氏尧后""古今同德"诸多命题和意象，创造了一
套修辞话语，参与理想新汉的建构实践。"非以身生汉世，可褒增颂
叹，以求媚称也；核事理之情，定说者之实也"②，他们并不认为这
种建构是虚美，相反，这正是他们理性推演的产物。这是兰台与文
人在东汉前期时代背景下互为依存而创造的特殊文化景观。

**（二）从兰台到东观：东汉"文"实践的转型**

兰台"文"实践的特质，可通过与东观"文"实践的对比而显
现。官方学术机构从兰台转移至东观，带来了东汉前期到中后期
"文"实践的转型。本小节的讨论以兰台为对比参照，考察东观的设
置、文化实践及其意义，以此探讨东汉"文"的政治文化伴随着学
术机构的转换和地位升降而来的演变历程。

东观之名，起于东汉。《通典·职官八》载："汉之兰台及后汉
东观，皆藏书之室，亦著述之所。"③《晋书·陈寿传论》称："丘明

---

① 《后汉书》卷四〇《班固传》，第 1375 页。班固借"西都宾"夸赞"东都主
人"之语吹嘘自己："美哉乎此诗！义正乎扬雄，事实乎相如，非唯主人之好学，盖乃
遭遇乎斯时也。"（第 1371 页）理想和写实兼备的文学创作，是时代使然。班固借东都
主人言："今论者但知诵虞夏之《书》，咏殷周之《诗》，讲羲文之《易》，论孔氏之
《春秋》，罕能精古今之清浊，究汉德之所由。唯子颇识旧典，又徒驰骋乎末流。温故
知新已难，而知德者鲜矣！"认为"德"贯通古今，"汉德"与三代、六经所见之
"德"同源。《后汉书·班固传》，第 1369 页。

② 《论衡·宣汉》，《论衡校释》，第 821 页。

③ 《通典》卷二六，王文锦、王永兴等点校，中华书局 1988 年版，第 735 页。

既没，班马迭兴，奋鸿笔于西京，骋直词于东观。"① 可见东观在后人眼里的重要性。历来是东观而非兰台代表了东汉一代的典藏和著述。《史通·史官建置》载："汉氏中兴，明帝以班固为兰台令史……斯则兰台之职者，盖当时著述之所也。自章、和以后，图籍盛于东观，凡撰《汉记》，相继在乎其中。"② 刘知幾提到"著述之所"从兰台到东观的转变，是汉代学术文化史上一个关键性节点。但对于这一转变发生于何时——东观何时设置、因何而设的问题，学界仍有争议。目前多认为东观始建于光武帝建武晚年至明帝永平初年。③ 张宗品认为东观始建于建武十四年光武帝建南宫前殿时，东观"修建时间应与（光武）建南宫前殿相近而不晚于明帝永平八年"④。李建华则推测晚至和帝时兰台的功能才转移至东观。⑤ 下面从"东观何时设置、何以取代兰台"切入，尝试解答这一转变发生的原因，理解这一现象背后的东汉政治文化转型轨迹。

《后汉书·安帝纪》李贤注："《洛阳宫殿名》曰：南宫有东观。"⑥ 刘熙《释名·释宫室》："观，观也，于上观望也。"⑦ 可知东观是南宫中的高大建筑，十分显眼。和帝时兰台令史李尤在《东观赋》描述了东观之景："东观之艺，孽孽洋洋，上承重阁，下属周廊。步西藩以徙倚，好绿树之成行。历东崖之敞坐，庇蔽茅之甘棠。前望云台，后匝德阳。道无隐而不显，书无阙而不陈。览三代而采

---

① 《晋书》卷八二，中华书局 1974 年版，第 2159 页。

② 刘知幾撰，浦起龙释：《史通通释》，上海古籍出版社 1978 年版，第 310 页。

③ 参见跃进《东观著作的文学著作及其学术影响研究》，《文学遗产》2004 年第 1 期。向怡泓、王云庆：《从兰台东观谈东汉时期皇家藏书机构的特点》，《新世纪图书馆》2015 年第 1 期。

④ 张宗品：《校书与修史：东观与东汉帝制文化整合》，社会科学文献出版社 2019 年版，第 9、15 页。

⑤ 李建华：《东汉洛阳兰台、东观文人群体及其创作考论》，《古籍整理研究学刊》2015 年第 1 期。

⑥ 《后汉书》卷五《安帝纪》，第 215 页。

⑦ 《释名》卷五《释宫第十七》，中华书局 2016 年版，第 82 页。

宜，包郁郁之周文。"又著《东观铭》："房闼内布，疏绮内陈，升降三除，贯启七门。"① 东观上有阁，下有廊，内有房，能望见同在南宫的云台殿和北宫的德阳殿。李尤创作《东观赋》《东观铭》的时间不会早于章帝，在此之前，热衷于描写洛阳各式建筑的文人没人提及东观。② 李尤绘声绘色，颇有新鲜之感，这是否意味着章帝以前可能还没有东观呢？

关于东观设置的时间有几种说法。有说在西汉时。晁公武《郡斋读书志·传记类》著录《黄帝内传》，载："昔篯铿得之于衡山石室中，后至汉，刘向于东观校书见之，遂传于世。"③ 但刘向校书在兰台、麒麟、天禄诸台、阁，不在东观，此说没有汉代文献依据。有说建武年间。《魏书·郑道昭传》载："光武中兴于拨乱之际，乃使郑众、范升校书东观。"④ 范升在西汉末、新莽时已入仕，郑众事迹多见于永平时，比范升小得多，不大可能同时校书东观。郑众可能为其父郑兴之误，但郑兴、范升校书东观之说也不见于东汉史书。《魏书》此说不太可信。有说永平年间。学者多根据《通典·职官八》这条材料认为东观在永平时已经存在："兰台令史班固、傅毅，睢阳令陈宗，长陵令尹敏，司隶从事孟异及杨彪等，并著作东观。"⑤ 永平十一年尹敏去世，⑥ 按《通典》此说，似乎在此之前已有东观。但这条记载明显抄自《后汉书·班固传》"显宗甚奇之（班固），召诣校书部，除兰台令史，与前睢阳令陈宗、长陵令尹敏、司隶从事孟异共成《世祖本纪》"一事。永平年间，兰台令史班固

---

① 《艺文类聚》卷六三《居处部三》，中华书局 1965 年版，第 1135 页。

② 参见傅毅《洛都赋》，班固《东都赋》中三雍诗等。

③ 晁公武撰，孙猛校证：《郡斋读书志校证》，上海古籍出版社 2011 年版，第359 页。

④ 《魏书》卷五六《郑羲附道昭传》，中华书局 1974 年版，第 1241 页。

⑤ 《通典》卷二六，第 735 页。

⑥ 《后汉书》卷七九上《儒林传上》，第 2559 页。

等人修纂《世祖本纪》于兰台及仁寿阁，并非东观。①《通典》可能因为《世祖本纪》属于《东观汉记》之部分，误以其成书在东观。唐代史家经常以"东观"代称东汉之《世祖本纪》，如刘知幾《史通·编次》论班固等撰《世祖本纪》："当汉氏之中兴也，更始升坛改元，寒暑三易。世祖称臣北面，诚节不亏……夫《东观》秉笔，容或迫于当时。"《史通·曲笔》载："中兴之史，出自东观。"这都是因为《世祖本纪》后来经过第修，得以进入《东观汉记》篇目的缘故。《通典·职官八》误以《世祖本纪》成于东观，情有可原。说尹敏曾著作东观是缺乏根据的，不能由这条孤证推断东观在永平年间已经存在。

《后汉书·五行志一》司马彪注引《孔丛子》："建初元年大旱，天子忧之，侍御史孔子丰乃上疏曰：'臣闻为不善而灾报，得其应也；为善而灾至，遭时运也……'天子纳其言而从之，三日即雨降。转拜黄门郎，典东观事。"② 按此说，章帝即位的建初元年前已有东观。然而，托名"陈胜博士孔鲋撰"的《孔丛子》，书名始见于《隋书·经籍志》，其载东汉事的可靠性尚存疑，何况此事颇为传奇怪异。东汉中期以后，职任东观被认为是文人卓异的表现，《孔丛子》此说可能是后人追述。以上佐证各时代说的几条材料，都是孤证。鉴于东汉史书中出现的"东观"记载汗牛充栋，我们认为在东观设置时间上，孤证不信原则可以成立。上述说法都没有过硬的证据予以支持。

章帝元和、章和年间，"东观"的记载开始多了起来。《后汉书·文苑黄香传》载："初除郎中，元和元年，肃宗诏香诣东观，读

---

① 班固等人在仁寿阁所修本朝史可能叫做《建武注记》。"永平十五年，皇后敕使移居洛阳。显宗召见，严进对闲雅，意甚异之，有诏留仁寿阁，与校书郎杜抚、班固等杂定《建武注记》。"《后汉书》卷二四《马援传》，第859页。

② 《续汉书·五行志一》注，《后汉书》，第3278页。

所未尝见书。"① 《儒林孔僖传》:"元和二年春,帝东巡狩,还过鲁,幸阙里……遂拜僖郎中……诏僖从还京师,使校书东观。"② 《曹褒传》:"章和元年正月,乃召褒诣嘉德门,令小黄门持班固所上叔孙通《汉仪》十二篇,敕褒曰:'此制散略,多不合经,今宜依礼条正,使可施行。于南宫东观尽心集作。'"③ 这些记载值得注意。黄香和孔僖都是先除郎中,再诣东观,这种迁转此前不见,如班固、贾逵、杨终、傅毅诸人都是先为兰台令史,再除郎中。"诣东观"开始成为褒奖文人的新方式。在敕令曹褒制礼一事中,章帝特意提到东观在"南宫"中,"南宫东观"之说颇累赘,可能因为时人对东观的位置还比较陌生。章帝去世,"孝和亦数幸东观,览阅书林"④,此后东观的说法就非常常见了。我们认为,元和元年之前,没有一条可靠的史料证明东观已经存在;到了元和、章和年间,有关东观的记载变得十分丰富,这说明元和元年在东观落成史中是个重要的时间节点。综合考虑史料的数量和说法的可靠性,东观的设置应在章帝朝中期,不早于元和年间。

不同于沿用西汉名称的"兰台","东观"之名是东汉新创,其设立当有区别于兰台。"初,光武迁还洛阳,其经牒秘书载之二千余两,自此以后,参倍于前。"⑤ 这些从前汉长安带来洛阳的书,较多存放在兰台。东汉建立后,因行政所需和学术文化的发展,出现越来越多各种类型的著作,所谓新书"参倍于前"。这可能是章帝建东观的原因。《隋书·经籍志一》载:"(刘向校书)大凡三万三千九十卷。王莽之末,又被焚烧。光武中兴,笃好文雅,明、章继轨,尤重经术。四方鸿生巨儒,负衺自远而至者,不可

---

① 《后汉书》卷八〇上《文苑传上》,第 2614 页。
② 《后汉书》卷七九上《儒林传上》,第 2562 页。
③ 《后汉书》卷三五《曹褒传》,第 1203 页。
④ 《后汉书》卷七九上《儒林传上》,第 2546 页。
⑤ 《后汉书》卷七九上《儒林传上》,第 2548 页。

胜算。石室、兰台，弥以充积。又于东观及仁寿阁集新书，校书郎班固、傅毅等典掌焉。"① 区别于兰台主要收集前汉之书，东观所集是"新书"，东汉时期出现的书。光武带回洛阳的西汉"经牒秘书二千余两"，只是刘向所校之书的一小部分，可知东汉兰台的收藏容量没那么大。东汉光武、明、章时期出现了大量"新书"，超出了兰台的承载力，这是章帝新建东观的原因。考东汉前期的"新书"，大概包括以下种类。

第一，尚书令等大臣的奏议、文书及档案。《后汉书·郑弘传》载：

> 建初初，为尚书令。旧制，尚书郎限满补县长，令史丞尉。弘奏以为台职虽尊，而酬赏甚薄，至于开选，多无乐者。请使郎补千石令，令史为长。帝从其议。弘前后所陈有补益王政者，皆著之南宫，以为故事。②

章帝建初时尚书令郑弘提议改革尚书官的候补迁转，其相关奏议存放在南宫，形成"尚书故事"。这种"故事"既是君臣决策时得以因循参考的模本，又是本朝史修纂的一手素材。类似于档案的"故事"开始积累和保存，最初应存放在尚书台。但尚书台毕竟是重要的行政机构，且位于殿中，规模不会很大，这可能是章帝要在南宫新设东观的原因，用以专门存放奏事。并且尚书台在东汉中期逐渐取代了御史台成为上传下达的机要部门，御史台下原本存放奏议档案的兰台地位下降，其收藏档案也逐渐转移至东观存放。此后"南宫故事"形成惯例。安帝时"陈忠为尚书令，前后所奏，悉条于南宫阁上，以为故事"③。顺帝时"自（左）雄掌纳

---

① 《隋书》卷三二《经籍志》，第 906 页。
② 《后汉书》卷三三《郑弘传》，第 1155 页。
③ 《通典》卷二二《职官四》，第 593 页。

言，多所匡肃，每有章表奏议，台阁以为故事"①。灵帝时"帝徙南宫，阅录故事，得（杨）赐所上张角奏及前侍讲注籍，乃感悟"②。东观所集历朝"故事"，是《东观汉记》记录君臣言行时重要的取材对象。

第二，经学训注著作，包括大量古文经学之作。五经相授流传，新的章句不断产生；③ 随着古文经学的勃兴，古文学者的训注文本数量增多。建武时卫宏作《古文尚书训旨》。受《古文尚书》的周防撰《尚书杂记》三十二篇，四十万言。郑众"从其父受《左氏春秋》"，作《春秋难记条例》、《春秋删》。贾逵"尤明《左氏传》《国语》，为之《解诂》五十一篇，永平中，上疏献之"，又受命撰述《尚书》《诗》之今古文差异，"经传义诂及论难百余万言"。还为杜林所传《古文尚书》作训注。李育作《难左氏义》四十一事。马融作《毛诗传》《周官传》。④ 可见在东汉前期，围绕《古文尚书》《毛诗》《左传》和《周官》等古文经典出现了大量训注，亟待官方收藏整理。扶植古文学的章帝很可能网罗收集了这些训注："诏高才生受《古文尚书》《毛诗》《穀梁》《左氏春秋》，虽不立学官，然皆擢高第为讲郎，给事近署，所以网罗遗逸，博存众家。"⑤ 这次"网罗遗逸"收集的古文经训注著作，需要建立典藏的"图书馆"。综上，在章帝元和以前，已经出现数目极大的经学"新书"，好古文

---

① 《后汉书》卷六一《左雄传》，第 2022 页。

② 《后汉书》卷五四《杨赐传》，第 1784 页。

③ 伏黯"明《齐诗》，改定章句，作《解说》九篇"。景鸾"能理《齐诗》、《施氏易》、兼受《河》、《洛》图纬，作《易说》及《诗解》"。杜抚"定《韩诗章句》……所作《诗题约义通》，学者传之"（《后汉书·儒林传下》）。东汉学者还注意删节西汉遗留的数量极大的章句，因之产生了新的章句读本。"父黯章句繁多，恭乃省减浮辞，定为二十万言。"《张奂传》："初，《牟氏章句》浮辞繁多，有四十五万余言，奂减为九万言。后辟大将军梁冀府，乃上书桓帝，奏其《章句》，诏下东观。"

④ 《后汉书》卷七九下《儒林传下》，第 2560、2566、2575、2576、2577、2582 页；卷三六《郑兴传》，第 1223、1224 页；卷三六《贾逵传》，第 1235 页。

⑤ 《后汉书》卷七九上《儒林传上》，第 2546 页。

的章帝将之存置于东观，开启了东观藏经之风。古文学训注为各类文献校勘提供了文字可靠的底本，东观因而成为校雠之所。安帝时"诏谒者刘珍及《五经》博士，校定东观《五经》、诸子、传记、百家艺术，整齐脱误，是正文字"①。灵帝时马日磾、蔡邕、杨彪"并在东观，校中书《五经》记传"。卢植称"愿得将能书生二人，共诣东观，就官财粮，专心研精，合《尚书》章句，考《礼记》失得，庶裁定圣典，刊正碑文"②。东观所藏大量经学文献，尤其是古文家的训注，为校雠勘误工作提供了参考资料。

第三，典章制度类著作。东汉时兴起了对制度的书写和记录。③建武时卫宏"作《汉旧仪》四篇，以载西京杂事"，又有王隆作《小学汉官篇》。④曹褒在东观作《汉礼》，"撰次天子至于庶人冠婚吉凶终始制度，以为百五十篇"⑤。可见章帝元和以前，已产生不少典章制度类著作。安帝时"谒者仆射刘珍、校书郎刘騊駼等著作东观，撰集《汉记》，因定汉家礼仪"⑥，这一过程中当参考汉仪、汉礼等素材。又如胡广为王隆书作《汉官解诂》。⑦ 谢忱《后汉书》载"太傅胡广博综旧仪，立汉制度，蔡邕依以为志"⑧。蔡邕《志》指其撰《东观汉记》之十二志，多引胡广说。除了私家撰述，还有

① 《后汉书》卷五《安帝纪》，第 215 页。又卷七八《宦者传》载：（元初）"四年，帝以经传之文多不正定，乃选通儒谒者刘珍及博士良史诣东观，各雠校家法"。第2513 页。

② 《后汉书》卷六四《卢植传》，第 2116、2117 页。

③ 参考黄桢《汉唐间的制度文献与制度文化》，第一、二章，上海古籍出版社2023 年版。

④ 《后汉书》卷七九下《儒林传下》，第 2575 页；《续汉书·百官志一》，《后汉书》，第 3555 页。

⑤ 《后汉书》卷三五《曹褒传》，第 1203 页。

⑥ 《后汉书》卷五九《张衡传》，第 1940 页。

⑦ 先有樊长孙给在东观校书的刘千秋的建议，后有张衡作《周官解说》，胡广受二事影响为王隆《汉官》作注。可见修编汉官记录是东汉人长期的追求。详见《续汉书·百官志一》注，《后汉书》，第 3555—3556 页。

⑧ 《续汉书·礼仪志上》注，《后汉书》，第 3101 页。

"官簿"、上计簿等行政文书，都可能收藏于东观。《东观汉记》的成书，同样归功于东观对典章制度类著作的收藏。

上述"奏议故事""经学训注"及"典章制度"仅是东汉"新书"的一部分。又如建武、明章时期多文人，其所作赋、颂、诗、诔、赞、论等文章，体裁种类之多远超西汉。可见元和以前，东汉已出现大量各式各样的文本，兰台无法存放这些"新书"，另设一新藏书机构是必要的。"元和元年，肃宗诏（黄）香诣东观，读所未尝见书"，原因可能是东观所藏都是问世不久、传播未广之书。此后，东观逐渐演变成中央典籍文库，以其丰厚的文献收藏，成为著述、校勘之所。"收捡遗文，毕力补缀""整齐脱误，是正文字""裁定圣典，刊正碑文"①，是东观学术之正务。东观的"文"实践深受这种典藏方向的制约，"作者"的创造力和建构力弱化，形成以校雠、考证、勘误为中心的求真写实的书写风格。兰台的"文"是表达观念的媒介手段，东观的"文"则以服务于实践为目的，为文而文，观念不再是主导。尽管东汉学者也宣称"经籍去圣久远，文字多谬，俗儒穿凿，疑误后学"②，但对先王正道的经籍载体的考索过程，而非先王正道本身，成为价值优先的工作。兰台之文设计理想，规划未来；东观之文紧贴现实，回溯过去。对士人来说，从兰台令史到东观校书郎的变化，也象征着他们从"文人"到"学者"的身份转换。

东汉文化重心从兰台到东观的转移，意味着强烈彰显"新汉本位"的政治文化潮流的衰退，政治和学术上理性主义和传统主义潮流的抬头。政策实施上，不再"进取"地效法三代、制礼作乐，而是"守成"地因循奏议所形成的"汉家故事"，以之为导向，针砭时弊；史学上，淡化了突显新汉地位的美颂色彩，以搜集和保存史

---

① 《后汉书》卷五九《张衡传》，第 1940 页；卷五《安帝纪》，第 215 页；卷六四《卢植传》，第 2116 页。

② 《后汉书》卷六〇下《蔡邕传下》，第 1990 页。

料、第修每朝每代史事、记录汉代制度礼仪为要务；经学上，对"刘氏尧后""汉为火德""赤帝九世"话题的讨论，让位于辑佚亡书、校雠文字、勘核典籍的研究式工作。以颂汉为主题的文赋大大减少。兰台让位于东观，东汉的"文"实践发生了从讴歌理想到务真务实的转向。

## 三 贾逵之《左传》学与"刘氏尧后"的成立

东汉前期，经学上最具有现实政治意义的命题，非"刘氏尧后"莫属。"刘氏尧后"之论确立了尧与汉高祖之间的血脉联系，是东汉王朝绍继圣统得以成立的基础。对新汉合法性建构而言，再怎么推崇它的重要意义也不为过。明、章时代之前，还没人能够确证"刘氏尧后"的成立。或说，在东汉以前，"刘氏尧后"难以坐实。

兰台令史贾逵最早运用《左传》证明了这个命题的成立。范晔《后汉书·贾逵传》对此事有篇幅较长的记述，提供了丰富信息和确凿证据的同时，也给我们带来了推进认识的桎梏。学者对贾逵"刘氏尧后"论证的研究角度，大多不出《贾逵传》的范围，较少通过系统分析其训注文本来解读这一问题。本节旨在通过辑佚的贾逵《左传》训注来分析贾学的论证，考察其"反传"方法和对《国语》的援引化用，揭示"刘氏尧后"如何经贾逵之手而被细节化、谱系化，进而历史化，与三代春秋史事圆融贯通。顾颉刚"随着时间的推移，对重要历史人物的描述越来越丰富"的层累古史观，在贾氏"尧后"论证中可见一斑。观其过程，经义、史事环环相扣、辨入毫芒，可知贾逵对"尧后"理想汉朝的建构，对现实的关怀，绝非迎合谶纬、牵强附会的结果，而有一种绵密细腻的论证，具有高度的学理化和文献主义倾向。从其所处历史背景上看，贾逵之《左传》学与新汉本位实践工程有关，属于"文"实践在经学训注上的表现形式。这体现在贾逵任兰台令史与其创作《左传》训注的时间高度重叠上。

永平年间,贾逵任兰台令史。华峤《后汉书》载:"贾逵字景伯,有赡才,能通古今学。神爵集宫殿,上召见,敕兰台给笔,作《神爵颂》。除兰台令史。"①范晔《后汉书》记作"拜为郎,与班固并校秘书,应对左右"。我们认为华峤书"除兰台令史"之说是可信的。同时代的王充在《论衡·别通》称:"兰台之史班固、贾逵、杨终、傅毅之徒,名香文美。"考另外三位"兰台之史"的迁转,班固"召诣校书部,除兰台令史,与……共成《世祖本纪》。迁为郎,典校秘书"。杨终"征诣兰台,拜校书郎"。傅毅,"肃宗博召文学之士,以毅为兰台令史,拜郎中,与班固、贾逵共典校书"。三人皆是先除兰台令史,再拜为郎,方可典校秘书。"校书郎"应理解为以郎官身份入中校书。参考这三人的情况,贾逵上《神雀颂》时除为兰台令史,拜为郎,符合兰台职官的迁转流程。

贾逵何时任兰台令史?《后汉书·贾逵传》载:"永平中……帝敕兰台给笔札,使作《神雀颂》,拜为郎。"四库馆臣编修的《东观汉记》聚珍本作"永平十七年",据此,学者没有异议地将此事定在永平十七年发生"芝草生殿前,神雀五色翔集京师"(《后汉书·明帝纪》)之时。但《后汉书·光武十王传》载"十五年春……帝以所作《光武本纪》示(东平王)苍,苍因上《光武受命中兴颂》。帝甚善之,以其文典雅,特令校书郎贾逵为之训诂",这条记载称永平十五年时贾逵已是校书郎,拜郎当在此前。王应麟《玉海》卷六〇"汉神爵颂"在《后汉书·贾逵传》"显宗永平中"句下注:"《东观记》永平十四年。"②王应麟所见《东观汉记》是比四库馆臣所见更早的版本,作"十四年"而非"十七年"。如果是十四年

---

① 《北堂书钞》卷六二引,将作者"华峤"误为"华谭"。
② 影印《文渊阁四库全书》第 944 册《子部二五〇·玉海》,卷六〇,台湾商务印书馆 1986 年版,第 594 页。

发生此事，便跟《光武十王传》的说法没有矛盾。故推测贾逵任兰台令史、拜郎当在永平十四年。《杨终传》载章帝建初四年召开白虎观会议，杨终入狱，"博士赵博、校书郎班固、贾逵等，以终深晓《春秋》，学多异闻，表请之"。可见贾逵在永平十四年到建初四年之间一直担任校书郎。最迟在建初七年迁任卫士令，和帝时又任左中郎将、侍中。由此看来，贾氏为兰台令史在迁卫士令之前，任校书郎时。

在任兰台令史、校书郎时期，贾逵多有关于《左传》的阐发论述，献给明帝、章帝。本传称其"尤明《左氏传》《国语》，为之《解诂》五十一篇，永平中，上疏献之。显宗重其书，写藏秘馆"。赵岐《三辅决录》载："贾逵建初元年受诏列《春秋公羊》《穀梁》不如《左氏》四十事，名曰《春秋左氏长义》。"① 从"永平中"到建初元年，贾逵基本上完成了他对《左传》的论著，这段时间与他兰台令史的职任几乎重合。可以推测，贾逵相当一部分《左传》训注很可能在兰台完成，肩负着"兰台令史"的使命，得到皇帝奖励。所谓"显宗重其书"，这种器重显然不完全是学术意义上的，更带有明帝对学术辅助于正统性建构的关切。贾逵在建初元年发出"《五经》家皆无以证图谶明刘氏为尧后者，而《左氏》独有明文"之论，见解已然相当成熟，可见永平年间《左传》训注的产生带有强烈的经世色彩，直接服务于新汉王朝合法性论证。广义上看，经注属于"文"的一种表现形式。贾氏这部带有政治建构性质的著作，可归入兰台"文"实践的范畴，符合当时兰台令史以"作文"参与合法性建构的政治文化风尚。

讨论贾逵"刘氏尧后"学说之建立的前提，是对辑佚的贾逵《左传》注文本及其解经基本方法的梳理。下面先讨论其博采《公羊》说的"反传"方法，再看这种方法如何被运用在"刘氏尧后"

---

① 赵岐撰，张澍辑，陈晓捷注《三辅决录》，三秦出版社 2006 年版，第 39—40 页。

论证上。

### （一）贾逵申《左传》非为"抵《公羊》"——以"反传"特点为例

东汉前期，儒生学者为《左传》能否立博士官之事发生了一系列的争论，此为经学史上一宗大案。① 贾逵申发《左传》义理，深得汉章帝赏识，由此使《左传》盛行于世。关于此事，历来有这样一种评价：贾逵申发《左传》而夺取《公羊》地位。如何休称："传《春秋》者非一，其中多非常异义可怪之论，至有倍经、任意、反传违戾者……是以治古学贵文章者谓之俗儒，至使贾逵缘隙奋笔，以为《公羊》可夺，《左氏》可兴。"② 唐孔颖达称："至章帝时，贾逵上《春秋大义》四十条，以抵《公羊》《穀梁》。"③ 徐彦称："庄、颜之徒，说理不足，故使贾逵得缘其隙漏，奋笔而夺之，遂作《长义》四十一条云'《公羊》理短，《左氏》理长'，意望夺去《公羊》而兴《左氏》矣。""贾逵几废《公羊》。"④ 康有为《新学伪经考》称："（贾逵）附会图谶以媚时主，选严、颜高才生以受《左氏》，则《公羊》夺矣。"⑤ 这些说法都强调贾逵的申论使《左传》兴盛，夺了《公羊》的学术地位，贾氏加深了二《传》之间的对立。后世受这种评价的影响，周予同先生将李育和贾逵之间的《公》《左》争论，视为汉代今、古文经学之争的第三波，贾氏被贴

---

① 这些争论包括：光武帝建武年间陈元和范升之争；建初元年贾逵"发出《左氏传》大义长于二传"；建初四年李育与贾逵之争。西汉哀帝时刘歆与太常博士关于《左传》立学官之争，为其先声。

② 《春秋公羊传注疏·序》卷一，《十三经注疏》，第 2191 页。

③ 《春秋左传正义·序》卷一，第 1703 页。

④ 《春秋公羊传注疏·序》，第 2191 页。

⑤ 康有为：《新学伪经考》，中国人民大学出版社 2010 年版，第 164 页。

上了激烈反对今文经学的古文学派的标签。①

何休谓"贾逵以为《公羊》可夺",似本于"夺席"之义。在东汉朝廷的经学辩论中,胜者可以夺走对手的席位,称为"夺席"②。这种说法给人留下这般印象:经义讨论非得分出输赢不可,追求一方对另一方的压倒,负者将让出学术位置。这种宛如斗法的风气,一定程度上影响了人们对思想学术的评价。细读贾逵事迹,及其申发左氏的义理,似无"夺公羊"的明显意图。近年来,学界对贾注有细致深入的解读。③ 以这些研究为基础,关于贾逵为《左传》立说之原意,与《公羊》之关系,其解《左传》之方法和目的,本书还有一些新的意见。

1. 建初元年贾逵申《左传》之原意

范晔《后汉书》编排有关《公》《左》之争及贾逵上奏诸事,似乎带有范晔的个人理解。《后汉书·陈元传》及《范升传》记载建武年间,范升和陈元争论是否当立《左氏》学于博士官。④ 范升

① 周予同:《经今古文学》,载朱维铮编《周予同经学史论著选集》(增订本),上海人民出版社 1996 年版,第 13—14 页。

② 《后汉书》卷七九《儒林传上》:"正旦朝贺,百僚毕会,帝令群臣能说经者更相难诘,义有不通,辄夺其席,以益通者。凭遂重坐五十余席。故京师为之语曰:'解经不穷戴侍中。'"第 2554 页。

③ 叶政欣《汉儒贾逵之春秋左氏学》(台南:兴业图书公司 1983 年版) 分为春秋义例、左传义例、古史、礼制、地名、人名各部分详细梳理了贾氏《左传》论述,为以后的研究提供了详尽的资料。程南洲《东汉时代的春秋左氏学》(华东师范大学出版社 2011 年版) 第三章专论贾逵,归纳其方法,认为其创设义例,多阐微言大义,寓褒贬,引图谶,不专一家之说。郜积意以贾逵与《公羊》之争为例,揭示了汉儒解经时常常借助他家学说,甚至篡改对方观点,使对方陷入荒谬的情况和经学立场游移的现象,认为双方在论争中存在"佯谬"的手段,贾逵虚设的《公羊》观点以攻击之。各家论述仍有不够详尽之处。参见郜积意《汉代今古学之争的再认识——以贾逵与〈公羊〉之争为例》,《中国文哲研究集刊》第二十二期,2003 年 3 月,第 223—258 页;马楠:《〈左传正义〉主杜预不主贾服议》,《绥化学院学报》2007 年第 4 期,第 46—49 页;李文博:《贾逵注〈左传〉"不用今说"辨》,《孔子研究》2013 年第 6 期,第 104—107 页。

④ 《后汉书》卷三六《陈元传》《范升传》,第 1228—1232 页。

坚持《左传》不出于孔子，左丘明的地位存疑，并且先帝没有立
《左传》之传统。陈元则强调左丘明亲受于孔子，其所著比出自孔子
数代弟子后的《公羊》更可靠；先帝后帝各有创制，不必相因。结
果是，虽然光武立李封为《左氏》博士，却适逢封病卒，《左氏》
在质疑声中再遭废弃。同卷《贾逵传》置建初元年贾逵奏论《左
传》一事于这场争论之后。《郑玄传》称"中兴之后，范升、陈元、
李育、贾逵之徒争论古今学"①。《儒林李育传》载之后的建初四年，
李育"以《公羊》义难贾逵，往返皆有理证"②。综合《后汉书》
这些叙述看，范晔似有意将贾逵的议论置于《公》《左》对峙、今
古文学之争的线索背景下，暗示贾逵以古文经学立场对抗今文经学
家，带来《左》盛《公》弱的结果。然而细味章帝建初元年贾逵所
言，"夺《公羊》"应不是贾逵当时的主要用意。

　　贾逵少承父徽之左氏学，对《左传》已有长期研习，在建武、
永平之际已完成《春秋左氏传解诂》。其书被明帝器重，置于秘馆。
章帝好《左传》，便在建初元年时，令贾逵申发《左传》义理优于
《公》《穀》二传之处。贾氏虽具条奏上，其态度温和克制，颇有顾
全大局之考虑。史载：

　　　　（逵）尤明《左氏传》《国语》，为之《解诂》五十一篇，
　　永平中，上疏献之。显宗重其书，写藏秘馆。……（章）帝善
　　逵说，使发出《左氏传》大义长于二传者。逵于是具条奏之曰：
　　"臣谨摘出《左氏》三十事尤著明者，斯皆君臣之正义，父子
　　之纪纲。其余同《公羊》者什有七八，或文简小异，无害大体。
　　至于祭仲、纪季、伍子胥、叔术之属，《左氏》义深于君父，
　　《公羊》多任于权变，其相殊绝，固以甚远，而冤抑积久，莫肯
　　分明。……建平中，侍中刘歆欲立《左氏》，不先暴论大义，而

① 《后汉书》卷三五《郑玄传》，第1208页。
② 《后汉书》卷七九下《儒林传下》，第2582页。

轻移太常，恃其义长，诋挫诸儒，诸儒内怀不服，相与排之。孝哀皇帝重逆众心，故出歆为河内太守。从是攻击《左氏》，遂为重仇。……且三代异物，损益随时，故先帝博观异家，各有所采。《易》有施、孟，复立梁丘，《尚书》欧阳，复有大小夏侯，今三传之异亦犹是也。……（陛下）若复留意废学，以广圣见，庶几无所遗失矣。"①

贾逵指出，第一，《左传》中除了突出君臣父子纲纪的三十事之外，"其余同《公羊》者什有七八，或文简小异，无害大体"。即二《传》文字大同小异，并不像前人说的有那么大的差异。第二，对于祭仲诸人事，二《传》在"深于君父"和"多任权变"两方面有不同侧重，各有可取。义理的差异导致双方"冤抑积久，莫肯分明"。贾逵认为，刘歆移书责太常博士，诸儒不服，加深了双方的矛盾，还特别指出刘歆被贬为河内太守。此后，《公羊》视《左氏》如仇家，其间实有误会。第三，先帝博观诸家，各有所采：《易》取施、孟、梁丘三家，《尚书》取欧阳、夏侯二家，如今也应该在《公》《穀》之外接纳《左传》。也即，三《传》并立在形式上符合汉代博士学官之传统。细味其语气，贾逵无意于激化《公》《左》矛盾。先师刘歆没能首先曝论左氏大义，轻责太常，非但使《公羊》学者没能理解《左传》"深于君父"的义理，反而加深了两家之间的冤仇，贾逵不认同这种做法。他不像陈元强调左丘明比公羊高更亲近于孔子，而是说明二传义理各有不同侧重，各有特点。《左氏》也有可观之处，仅此而已。因此，章帝"使发出《左氏传》大义长于二传者"并不意味着贾逵主张以《左氏》"夺《公羊》"，而是希望通过"暴论大义"，使皇帝摆脱西汉建平至东汉建武以来关于二《传》相抵牾的成见，效法先帝"博观异家，各有所采"，正视《左氏》"大义"，留意这门被废黜的学问。足见贾氏意欲揭示和补全《春

① 《后汉书》卷三六《贾逵传》，第 1236—1237 页。

秋》完整的"圣人之道"，不愿分裂之。他指出，《公》《左》各有义理，亦各有缺陷，左丘明并非圣人。这些看法与之前的《左传》学者颇不相同。当然，贾逵宣称《五经》之中唯有《左传》能证实"汉承尧运""汉为火德"，这是论证东汉政权合法性必不可少的义理资源："《五经》家皆无以证图谶明刘氏为尧后者，而《左氏》独有明文。《五经》家皆言颛顼代黄帝，而尧不得为火德。左氏以为少昊代黄帝，即图谶所谓帝宣（按：白帝朱宣，即少昊氏）也。如令尧不得为火，则汉不得为赤。其所发明，补益实多。"① 这可能是贾氏推重《左传》的主要原因。贾氏《左传》学对"汉承尧运"的论证有坚实的文献学、史学基础，有其独树一帜的创见，亦出于公心，其出发点亦非"夺《公羊》"。

更重要的是，贾逵多用《公羊》说以解《左传》。皮锡瑞所谓"杜（林）、郑（众）、贾（逵）、马（融）注《周礼》《左传》，不用今说"②，不确。杜预指出："古今言《左氏春秋》者多矣……于丘明之传，有所不通，皆没而不说，而更肤引《公羊》《穀梁》，适足自乱。"③ 杜预认为，贾逵、服虔诸人引《公》《穀》解读《左氏》，乱了体例，主张回归传文本身，道出贾逵《左传》学多引《公》《穀》二传的现象。《左传》学在西汉的流传主要是"训故"，即解释古字，《左氏》"章句义理"为西汉末的刘歆所发明。④ 完备《左传》义理，需要博采《公》《穀》二传、五经众说。贾逵父徽从刘歆受《左传》，贾逵"悉传父业，弱冠能诵《左氏传》及《五经》本文，以《大夏侯尚书》教授，虽为古学，兼通五家《穀梁》之说"。贾逵兼通五经、三《传》，其学继承"博而笃""博见强志"

① 《后汉书》卷三六《贾逵传》，第1237页。
② 皮锡瑞：《经学历史》第五节《经学中衰时代》，中华书局1959年版，第148页。
③ 《春秋左传正义·序》卷一，第1707页。
④ 《汉书》卷三六《楚元王传》："初左氏传多古字古言，学者传训故而已，及歆治左氏，引传文以解经，转相发明，由是章句义理备焉。"第1967页。

的刘歆。

比如，《公羊》学多论及"素王"问题，而贾逵《左传》之学亦多涉猎"素王"，见解与公羊家相似。贾逵《春秋序》："孔子览史记，就是非之说，立素王之法。"①《左传》昭公十二年"是能读三坟五典八索九丘"，贾曰："三坟，三皇之书。五典，五帝之书。八索，素王之法。九丘，九州亡国之戒。"② 不同于孔安国、马融释"八索"为八卦，③ 贾逵另辟蹊径，释为"素王之法"以照应其序说。对《春秋》作为"素王之法"，贾逵曰："取法阴阳之中，春为阳中，万物以生，秋为阴中，万物以成，欲使人君动作不失中也。"④《春秋》之义使君主动作合乎阴阳中道，贾氏这一解释应传自刘歆。⑤ 徐彦《公羊疏》："贾、服依此（刘歆《三统历》）以解《春秋》之义，不审何氏何名《春秋》乎？答曰：公羊何氏与贾、服不异，亦以为欲使人君动作不失中也。"⑥ 足见这一解释也属于《公羊》家说法。

何休对贾逵之学"有倍经、任意、反传违戾者"的评价，其中提到"反传"一说，值得注意。"反传"（背反传文）是贾氏理解《春秋》、注解《左传》所运用的一种特殊方法。章太炎论杜预注

---

① 杜预《春秋序》正义引，《春秋左传正义》卷一，第1708页。

② 《春秋左传正义》卷四五，第2064页。

③ 《后汉书》卷五九《张衡传》李贤注："左传曰，楚内史倚相能读三坟五典八索九丘。孔安国以为三坟五典，三皇之书；八卦之说谓之八索。"第1909页。马融注："三坟，三气，阴阳始生，天地人之气也。五典，五行也。八索，八卦。九丘，九州之数也。"《春秋左传正义》卷四五，第2064页。

④ 《春秋左传正义·序》正义引，卷一，第1704页。

⑤ 《汉书》卷二一上《律历志》载刘歆《三统历》借《左氏》成公十三年解释"春秋"之义："夫历《春秋》者，天时也，列人事而因以天时。传曰：'民受天地之中以生，所谓命也。是故有礼谊动作威仪之则以定命也，能者养以之福，不能者败以取祸。'故列十二公二百四十二年之事，以阴阳之中制其礼。故春为阳中，万物以生；秋为阴中，万物以成。是以事举其中，礼取其和，历数以闰正天地之中，以作事厚生，皆所以定命也。"第979页。

⑥ 《春秋公羊传注疏》卷一，第2195页上栏。

《左传》之功，敏锐地指出："夫汉时十四博士，皆今文俗儒，诸古文大师虽桀然树质的，犹往往俛而汲之，如贾景伯、郑康成皆是也。""质之丘明传例，贾氏之不合者亦多矣。"① 正指贾逵这种"反传"法。以下呈示贾氏如何移花接木地借用《公羊》义理，解释《左传》；不用甚至否定《左传》原释，建立新的《左传》章句之学。②

2. 贾逵"反传"方法释例

贾逵注释《左传》多用"反传"法，试列举如下。

（1）庄公二十九年经："春，新延厩。"贾云："言'新'，有故木；言'作'，有新木。延厩不书'作'，所用之木非公命也。"③ 贾逵认为言"新"不言"作"，是翻新马厩之旧木，不出于鲁君之令。对"新"和"作"字义的区别，《公羊传》载："新延厩者何？修旧也。修旧，则有故木矣。"④ 贾取义《公羊》。然《左传》明言"春，新作延厩，书，不时也。凡马日中而出，日中而入"⑤，用"新作"，可见原传文看来"作"和"新"二字没区别，并认为此举不合时令，凡马都在春分时放牧、秋分时入圈。贾注参考《公羊》之说，不采用《左传》对"作"的改用及其"不时"的义理。

（2）成公十七年经："九月辛丑，用郊。"贾云："诸言用，皆不宜用，反于礼者也。"⑥ 指"用"字有"不宜用"的义例，刺国君违反礼制。此例取自《公羊传》"用者何？用者不宜用也。九月，

---

① 《汉学论下》，《章太炎全集：太炎文录续编》，上海人民出版社2014年版。

② 学者对贾注辑佚的成果，为我们详细分析贾注文本提供了便利。参考李贻德《春秋左传贾服注辑述》，《续修四库全书》第125册《经部·春秋类》，上海古籍出版社2002年版，第387—634页；刘文淇：《春秋左氏传旧注疏证》，科学出版社1959年版；吴静安：《春秋左氏传旧注疏证续》，东北师范大学出版社2004年版。

③ 《春秋左传正义》卷一〇，第1782页。

④ 《春秋公羊传注疏》卷九，第2241页。

⑤ 《春秋左传正义》卷一〇，第1782页。

⑥ 《春秋左传正义》卷二八，第1921页。

非所用郊也"①。《左氏》无传,杜预《释例》云:"辛丑用郊,文异而丘明不发传,因史之辞,非圣贤意也……案《左氏传》,用币于社,传曰:'得礼。'冉有用矛于齐师,孔子以为义,无不宜用之例也。丘明云:'我师岂欺我哉!'"认为左氏无传,该经没有圣人义理,否定贾逵"以用为不宜用"之例。杜注《左传》经常批评贾注,此为一例。据昭公十七年《左传》引季平子"于是乎有伐鼓用币,礼也"②,"用"并非都是"反于礼",与贾逵"诸言用"义例不符。贾氏引《公羊》解经,不采用传文及它处辞例。

(3)文公五年经:"五年,春,王正月,王使荣叔归含且赗。"传:"春,王使荣叔来含且赗,召昭公来会葬,礼也。"③周襄王派荣叔归还鲁国含在死者口中的玉,以及助丧之物"赗",传认为这合乎礼。然而贾逵注云"含、赗当一人,今一人兼两使,故书'且'以讥之"④,认为经的"且"字讥刺一人兼送含、赗二使。贾注不认同《左传》,说法引自《公羊传》"其言归含且赗者何?兼之。兼之,非礼也"⑤。杜预不采贾说,孔颖达更批评贾氏"岂有此理":"春秋之世,风教陵迟,吉凶贺吊,罕能如礼。王之崩葬,鲁多不行。鲁之有丧,宁能尽至?王归含赗二事而已。宰咺又赗而不含不至,全无所讥;不含,又无贬责。既含且赗,便责兼之,不可。是礼备不如不备,行礼不如不行,岂有如此之理哉?"⑥认为在春秋乱世,能归还含、赗已属难得,何必讥刺"兼使"这样的细节。此又是贾注非《左氏》而援《公羊》之一例。

(4)襄公十六年经:"戊寅,大夫盟。"贾曰:"恶大夫专而君

---

① 《春秋公羊传注疏》卷一八,第2298页。
② 《春秋左传正义》卷四八,第2082页。
③ 《春秋左传正义》卷一九上,第1842页。
④ 《春秋左传正义》卷一九上,第1842页。
⑤ 《春秋公羊传注疏》卷一三,第2268页。
⑥ 《春秋左传正义》卷一九上,第1842页。

失权也。"① 贾逵指经不书"大夫"所系诸侯，是为批评大夫专权。贾注取自《公羊传》："诸侯皆在是，其言大夫盟何？信在大夫也。何言信在大夫？遍刺天下之大夫也。何为遍刺天下之大夫？君若赘旒然（诸侯就像赘婿）。"②《汉书·五行志中之上》载"至于襄公，晋为溴梁之会，天下大夫皆夺君政"③，同《公羊》说。然杜预认为经文不书诸侯名，只因为齐国大夫高厚逃窜，大家自行结盟，其中并无贬义，跟"君失权"无关。杜注基于传文对高厚的记述，以其体现了"齐有二心"，将经文置于传文叙述的历史环境中加以解释。而《公羊》则称经文所刺不仅是与会之大夫，更是天下之大夫，其义理不拘于具体史事，更为广义。贾逵的解释倾向于倾向《公羊》说，不顾《左传》。④

（5）襄公十九年经："取邾田，自漷水。"贾逵称"刺晋偏而鲁贪"⑤，其义出自《公羊》："其言自漷水何？以漷为竟也。何言乎以漷为竟？漷移也。"⑥ 漷水介于邾、鲁之间，邾在南，鲁在北。邾国之田在漷水北。贾逵以晋恃其强，将邾田划归鲁，故以经文刺晋偏、鲁贪。然《左传》载："执邾悼公，以其伐我故。遂次于泗上，疆我田。取邾田，自漷水，归之于我。"⑦ 孔颖达指出既称归我，则是邾人侵夺鲁田，如今在晋的主持公道下归还于鲁，"公羊之说不可通

---

① 《春秋左传正义》卷三三，第 1962 页。
② 《春秋公羊传注疏》卷二〇，第 2307 页。
③ 《汉书》卷二七中之上《五行志中之上》，第 1372 页。
④ 刘师培为了弥合贾说和传文，认为"证以本传，则溴梁之盟明属荀偃所使，大夫擅权，传有确证。是则仅书大夫，所以示大夫之擅；不系诸侯，所以示诸侯之弱"。转引自吴静安《春秋左氏传旧注疏证续（一）》，第 239 页。
⑤ 《春秋左传正义》卷三四，第 1967 页。
⑥ 《春秋公羊传注疏》卷二〇，第 2308 页。何休注："鲁本与邾娄以漷为竟，漷移入邾娄界，鲁随而有之。诸侯土地，本有度数，不得随水。随水有之，当坐取邑，故云尔。"
⑦ 《春秋左传正义》卷三四，第 1967 页。

也"。按襄十六年《左传》载"命归侵田""执邾宣公"①，孔说有
其依据。再次可见贾氏解经之不顾传文。

（6）襄公二十三年传："八月，叔孙豹帅师救晋，次于雍榆，
礼也。"贾曰："礼者，言其先救后次，为得礼也。"②《公羊》曰：
"何为先言救后言次？先通君命也。"③ 另僖公元年齐、宋、曹师
次于聂北以救邢，《公羊》曰："何为先言次而后言救？君也。君
则其称师何？不与诸侯专封也。曷为不与？实与，而文不与。"④
可见在诸侯出兵救国事例中，"君"（齐宋曹）先言次、后言救，
"臣"（叔孙豹）先言救、后言次。贾逵采用这一义例，以传文称
叔孙豹先通君命为礼，含尊君之义。杜预《释例》则否定之：
"皆随事实，无义例也。叔孙豹次于雍榆，传曰：'礼'者，善其
宗助盟主，非以次为礼也。齐桓次于聂北，救邢，亦以存邢，具
其器用，师人无私，见善不在次也。"此条属于贾逵以《公羊》
解传。

（7）昭公九年经："夏，四月，陈灾。"贾曰："愍陈不与楚，
故存陈而书之，言陈尚为国也。"⑤《公羊》曰："陈已灭矣，其言陈
火何？存陈也。曷为存陈？灭人之国，执人之罪人，杀人之贼，葬
人之君，若是则陈存矣。"⑥《左传》关于"陈灾"有一段郑裨灶和
子产之间关于陈国复封和灭亡的对话，郑裨灶以五行相克论述"逐
楚而建陈"，又称"而后陈卒亡，楚克有之，天之道也"⑦。贾逵袭
公羊说而论"存陈"，与传文无关。对比二《传》描述"天"对陈

---

① 《春秋左传正义》卷三三，第1963页。
② 《春秋左传正义》卷三五，第1977页。
③ 《春秋公羊传注疏》卷二〇，第2309页。
④ 《春秋公羊传注疏》卷一〇，第2246页。
⑤ 《春秋左传正义》卷四五，第2056页。
⑥ 《春秋公羊传注疏》卷二二，第2319页。
⑦ 《春秋左传正义》卷四五，第2057页。

国的态度，《公羊传》曰："曰存陈，悕矣。"何休注："书火存陈者，若曰陈为天所存，悲之。"可见在公羊家看来，天悲陈灭，欲存之；而在《左传》看来，楚克陈只是"天之道也"，无可惋惜。前者更符合贾注"憨陈"之义。

（8）襄公二十七年传："季武子使谓叔孙以公命，曰：'视邾、滕。'既而齐人请邾，宋人请滕，皆不与盟。叔孙曰：'邾、滕，人之私也。我，列国也，何故视之？宋、卫，吾匹也。'乃盟。故不书其族，言违命也。"贾曰："叔孙，义也。鲁疾之，非也。"① 这一条属于贾逵"非传"。季武子假借鲁君命令叔孙豹将鲁比为邾、滕这样的小国，叔孙以鲁国是诸侯大国，不从，与齐、宋结盟。传文不书叔孙族名，指责其违背国命。然而贾逵却认为叔孙之举是"义"，他违抗的是专权的季武子，故传文言其违令，非也。尽管《公羊》没提及此事，贾氏的理解明显体现了公羊家重权变、贵善志的义理。董仲舒认为《春秋》没有一贯、通用的褒贬文辞，价值判断的根据基于动机之善恶。②《春秋》"微言大义"正在于这种以"贵志"为基础的"无通辞"义理，不可模式化地界定褒贬辞例。贾逵不认同传文"不书其族，言违命"的贬辞，反以叔孙为义：他看重的不是叔孙"违命"的行为，而是这一行为的动机：不满于季武子专权，欲"大"鲁国。这一心志是可嘉的。贾逵后来的服虔继承了这一解释，杜预则不以为然，以致维护杜注的孔颖达批评贾、服："贾、服违经反传，背《左氏》，异孔子。孔子贬之，贾逵赏之。丘明言其'违命'，服虔善其尊国，是不以丘明之言解《左传》，不以孔子之

———

① 《春秋左传正义》卷三八，第1996页。
② 董仲舒解释《春秋》为何讥刺鲁文公在丧礼后四十一个月娶妇，认为文公"全无悼远之志，反思念取事"，称"春秋之论事，莫重于志"，"故（赵）盾之不讨贼为弑君也，与（许）止之不尝药为弑父无以异，盾不宜诛，以此参之"。又论"春秋无通辞"："春秋无通辞，从变而移。今晋变而为夷狄，楚变而为君子，故移其辞以从其事。夫庄王之舍郑，有可贵之美，晋人不知其善，而欲击之，所救已解，如挑与之战，此无善善之心，而轻救民之意，是以贱之，而不使得与贤者为礼。"

意说《春秋》也。"① 从此例可见贾逵对公羊重权变、贵志义理的汲取，贾逵说"左氏深于君父，公羊多任于权变"，他只是注意二者的特点，并非只择一而排他。

（9）定公五年经："夏，归粟于蔡。"正义曰："《公羊传》曰：'孰归之？诸侯归之。曷为不言诸侯归之？离至不可得而序，故言我也。'《穀梁传》亦然。贾逵取彼为说，云'不书所会，后也'。"② 《公羊》此说有例。襄五年经"冬，戍陈"，《公羊传》"孰戍之？诸侯戍之。曷为不言诸侯戍之？离至不可得而序"，何休注："离至，离别前后至也。陈坐欲与中国，被强楚之害，中国宜杂然同心救之，乃解怠前后至，故不序，以刺中国之无信。"③ 在"戍陈"例中，《公羊》刺诸侯的救兵在即将散会时才抵达，而在"归粟于蔡"问题上，《公羊》刺诸侯拖延归粟，懈怠而无信，贾逵采用此说。然据杜预、孔颖达之说，《左传》言"归粟于蔡以周亟，矜无资"，认为归粟者是鲁国而非诸侯，蔡被楚所围困而饥乏，有嘉鲁之意。贾氏以"后也"解之，源自《公羊》"离至不可得而序"，并没考虑传文"矜无资"的说法。④

从上述诸例，可见贾氏《左传》学对《公羊》的倚重，将二

---

① 《春秋左传正义》卷三八，第 1996 页。

② 《春秋左传正义》卷五五，第 2139 页。

③ 《春秋公羊传注疏》卷三〇，第 1936 页。

④ 除这些例子之外，仍有义理明显采自《公羊》。贾逵曰："畿内称王，诸夏称天王，夷狄称天子。"（《春秋穀梁传注疏》成公八年疏引，卷一三，第 2420 页）对王、天王、天子的区别称谓，属于公羊家"三科九旨"的内容［"宋（均）氏之注《春秋说》：'三科者，一曰张三世，二曰存三统，三曰异外内，是三科也。九旨者，一曰时，二曰月，三曰日，四曰王，五曰天王，六曰天子，七曰讥，八曰贬，九曰绝。时与日月，详略之旨也；王与天王天子，是录远近亲疏之旨也；讥与贬绝，则轻重之旨也。'"《春秋公羊传注疏》隐公元年疏，卷一，第 2196 页］。闵公二年经"十有二月，狄人卫"，贾云"不与夷狄得志于中国"，这一夷狄书法取自《公羊》《春秋》之义，不与夷狄得志于诸夏"。《春秋左传正义》卷一一，第 1786 页；《毛诗正义》卷三三之一《鄘风·定之方中》疏引，第 315 页；《春秋公羊传注疏》僖公二十六年疏引，卷一二，第 2260 页。

传打通，互为借鉴、诠释，并没有以《左传》排抑《公羊》之意。

3. 贾逵"反传"方法的因由和意义

综上，贾逵的思路往往不是"经、传相互发明"，而是绕开传文，更引《公羊》解经，采用的是一种"不以丘明之言解《左传》""质之丘明传例"的"反传"方法。贾逵既受到刘歆解经体式的启发，经传互鉴，转相发明，也蕴含他对《春秋》经、二传的独到理解。一方面，他不认为左氏传是解经的唯一途径。① 在他看来，"素臣"左丘明远没达到陈元所说"丘明至贤，亲受孔子"那种齐平圣人的高度。另一方面，汉儒认为传的地位低于经。解诂的最终目的是澄清经义，以传为本、借助传以理解经固然重要，但非唯一方法。贾逵的终极目标是阐述孔子"素王之法"，而非澄清左丘明之意。因此，传是可以非议的。再一方面，《左传》在义理上不够精确，需借助《公羊》补充其义理之不足。《左传》详于叙述，与经文几乎不构成对应关系。且《左传》往往倾向于认可经的字面意思，而较少挖掘字面意思背后的"微言大义"。因此，《左传》义理相对单薄，单凭《左传》解读《春秋》奥义很困难。另外，西汉《左传》学长于训诂，弱于义理。"初左氏传多古字古言，学者传训故而已，及歆治左氏，引传文以解经，转相发明，由是章句义理备焉。"② 可知西汉《左传》学者大多"传训故而已"，没发展出章句之学，到刘歆时才开始完善其义理。《公羊》则长期拥有对《春秋》的至高解释权，有着深厚的义理解释传统。引《公羊》论左氏义理的方法始为刘歆所用，贾逵继承刘歆此法，进一步说解《左传》的微言大义。

---

① 尽管桓谭《新论·正经》有言"《左氏》传于经，犹衣之表里，相待而成。经而无传，使圣人闭门思之，十年不能知也"，贾逵似乎并不持这种认识。

② 《汉书·楚元王传》，第 1967 页。

由此，才能理解建初元年贾逵申论《左氏》后，章帝"令逵自选《公羊》严、颜诸生高才者二十人，教以《左氏》"的意思，并不只是《左氏》夺走了《公羊》学者。正因这些"诸生"都熟习《公羊》，他们才能理解贾氏援引《公羊》解《左传》的方法，才能将这种方法予以推广、运用，应用于《左传》，进一步发掘《左传》义理。贾逵及门下诸生是沟通二《传》的桥梁，在东汉《左传》学兴盛的过程中发挥了重要作用。

贾氏《左传》学注重阐发指导现实政治实践的义理。贾逵建立《公羊》和《左氏》共通的义理平台，有着构建儒家化"新汉朝"政治纲纪的现实意义。建初元年贾逵上书陈《左传》之义，还强调章帝"通天然之明，建大圣之本，改元正历，垂万世则"，正值"麟凤百数，嘉瑞杂沓"的"太平"时刻，①需要伸张"安上理民"的"先王之道"，符合章帝发扬"制作汉礼"历史使命的情境。建立汉礼的背后，需要重构一套纲纪秩序。由此贾逵将这种现实与"左氏义深于君父"建立联系，强调《左传》长于"君臣之正义，父子之纪纲"，试图建立指导政治实践的新经义。以训诂为宗旨的西汉《左传》学难以为这种建构提供了理据。想要发扬《左氏》义理，需援引和借用《公羊》义理来构筑《左传》的体系。进一步，贾逵"发出左氏传大义长于二传者"，发挥《左传》"君臣父子"大义，方得以成为权威的《春秋》解释学，指导政务，扩大影响力。在贾氏看来，《左传》为王朝提供了新时代需要的政治纲纪，《左传》学由此获得现实实践的根基，形成一套重"义"轻"权"的政治观念。这也是建初元年章帝对贾氏上奏大为认可的原因，贾逵被视为"通儒"："学者宗之，后世称为通儒。"注引应劭："授先王之

---

① 《后汉书》卷三六《贾逵传》，第1238页。注："章帝时，凤皇见百三十九，骐麟五十二，白虎二十九，黄龙三十四，神雀、白燕等史官不可胜记。"说明贾氏申《左传》与其时太平氛围有关。

制，立当时之事，纲纪国体，原本要化，此通儒也。"① 正指贾氏之通于时务。

还应注意到，贾逵也有非议《公羊》、不取其义之时。如论《春秋》之取材，贾曰："周礼尽在鲁矣，史法最备，故史记与周礼同名。"② 认为孔子览鲁国史记，鲁为周公之国，因鲁史记而作《春秋》。因"周"是"礼"的象征，周公制礼的成果在鲁国遗留，孔子借周礼表达素王之法，故《左传》所载礼较多属周礼。公羊家则认为孔子"西观周室"得周朝及诸国史书，得以作《春秋》。公羊家戴宏云："圣人不空生，受命而制作，所以生斯民，觉后生也。西狩获麟，知天命去周，赤帝方起，麟为周亡之异，汉兴之瑞……又闻端门之命，有制作之状，乃遣子夏等求周史记，得百二十国宝书，修为《春秋》。"③《史记》对此解释相同。④ 在《公羊》家看来，"周"是"王"的象征，西观周室应与"新周"及"以《春秋》当新王"⑤ 的大义有关。关于哀公十四年"获麟"一事，及孔子绝笔于此的解释，贾说与《公羊》也不同。贾曰："孔子自卫返鲁，考正礼乐，修《春秋》，约以周礼，三年文成而致麟，麟感而至，取龙为水物，故以为修母致子之应。"⑥ 认为孔子修《春秋》后麟出现。"修母致子"，暗示五行相生，因果相报。按汉人五灵、五常配五行之说，孔子修《春秋》是"考正礼乐"，

① 《后汉书》卷三六《贾逵传》，第 1240 页。
② 《春秋序》正义引，《春秋左传正义》卷一，第 1704 页。
③ 隐公元年疏引戴宏《解疑论》，《春秋公羊传注疏》卷一，第 2195 页。
④ 《史记》卷一四《十二诸侯年表序》："是以孔子明王道，干七十余君莫能用，故西观周室，论史记旧闻，兴于鲁而次《春秋》，上记隐，下至哀之获麟，约其辞文，去其繁重，以制义法，王道备，人事浃。"第 509 页。卷四七《孔子世家》："据鲁，亲周，故殷。"《集解》："亲周，盖孔子之时周虽微，而亲周王者，以见天下之有宗主也。"第 1943 页。
⑤ 《公羊传》庄公二十七年："杞，夏后，不称公者，《春秋》黜，黜杞、新周而故宋，以《春秋》当新王。"
⑥ 哀公十四年正义引，《春秋左传正义》卷五九，第 2172 页。

火主"礼"①；火生土，土与麟配，则修火而得麟。② 借用"修母致子"的隐喻，贾逵认为麟是庆贺《春秋》落成而致，《春秋》的重要目的是"考正礼乐"。这一成果得到麟的相报——凸显"经"与现实政治的关联性。这一解读挑战了其时普遍流行的公羊家说。何休称："《春秋》何以始乎隐？曰：据得麟乃作。"③ 认为在麟显现之后，孔子始作《春秋》，体现了祥瑞的麟所出不应其时、孔子悲哀"吾道穷矣"之意。《史记》的解说与之相同，④ 这应是汉代公羊家通说。相较之下，贾氏"修母致子"之说颇晦涩、特别。可见，贾逵《左传》学有自己独到的理解，对《春秋》之义的发挥也有不取《公羊》之时。

---

① 关于五行（金、木、水、火、土）配五常（仁、义、礼、智、信），较早的文献是各类纬书。《易纬·乾凿度》曰："八卦之序成立，则五气变形。故人生而应八卦之体，得五气以为五常，仁、义、礼、智、信是也。夫万物始出乎震，震东方之卦也，阳气始生，受形之道也，故东方为仁。成于离，离南方之卦也，阳得正于上，阴得正于下，尊卑之象定，礼之序也，故南方为礼。入于兑，兑西方之卦也，阴用事，而万物得其宜，义之理也，故西方为义。渐于坎，坎北方之卦也，阴气形盛，阳气含闭，信之类也，故北方为信。夫四方之义，皆统于中央，故干、坤、艮、巽，位在四维，中央所以绳四方行也，智之决也，故中央为智。故道兴于仁，立于礼，理于义，定于信，成于智。五者道德之分，天人之际也。"（《纬书集成》上册，第 10 页）又有《孝经纬》（《纬书集成》中，第 1057 页）、《诗纬》（《纬书集成》上册，第 486 页）。东汉时，班固《汉书·天文志》将五星与五行、五常及五事相配："岁星曰东方，春，木；于人五常，仁也；五事，貌也。……荧惑曰南方，夏，火；礼也；视也。……太白曰西方，秋，金；义也；言也。辰星曰北方，冬，水，知也；听也。……填星曰中央，季，夏，土；信也。"贾逵"修母致子"之义颇为隐奥，可能采自纬书。

② 关于麟之所配，向来有土和木两种记载，后者见于谶纬。

③ 隐公元年疏引，《春秋公羊传注疏》卷一，第 2195 页。

④ 《史记》卷四七《孔子世家》："鲁哀公十四年春，狩大野。叔孙氏车子锄商获兽，以为不祥。仲尼视之，曰：'麟也。'取之。曰：'河不出图，雒不出书，吾已矣夫！'颜渊死，孔子曰：'天丧予！'及西狩见麟，曰：'吾道穷矣！'……乃因史记作《春秋》，上至隐公，下讫哀公十四年，十二公。"第 1943 页。这段记载与《公羊传》哀公十四年同，司马迁持公羊说。

### （二）贾逵注《左传》与"刘氏尧后"论证

贾逵《左传》学既博采《公羊》，也精研"传"文，内外会合，融汇生成，终于研成《左氏》之"大义"，且得官方青睐，为世人所信服。"《五经》家皆无以证图谶明刘氏为尧后者，而《左氏》独有明文。"论证"汉家尧后"的成立，是贾逵使《左传》学得以脱颖而出的关键一步。

关于"刘氏尧后""汉承尧运"之说的起源时间，学界大致认为是在西汉中期至新莽时期。① 我们所关注的，是汉承尧运之说是在何时、被如何细节化论述的。贾逵奏称："《五经》家皆无以证图谶明刘氏为尧后者，而《左氏》独有明文。"② 《左传》记述"刘氏尧后"，不待至贾逵才发现。汉昭帝时眭孟说："汉家尧后，有传国之运。"③ 新朝始建国元年王莽称："刘氏，尧之后也，出自颛顼。"④ 这些说法可能与《左传》有关。两汉之际班彪称："刘氏承尧之祚，氏族之世，著乎《春秋》。"⑤ 班彪尝论司马迁写《史记》取材于《左传》，应熟知《左传》的"刘氏承尧"记载。刘向的相关说法也很可能从《左传》中来。班固《汉书·高帝纪赞》载："刘向云战国时刘氏自秦获于魏。秦灭魏，迁大梁，都于丰，故周市说雍齿曰'丰，故梁徙也'。是以颂高祖云：'汉帝本系，出自唐帝。降及于周，在秦作刘。涉魏而东，遂为丰公。'"⑥ 高祖刘邦早年从魏地迁

---

① 杨权认为"汉家尧后"起源于西汉后期的谶纬文献，参考杨权《新五德理论与两汉政治——"尧后火德"说考论》，中华书局 2006 年版，第 75—89 页。顾颉刚先生认为"刘氏尧后"说是王莽为了篡汉编造的传说，参考顾颉刚《汉代学术史略》，东方出版社 1996 年版，第 84—85 页；顾颉刚：《五德终始说下的政治与历史》，《顾颉刚古史论文集》第三册，中华书局 1996 年版，第 349—351 页。

② 《后汉书》卷三六《贾逵传》，第 1237 页。

③ 《汉书》卷七五《眭弘传》，第 3154 页。

④ 《汉书》卷九九中《王莽传中》，第 4105 页。

⑤ 《汉书》卷一〇〇上《叙传上》，第 4208 页。

⑥ 《汉书》卷一下《高帝纪下》，第 81 页。

至沛县丰邑，然而，魏以前的刘氏在何地？刘向之"自秦获于魏"可能是最早的答案。班固用"刘向云"的表述，应是将"刘氏自秦获于魏"的发明权判给了刘向。《汉书·郊祀志》赞云："刘向父子以为帝出于《震》，故包羲氏始受木德，其后以母传子，终而复始，自神农、黄帝下历唐、虞三代而汉得火焉。故高祖始起，神母夜号，著赤帝之符，旗章遂赤，自得天统矣。"① 可见刘向将此前流行的五德"相克"次序改为"相生"，推演出汉为火德，为刘氏尧后说张本。若是刘向首提此说，则其根据可能是《左传》文公十三年传"士会自秦归晋"时所谓"其处（秦）者为刘氏"。

　　尽管自西汉中期，经眭孟、刘向、王莽、班彪诸人，汉承尧运之说已开始流传，但其论证过程并不深入。刘向将高祖家族与"尧"强行联系，一笔带过从尧到秦的历程，缺乏对传承谱系、人物形象、徙居地点等具体问题的交代，仍很粗疏。司马迁已对五帝三代至春秋战国的史事有详细记述，并没有"高祖尧后"相关说法，可见此说与汉人的历史认知有较大差距。如《史记·夏本纪》虽采纳了《左传》昭公二十九年陶唐氏后代刘累的故事，但没说刘累此人与汉家刘氏有关系；《秦本纪》《晋世家》也有《左传》文公十三年士会归晋一事，却没说士会留秦的后人是刘氏。西汉至新莽时期，即使相信"刘氏尧后"，人们的认识仍停留在粗疏、抽象的阶段，因为"刘氏尧后"的制造者们没有赋予之相关的历史细节，尚未建立其与人们熟知的史事之间的联系。当我们承认"刘氏尧后"是在西汉中后期形成的传说，就应视之为不断层累的观念构成：这种传说在形成初期缺失细节化、具体化的论述。在剖析"刘氏尧后"观念的制作和传播时，就必须细致梳理其结构，还原这一逐渐拼接、层累、叠加的历史过程。事实上，"刘氏尧后"在东汉时代才得到深入的论证，贾逵的《左传》注解在其中起了关键作用。

　　东汉前期，研习《左传》闻名的学者有陈元、郑兴、郑众、马

---

① 《汉书》卷二二下《郊祀志》，第 1270 页。

严，好"古文"者更有杜林、桓谭、卫宏、徐巡诸人。但他们都没提及《左氏》和"汉承尧运"之间存在关联，唯独贾逵对这重关联明确加以申论，何以如此？范晔有一句流传广泛的总结："桓谭以不善谶流亡，郑兴以逊辞仅免，贾逵能附会文致，最差贵显。世主以此论学，悲矣哉！"章怀注："贾逵附会文致，谓引《左氏》明汉为尧后也。"① 认为这些学者中只有贾逵善于附会谶纬，后世多因循范氏评价。这是否上述问题的主要原因呢？事实上，贾逵对谶纬的态度相当审慎。《后汉书·张衡传》载顺帝阳嘉年间张衡上书批评谶纬之舛误矛盾，说道：

> 一卷之书，互异数事，圣人之言，势无若是，殆必虚伪之徒，以要世取资。往者侍中贾逵摘谶互异三十余事，诸言谶者皆不能说。②

可见贾逵对谶纬做过一番文献考证工作，指出其中三十多条矛盾，与"诸言谶者"辩论。张衡认为贾氏并非"要世取资"的"虚伪之徒"，而是谶纬的检验者批判者，其说可从。所谓"臣以永平中上言《左氏》与图谶合者"，贾氏选出其中"合"者，去除"不合"者，后者当有张衡提到的"互异三十余事"。《后汉纪》引华峤云："明、章二帝祖述此意，故后世争为图谶之学，以矫世取资。是以通儒贾逵、马融、张衡、朱穆、崔寔、荀爽之徒忿其若此，奏皆以为虚妄不经，宜悉收藏之。"③《隋书·经籍志》亦载："起王莽好符命，光武以图谶兴，遂盛行于世。汉时，又诏东平王苍正五经章句，皆命从谶。俗儒趋时，益为其学，篇卷第目，转加增广。言五经者，皆凭谶为说。唯孔安国、毛公、王璜、贾逵之徒独非之，相承以为妖

---

① 《后汉书》卷三六《贾逵传》，第 1241 页。

② 《后汉书》卷五九《张衡传》，第 1912 页。

③ 袁宏撰，周天游校注：《后汉纪校注》"阳嘉元年"，天津古籍出版社 1987 年版，第 503—504 页。

妄，乱中庸之典。"① 都指出贾逵质疑和否定谶纬，与《后汉书·贾逵传》的评价大相径庭。对谶纬文献，贾逵当做过一番辨别真伪工作，并非全然附会。

考察贾逵对"刘氏尧后"的论证过程，我们认为他几乎没有以谶纬为论据。《左氏》学者中唯独贾逵申论"刘氏尧后"，其中重要原因是贾氏精通《国语》。《国语》主要记录春秋时事，而在汉代学者看来，《国语》同时是一部了解远古史事特别是远古帝系的重要典籍。《史记·五帝本纪》载太史公云："学者多称五帝，尚矣。然《尚书》独载尧以来；而百家言黄帝，其文不雅驯，荐绅先生难言之。孔子所传宰予问五帝德及帝系姓，儒者或不传。……予观《春秋》《国语》，其发明《五帝德》《帝系姓》章矣，顾弟弗深考，其所表见皆不虚。"② 《国语》与《左传》是司马迁记录上古帝事的重要根据。刘歆在构造帝系时也颇依赖《国语》。

贾徽"兼习《国语》《周官》"，受家学影响，贾逵"尤明《左氏传》《国语》，为之解诂五十一篇"。章怀注："《左氏》三十篇，《国语》二十一篇也。"③ 明帝时有五彩冠羽的神雀云集于宫殿，明帝问临邑侯刘复，刘复也不清楚，便求解于贾逵。贾逵答曰："昔武王终父之业，鸑鷟在岐……此胡降之征也。"④ 此事唯见载于《国语·周语上》"周之兴也，鸑鷟鸣于岐山"，贾逵注"鸑鷟，凤之别名也"⑤。这一细节反映了贾逵对《国语》的熟悉，以及时人对《国语》的陌生。从《后汉书》的记载看，贾逵似乎是东汉时代唯一留有姓名的《国语》注家。

三国东吴史臣韦昭在其《国语解》记录《国语》一书的流传和

① 《隋书》卷三二《经籍志一》，中华书局1973年版，第941页。
② 《史记》，第46页。《五帝德》《帝系姓》为西汉发现的古文礼文献，后被收入《大戴礼记》。
③ 《后汉书》卷三六《贾逵传》，第1235页。
④ 《后汉书》卷三六《贾逵传》，第1235页。
⑤ 《文选》卷四张衡《南都赋》注引，上海古籍出版社1986年版，第一册，第152页。

注解情况，提到与贾逵同时稍早还有郑众治《国语》。《国语解序》云："遭秦之乱，幽而复光。贾生、史迁颇综述焉。及刘光禄于汉成世始更考校，是正疑谬。至于章帝，郑大司农（众）为之训注，解疑释滞，昭析可观，至于细碎，有所阙略。侍中贾君敷而衍之，其所发明，大义略举，为已憭矣，然于文间时有遗忘。建安、黄武之间，故侍御史会稽虞（翻）君，尚书仆射丹阳唐（固）君，皆英才硕儒、洽闻之士也，采摭所见，因贾为主而损益之。"① 指出东汉郑众最早为《国语》作注，然"至于细碎，有所阙略"，反倒是稍晚的贾逵注多有发明，以至于建安时期的虞翻、唐固"因贾为主而损益之"，韦昭注亦"因贾君之精实，采虞、唐之信善"。对韦注《国语》，《四库提要》称"今考所引郑说、虞说寥寥数条，惟贾、唐二家援据驳正为多"②。韦昭、虞翻、唐固三位注家皆多引贾注，少及郑众。《隋书·经籍志》载《国语》注有贾逵、虞翻、唐固、韦昭、孔晁，无郑众，③ 可见其注已失传，范晔不载郑众作注的原因可能在此。可以认为，贾逵注是汉代第一部有分量的《国语》注本。

贾氏《国语》注，在《左传》杜注、孔疏及《史记》周、晋、郑等《本纪》《世家》之集解等材料中有不少保留，加上清代学者的辑佚著作，使今日的研究有迹可循。④ 贾注《国语》有两个特色。第一，重字义训诂，多化简古字、僻字为今字、常用字，用判断句式作解。如《周语上》注"戢，藏也""阜，长也""爽，贰也"；《周语下》注"逼，迫也""惕，疾也""遄，疾也""膂，脊也"

---

① 韦昭注：《宋本国语》，第一册，国家图书馆出版社2017年版，第1—2页。
② 《文渊阁四库全书》第406册《史部一六四·国语》，台湾商务印书馆1986年版，第2页。
③ 《隋书》卷三二《经籍志一》，第932页。马国翰《玉函山房辑佚书》辑有郑众《国语章句》一卷，仅三页。
④ 学者对贾逵《国语注》辑佚如下：马国翰《玉函山房辑佚书》辑有贾逵《国语解诂》二卷。王谟《汉魏遗书钞》辑有《国语注》一卷。汪远孙《国语校注本三种》收录了贾逵、虞翻、唐固的注。张以仁《〈国语〉旧注辑校》（上海古籍出版社2010年版）集上述几部辑佚著作之大成。

"歆，贪也""邀，求也"；《鲁语上》注"跛，蹇也""洵，弹也"
"专，满也"；《晋语一》注"肆，恣也"；等等。① 本无"经"之地
位的《国语》，虽经司马迁、刘歆等人引用，但因文字古奥，传播有
限。贾逵训诂化繁为简，化生为熟，应是为了进一步促进《国语》
在东汉的接受。贾氏之注名为《春秋外传国语》，在他看来，《国
语》是解读《左传》的门径，《国语》的接受有利于《左传》的接
受。第二，多追溯上古帝王姓氏、族系之究竟。如《周语下》贾注
有："共工，诸侯，炎帝之后，姜姓也。颛顼氏衰，共工侵凌诸侯，
与高辛氏争而王也。""姜，炎帝之姓，其后变易至于四岳，帝复赐
之祖姓，以绍炎帝之后。""玄王谓契，汤之祖契谓之玄王。"《鲁语
上》注云："有虞氏，舜后，在夏殷为二王后，故有禘郊宗祖之礼
也。"《晋语四》注云："少典，黄帝、炎帝之先。有蟜，诸侯也。
炎帝，神农也。"② 贾逵在《左传》注中亦有类似偏好。文十八年
"帝鸿氏有不才子"，贾注："帝鸿，黄帝也。不才子，其苗裔讙兜
也。""缙云氏有不才子"，贾注："缙云氏，姜姓也。炎帝之苗裔，
当黄帝时在缙云之官。"③ 昭二十九年"有烈山氏之子曰柱"，贾注：
"烈山氏，炎帝之号。"④ 贾逵对帝系氏族的精研，便于其对刘氏古
系的追溯梳理。

　　因为精研《国语》，贾逵对其中所涉上古史事颇为精通熟悉，这
为其解析《左传》纷繁复杂的人物世系提供了知识基础。从辑佚的
贾注《左传》及《国语》看，他善于勾勒事件之间的联系，借此厘
清上古刘氏谱系，加以史实化还原和建构，对"刘氏尧后"之说的

---

①　以上见马国翰《玉函山房辑佚书》第八函《国语》类辑贾逵《国语解诂》，
光绪十年楚南书局重刊。

②　以上各见于马国翰《玉函山房辑佚书》第八函《国语》类辑贾逵《国语解
诂》。

③　《春秋左传正义》卷二〇，第 1862—1863 页；《史记》卷一《五帝本纪》集
解引，第 37 页。

④　《春秋左传正义》卷五三，第 2124 页。

成立有一深入论证的过程。这个过程与谶纬学说没有什么关系。尽管现存贾逵的文字不多，也许仅冰山一角，我们还是可以从中窥探他对"刘氏尧后"的论证，发现贾氏学说的某些特征。在这一问题上，贾氏并不完全依《左传》记载为准，而多以《国语》的古史记载更正《左氏》，建立一种他所理解的刘氏上古谱系。因此，贾氏的论证并非简单顺从《左氏》，而有其发明。

2. 杜伯、隰叔父子与唐杜氏：贾逵对周代刘氏的梳理

《左传》文公十三年载：

> 晋人患秦之用士会也，夏，六卿相见于诸浮，赵宣子曰："随会在秦，贾季在狄，难日至矣，若之何？"中行桓子曰："请复贾季，能外事，且由旧勋。"郤成子曰："贾季乱，且罪大，不如随会，能贱而有耻，柔而不犯，其知足使也，且无罪。"乃使魏寿余伪以魏叛者以诱士会，执其帑于晋，使夜逸。请自归于秦，秦伯许之。履士会之足于朝。秦伯师于河西，魏人在东。寿余曰："请东人之能与夫二三有司言者，吾与之先。"使士会。士会辞曰："晋人，虎狼也，若背其言，臣死，妻子为戮，无益于君，不可悔也。"秦伯曰："若背其言，所不归尔帑者，有如河。"乃行。绕朝赠之以策，曰："子无谓秦无人，吾谋适不用也。"既济，魏人噪而还。秦人归其帑。其处者为刘氏。①

晋国大夫士会（封地在随、犯，亦称随会、范会）因晋襄公死后的立储之争而逃至秦国，晋灵公即位召他回国，归晋后士会家族留在秦国者被称为刘氏。据此可以说士会是刘氏的先祖。《史记·秦本纪》《晋世家》对此均有记载，唯不提及"其处者为刘氏"。这句话置于段末稍有唐突，以至刘炫、孔颖达怀疑其为后人所添加。贾逵

---

① 《春秋左传正义》卷一九下，第 1852 页。

的关注点在士会的先祖。《国语·晋语八》载訾祐言于范宣子："昔隰叔子违周难于晋，生子舆为司空。世及武子，佐文、襄，辅成、景。是以受随、范。"① 这条材料对士氏族系乃至"刘氏尧后"的成立十分重要，贾逵详注之："隰叔，杜伯之子。周宣王杀杜伯，其子逃奔晋。子舆，士蒍也。武子，蒍之孙，即士会也。"② 《晋语》将士氏先祖追溯到隰叔，贾逵提出隰叔是杜伯之子，详细阐明从杜伯到士会的世代。杜伯、隰叔成了汉高祖之先人。关于杜伯，《墨子·明鬼下》讲述了杜伯为周宣王所害，变鬼报复射杀宣王的故事。③ 《国语·周语上》的说法与之一致："杜伯射王于鄗。"④ 杜伯厉鬼复仇的形象在西汉有影响，如《焦氏易林》载："嵩融持戟，杜伯荷弩，降观下国，诛逐无道。"⑤ 到了刘向时，《说苑》出现了杜伯的好友、一同被杀害的左儒，并称杜伯是与夏末关龙逢、商末比干并列的诤臣，其形象丰满起来。⑥ 《汉书·地理志》有"杜陵，故杜伯国，宣帝更名"。西汉杜周家族自称出自"唐杜氏"，时人可能以杜伯为唐杜氏。总体而言，当时对杜伯的认识是很模糊的，史料既没

---

① 徐元浩撰，王树民、沈长云点校：《国语集解》，中华书局 2002 年版，第425 页。

② 《左传》文十三年孔疏引，《春秋左传正义》卷一九下，第 1852 页。

③ "若以众之所同见，与众之所同闻，则若昔者杜伯是也。周宣王杀其臣杜伯而不辜，杜伯曰：'吾君杀我而不辜，若以死者为无知则止矣；若死而有知，不出三年，必使吾君知之。'其三年，周宣王合诸侯而田于圃，田车数百乘，从数千，人满野。日中，杜伯乘白马素车，朱衣冠，执朱弓，挟朱矢，追周宣王，射之车上，中心折脊，殪车中，伏弢而死。当是之时，周人从者莫不见，远者莫不闻，著在周之《春秋》。"孙诒让撰，孙启治点校：《墨子闲诂》卷八《明鬼下》第三十一，中华书局 2001 年版，第 224 页。

④ 《国语集解》，第 30 页。

⑤ 尚秉和：《焦氏易林注》卷五，光明日报出版社 2005 年版，第 566 页。

⑥ 《说苑·立节》载："左儒友于杜伯，皆臣周宣王，宣王将杀杜伯而非其罪也，左儒争之于王，九复之而王弗许也，王曰：'别君而异友，斯汝也。'左儒对曰：'臣闻之，君道友逆，则顺君以诛友；友道君逆，则率友以违君。'王怒曰：'易而言则生，不易而言则死。'左儒对曰：'臣闻古之士不枉义以从死，不易言以求生，故臣能明君之过，以死杜伯之无罪。'王杀杜伯，左儒死之。"

有说杜伯为刘氏鼻祖，也没显示隰叔是其子。① 贾逵将《国语》中半人半鬼的杜伯说成是"隰叔之父"，这是他构拟"刘氏尧后"谱系时的发明。

将"士会——隰叔"这条血脉追溯至杜伯后，贾逵还论证了杜伯以上如何跟"尧"发生联系。贾氏注《国语·周语上》"杜伯射王于鄗"称："武王封尧后为唐、杜二国。"② 认为周武王分封尧的后裔于唐国和杜国，杜伯因此是尧后。此说可能首创自贾逵，其中有两个问题。第一，武王封尧后于何处。常见的说法是《礼记·乐记》："武王克殷反商……封帝尧之后于祝。"祝，《潜夫论·五德志》同文作"铸"③。《左传》襄公二十三年"臧宣叔娶于铸"杜预注："铸国，济北蛇丘县所治。"④ 又《史记·周本记》"（武王）封帝尧之后于蓟"之说。似乎没有"封尧后于唐、杜"的说法。贾氏将"杜"与"尧"作联系，使杜伯成为尧后，其根据是《左传》襄公二十四年这段记载：

> 穆叔如晋。范宣子逆之，问焉，曰："古人有言曰'死而不朽'。何谓也？"穆叔未对。宣子曰："昔匄之祖，自虞以上为陶唐氏，在夏为御龙氏，在商为豕韦氏，在周为唐杜氏，晋主夏盟为范氏，其是之谓乎？"⑤

---

① 与贾逵同时稍晚的王符在《潜夫论·志氏姓》中仅采纳《国语·晋语八》之说，并不以隰叔之父为杜伯："至周为唐杜氏。周衰，有隰叔子，违周难于晋国，生子舆……"在王充看来，杜伯化鬼射宣王一事则属子虚乌有，参考《论衡·书虚》《死伪》《订鬼》诸篇。

② 《左传》襄公二十四年孔疏，《春秋左传正义》卷三五，第1979页。

③ 《潜夫论·志氏姓》又称："武王克殷而封帝尧之后于社也。"彭铎《笺证》以"社"当"祝"，同《五德志》"铸"。但"社"也可能是"杜"之误。

④ 《左传》定公十年"夏，公会齐侯于祝其，实夹谷"。杜注："夹谷即祝其也。"关于祝其的位置，仍有争议，但大概在今山东地区。

⑤ 《春秋左传正义》卷三五，第1979页。

此事又见《国语·晋语八》，被汉人视为坐实"刘氏尧后"的关键证据。既然杜伯是范（士）氏之祖，结合范宣子"自虞以上为陶唐氏""在周为唐杜氏"之说，杜伯尧后的身份就得以成立。第二个问题是"唐杜"为一国还是二国。贾逵关于周武王封尧后为唐、杜二国之说，后世争议颇多。支持者如刘炫，他认为"居唐之人非累之裔"，刘氏豕韦不在唐，应是周武王将刘累之后封在唐、杜。不认可贾说的杜预认为殷末豕韦迁于唐，周成王灭唐，迁其民于杜，质疑武王封尧后于唐、杜之事。① 顾炎武举《竹书纪年》"成王八年冬十月王师灭唐，迁其民于杜"支持杜预说。② 学者较多认可"成王灭唐、迁杜"之说，侧面反映了贾逵说法的原创性。

3. "武丁灭豕韦，刘氏取代之"：贾逵对殷商刘氏的建构

贾逵分唐、杜为二国，认为士氏出自杜而非唐。为追溯杜国的来源，梳理刘氏的殷商祖先，贾逵有一段对"豕韦氏"历史的阐述。范氏自称其祖"在商为豕韦氏"。在豕韦氏与刘氏的关系上，《国语》与《左传》的记载有矛盾：刘氏取代豕韦的时间，《国语》认为在殷商，《左传》则在夏朝。《郑语》载郑国史伯之言：

> 祝融亦能昭显天地之光明，以生柔嘉材者也，其后八姓于周未有侯伯。佐制物于前代者，昆吾为夏伯矣，大彭豕韦为商伯矣。当周未有。已姓昆吾、苏、顾、温、董，董姓鬷夷、豢龙，则夏灭之矣。彭姓彭祖、豕韦、诸、稽，则商灭之矣。③

---

① 刘炫、杜预说见《春秋左传正义》卷三五，第1979页。

② 顾氏之说参见孙诒让《唐杜氏考》。孙氏提出与杜、贾、刘诸家不同之说：刘累子孙在鲁县者，后取代豕韦；在大夏者，为唐国，成王灭之后为杜国，这一支与鲁县一支无关；又举《史记·秦本纪》宁公三年"灭荡社"，认为荡社即唐杜，位近西汉杜陵。孙诒让：《唐杜氏考》，《籀庼述林》卷一，《续修四库全书》第1164册《子部·杂家类》，上海古籍出版社2002年版，第150—152页。

③ 《国语集解》，第466—467页。

出自颛顼的祝融其后有八姓，其中己姓的昆吾①和彭姓的豕韦分别被封伯于夏、商。贾逵注云："大彭豕韦为商伯，其后世失道，殷德复兴而灭之。"② 指出彭姓豕韦在殷商时被灭。但与之说法不同，《左传》昭公二十九年，晋史蔡墨说夏朝孔甲以刘累后裔取代豕韦氏：

> 昔有飂叔安，有裔子曰董父，实甚好龙，能求其耆欲以饮食之，龙多归之。乃扰畜龙，以服事帝舜。帝赐之姓曰董，氏曰豢龙。封诸鬷川，鬷夷氏其后也。故帝舜氏世有畜龙。及有夏孔甲，扰于有帝，帝赐之乘龙，河、汉各二，各有雌雄，孔甲不能食，而未获豢龙氏。有陶唐氏既衰，其后有刘累，学扰龙于豢龙氏，以事孔甲，能饮食之。夏后嘉之，赐氏曰御龙，以更豕韦之后。龙一雌死，潜醢以食夏后。夏后飨之，既而使求之。（累）惧而迁于鲁县，范氏其后也。③

根据此文及《史记·夏本纪》，陶唐氏之后刘累取代豕韦氏，发生于夏孔甲时。杜预注云："更，代也。以刘累代彭姓之豕韦。累寻迁鲁县。豕韦复国，至商而灭。累之后世，复承其国为豕韦氏。"为了兼顾《郑语》"商灭豕韦"，杜预认为，刘累在夏取代了豕韦，后因刘累醢龙惧而出逃，豕韦复国，刘累的后人又在商再次取代豕韦。这一"刘氏两次取代豕韦"的解释试图调和文献的矛盾，显得迂回。《左传》刘累醢龙的故事颇传奇荒诞，以此作为豕韦复国的原因，实有疑问。据《郑语》，祝融子嗣八姓中有己姓的昆吾、董氏，及彭姓的大彭、豕韦氏，其中董氏被赐豢龙氏，夏时被灭。《左传》载刘累学养龙于豢龙氏，后被赐御龙氏，则刘累所更替者应为被灭的董氏，而不应是豕韦氏，文意才通顺。即，夏时刘累取代董氏，殷时刘累

---

① 《汉书》卷二〇《古今人表》"昆吾"颜师古注："妘姓国也。"第884页。
② 襄公二十四年正义引，《春秋左传正义》卷三五，第1979页。
③ 《春秋左传正义》卷五三，第2122—2123页。

族人取代豕韦氏。如此,《左传》与《国语》的矛盾才能化解。《左传》昭二十九年"以更豕韦之后"六字显得颇为突兀,似乎是为了符合襄二十四年范氏"在夏为御龙氏,在商为豕韦氏"而加上去的话。

面对两种文献记载的矛盾,贾逵不采昭二十九年说,以《郑语》为正,明确指出在殷武丁时刘累后裔代替豕韦,将刘氏与商代豕韦相联系:"刘累之后至商不绝,以代豕韦之后。祝融之后封于豕韦,殷武丁灭之,以刘累之后代之。"[1] 玩味此话,贾氏似乎并不认可《左传》载夏孔甲之时刘氏"更豕韦之后",而是提出这一时间是在殷高宗武丁。《郑语》没说在殷商哪位王之时发生此事。《诗·商颂·长发》提及商汤伐豕韦,班固《典引》称商汤、周武"用讨韦顾重黎",《史记·楚世家》则说"殷之末世灭彭祖"。孔颖达疏云:"商之初,豕韦国君为彭姓也,其后乃以刘累之后代之,亦不知殷之间何王灭彭姓而封累后也。"[2] 可见此说未有定论,唯贾逵提出是在武丁时。有学者指出清华简《说命上》"说于臬伐失仲考"说的是武丁时傅说征伐豕韦一事,可佐证贾逵之说。[3] 贾逵何以将之定于武丁时?这可能与贾逵所说左氏"深于君父""崇君父,卑臣子,强干弱枝"的义理有关。按《白虎通·号》载:

> 五霸者,何谓也?昆吾氏、大彭氏、豕韦氏、齐桓公、晋文公也。……昔昆吾氏,霸于夏者也;大彭氏、豕韦氏,霸于殷者也;齐桓、晋文,霸于周者也。……霸者,伯也,行方伯之职,会诸侯,朝天子,不失人臣之义,故圣人与之。非明王

① 《史记》卷二《夏本纪》集解引,中华书局1959年版,第88页。
② 孔氏随后说:"案《诗·殷武》'韦顾既伐',是武丁之事,故此解云商谓武丁之后。"案"韦顾既伐"一句所出并非《殷武》,而是《商颂》另一篇讲商汤的《长发》。按孔颖达之说,商汤仅伐而非灭豕韦。《春秋左传正义》襄二四年,第1979页。
③ 张卉:《清华简〈说命上〉"说于臬伐失仲"考》,《考古与文物》2017年第2期,第120—124页。

之张法。霸犹迫也，把也，迫胁诸侯，把持其政。①

应劭《风俗通义·皇霸》也提到："夏后太康，娱于耽乐，不循民事，诸侯僭差；于是昆吾氏乃为盟主，诛不从命，以尊王室。及殷之衰也，大彭氏、豕韦氏复续其绪，所谓王道废而霸业兴者也。"②可见东汉人看来，"大彭豕韦"是霸业的代言人。贾逵对霸业僭王之事比较在意。《国语·周语上》"内史兴论晋文公必霸"，贾注："霸，犹把也，言把持诸侯之权也。"《左传》成公三年"晋作六军"，贾注："僭王也。"霸业意味着以臣挟君，王道衰微。贾逵说过"臣谨擿出《左氏》三十事尤著明者，斯皆君臣之正义，父子之纪纲……《左氏》义深于君父"，他将维护君父纲纪秩序视作《左传》的核心义理。把"殷灭豕韦"归到殷高宗武丁头上，强调这位中兴之君除灭霸道，强干弱枝，重振统治权威，符合《左氏》大义。

尽管文献没说武丁使刘累后裔取代豕韦，贾逵可能将孔甲之所为嫁接给武丁，得到"祝融之后封于豕韦，殷武丁灭之，以刘累之后代之"的结论。这样一来，"在夏为御龙氏，在商为豕韦氏"便可理解为刘氏在商时才成为豕韦氏，而不是在商被称为豕韦氏。《郑语》交代了"旧"豕韦——来自颛顼、祝融的彭姓——如何在殷商灭亡，为来自刘累的新豕韦的诞生作了铺垫。贾逵"武丁灭豕韦、刘氏取而代之"的说法，不是没有疑问。汉景帝时鲁国人韦孟自称其家族出自豕韦，作诗云：

　　肃肃我祖，国自豕韦，黼衣朱绂，四牡龙旂。彤弓斯征，抚宁遐荒，总齐群邦，以翼大商，迭彼大彭，勋绩惟光。至于有周，历世会同。王赧听谮，实绝我邦。我邦既绝，厥政斯逸，赏罚之行，非由王室。庶尹群后，靡扶靡卫，五服崩离，宗周

---

① 陈立撰，吴则虞点校：《白虎通疏证》，中华书局1994年版，第60—63页。
② 应劭撰，王利器校注：《风俗通义校注》，中华书局1981年版，第19页。

以队。我祖斯微，迁于彭城，在予小子，勤诶厥生。①

韦氏先祖史诗印证了豕韦以大彭为名号及对殷商的贡献，有周一朝"历世会同"，到周赧王时才绝邦。韦后迁于彭城，因大彭之号。在这一叙事中，豕韦既没被武丁灭族、被刘氏更换，更没有出现和陶唐氏、御龙氏或刘氏的关系。这固然是韦氏一家之言，但由于在西汉初期，可能还没受到"刘氏承尧"之说的影响，反而旁证了贾逵所谓"武丁灭豕韦，以刘氏代之"是东汉才有的构造。应劭注称："王赧，周末王，听谗受谮，绝豕韦氏。"劭著《风俗通》精研三代古史，其说应有所据。可见贾逵对殷商刘氏的建构有其不同于时人的独到之处。

4. "封于大夏，因实沈之国"：贾逵对夏朝刘氏的阐述

贾逵认为陶唐氏在夏还有一段"因实沈之国"的历程。《左传》昭二十九年"（累）惧而迁于鲁县"，贾逵注："夏后既飨，而又使之求致龙，刘累不能得而惧焉。"②贾注多化繁为简，便人理解，此处却不解"迁于鲁县"这一重要信息。笔者认为贾逵可能并不以为刘累迁鲁县，刘累及其后其实是定居于大夏。昭公元年传：

> 晋侯有疾，郑伯使公孙侨如晋聘，且问疾。叔向问焉，曰："寡君之疾病，卜人曰实沈、台骀为崇。史莫之知，敢问此何神也？"子产曰："昔高辛氏有二子，伯曰阏伯，季曰实沈，居于旷林，不相能也。日寻干戈，以相征讨。后帝不臧，迁阏伯于商丘，主辰。商人是因，故辰为商星。迁实沈于大夏，主参。唐人是因，以服事夏、商。其季世曰唐叔虞。当武王邑姜方震（方娠）大叔，梦帝谓己：'余命而子曰虞，将与之唐，属诸参，而蕃育其子孙。'及生，有文在其手曰：虞。遂以命之。及

---

① 《汉书》卷七三《韦贤传》，第3101页。
② 《史记》卷二《夏本纪》集解引，第88页。

成王灭唐而封大叔焉，故参为晋星。由是观之，则实沈，参
神也。"①

叔向和子产的对话围绕高辛氏帝喾的儿子阏伯和实沈，二人不和睦，
被分别迁徙于商丘和大夏。尧也是帝喾之子。②"唐人"世代因袭实
沈的大夏国，末代君主叫唐叔虞，被周成王灭国，成王将新唐国封
给了兄弟太叔（见《史记·晋世家》），此人也叫唐叔虞。这段史事
本与尧无关，而贾逵注"后帝不臧"："后帝，尧也。臧，善也"，
指出是尧使阏伯、实沈迁徙。③又详细注说"唐人是因"："唐人谓
陶唐氏之胤刘累，事夏帝孔甲，封于大夏，因实沈之国，子孙服事
夏商也。"④将"唐人是因"一事与刘累联系。尧将实沈迁徙至大夏
之后，刘累因豢龙有功，孔甲封之于大夏，因袭实沈的封地。值得
注意的是贾逵此处并没提到刘累醢龙而迁于鲁县。鲁县在南阳鲁阳，
与大夏（今山西）相距甚远。⑤若说刘累逃至鲁阳，而其子嗣留于
大夏，则颇迂回。贾逵化曲折为简明，在矛盾记载中作取舍，认为
刘累在夏孔甲没有"更豕韦氏之后"（《左传》昭二十九年），而是
"因实沈之国"，定居大夏。刘累"子孙服事夏商"，中间似乎没发
生刘累出逃这样的波折，最终在武丁时取代了豕韦氏。刘氏在夏商
时期的传承显得连贯而通顺。

　　昭元年传下半段暗示了"唐人"的下落。实沈主"参"，参是

---

　　①　《春秋左传正义》卷四一，第 2023—2024 页。
　　②　《史记》卷一《五帝本纪》："帝喾娶陈锋氏女，生放勋。娶娵訾氏女，生挚。
帝喾崩，而挚代立。帝挚立，不善，而弟放勋立，是为帝尧。"第 14 页。
　　③　《史记》卷四二《郑世家》集解引，第 1773 页。襄公九年《左传》载："陶
唐氏之火正阏伯居商丘，祀大火。"
　　④　《史记》卷四二《郑世家》集解引，第 1773 页。
　　⑤　服虔曰："大夏在汾浍之间。"《汉书·地理志》载"太原晋阳县，故《诗》
唐国，晋水所出，东入汾"。杜预曰："大夏，今晋阳县。"

二十八星宿之一。《国语·晋语四》载"元年始受,实沈之星也。实沈之墟,晋人是居,所以兴也"①,贾逵曰:"晋主祀参,参为晋星。"② 实沈晋星的形象暗示了唐人入晋的结局。但在贾氏看来,实沈不是尧后,所以晋也不能代表尧后。周武王之妃邑姜怀子,武王梦见上帝命令他将之取名为虞,封于唐国。联系贾逵所注"武王封尧后为唐、杜二国",武王封这支刘姓新冢韦为唐,唐在成王时叛乱被灭。唐民封予叔虞,因入晋国。对"尧后→晋"的承袭关系,班固《高帝纪赞》云:"范氏为晋士师,鲁文公世奔秦。后归于晋,其处者为刘氏。"③ 这一说法简单因袭《左传》记载,而贾逵的思考却更为细致,他认为武王封尧后为唐、杜二国,因此尧后分为唐、杜两支。据这段传文,古唐国末世的唐叔虞与周成王所封唐叔虞不是一个人,故贾逵认为新唐国与古唐国无关。④ 古唐国被成王所灭,作为尧后的范氏并非源自唐叔虞之晋国(新唐国),而是杜国。杜伯是范氏之祖,也是汉高祖之先。这一说法在当时恐怕也不常见,汉人多以晋国继承古唐国,有尧之遗风。如《诗·唐风》郑玄《诗谱》云:"唐者,帝尧旧都之地,今曰太原晋阳,是尧始居此,后乃迁河东平阳。成王封母弟叔虞於尧之故墟,曰唐侯。南有晋水,至子燮改为晋侯。"⑤ 贾逵却舍唐取杜,别出心裁,当是遵照《国语·晋语八》之史事,为这段族谱增添杜国、杜伯等细节,尽管稍有繁复,但确实有迹可循,更为深入。贾逵所论从实沈大夏到杜伯、汉高祖的刘氏世系,如图所示:

---

① 《国语集解》,第 344 页。
② 《史记》卷四二《郑世家》集解引,第 1773 页。
③ 《汉书》卷一下《高帝纪下》,第 81 页。
④ 之所以会出现两个唐叔虞,可能源自胜利者继承灭国之君的名字的传统。参考宁镇疆、高晓军《叔虞方鼎与西周初期的唐晋因革》,《历史研究》2023 年第 4 期。
⑤ 《毛诗正义》卷六之一,第 360 页。又如《唐风·蟋蟀》郑笺云:"刺晋僖公也。俭不中礼,故作是诗以闵之,欲其及时以礼自虞乐也。此晋也,而谓之唐,本其风俗,忧深思远,俭而用礼,乃有尧之遗风焉。"第 361 页。

周武王封之于唐→成王灭唐，封新唐国→晋国

尧兄弟

实沈被尧迁于→夏孔甲封刘累于大夏，→武丁灭豕韦氏，

大夏　　　　因实沈之国　　　　刘氏取代豕韦

周武王封之于杜→杜伯、隰叔→范氏→高祖

**图 1.1　刘氏世系**

　　贾逵理解的刘氏古系与此前文献记载多有不同之处。第一，夏孔甲时，刘累因袭尧之兄弟实沈的封国，在大夏繁衍生息。贾氏不认同昭二十九年传和《夏本纪》"刘累代夏豕韦"之说，也不以刘累迁鲁县。第二，殷武丁时，颛顼祝融后裔的彭姓豕韦氏被灭，刘累后人接续之，成了新豕韦氏。第三，析"唐杜氏"为唐、杜二国，以周武王封尧后于唐、杜。第四，与其时认为"古唐国→晋国→范氏"这一谱系不同，认为晋国范氏鼻祖是杜伯，提出隰叔是杜伯之子。这一谱系贯穿着贾逵独到的理解。

　　可以看出，贾逵看重《国语》记述，不时质疑《左传》。如借助《周语上》引申武王封尧后为唐、杜二国，以杜伯为尧后；利用《晋语八》梳理士会世族，发明杜伯是隰叔之父；在《郑语》中抓住"商灭豕韦"，发挥武丁以刘累之后代豕韦之义。尽管现存贾注不得全貌，仍可发现贾氏多在刘氏族谱起承转合的关键处作出解释，有画龙点睛之感。在尧后问题的具体论证上，贾逵并没引用谶纬文献，也几乎没有神秘怪诞的叙述。他的方法多是通过考辨不同记载，衔接史事，追溯世俗族氏名号，加以史实化还原。尽管因为考辨深入而有一些隐晦曲折的解读，但"刘氏尧后"说因为贾氏论证而得到了充分、圆融的史实支持。①

---

　　①　邱居里指出："记述历史，通过史事记载来说明《春秋》，将《春秋》还原于史学……贾逵正是这样一位《左传》学者，一位有着史学特色的经学家。"邱居里：《贾逵与史学》，《史学史研究》2006 年第 4 期，第 70—72 页。

　　贾注为刘氏三代世系添加细节，理顺关联，化解记载之间的矛盾，充实了以往粗疏的认识。这种丰富化的手法并没有显得急于求成、表现出迎合谶纬式的怪诞繁复，而是依傍于史事的梳理考证。借助历史细节，刘氏谱系变得丰满而连贯，看似更"真实"，易于接受和形成记忆，为东汉王朝建构"刘氏尧后"奠定了史实基础。尽管借助尧后、火德之说申扬《左传》，怀有"致用"的抱负，贾逵的论证保持严谨的文献主义和历史主义立场，对《国语》的精研为此提供了知识基础。如何借助经典及古史展现在圣王古史之中汉朝的地位，协调古与今、文本与现实、神话与史事的矛盾，达到政治与学术之间的中道，是贾逵"刘氏尧后"说的重要追求。

　　本章讨论了东汉前期的"文"实践与"新汉本位"合法性建构的关系。明、章时代的兰台突破了藏书及行政机构的限制，形成了生机勃勃创造政治文化的空间场域。围绕着兰台，东汉文人用丰富的想象力创造出一个融贯古今的空前盛世，用文字将远古的、儒典的圣王理想定格为现实的"此在"。用"建武革命""四夷宾服""古今同德"到"汉家尧后"诸意象修辞，制造了新的时代记忆，组建想象中的新汉秩序，为东汉王朝塑造了新的身份、铺设了新的道路。

　　需要注意的是，审美的、乐感的、浪漫的"文"，当形成一种自上而下的集体性的实践形态时，它就远离个体的感性的创造，而更接近社会性的理性的书写。它呼应当下的秩序建构，奔赴宏大的社会理想目标，骨子里藏着理性精神。班固在《东都赋》中批判了西京象征的过度奢靡，赞扬东京之节俭有序。杨终《哀牢传》模拟华夏，构造一段秩序性、文明化的哀牢生活，而非着眼于原生态的异域风情或原始的狂野。王充在《论衡》里声讨了"文学"的虚美、增褒，提倡"写实"而非浪漫主义的创作方式。贾逵没有迎合神怪或漫无边际地编造"刘氏尧后"，而是紧贴史事地考证、梳理人物谱系。尽管其中不少作品采用了谶纬的修辞，这场"文"实践的基本精神是对谶纬之怪力乱神底色的拒斥，对真实或道德的秩序的建构。它远离了酒神式的幻象和纵欲，保持了日神式的严谨和克制。[①] 文人们没有以自我和个人为中心，而是清晰地认识到自我与时代的共生关系，将个体体验融汇于社会理想的宣叙之中，追求某种具有现实意义的审美。从这一角度看，东汉文学不像魏晋文学那样形成了独立不倚的自觉形态，而是处在政治文化结构之中，更呈现出一种有时代责任感的人文理性精神。

---

[①]　尼采提出日神和酒神象征着两种艺术精神和风格类型。日神象征理性、克制和"平静安宁"，追求这种精神的美丽外观。酒神则象征激情的感性和汪洋恣肆的生命力，保持主观的原始冲动。参考 ［德］尼采《悲剧的诞生》，周国平译，生活·读书·新知三联书店 1986 年，第 4—5 页。

# 余 论

公元 1 世纪内，"新汉"思潮昙花一现。东汉人试图将西汉晚期和新莽王朝未竟的理想施用于汉的重建中，意气风发，令人目眩，却以失败告终。他们充满想象力和创造力，利用两汉交替、承接的缝隙，摆脱西汉阴影的笼罩，转化新莽的遗产，摸索独立自主的发展路径，致力于侧身先王之道行列的建设，在短短的六七十年间，留下种种出人意表的印记。

本书以"两汉承续"与"新汉本位"为线索，考察了这一过程。东汉伊始，对两汉承续叙述有一个从分歧、整合到确立的过程。两汉之际政治集团的分化演变，形成了刘秀集团与"长安系士人"两大奠定东汉统治集团的群体，他们之间对立又合作的关系，促成了两汉承续模式的形成，奠定了"创革"和"中兴"兼顾的复合型合法性结构。早期东汉王朝在行动上贯穿创革之朝的思路，推行新汉本位路线。至明、章二帝，更明确舍西汉而取先王之道，下决心创建理想圣汉。也于此时，光武帝被树立为如同周文王的受命圣王，其后继者明帝、章帝亟需完成汉之制礼作乐，构造区别于秦汉皇帝的天子形象。借助不同形式体裁的"文"的创作，渲染圣汉理想景观，促使"文"的自觉和独立。随着章帝的意外去世，这场建设"圣汉"的工程戛然而止。和帝以后，"东汉创业"的思潮日渐低落，制礼作乐呼声不再。与之相关的是，在公元 1 世纪之后，东汉对本朝合法性的叙述从突出"创业"转变为强调"中兴"。

本书想指出的是，用"中兴"来解释东汉王朝的合法化属性，并不是开国时就确定的说法。东汉前期，"新汉本位"思路盛行，对光武建国的经常性描述是"再受命"，或"受命—中兴"，单纯称"中兴"比较少见。"受命中兴"的表述结构暗示"由受命而致中兴"，受命是中兴的逻辑起因：没有光武受命，就没有东汉中兴。光武是等同于高祖的创业之君。① "受命"在整个政治文化体系中所具有的价值优先性，反映在各种礼仪建制和文本表述上。这种笃定光武受命的思路，至东汉中后期才发生明显变化。

学者已指出，在东汉中后期，士人所关注建设理想社会的途径，从国家政制改革转移至个人成德修身，出现以个体性的道德、礼法秩序取代国家秩序的倾向。另一个有趣的变化是，光武帝形象从受命之君转向中兴之主。崔寔说"受命之君，每辄创制；中兴之主，亦匡时失"②，时人在明确区分受命之君、中兴之君的前提下，提出了"高祖受命，光武中兴"的说法。如黄琼说："昔高皇帝应天顺民，奋剑而王，埽除秦、项，革命创制，降德流祚。……光武以圣武天挺，继统兴业……兴复洪祚，开建中兴。"③ 孔融说："臣闻高祖创业，韩、彭之将征讨暴乱，陆贾、叔孙通进说《诗》《书》。光武中兴，吴、耿佐命，范升、卫宏修述旧业，故能文武并用，成长久之计。"④ 陆逊曰："昔汉高受命，招延英异，光武中兴，群俊毕至。"⑤ 魏明帝诏曰："昔汉高祖创业，光武中兴，谋除残暴，功昭

---

① 《论衡·吉验》载："盖天命当兴，圣王当出，前后气验，照察明著。继体守文，因据前基，禀天光气，验不足言。创业龙兴，由微贱起于颠沛；若高祖、光武者，曷尝无天人神怪光显之验乎？"《论衡集释》，第97—98页。

② 《后汉书》卷五二《崔骃附崔寔传》，第1726页。崔寔对"继体之君""立中兴之功者"的论述颇多。在他的政治思想中，"创业"和"中兴"对应一个王朝的不同时期及两种相应的施政模式：创业对应承平时代，宜兴德教；中兴对应积弊时代，应施刑罚。

③ 《后汉书》卷六一《黄琼传》，第2037页。

④ 《后汉书》卷八〇下《儒林谢该传》，第2584页。

⑤ 《三国志》卷五八《吴书·陆逊传》，第1346页。

四海。"① 最典型的例子是高贵乡公曹髦与群臣论"创业"和"绍继"之帝王功德孰优孰劣,众人将汉高祖归入前者,世祖归入后者。② 一个有趣的现象是,光武常被拿来与"夏少康"并称,二人被认为功业相似。这种修辞在东汉前期史料中完全没出现过,此时却非常流行。"少康中兴,由于一旅,光武嗣汉,众不盈百";"投戈效义之士三十余万,少康、光武之功可旬朔而成";"昔夏有穷夷之难,少康起焉;王莽毒杀平帝,世祖重光汉道";"陛下中兴之圣后,少康、光武之俦也";"陛下道协少康,德侔光武";"中原荡覆,江左嗣兴,兆著玄石之图,乖少康之祀夏;时无思晋之士,异文叔之兴刘"③。在这种修辞下,光武被视作与夏少康失国复国功业相等同,中兴之君的形象被建立。这些建立在光武、少康"同俦"之上的说法,反映魏晋南北朝时期各个王朝对实现政治"中兴"的期盼。

"高祖受命,光武中兴"之说隐含"两汉一体"的逻辑:高祖受命创业,光武绍继守文。对光武的历史贡献,不再突出其开创新汉、建革制度,而强调其振作衰世、恢复汉家制度、延续汉家法令诸"旧业"(尤指尚俭、明法和因循汉制)的一面。尽管光武仍被视为有拨乱反正之功,但这种"乱"只是四百年汉朝中间的一度混乱,是暂时的。光武已被归入史上"中兴之主"的行列中,被认为功德稍低于"创业之君"。"高祖受命,光武中兴"说法于东汉后期成为主流,原因或许是"同一王朝有两位受命祖"的说法实在奇怪,逻辑上说不通。"两个汉朝"的观念由此被摒弃,"两汉承续"的历史记忆终被重新叙述,以至于蔡邕提到灵帝时"自执事之吏,下至

---

① 《三国志》卷三《魏志·明帝纪》景初二年裴注引《魏书》戊子诏,第112页。

② 《三国志》卷四《魏纪·三少帝纪》注引《魏氏春秋》,第134页。

③ 各见《晋书》卷八六《张轨附骏传》,第2239页;卷一一五《苻丕载记》,第2944、2945页;卷一二七《慕容德载记》,第3168页;卷八七《凉武昭王传》,第2260页;卷六五《王导传》,第1760页。

学士，莫能知其所以两庙之意"，时人已不理解为何同一王朝内会有两个受命祖。汉献帝时，蔡邕主张将本朝宗庙合祭礼从世祖庙转移至高庙进行，暗示本朝法统应隶属于西汉法统。① 蔡邕的建议被实施，他的观点可能代表了东汉后期士人的普遍观念。

立足于东汉中后期的政治社会背景，能对光武形象发生从"受命"到"中兴"转变的问题做更多解释。在这一时期的政治舆论中，"中兴"的说法非常流行，每位东汉皇帝都被寄予"中兴汉家"的期望。如安帝时翟酺说"伏惟陛下应天履祚，历值中兴，当建太平之功，而未闻致化之道"②。顺帝时郎顗说"今陛下圣德中兴，宜遵前典，惟节惟约，天下幸甚"③；李固称"积敝之后，易致中兴"④；崔寔云"自汉兴以来，三百五十余岁矣。政令垢玩，上下怠懈，风俗凋敝，人庶巧伪，百姓嚣然，咸复思中兴之救矣"⑤。桓帝时窦武说"陛下初从藩国，爰登圣祚，天下逸豫，谓当中兴。自即位以来，未闻善政"⑥；陈龟说"陛下继中兴之统，承光武之业，临朝听政，而未留圣意"⑦。灵帝时蔡邕说："伏惟陛下应天淑灵，丁期中兴，诞在幼龄，圣姿硕茂。"⑧ 又上书何进曰："明将军以申甫之德，当中兴之隆。"⑨ 这些说法隐含对现状的不满、对汉中兴的祈望，其中的逻辑是汉朝数百年来积弊已久，亟须改革顽疾。其时流行"汉三百五十年之厄"的舆论观念，是"中兴"论的一种思想表

① 《续汉书·祭祀志下》注引袁山松，《后汉书》，第 3199 页。

② 《后汉书》卷四八《翟酺传》，第 1602—1603 页。

③ 《后汉书》卷三十下《郎顗传》，第 1060 页。

④ 《后汉书》卷六三《李固传》，第 2074 页。

⑤ 《后汉书》卷五二《崔骃附崔寔传》，第 1726 页。

⑥ 《后汉书》卷六九《窦武传》，第 2239—2240 页。

⑦ 《后汉书》卷五一《陈龟传》，第 1693 页。

⑧ 蔡邕：《上始加元服与群臣上寿章》，《全后汉文》卷七一，严可均辑《全上古三代秦汉三国六朝文》，第 861 页。

⑨ 蔡邕：《与何进书荐边让》，《全后汉文》卷七三，严可均辑《全上古三代秦汉三国六朝文》，第 871 页。

现。"三百五十年"指当今距离汉高祖元年（前206）的总年岁，这一说法视两汉为同体，以"积弊"之说暗示当下皇帝亟需中兴。在皇纲不振、旧典不遵的时代，士人寄希望于东汉后期诸位皇帝"中兴"汉道，重申汉家法典故事，以此为由乱反正的途径。

伴随"阳嘉新制"等政治改革主张的提出，"中兴"成为一种针砭时弊、实施变革、振作衰政的政治理想。追求理想的实现需要设置榜样人物，光武帝被东汉人视作中兴的榜样。史上君主的中兴，莫过于光武将汉朝从成哀衰业、王莽篡位的黑暗之中带出来，再次实现汉朝盛治。光武中兴，是东汉后期人们既熟悉又向往的历史典范。既然光武可以救汉世于水火之中，那么东汉后期各位皇帝也可以再次重振微弱之汉业。陈龟对桓帝所说"陛下继中兴之统，承光武之业"，显示了士人这种继承光武中兴之业的期望心态。甚至在被曹操裹挟的献帝朝廷中，荀悦仍在所撰《汉纪》中表达了对献帝效法光武、振作汉业的期盼。[①] 东汉后期"光武中兴"的提出，表达了社会性的政治诉求，成为其时宣扬"中兴"政治理想的模范"故事"。进入魏晋南北朝，在新的历史背景下，出于不同政治环境的需要，光武中兴论又被重视，刘秀再次成为中兴榜样：南方的东晋号称中兴，司马睿以"元"为祢，如光武上继元帝故事。北方的十六国时期，后国复前国国号的现象屡屡发生，这使中兴论有很大市场，光武故事多被申引。光武"中兴之君"的历史记忆被屡屡强化。以后唐、宋、明朝，当非嫡系的入继之君重振国业，光武中兴形象被目的不同的各方援引。在层累的历史构造下，光武最终被塑造成虽是创业，却愿意放低身段、入继大宗、因循汉制、以恢复汉家为其建朝宗旨的谦逊明君，东汉因而成为"汉"之一部分。王朝短暂存在的"新汉"理想，渐被"东汉中兴"的历史尘埃所淹没，那种奇

---

① 陈启云指出："荀悦一方面盼望汉室的中兴，所以在《汉纪》里处处把献帝与光武帝相比；一方面又怕汉室重蹈旧日的覆辙，所以又保留了对政事的严格批评，作为鉴戒。"［美］陈启云：《荀悦与中古儒学》中译版自序，高专诚译，辽宁大学出版社2000年，第6—7页。这一观点详见其书第五章的论述。

特的复合型合法性模式终究归于昙花一现。

对东汉"新汉"性质的研究，还带出了不少值得进一步挖掘的问题。如禅让学说问题。先秦时期，以尚贤为核心的禅让说产生、流行，随着秦汉世袭帝制的建立，一度潜沉。到了西汉中后期，禅让学说在诸多政治事件中有所体现，渐蔚成风，甚至推促了王莽以禅让的形式篡汉。对禅让思想此后的流传情况，目前学界普遍认为，新莽的倒台意味着禅让思想的终结，恢复世袭皇权的东汉光武抑制禅让思想，从此建立专制皇权："中国之文化，有一大转变，在两汉之间。"（吕思勉）但如本书所论，光武即位的合法性不在于其刘氏后裔之身，而在其"贤"得天意垂青。新汉并非西汉世袭，换言之，新汉正是按照禅让的核心精神和正当程序而建立的，只因其功德符合天命，取代了不合天命者。"刘氏"从西汉末年的实行禅让者，成了接受禅让者。在新汉的改造下，"刘氏—汉"具有"公家"内涵，不再属于"私家"范畴。东汉政治思想中的王命论以"尚贤"为根基，本质上与禅让精神不相违背。东汉中后期，士人批评刘氏皇权的言论空前激进，如李云直言于桓帝"帝欲不谛"而遭杀身之祸，表明禅让学说的核心义涵仍被士人阶层所继承，这种思想传统似乎并没在东汉建立后断裂。当刘汉统治不得天命，仍有被摒弃的可能，这一观念是汉魏禅代意识的源流。"王莽失败后，变法让贤的政治理论，从此消失，渐变为帝王万世一统的思想"（钱穆）的断语，似可商榷。禅让学说的发展流变与东汉后期政权批判观念之间的关系，还有进一步深究的空间。

又如东汉"南方化"问题和"南方秩序"建构问题。随着迁都洛阳，东汉政治重心有所东移。东汉之西境在西羌战乱下渐趋凋零，不再有高度战略意义；归附汉朝的南匈奴驱赶北匈奴，北境不再得到开拓。相对于西汉，东汉的统治立足于东方，重在开发南方。东汉的边疆逐步向南推进，湖南、江西、浙江、广东地区被大规模开发，成为汉政府重要的经济来源，为吴蜀、东晋、南朝进一步开发奠定基础。与"南方化"过程相一致的是"南方书写"的产生。

"四夷归附"的景观构造，以南蛮、西南夷为重点。以德化民的循吏形象多有南方郡县的任职背景，循吏书写以开化南蛮、在南郡开发水利农业为线索。在张衡《南都赋》等的颂赋中，南方别具意味，诸多有关南国的修辞意象、南方特有物产所构造的祥瑞，组成了关于新汉的想象。"南方化"是新汉在统治空间上区别于旧汉的重要政策，与新汉建构历程存在着密切关系。东汉人如何利用对南方的书写，将帝国的南方政策与新汉建构相结合，是个值得深究的问题。

再如"新汉本位"思路下《汉书》的历史书写问题。《汉书》以"十二纪"为始终的叙述线索，与西汉的国祚相符合，这一笔法意味着在《汉书》的作者看来，西汉是一段业已终结的王朝。为论证汉朝之终结，《汉书》中的"西汉衰亡"不仅是史实判断，还是一种叙述的构造。考察《汉书》对"西汉衰亡"的起因、演化过程、推动因素，起始、高潮等时间节点诸问题的叙述，梳理班固如何编制这一系列引发西汉衰亡的史事及其相关评论，可发现其中存在与东汉王朝建立的某种联系，隐含一种立足于"新汉"的书写动机和东汉主体意识。如《汉书》将西汉始衰时刻定于成帝，与光武为元帝之后，有某种关联；记载昭帝时眭孟所言"虽有继体守文之君，不害圣人之受命"颇违常理，却与光武受命中兴暗合。时人对西汉终结的预言，种种灾异现象，质疑汉朝正当性的政治气氛舆论，构成了《汉书》一系列"西汉衰亡"叙述。总之，《汉书》是一部"东汉前史"，构造了西汉终结的种种隐喻，目的是为东汉的兴起作铺垫。《汉书》对东汉的意义，还在于总结了西汉彻底失去天命的原因，旨在劝诫东汉统治者勿蹈覆辙。从这种角度切入观察，以往对《汉书》"夸耀汉朝功德"的定位评价就有值得反思之处。

# 附　录

## "汉三百五十年之厄"
## 与东汉后期的"中兴"论

　　谶纬之学与汉代政治变迁之关系，是近年汉代政治文化、思想史学界较为关注，又颇为语焉不详的话题。[①] 东汉王朝在政治上重视谶纬，而谶纬又往往被定位为"非理性"的学术。这两个判断之间有着一定的矛盾。一个王朝的政治演进模式涉及制度安排、权力分

---

　　① 历来认为东汉政治上运用谶纬思想主要集中于：光武帝根据谶纬决定官员任用及主持封禅；明帝、章帝根据纬书制礼；皇帝畏惧灾异而罪己等事（参考赵翼著，王树民校正：《廿二史札记校正》卷四《光武信谶书》，中华书局1984年版，第87—89页；钟肇鹏：《谶纬论略》，辽宁教育出版社1991年版，第150—156页）。近年，学者对这一问题的研究大大深入。张学谦指出，东汉之谶纬文本实现了从术数到儒学的身份变化，谶纬获得了类似于经的地位（张学谦：《东汉图谶的成立及其观念史变迁》，《文史》2019年第4期）。冯渝杰指出谶纬与"汉家"之"公"属性建构之关系；西汉中后期以来基于灾异与谶纬学说而逐渐形成的"汉家神学"是东汉末年"党议"及士人抵抗运动兴起的深层原因（冯渝杰：《祈望"太平"：理想国家追求与汉末社会运动》，博士学位论文，山东大学，2014年，第114页）。徐兴无从建构天道圣统、宗法伦理等角度分析谶纬与汉朝政治意识形态的关系（徐兴无：《谶纬文献与汉代文化构建》第四、五章，中华书局2003年版）。汉学家张磊夫（Rade de Crespigny）在《作为政治抗议的灾异征兆：襄楷对汉桓帝的奏议》（*Portents of protest in the Later Han Dynasty：The memorials of Hsiang K'ai to Emperor Huan*，Canberra：the Australian National University Press，1976）一书中通过对襄楷的讨论，探讨了以灾异作为政治抗议的东汉政治文化模式。目前学界对谶纬学术与汉代具体政务运作之关系暂缺乏深入研究。

配、政策制定等内容，具有社会科学意义上的"理性"性格。带有
"非理性"性质的谶纬之学与这种政治理性格格不入，颇相抵牾。[①]
由谶纬之"非理性"定性，又常常推导出两种论述：东汉"理性"
的政治家及思想家多持批判谶纬的立场；谶纬学术无法为东汉政治
的革新、转化或振作提供有益的思想资源。[②] 实际上，在东汉后期的
顺帝、桓帝时代，谶纬为士人的政治改革诉求提供了丰富的思想资
源和正当性话语支持，形成了谶纬学术与政策制定相互促成、水乳
交融的局面。作为一种特殊的东汉政治文化模式，值得深究。本附
录以顺桓时代的"汉三百五十年之厄"舆论为例，梳理其内容结构、
思想渊源、演算原理及应对措施，考察这种起源于谶纬之学的观念
如何转化为对政治衰微的反思和匡正，士人如何运用"圣人"预言、
数理演算和制度"故事"来构建变法策略，推动改革。进而探讨顺
桓"中兴论"的生成过程及其历史意义。

## 一　从"三百年斗历改宪"到"三百五十年之厄"：年差改革论的构造

本书将"汉高祖元年（前206）距今"的年数称为"年差"，

---

① 对谶纬的非理性性质，姜广辉主编《中国经学思想史》第二卷（中国社会科
学出版社2003年版，第337—338页）称："纬书以天人感应思想为主体观念来诠释儒
家的经书，无疑发展了中国传统文化中崇拜天命的非理性思想，这样实际上等于在原
始儒家以尊崇德性为特征的理性传统的大树上嫁接了一株怪枝。"阎步克认为谶纬对东
汉政治的影响是表面化的，东汉政治的特质是与谶纬"非理性"对立的理性主义：
"（东汉时）意识形态上儒术得到了王朝的更大尊崇，甚至谶纬之学也依然盛行于时；
但是它们对行政领域的非理性影响，则已得到了相当的抑制。谶纬神学已被限定于某
些特定层面之内，而大大缩小了对国务行政的直接干扰。"（阎步克：《士大夫政治演
生史稿》，北京大学出版社1996年版，第422页）。

② 这两种论述在日本学界也比较流行，以板野长八《儒教成立史の研究》（岩波
书店1995年版）、渡边义浩《後漢國家の支配と儒教》（雄山阁1995年版）为代表。
对这种研究思路的质疑、对谶纬之"合理主义"的论述，参考［日］小林春树《国教
化实施以后儒教的神秘主义特征和合理主义特征——从历史学角度作新的探讨》，曹峰
译，《山东大学学报》2008年第2期。

揭示东汉中后期政论中一种借"年差"以呼吁改革的风气。汉代士人相信"年差"之变化与汉朝国运兴衰有关。"汉三百五十年之厄"源自于这种思路的推演，意指年差为350年之时，汉朝将遭遇灾厄。

《后汉书·杨厚传》载："永建二年（127），顺帝特征，诏告郡县督促发遣。厚不得已，行到长安，以病自上，因陈汉三百五十年之厄，宜镌汉改宪之道，及消伏灾异，凡五事。"① 章怀注："《春秋命历序》曰'四百年之间，闭四门，听外难，群异并贼，官有孽臣，州有兵乱，五七弱，暴渐之郊也。'宋均注云：'五七三百五十岁，当顺帝渐微，四方多逆贼也。'"② 此时年差为333年。杨厚警告皇帝，汉朝建立至今的年数趋近350年，这一时间点将有灾厄发生，需实施"改宪之道"，才能"消伏灾异"。广汉郡杨氏家族明习图谶之学，杨厚祖父春卿、父统皆明习谶纬、消灾方术。③ 可见杨厚所陈"汉三百五十年之厄"理论来自谶纬术数的推演。宋均、章怀认为"汉三百五十年之厄"所根据是《春秋命历序》"五七弱"，但语焉不详。

《后汉书·郎𫖮传》载阳嘉二年（133）"灾异屡见"，郎𫖮上书："臣伏惟汉兴以来三百三十九岁。……陛下乃者潜龙养德，幽隐屈厄，即位之元，紫宫惊动，历运之会，时气已应。然犹恐妖祥未尽，君子思患而豫防之。"④ 警醒顺帝，"年差"昭示某种困厄的到来，今时灾变与之有关，需以改革扭转"困乏"之局面。郎𫖮将此问题视作若干年循环的历运周期。北海安丘郎氏是东汉最负盛名的图谶之家。郎𫖮之父郎宗"学《京氏易》，善风角、星算、六日七分，能望气占候吉凶"⑤。"（青州）遣宗诣公车，对策陈灾异，而为

---

① 《后汉书》卷三〇上《杨厚传》，中华书局2014年版，第1048—1049页。
② 《后汉书》卷三〇上《杨厚传》，第1049页。
③ 《后汉书》卷三〇上《杨厚传》，第1047页。
④ 《后汉书》卷三〇下《郎𫖮传》，第1065页。
⑤ 《后汉书》卷三〇下《郎𫖮传》，第1053页。

诸儒之表。"① 郎颢 "少传父业，兼明经典，隐居海畔，延致学徒常数百人。昼研精义，夜占象度，勤心锐思，朝夕无倦。" 郎颢曾拒绝州郡察举征辟，直到顺帝时 "灾异屡见"，他才初次应征，足见他对 "汉三百五十年之厄" 的重视和担忧。

到了桓帝初年（建和元年左右，147 年，年差为 353），崔寔云："自汉兴以来，三百五十余岁矣。政令垢玩，上下怠懈，风俗凋敝，人庶巧伪，百姓嚣然，咸复思中兴之救矣。且济时拯世之术，岂必体尧蹈舜然后乃理哉？期于补绽决坏，枝柱邪倾，随形裁割，要措斯世于安宁之域而已。"② 同文称 "方今承百王之敝，值厄运之会"③，可见崔寔所谓 "三百五十余岁" 并非空泛的时间状语，当与 "汉三百五十年之厄" 有关。崔寔不以之为神秘的循环，而是声称汉朝立国有 "三百五十年" 之久，已然老朽，产生了 "政令垢玩，上下怠懈，风俗凋敝，人庶巧伪" 等问题。"凋敝" 指凋零疲敝，与 "立国已久" 相关。

《后汉书·李云传》载桓帝延熹二年（159），"是时地数震裂，众灾频降"，李云 "素刚，忧国将危，心不能忍，乃露布上书，移副三府，曰：'……高祖受命，至今三百六十四岁，君期一周，当有黄精代见，姓陈、项、虞、田、许氏，不可令此人居太尉、太傅典兵之官。举厝至重，不可不慎。班功行赏，宜应其实。……今官位错乱，小人谄进，财货公行，政化日损，尺一拜用不经御省。是帝欲不谛乎？'"④ "善阴阳" 的李云指出三百六十四岁的年差是若干年循环的节纪，其论证类似于 "汉三百五十年之厄"。他提出 "黄精" 象征的土德政权将取代火德的汉家。李贤注曰："黄精谓魏氏将兴也。" 重视 "年差" 并对困厄降临有所认知，是李云批评现政、提出改革建议的观念前提。

---

① 《后汉书》卷八二上《方术樊英传》注引谢承《后汉书》，第 2722 页。
② 《后汉书》卷五二《崔骃附崔寔传》，第 1726 页。
③ 《后汉书》卷五二《崔寔传》，第 1728 页。
④ 《后汉书》卷五七《李云传》，第 1852 页。

无论被视作"节纪",还是某种日久渐衰的根据,"年差"像是一种显示汉朝命运之衰落的讯号。早在西汉后期,路温舒、谷永、王莽曾用"三七之厄"指代汉兴二百一十年,以二百一十年为一"节纪",立陈汉朝将面临"改运"之弊。① 进入东汉,以年差论政的兴起,带来某种有关"改宪""变法"的强烈呼声。杨厚"因陈汉三百五十年之厄,宜蠲汉改宪之道",其中的"宪"在各方看来有不同的含义。所谓"改宪之道",最早见于章帝元和年间的历法改革中。其借孔子之预言"三百年斗历改宪":

> 至元和二年(85),《太初》失天益远,日、月宿度相觉浸多……章帝知其谬错,以问史官,虽知不合,而不能易,故召治历编䜣、李梵等综校其状。二月甲寅,遂下诏曰:"……祖尧岱宗,同律度量,考在玑衡,以正历象,庶乎有益。《春秋保乾图》曰:'三百年斗历改宪。'……今改行《四分》,以遵于尧,以顺孔圣奉天之文。"②

在历法问题上,章帝放弃旧历《太初历》、启用《四分历》,将"三百年"视作改革历法的周期,其背后有纬书《春秋保乾图》"三百年斗历改宪"的影响。③《春秋保乾图》被认为是孔子所作,改历之举"顺孔圣奉天之文",是"为汉制法"的孔子要求汉兴三百年时的作为。《春秋保乾图》这类当时被称为"七经谶"的纬书是光武

---

① 参考《汉书》卷五一《路温舒传》"以为汉厄三七之间"、卷八五《谷永传》"涉三七之节纪"及注引孟康说"至平帝乃三七二百一十岁之厄"、卷九九上《王莽传上》"遇汉十二世三七之厄"。参考孙少华《"三七之厄"与两汉之际经学思想之关系》,《岭南学报》复刊第九辑,2018年第1期。

② 《续汉书·律历志中》,《后汉书》,第3026页。

③ 元和改历起因于近一百年内《太初》旧历法精确度的下降。陈遵妫指出章帝改历、贾逵论理是汉代实际观测所得的结果。参考陈遵妫《中国天文学史》第一册(上海人民出版社1990年版),第219页;第三册,第1433—1436页。

帝建武年间校订、颁布的，被时人视作一种齐同经书的儒典。① 贾逵也称："《太初历》不能下通于今，新历不能上得汉元。一家历法必在三百年之间。故谶文曰'三百年斗历改宪'。汉兴，常用《太初》而不改，下至太初元年百二岁乃改……"② 章帝、贾逵皆引"三百年斗历改宪"作为依据，建立了"孔子获麟—汉兴元年—章帝元和改宪"③ 的时间图示，其间皆三百年。时人有"《四分历》本起图谶"④ 的评价。元和二年距汉元年 291 年，可见时人对年差心中有数，预感此际需"改宪"，应验孔子预言。除了历法变更，"三百年改宪"还被践行于刑律改革。和帝永元八年（96）廷尉陈宠上书曰：

> 臣闻礼经三百，威仪三千，故《甫刑》大辟二百，五刑之属三千。礼之所去，刑之所取，失礼则入刑，相为表里者也。今律令死刑六百一十，耐罪千六百九十八，赎罪以下二千六百八十一，溢于《甫刑》者千九百八十九，其四百一十大辟，千五百耐罪，七十九赎罪。《春秋保乾图》曰："王者三百年一蠲法。"汉兴以来，三百二年，宪令稍增，科条无限……⑤

陈宠同样关心岁差（302），并以《春秋保乾图》"王者三百年一蠲法"呼吁约省刑法。"改宪"和"蠲法"可以互训。孔子这句含糊的预言给东汉士人留下了诠释空间，在"三百年"的当下成为推动某种变革的动力。无论"改宪"或"蠲法"，《春秋保乾图》都为时

---

① 参考张学谦《东汉图谶的成立及其观念史变迁》，《文史》2019 年第 4 期。

② 《续汉书·律历志中》，《后汉书》，第 3028 页。

③ 《续汉书·律历志中》载顺帝安汉二年边韶论历："《四分历》仲纪之元，起于孝文皇帝后元三年，岁在庚辰。上四十五岁，岁在乙未，则汉兴元年也。又上二百七十五岁，岁在庚申，则孔子获麟。"《后汉书》，第 3034 页。

④ 《续汉书·律历志中》，《后汉书》，第 3034 页。

⑤ 《后汉书》卷四六《陈宠传》，第 1554 页。

人实施改革提供了"年差"的依据。

和帝时陈宠尚身处汉兴三百年左右。再往后的时代，士人就没法借"三百年"言事了。"三百五十年之厄"是此后兴起的、蕴含新内涵的说法。顺帝永建二年（127）杨厚所持"三百五十年之厄"的观念，是过了"三三百年"后士人的新发明，因"三百年斗历改宪"已不适用。相较而言，"三百年斗历改宪"相关说法没有抨击现实、高呼改革的急迫感，其态度较温和平稳，针对历法或刑法等某些具体问题；"三百五十年之厄"舆论则强调了某种厄运即将或已经降临，士人对现实各方面弊病已普遍不满，对现实实施改革已迫在眉睫——汉朝已经病入膏肓。从呼吁"改宪"，到"汉厄"的形成，随着年差逐渐扩大，浮现出士人政治心态的变化轨迹。

顺帝永建、阳嘉年间，处于三百与三百五十年之间，士人议论呈现出从"三百年斗历改宪"向"三百五十年之厄"演变的过渡。尚书令左雄上疏："汉初至今，三百余载，俗浸雕敝，巧伪滋萌，下饰其诈，上肆其残。曲城百里，转动无常，各怀一切，莫虑长久。谓杀害不辜为威风，聚敛整辨为贤能，以理已安民为劣弱，以奉法循理为不化。"[1] 左雄善于"推较灾异"，他指出社会趋向衰敝，或与某特殊灾厄有关。永建二年顺帝欲封侯梁冀，左雄谏曰："梁冀之封，事非机急，宜过灾厄之运，然后平议可否。"[2] 他对此时"遭厄"确有认识。又如"阳嘉二年（133），有地动、山崩、火灾之异，公卿举固对策，诏又特问当世之敝，为政所宜。（李）固对曰：'…古之进者，有德有命；今之进者，唯才与力。伏闻诏书务求宽博，疾恶严暴。而今长吏多杀伐致声名者，必加迁赏。其存宽和无党援者，辄见斥逐。是以淳厚之风不宣，雕薄之俗未革。……实以汉兴以来，三百余年，贤圣相继，十有八主。岂无阿乳之恩？岂忘贵爵之宠？'"[3] "好方

---

① 《后汉书》卷六一《左雄传》，第 2017 页。
② 《后汉书》卷六一《左雄传》，第 2022 页。
③ 《后汉书》卷六三《李固传》，第 2074 页。

术"① 的李固提及三百年的岁差，与"淳厚之风不宣，雕薄之俗未革"的衰微之局有关。将左雄、李固的议论置于"三百五十年之厄"的观念背景下，二人所谓"汉兴以来，三百余年"实有特指，他们都把社会积病归因于"三百余年"。如今的年差已超过了孔子所预言的"三百年"，积病愈多，国运更加危险，解决问题的需求日渐紧迫。顺帝初年还出现一种"汉四百年之难"的说法：

> 时诏问酺阴阳失序，水旱隔并，其设销复兴济之本。酺上奏陈图书之意曰："汉四百年将有弱主闭门听难之祸，数在三百年之间。斗历改宪，宜行先王至德要道，奉率时禁，抑损奢侈，宣明质朴，以延四百年之难。"②

《春秋命历序》："四百年之间，闭四门，听外难。"③ 翟酺上图谶，指出汉四百年将发生弱君遭遇"闭门听难"之祸。"斗历改宪"是为了拖延这"四百年之难"的到来，灾难的预兆发生于"三百年之间"。这是"三百五十年之厄"成立的另一种逻辑。到了桓帝朝，崔寔、李云之议处于"年差"大于三百五十年之时。郎𫖮诸士人沿用"三百年斗历改宪"的逻辑，通过不断递增"年"数，赋予它类似的义涵。这样"年差改革论"便能持续匡谏当下政治，使改革延续正当性。持此政论逻辑者，是一个精通谶纬术数之学的士人群体。

## 二　诗纬的时间观：郎𫖮论"三百五十年之厄"的数理结构

杨厚"陈汉三百五十年之厄"，李贤注《杨厚传》引《春秋命

---

① 《后汉书》卷八二上《方术李颌传》，第2719页。
② 《后汉书》卷四八《翟酺传》注引《益部耆旧传》，第1605页。
③ 《纬书集成》中，第884页。

历序》作解:"四百年之间,闭四门,听外难,群异并贼,官有孽臣,州有兵乱,五七弱,暴渐之效也。"引宋均注:"五七三百五十岁,当顺帝渐微,四方多逆贼也。"宋均、李贤认为"三百五十年之厄"的原理是纬书《春秋命历序》的"五七弱"。这种用数字相乘表示与汉开国相关之年岁的说法,前已有之。西汉后期的路温舒、谷永、王莽等人提及"三七之厄""三七之间""涉三七之节季",表示汉朝已过二百一十余年;东汉光武帝开国前夕,有"四七之际火为主"之谶言,被人认为预示从高祖至光武共历二百二十八年。[1]东汉结束后还出现了"汉有六七之厄……六七四十二,代汉者当涂高也"之说。[2] 这些说法都以"七"为乘数,形成"某七之际""某七之厄"的用法,构成以谶纬数理推论政权命运的模式。曾师事郑玄、距顺桓时代不远的宋均,用"五七弱"解释"汉三百五十年之厄",虽有一定的说服力,然而,并无证据表明顺桓士人就用"五七弱"来解读当时之厄。如宋均注《春秋演孔图》"诗含五际六情":"六情即六义也,一曰风,二曰赋,三曰比,四曰兴,五曰雅,六曰颂。"其实《诗纬》六情并非《诗经》六义,而是《齐诗》学者翼奉之六情说。[3] 可见宋均可能并不十分熟悉诗纬理论,也就不清楚"三百五十年之厄"是一种以诗纬为演算基础的学说。视宋均的"五七弱"为稍晚时代才形成的、比附"某七"说法而来的一种通俗性解释,一种泛泛而论,可能更合乎事实。[4] 我们发现,郎𫖮对此论述了一种更复杂精致的理论。阳嘉二年(133),郎

---

① 李贤注:"四七,二十八也。自高祖至光武初起,合二百二十八年,即四七之际。"《后汉书》卷一《光武帝纪》,第21页。"四七"主要指光武起兵时是二十八岁。

② 《太平御览》卷八八《皇王部·孝武皇帝》引《汉武故事》,中华书局1960年影印本,第421页上栏。

③ 《纬书集成》中册,第583页。《汉书》卷七五《翼奉传》,第3168页。

④ 从知识的论证和接受之过程来说,论证越简洁、越常识性的知识,相对而言越容易被后人接受、记忆和传播,取代复杂者成为集体记忆。论证越复杂反而越容易被遗忘。"五七弱"之解释能够流行,与这种现象有关,却不一定是这一观念产生时依照的原理。

颢上书顺帝：

> 臣伏惟汉兴以来三百三十九岁。于《诗三基》，高祖起亥仲
> 二年，今在戌仲十年。《诗氾历枢》曰："卯酉为革政，午亥为
> 革命，神在天门，出入候听。"言神在戌亥，司候帝王兴衰得
> 失，厥善则昌，厥恶则亡。于《易雄雌秘历》，今值困乏。凡九
> 二困者，众小人欲共困害君子也。《经》曰："困而不失其所，
> 其唯君子乎！"唯独贤圣之君，遭困遇险，能致命遂志，不去其
> 道。陛下乃者潜龙养德，幽隐屈厄，即位之元，紫官惊动，历
> 运之会，时气已应。然犹恐妖祥未尽，君子思患而豫防之。臣
> 以为戌仲已竟，来年入季，文帝改法，除肉刑之罪，至今适三
> 百载……

郎颢讲解了为什么"汉兴以来三百三十九岁"将有厄降。首先，
他引用了一段"诗纬"说法。其次，引用了一部现已不可考的纬书
《易雄雌秘历》，以及《易困卦》的九二爻辞，为了说明君主"今值
困乏"。最后，结合顺帝即位之前曾受小人迫害的境况，提醒他如今
虽然渡过难关，但仍在经历"妖祥"，还需谨慎小心，为郎氏提出改
革主张做足铺垫。

这段话在前四句中阐述了"汉三百五十年之厄"的演算过程。
郎颢借助的是"诗纬"的时间观和"五际"学说。"诗纬"指对
《诗经》进行阐发的纬书。从起源上看，"诗纬"与西汉"三家
《诗》学"的齐诗之学尤其是翼奉之学有密切关系，可能产生于西
汉后期。[①] 其文本定型大概在光武帝建武年间。其时校订、颁行图谶
八十一篇，分为"河图谶"和"七经谶"，"诗纬"名列后者，其篇

---

① 清代陈乔枞说："汉儒如翼奉、郎颢之说诗，多出于纬，盖齐学所本也。"（陈
乔枞：《诗纬集证自叙》，《续修四库全书》第 77 册《经部·诗类》，上海古籍出版社
2002 年版，第 761 页）参考任蜜林《〈诗纬〉新论》，《儒家典籍与思想研究》第六辑，
北京大学出版社 2014 年。

名有《推灾度》《氾历枢》《含神雾》三种。① 后有郑玄注三卷、宋均注十八卷。需说明的是，东汉大部分时代似乎不存在 "某经纬" 这一说法，"诗纬" 一词在当时不多见，其词兴起当在魏晋之后。② 本文为行文方便，仍以 "诗纬" 代称。以下郎顗论证 "汉三百五十年之厄" 的成立。

"臣伏惟汉兴以来三百三十九岁。于《诗三基》，高祖起亥仲二年，今在戌仲十年。" 理解的关键点是 "亥仲二年" 和 "戌仲十年"。"《易》有阴阳，《诗》有五际，《春秋》有灾异，皆列终始，推得失，考天心，以言王道之安危。"③ 齐诗、诗纬以 "五际" 学说为其核心内容。《汉书·翼奉传》颜师古注引孟康说："《诗内传》曰：五际，卯、酉、午、戌、亥也。阴阳始终际会之岁，于此则有变政之政也。"④ 在这一学派看来，"五际" 指十二地支中的卯、午、酉、戌、亥，这是阴气阳气的始终、交际之时。李贤注《郎顗传》"诗三基"："基当作期，谓以三期之法推之也。" 诗纬的三期之法，指每位地支分为孟、仲、季 "三期"，每一期又分成十年。《诗氾历枢》载："凡推其数，皆从亥之仲起，此天地所定位。阴阳气周而复始，万物死而复苏，大统之始，故王命一节，为之十岁。"⑤ 这里的 "节" 就是期。《易纬乾凿度》"雌生戌仲，号曰太始，雄雌俱行三节"，宋均注曰："俱行，起自戌仲至亥。"⑥ 据此推算，戌仲至亥仲时历 "三节"（"三期"），孟、仲、季三节每节十年，从 "亥仲"

---

① 关于光武帝颁布图谶中的 "七经谶" 三十五篇篇目，包括诗纬篇目，见《后汉书》卷八二上《方术樊英传》，第 2721 页。

② 张学谦：《东汉图谶的成立及其观念史变迁》，《文史》2019 年第 4 期。

③ 《汉书》卷七五《翼奉传》，第 3172 页。

④ 案《诗内传》相传为西汉初年辕固所作，是齐诗学派的鼻祖。《汉书》卷七五《翼奉传》，第 3173 页。

⑤ 《纬书集成》上册，第 480 页。

⑥ 《纬书集成》上册，第 60 页。"亥" 即 "亥仲"，可参陈乔枞《诗纬集证》，《续修四库全书》，第 7 册，第 766 页）。

起始算起。因此郎𫖮讲的"高祖起亥仲二年，今在戌仲十年"，指高祖起于"亥"第二个十年的第二年，这几近于诗纬汉朝纪年的起始之年。今年是"戌"第二个十年的第十年。

郎𫖮所说"高祖起亥仲二年"的"高祖起"指什么时刻？若以西汉建朝的高祖元年（前206）为亥仲二年，则亥仲元年为前207年，推至戌仲元年为127年，阳嘉二年为戌仲七年，并非郎𫖮所言戌仲十年。①《郎𫖮传》"戌仲十年"有没可能是"戌仲七年"之误呢？郎𫖮称"戌仲已竟，来年入季，仲终季始，历运变改"，戌仲即将变成戌季，可见并无"十"讹"七"之误。据此推断，"高祖起亥仲二年"应指刘邦即皇帝位、"天下大定"的高祖五年（前202年）。② 以刘邦即位来解释"高祖起"，也似更为妥帖。高祖五年为亥仲二年，则亥仲元年为前203年，推至戌仲元年为123年，阳嘉二年（133）为戌仲十年。"孟仲季三节"（30）经历十二地支，自"亥仲二年"算起，共360年。阳嘉二年接近360年周期之末尾，至下一"天地所定位"的"亥仲"只有20年，这个即将来临的时刻让郎𫖮感到急迫。③

---

① 孔广森对此事也作了运算，见《经学卮言·十月之交朔日辛卯》："（郎𫖮）其法以卅年管一辰。凡甲子甲午旬首者为仲，甲戌甲辰旬首者为季，甲申甲寅旬首者为孟。率十年一移，故谓之'三期'。今据阳嘉二年（133）癸酉上推，延光三年（124）甲子为戌仲之始，前卅年而永元六年（94）入酉仲，又前卅年而永平七年（64）入申仲，又前卅年而建武十年（34）入未仲，又前卅年而元始四年（4）入午仲，是王莽革命之际也。又前二百九年，得高祖元年（前206）乙未入亥仲二年矣。"笔者按这种算法验算，亥仲元年为前204年，则亥仲二年实为前203年，并非高祖元年。曹建国《〈诗〉纬三基、四始、五际、六情说探微》（《武汉大学学报》2006年第4期）一文对此事也有疏解，但并无验查郎𫖮的数字。

② 《史记》卷八《高祖本纪》："（高祖）五年，高祖与诸侯兵共击楚军，与项羽决胜垓下。……正月，诸侯及将相相与共请尊汉王为皇帝。……甲午，乃即皇帝位氾水之阳。……天下大定。"中华书局2011年版，第379—380页。

③ 钱大昕已注意到郎𫖮此事，简洁地指出："其法盖以三百六十岁为一周，十二辰各三十年，一辰又别为孟、仲、季各十年。"《廿二史考异》卷一一《后汉书二·郎𫖮传条》，第234页。

　　何以如此？郎顗继续说："《诗汜历枢》曰：'卯酉为革政，午亥为革命，神在天门，出入候听。'言神在戌亥，司候帝王兴衰得失，厥善则昌，厥恶则亡。"案《诗汜历枢》载："亥为革命，一际也。亥又为天门，出入候听，二际也。卯为阴阳交际，三际也。午为阳谢阴兴，四际也。酉为阴盛阳微，五际也。"① 这一"五际"说与孟康引《诗内传》的说法稍有出入，如亥同时是一际、二际，"五际"不包括戌；但两者的思路原理是一致的，即"五际"是阴阳变化、互相交替的五个时间节点。根据《汜历枢》的说法，从亥位起始，阳气上升。至卯位，阴阳交际。至午位，阳气凋零、阴气渐兴。至酉位，阴盛阳衰。至亥位，阴气达到极致，将要推翻象征君权的阳气。所以此时会发生"革命"。这一阴阳往复的周期是三百六十年。前引孟康说："《诗内传》曰：'五际，卯、酉、午、戌、亥也。'阴阳始终际会之岁，于此则有变政之政也。"② 指出阴阳交际之时，是"变政"、改革之时。③ 有"神"处于"天门"，即戌亥之间。按诗纬之说"亥为革命，一际也。亥又为天门，出入候听，二际也"，亥同时是"革命"和"天门"。"天门"可理解为即将进入"革命"的前夕状态，故郎顗说"神在戌亥"，神在天门"候听"，掌管帝王的得失与兴衰，决定王朝或昌或亡的命运。亥的回归复位意味着自高祖建朝以来三百六十年周期的结束，会带来五际变化中最为严重的"革命"，故须在此时变政，以求抑制"革命"。这样，他得以顺理成章推出一系列政治改革主张。还值得注意的是，"卯酉为革政"和"午亥为革命"两阶段之说，正对应着从亥至酉

---

　　① 《纬书集成》上册，第481页。

　　② 《汉书》卷七五《翼奉传》，第3173页。

　　③ 这一从阳转阴的渐变过程可参考陈乔枞对《汜历枢》的说解："未者，昧也。阴气已长，万物稍衰，体暧昧也。""申者，伸也……衰老引长。""酉者，老也……万物老极而成熟也。""戌者，灭也，杀也。""亥者，核也，阂也。十月闭藏万物，皆入核阂。"陈乔枞：《诗纬集证》，《续修四库全书》，第77册，第771—772页。又参考姜广辉、邱梦艳《齐诗"四始五际"说的政治哲学揭秘》，《哲学研究》2013年第12期。

为三百年、复归至亥为三百六十年这两个过程的后期阶段（这种对应关系详见下图）；这样，从"革政"到"革命"，分别与"三百年斗历改宪"和"三百五十年之厄"两个递进阶段相对应。包括郎𫖮在内的谶纬学者都认为，随着年差从三百年扩大至三百五十年，温和的政治改良将转化为激进的政治革命。郎𫖮论证"汉三百五十年之厄"的过程，如图 1 所示：

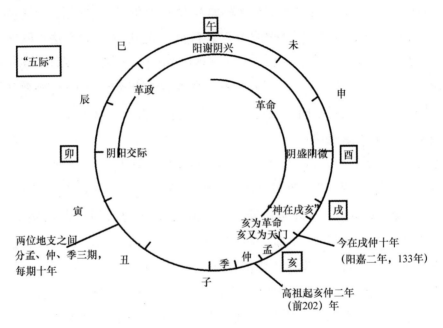

图1　郎𫖮以诗纬论"汉三百五十年之厄"图示

　　郎𫖮论证阳嘉二年即将遭厄的论据，主要是诗纬"三期""五际"思想中的"汉三百六十年一周"和"亥为革命"观念。当三百六十年的周期结束、亥位复归时，将产生"革命"，汉朝天命不保。郎𫖮之学被《后汉书》评价为"咎征最密"①。其语作为当时灾厄观念成立的直接证据，比较客观地展现了精通谶纬学说的东汉士人在这一问题上的推算逻辑。

───────────

　　① 《后汉书》卷八二上《方术列传》，第 2706 页。

## 三 "三百年一蠲法" 与 "文帝废肉刑": 应厄对策的中兴论

顺桓士人多称 "中兴"。"中兴" 指对衰落之王朝的重新振作。顺桓时期的中兴论并非泛泛空谈，有其内在推演逻辑和具体方案措施。中兴论与 "汉三百五十年之厄" 问题关系紧密。"三百五十年之厄" 被认为是日积月累的政治社会弊病，蕴含汉朝发生易代的危险；中兴实践是遭厄的应对方案。之所以要中兴，是因数百年来积弊已久，由此东汉、西汉两个朝代被理解为一个连续的汉朝。

汉朝的百年积弊被指责为 "俗浸雕敝" 和 "巧伪滋萌"。永建初年，左雄劝顺帝多用 "循理之吏"，说道：

> 降及宣帝，兴于仄陋，综核名实，知时所病，刺史守相，辄亲引见，考察言行，信赏必罚。帝乃叹曰："民所以安而无怨者，政平吏良也。与我共此者，其唯良二千石乎!" ……汉世良吏，于兹为盛，故能降来仪之端，建中兴之功。汉初至今，三百余载，俗浸雕敝，巧伪滋萌，下饰其诈，上肆其残。……谓杀害不辜为威风，聚敛整辨为贤能，以理己安民为劣弱，以奉法循理为不化。……循理之吏，得成其化；率土之民，各宁其所。追配文、宣中兴之轨，流光垂祚，永世不刊。①

左雄称赞汉宣帝 "综核名实" "信赏必罚" 是其 "中兴" 的基石。当今时值汉兴三百余年，社会凋零疲惫，巧伪多发，少有官吏能奉法循理。希望顺帝效法宣帝用吏之道，实现中兴之业。阳嘉二年，

---

① 《后汉书》卷六一《左雄传》，第 2016—2017 页。

李固称"是以淳厚之风不宣，雕薄之俗未革。……积敝之后，易致中兴"①，郎𫖮也称"今陛下圣德中兴，宜遵前典，惟节惟约"②。桓帝时刘陶论用贤："实中兴之良佐，国家之柱臣也"③。崔寔明确将"年差"与"中兴"相联系作论证：

> 自尧舜之帝，汤武之王，皆赖明哲之佐，博物之臣。……及继体之君，欲立中兴之功者，曷尝不赖贤哲之谋乎！凡天下所以不理者，常由人主承平日久，俗渐敝而不悟，政浸衰而不改，习乱安危，怢不自睹。或荒耽嗜欲，不恤万机；或耳蔽箴诲，厌伪忽真……是以王纲纵弛于上，智士郁伊于下。悲夫！自汉兴以来，三百五十余岁矣。政令垢玩，上下怠懈，风俗凋敝，人庶巧伪，百姓嚣然，咸复思中兴之救矣。④

他指出桓帝承平日久，不思改革振作，导致上下懈怠，风俗巧伪的局面，故需"中兴之救"、革除积弊。"风俗凋敝"和"人情巧伪"是左雄、崔寔共同强调的状况，是汉兴三百余年累积而成的社会问题。杨厚、郎𫖮的主张，皆可纳入士人倍感社会陷溺积弊，意在说服皇帝革新振作的"中兴论"范畴之中。同时，士人多援引西汉事例，本朝与西汉被置于一个共同的法统框架中，被视为同一个王朝共同体。

"三百五十年之厄"引发士人关于具体政治路线的热议。这一修辞直接指向了法令改革问题。杨厚"陈汉三百五十年之厄，宜蠲汉改宪之道"。宪，法也，文献多二字互用。陈宠呼吁法令改革，引《春秋保乾图》"王者三百年一蠲法"，郎𫖮据"汉兴以来三百三十九岁"提出"当大蠲法令，革易官号"，皆显示士人认为"改宪"

① 《后汉书》卷六三《李固传》，第 2074 页。
② 《后汉书》卷三〇下《郎𫖮传》，第 1060 页。
③ 《后汉书》卷五七《刘陶传》，第 1844 页。
④ 《后汉书》卷五二《崔寔传》，第 1725—1726 页。

即是一种"蠲法"。在"王者三百年一蠲法"的影响下，东汉士人相信法令改革是"中兴"的途径。以下，从"蠲法"之不同理解、"文帝废肉刑"的诠释和法令改革之综名核实三个方面，探讨东汉后期中兴论的观念与实践。

首先，士人对"三百年一蠲法"的"蠲"字有不同诠释，由此发挥出不同的改革思路。蠲，本义为"洁"。《书·吕刑》"上帝不蠲"，孔传注"天不洁其所为"①。由"洁"之义，"蠲"可引申出"清除"和"显明"二义。对此二义的引申，士人提出内容不同的法令改革，皆对三百年前"文帝废肉刑"借题发挥。

第一，蠲取"清除"义。蠲法指减除法令。"蠲除刑律"是常见于汉代史书的说法。陈宠将"王者三百年一蠲法"视作其推行法制改革的依据，将律令删繁就简："钩校律令条法，溢于《甫刑》者除之"；"《春秋保乾图》曰：'王者三百年一蠲法。'汉兴以来，三百二年，宪令稍增，科条无限……可使大辟二百，而耐罪、赎罪二千八百，并为三千，悉删除其余令，与礼相应。"②陈宠轻法改革施行于章帝、和帝朝，时称"人俗和平，屡有嘉瑞"。蔡邕作《和熹后谥议》纪念和帝邓皇后，称其主政时有这样的功绩：

> 蠲正宪法六千余事，以顺汉氏三百之期。③

此处"蠲"作清理义，盖指陈宠精简法令之事。蔡邕以"宪""法"同称，强调"汉氏三百之期"，足见"改宪蠲法"观念对当时法令改革的直接推力。"三百年减轻刑法"的模式被郎𫖮采用，将之与"三百年前"汉文帝废肉刑相联系：

---

① 孔安国传，孔颖达疏：《尚书正义》卷一九，《十三经注疏》，第249页。"明神不蠲"的说法常见于《左传》《国语》等先秦文献。

② 《后汉书》卷四六《陈宠传》，第1554页。

③ 蔡邕：《和熹后谥议》，严可均校辑《全后汉文》卷七二，《全上古三代秦汉三国六朝文》，第一册，第866页下栏。

臣以为戌仲已竟，来年入季，文帝改法，除肉刑之罪，至今适三百载。宜因斯际，大蠲法令，官名称号，舆服器械，事有所更，变大为小，去奢就俭，机衡之政，除烦为简。①

孔子曰："汉三百载，斗历改宪。"三百四岁为一德，五德千五百二十岁，五行更用。王者随天，譬犹自春徂夏，改青服绛者也。自文帝省刑，适三百年，而轻微之禁，渐已殷积。王者之法，譬犹江河，当使易避而难犯也。故《易》曰："易则易知，简则易从。"易简而天下之理得矣。②

汉文帝前元十三年（前167）废除肉刑，③ 距阳嘉二年正好过了三百年。郎𫗱想说，自文帝主张轻刑以来已过了三百年，在此期间，对轻微过失的罚责禁令逐渐积累，当今的法律已不符合"王者之法"宽厚、难犯的标准。他主张效法文帝"大蠲法令"。三百年是积累社会问题的一个周期，今日应该恢复三百年之前的政策，才能缓和积弊。

第二，"蠲"取"显明"义。"蠲法"被解释为申明法令。《左传》襄公十四年有"惠公蠲其大德"，杜预注："蠲，明也。"④《晋书·刑法志》载程咸曰"男不得罪于他族，而女独婴戮于二门，非所以哀矜女弱，蠲明法制之本分也"⑤，法律亦可被蠲明。杨厚声称"宜蠲汉改宪之道"，此处"蠲"即"明"义。"蠲明法宪"的代表人物是崔寔。他提出：

---

①　《后汉书》卷三十下《郎𫗱传》，第1065页。

②　《后汉书》卷三十下《郎𫗱传》，第1067页。

③　文帝前元十三年五月，诏曰："今人有过，教未施而刑加焉？或欲改行为善而道毋由也。朕甚怜之。夫刑至断支体，刻肌肤，终身不息，何其楚痛而不德也，岂称为民父母之意哉！其除肉刑。"《史记》卷一〇《孝文本纪》，第428页。

④　《春秋左传正义》卷三二，《十三经注疏》，第1956页。

⑤　《晋书》卷三〇《刑法志》，中华书局1974年版，第926页。

量力度德，春秋之义。今既不能纯法八代，故宜参以霸政，则宜重赏深罚以御之，明著法术以检之。自非上德，严之则理，宽之则乱。何以明其然也？近孝宣皇帝明于君人之道，审于为政之理，故严刑峻法，破奸宄之胆，海内清肃，天下密如。嘉瑞并集。屡获丰年，荐勋祖庙，享号中宗。算计见效，优于孝文。及元帝即位，多行宽政，卒以堕损，威权始夺，遂为汉室基祸之主。治国之道，得失之理，于斯可以鉴矣！①

崔寔强调"明著法术"，使法纪明了，执法者得以严格执行、臣民严格遵守。所"明"者不仅"法令"，更延伸至限制民欲的"礼法"："是故先王之御世也，必明法度以闭民欲，崇堤防以御水害。法度替而民散乱，堤防堕而水泛溢。"② 崔寔以"明法度"为其中兴论的基本主张，认为"严刑峻法"的宣帝在治理上优于文帝；宣帝之后的元帝"多行宽政"，开启了汉朝的衰弱。有意思的是，崔寔同样赞誉文帝：

夫刑罚者，治乱之药石也；德教者，兴平之粱肉也。夫以德教除残，是以粱肉理疾也；以刑罚理平，是以药石供养也。方今承百王之敝，值厄运之会。自数世以来，政多恩贷，驭委其辔，马骋其衔，四牡横奔，皇路险倾。方将柑勒鞿鞚以救之，岂暇鸣和銮，清节奏哉？……文帝虽除肉刑，当劓者笞三百，当斩左趾者笞五百，当斩右趾者弃市。右趾者既殒其命，笞挞者往往至死，虽有轻刑之名，其实杀也。……以此言之，文帝乃重刑，非轻之也；以严致平，非以宽致平也。③

① 《后汉书》卷五二《崔寔传》，第1727页。
② 孙启治：《政论校注》，中华书局2012年版，第78页。
③ 《后汉书》卷五二《崔寔传》，第1729页。

崔寔认为文帝以笞刑代替肉刑，又将死刑的标准降低（原斩右趾，今弃市），因此文帝的政策是"重刑""严法"。其良好治理靠"重刑"对臣民的震慑。之后的三百年内，日久承平，文帝"重刑"为人淡忘，社会逐渐宽纵，这是积弊的原因。汉代已近乎"病"，需回归文帝之重法。崔寔的结论是"以严致平，非以宽致平"。崔寔改训"蠲"为"明"，将纬书孔子之语服务于"明著法术"的主张。

郎𫖮和崔寔对"文帝废肉刑"的重视乃是基于三百年年差的考虑，假借"三百年一蠲法"，呼吁复归三百年前的法令，为的是推出自己的改革主张。"文帝废肉刑"在东汉后期的语境中被讨论，从肉刑的量刑功能出发，形成了追求"综核名实""名实有正"的政治理念。仲长统曰：

> 肉刑之废，轻重无品，下死则得髡钳，下髡钳则得鞭笞。死者不可复生，而髡者无伤于人。髡笞不足以惩中罪，安得不至于死哉！夫鸡狗之攘窃，男女之淫奔，酒醴之赂遗，谬误之伤害，皆非值于死者也。杀之则甚重，髡之则甚轻。不制中刑以称其罪，则法令安得不参差，杀生安得不过谬乎？今患刑轻之不足以惩恶，则假臧货以成罪，托疾病以讳杀。科条无所准，名实不相应，恐非帝王之通法，圣人之良制也。……今令五刑有品，轻重有数，科条有序，名实有正，非杀人逆乱鸟兽之行甚重者皆勿杀。[1]

仲长统认为文帝废肉刑之蔽在于"轻重无品"，髡笞太轻，死刑又太重，无法量刑定罪。案文帝以前，刑罚有墨、劓、髌、宫、大辟"五刑"，前三者属于肉刑，后两者属于生命刑。[2] 文帝废肉刑后，

---

① 《后汉书》卷四九《仲长统传》，第1652页。

② 学者指出文帝改革之前的"五刑"有广义、狭义两个系统，笔者采其广义。参考宋洁《"具五刑"考——兼证汉文帝易刑之前存在两个"五刑"系统》，《中国史研究》2014年第2期。

前三者改为髡钳城旦舂及笞刑，相对较轻。而宫刑、大辟又太重，中间没有过渡刑。轻则易犯，重则伤民，罪与罚之间难以匹对。惩罚轻重的两极分化，量刑的模糊，刑等幅度的跳跃，带来另一问题：司法过程中容易出现法令之外的因素，左右裁决的结果。权贵往往能避开重罚，侥幸获得轻判。这样，呼吁法令之 "名" 与对象之 "实" 相符，就有了更深远的内涵。仲长统主张法令改革应 "制中刑"，使之 "名实有正" "名实相应"。东汉后期对法令 "名实" 的讨论屡见不鲜。士人关注的不仅是行为是否犯法，更重要的是判处何种刑种和刑度。他们并非呼吁增添法令、加重惩罚，而是深入思考法令名目与罪行之对应关系后，追求法令之 "中刑"，建立客观真实之标准，排除司法过程中诸如权贵贿赂、私幸开恩、因功特赦等因素的影响，保持裁决之公正性。

"名实有正" 不仅在于量刑的精确，更在于建立一种不为人情左右的纲纪法度，作为对 "汉兴三百余年" 之社会积弊的补救。左雄和崔寔都认为汉代日久承平，导致了社会风俗之 "巧伪"，虚浮不实。东汉士人提出以法令的 "综核名实" 作为匡正补救。左雄强调效法 "信赏必罚"、用 "奉法循理之吏" 的宣帝，官吏 "不从法禁，不式王命，锢之终身，虽会赦令，不得齿列"①。李固上书："本朝号令，岂可蹉跌？间隙一开，则邪人动心；利竞暂启，则仁义道塞。刑罚不能复禁，化导以之浸坏。此天下之纪纲，当今之急务。"② 仲长统亦指出："诚令方来之作，礼简而易用，仪省而易行，法明而易知，教约而易从。……任循吏于大乱之会，必有恃仁恩之败。"③ 左、李、仲皆告诫法令在执行过程中不应为 "赦令" "仁恩" "邪心" "利竞" 一切外于法制本身的因素所左右，须知行合一，使法之名、实相符。值得一提的是，仲长统说 "至于革命之运期……非

---

① 《后汉书》卷六一《左雄传》，第 2018 页。
② 《后汉书》卷六三《李固传》，第 2077 页。
③ 孙启治注：《昌言校注·阙题一》，中华书局 2012 年版，第 321 页。

严刑峻法则不能破其党"，崔寔说"以刑罚理平，是以药石供养也。方今承百王之弊，值厄运之会"，二人申明法度之前提，是如今国运遭遇灾厄；若是安定之世，则当行德政。① 荀悦指出："善恶要于功罪，毁誉效于准验，听言责事，举名察实。无或诈伪，以荡众心。"② "功必核其真，然后授其赏；罪必核其真，然后授其刑；行必核其真，然后贵之。"③ 徐幹希望严惩将法"乱名""言伪"者："先王之法，析言破律，乱名改作者，杀之；行僻而坚，言伪而辩，记丑而博，顺非而泽者，亦杀之。"④ 汉献帝时，应劭"删定律令，以为《汉仪》"，申论了相似看法："夫国之大事，莫尚载籍。载籍也者，决嫌疑，明是非，赏刑之宜，允执厥中，俾后之人永有鉴焉。"⑤ 东汉晚期士人重视探讨名、实关系，⑥ 强调明辨是非、建立标准，申明纲纪之实。"明法度"是对汉兴三百余年"风俗雕薄"和"人情巧伪"的一种补救，是规避三百余年之厄的重要举措。法令的名实问题，最终引申出汉末曹魏时循名责实、追求人位相称的"名理学"之形成，此为探讨"无名"之玄学的先声。⑦

光武帝颁布图谶八十一篇，立之为官方学术，地位堪比儒典。伴随这一经典化的过程，篇名与经书连缀的纬书诸如《春秋保乾图》

---

① 孙启治注：《政论校注·昌言校注》，第 321、66 页。
② 《申鉴·政体》，孙启治校补：《申鉴校注补》，中华书局 2012 年版，第 15 页。
③ 《汉纪》卷二二《孝元皇帝纪中》，中华书局 2002 年版，第 387 页。
④ 《中论·覈辩》，孙启治解诂：《中论解诂》，中华书局 2014 年版，第 139 页。
⑤ 《晋书》卷三〇《刑法志》，第 920 页。
⑥ 从概念上讨论"名""实"关系的是徐幹《中论·考伪》："问者曰：仲尼恶殁世而名不称，又疾伪名，然则将何执？曰：是安足怪哉？名者，所以名实也，实立而名从之，非名立而实从之也。故长形立而名之曰长，短形立而名之曰短，非长短之名先立，而长短之形从之也。仲尼之所贵者，名实之名也，贵名乃所以贵实也。"（孙启治：《中论解诂》，第 205—206 页）表达了先实后名，名随于实之意。
⑦ "名理学"起源于汉末之刑名之学的影响。关于"名理学"及其向玄学的演变，参考汤用彤《读〈人物志〉》，《魏晋玄学论稿及其他》，北京大学出版社 2010 年版，第 5—19 页；唐长孺：《魏晋玄学之形成及其发展》，《魏晋南北朝史论丛》，商务印书馆 2010 年版，第 306—344 页。

《诗纬汜历枢》，成为皇帝和众多士人信仰的经典文献。其中出现对汉朝国家命运的警告性言辞，由之为人们所重视。他们视这些文本为圣人孔子"为汉制法"遗留的教训。东汉"三百五十年之厄"之预言及一系列相关的实践主张，即来自这种政治文化背景。"三百五十年之厄"呈现由"年差"论改革的劝政策略、谶纬数理的演算原理和法令改革实践之间层层递进的互动关系，显示了精英知识分子改造深陷泥潭之社会政治的努力。顺桓士人将当下诸多社会政治问题的源头归于汉朝立国时间已久，日久承平带来"上下怠懈，风俗凋敝，人庶巧伪"的积弊。在这一思路下，西汉、东汉被视为连续的王朝共同体。士人祁望中兴，根据孔子"汉三百年一蠲法"预言，建构了"轻法"和"重法"两种法令改革路径；对三百年前文帝废肉刑一事借题发挥：郎𫖮希望效法文帝删减多余之法令，以宽抚民生为应厄之策；而在崔寔看来，文帝以严致平，故他主张申明法令，以理乱世。两种观念都以"明法之实"为目标，"综核名实"、整顿纲纪秩序、严明法度刑等成为大多数士人最终的治理方案，以匡正汉兴三百余年带来凋敝之风俗和巧伪之人情。士人构造出各自的叙事路径和理乱思路，以应对"三百五十年之厄"，形成东汉后期谋求中兴的思想实践。

# 参考文献

## 一　古籍

《八家后汉书辑注》，周天游注，上海古籍出版社 1986 年版。

《白虎通疏证》，陈立撰，吴则虞点校，中华书局 2011 年版。

《春秋繁露义证》，董仲舒著，苏舆义证，中华书局 1992 年版。

《春秋左氏传贾服注辑述》，李贻德撰，余姚朱氏刻本。

《东观汉记校注》，刘珍等撰，吴树平校注，中华书局 2008 年版。

《东汉会要》，徐天麟著，上海古籍出版社 1978 年版。

《风俗通义校注》，应劭著，王利器校注，中华书局 2010 年版。

《陔余丛考》，赵翼著，中华书局 1963 年版。

《古文尚书疏证》，阎若璩撰，黄怀信、吕翊欣点校，上海古籍出版
社 2010 年版。

《国语集解》，徐元诰撰，王树民、沈长云点校，中华书局 2002
年版。

《汉官六种》，孙星衍等辑，周天游点校，中华书局 1990 年版。

《汉书补注》，王先谦注，上海古籍出版社 2012 年版。

《汉书》，中华书局 1962 年版。

《汉魏遗书钞》，王谟辑，上海古籍出版社 1996 年影印本。

《后汉纪校注》，袁宏撰，周天游注，天津古籍出版社 1987 年版。

《后汉书集解》，王先谦集解，中华书局 1984 年版。

《后汉书疏证》，沈钦韩撰，上海古籍出版社 2006 年版。

《后汉书》，中华书局 1965 年版。

《华阳国志校注》，常璩著，刘琳校注，巴蜀书社 1984 年版。

《建安七子集校注》，吴云校注，天津古籍出版社 2005 年版。

《焦氏易林注》，尚秉和注，光明日报出版社 2005 年版。

《晋书》，中华书局 1974 年版。

《旧唐书》，中华书局 1975 年版。

《郡斋读书志校证》，晁公武撰，孙猛校证，上海古籍出版社 2011 年版。

《考古编》，程大昌著，中华书局 1985 年版。

《李清照集笺注》，徐培均笺注，上海古籍出版社 2002 年版。

《两汉纪》，荀悦、袁宏撰，张烈点校，中华书局 2005 年版。

《六臣注文选》，萧统著，李善等注，中华书局 1987 年版。

《论衡校释》，王充著，黄晖撰，中华书局 1990 年版。

《明史》，中华书局 1974 年版。

《墨子闲诂》，孙诒让撰，孙启治点校，中华书局 2001 年版。

《廿二史考异》，钱大昕著，上海古籍出版社 2014 年版。

《廿二史劄记校注》，赵翼著，王树民校证，中华书局 1984 年版。

《欧阳修集编年笺注》，李之亮笺注，巴蜀书社 2007 年版。

《潜夫论笺校正》，王符著，彭铎校，中华书局 1990 年版。

《全上古三代秦汉三国六朝文》，严可均辑，中华书局 1958 年影印本。

《三辅黄图校释》，何清谷撰，中华书局 2005 年版。

《三国志》，中华书局 1959 年版。

《申鉴注校补》，荀悦著，黄省曾注，孙启治校补，中华书局 2012 年版。

《十驾斋养新录》，钱大昕著，上海书店出版社 2011 年版。

《十七史商榷》，王鸣盛著，上海古籍出版社 2013 年版。

《十三经注疏》，阮元校刻，中华书局 1980 年影印本。

《史记》，中华书局 1959 年版。

《史通通释》，刘知幾著，浦起龙通释，上海古籍出版社 2009 年版。

《世说新语笺疏》，刘义庆著，刘孝标注，余嘉锡笺疏，中华书局 2007 年版。

《释名》，刘熙著，中华书局 2016 年版。

《宋史》，中华书局 1977 年版。

《宋书》，中华书局 1974 年版。

《太平御览》，中华书局 1960 年影印本。

《唐杜氏考》，孙诒让著，《籀庼述林》卷一，《续修四库全书》第 1164 册《子部·杂家类》，上海古籍出版社 2002 年版。

《通典》，杜佑著，王文锦、王永兴等点校，中华书局 1988 年版。

《魏书》，中华书局 1974 年版。

《文心雕龙注》，范文澜注，人民文学出版社 1958 年版。

《文渊阁四库全书》，台湾商务印书馆 1986 年影印本。

《新辑本桓谭新论》，桓谭著，朱谦之校辑，中华书局 2009 年版。

《新序校释》，刘向著，石光瑛校释，中华书局 2017 年版 。

《新语校注》，陆贾著，王利器校注，中华书局 1986 年版。

《续修四库全书》，上海古籍出版社 2002 年版。

《盐铁论校注》，王利器校注，中华书局 1992 年版。

《艺文类聚》，汪绍楹校，上海古籍出版社 1985 年影印本。

《逸周书汇校集注》，黄怀信等撰，上海古籍出版社 1995 年版。

《玉函山房辑佚书》，马国翰辑，上海古籍出版社 1990 年影印本。

《越缦堂读史札记》，李慈铭著，北京图书馆出版社 2003 年版。

《张衡诗文集校注》，张震泽校注，上海古籍出版社 2009 年版。

《政论校注 昌言校注》，崔寔、仲长统著，孙启治校注，中华书局 2012 年版。

《中论解诂》，徐幹著，孙启治解诂，中华书局 2014 年版。

《资治通鉴》，中华书局 2011 年版。

《左传旧疏考证》，刘文淇撰，科学出版社 1959 年版。

# 二　论著

## （一）中日文论著（含译著）

安作璋、熊铁基：《秦汉官制史稿》，齐鲁书社 2007 年版。

敖雪岗：《两汉之际社会与文学》，中国书籍出版社 2013 年版。

保科季子：《前漢後半期における儒家禮制受容—漢的伝統との對立皇帝観の変貌—》，载《方法としての丸山真男》，青木書店 1998年版。

贝克定：《西汉晚期宗庙制度中的宗教意涵：〈汉书·韦贤传〉中的论辩》，载祝平次、杨儒宾主编《天体、身体与国体：回向世界的汉学》，台湾大学出版中心 2005 年版。

蔡丹君：《东汉明章时代礼乐秩序的重建及其文学呈现》，《文学遗产》2020 年第 3 期。

曹建国：《〈诗〉纬三基、四始、五际、六情说探微》，《武汉大学学报》2006 年第 4 期。

曹金华：《从窦马之争看班固等〈反迁都〉论战的实质》，《扬州大学学报》1998 年第 2 期。

曹金华：《试论东汉的迁都思潮及其影响》，《江苏社会科学》1992年第 3 期。

陈冬仿：《"汉再受命" 谶言的演变与光武帝刘秀的中兴之路》，《河南工程学院学报》2016 年第 4 期。

陈君：《〈两都赋〉的创作与东汉前期的政治趋向》，《文学评论》2010 年第 2 期。

陈君：《论兰台文人及其文学活动》，《文学遗产》2008 年第 4 期。

陈侃理：《儒学、数术与政治——灾异的政治文化史》，北京大学出版社 2015 年版。

陈来:《古代宗教与伦理——儒家思想的根源》(增订本),北京大学出版社 2017 年版。

陈民镇:《"文""体"之间:中国古代文体学基本概念的界说与证释》,《文化与诗学》2018 年第 1 期。

陈明光:《汉代"乡三老"与乡族势力蠡测》,《中国社会经济史研究》2006 年第 4 期。

陈槃:《谶纬研讨及其书录解题》,上海古籍出版社 2010 年版。

陈戍国:《秦汉礼制研究》,湖南教育出版社 1993 年版。

陈苏镇:《〈春秋〉与"汉道"——两汉政治与政治文化研究》,中华书局 2011 年版。

陈苏镇:《东汉的"殿中"与"禁中"》,《中华文史论丛》2018 年第 1 期。

陈苏镇:《东汉的南宫和北宫》,《文史》2018 年第 1 期。

陈苏镇:《汉室复兴的历程及其政治文化背景》,《中华文史论丛》2010 年第 1 期。

陈苏镇:《秦汉殿式建筑的布局》,《中国史研究》2016 年第 3 期。

陈勇:《论光武帝"退功臣而进文吏"》,《历史研究》1995 年第 4 期。

陈忠峰:《王莽理想政治研究》,上海三联书店 2017 年版。

陈遵妫:《中国天文学史》,上海人民出版社 1980 年版。

程南洲:《东汉时代的春秋左氏学》,华东师范大学出版社 2011 年版。

代国玺:《"赤九"谶与两汉政治》,《文史哲》2018 年第 5 期。

邓小南:《祖宗之法——北宋前期政治述略》,生活·读书·新知三联书店 2006 年版。

渡边信一郎:《中国古代の乐制と国家:日本雅乐の源流》,文理阁,2013 年。

渡边义浩:《漢魏における皇帝即位と天子即位》,《東洋研究》,第 165 号,2007 年。

渡边义浩：《后汉国家の支配と儒教》，雄山阁1995年版。

渡边义浩：《后汉における"儒教国家"の成立》，汲古书院2009年版。

渡边义浩：《王莽—改革者の孤独—》，大修馆书店2012年版。

多田狷介：《后汉豪族の农业经营—仮作、傭作、奴隶劳动》，《历史学研究》286号，1964年。

冯渝杰：《从"汉家"神化看两汉之际的天命竞夺》，《历史研究》2015年第1期。

甘怀真：《皇权、礼仪与经典诠释：中国古代政治史研究》上编，台湾大学出版中心2004年版。

甘怀真：《秦汉的"天下"政体——以郊祀礼改革为中心》，《新史学》2005年第16卷4期。

冈安勇：《后汉豪族势力的形成与发展——论巨鹿及其他耿氏》，《法政史学》四六，1994年。

冈安勇：《右扶风茂陵耿氏事迹考论——关于后汉豪族势力的个案研究》，《齐鲁学刊》2002年第3期。

高海云：《试析东汉"博士倚席不讲"》，《史学月刊》2019年第2期。

高文：《汉碑集释》，河南大学出版社1985年版。

郜积意：《汉代今古学之争的再认识——以贾逵与〈公羊〉之争为例》，《中国文哲研究集刊》第二十二期，2003年3月。

葛志毅：《战国秦汉之际的受命改制思潮与封禅——对封禅礼形成的学术思想探源》，《学习与探索》2006年第5期。

龚留柱、张信通：《汉家尧后与两汉之际的天命之争》，《史学月刊》2013年第10期。

顾颉刚：《古史辨自序》，商务印书馆2011年版。

顾颉刚：《秦汉的方士与儒生》，上海古籍出版社2005年版。

韩国河：《东汉帝陵有关问题的探讨》，《考古与文物》2007年第5期。

韩敬:《东汉时期思想变迁略论》,《孔子研究》1991 年第 3 期。

韩星:《儒法整合:秦汉政治文化论》,中国社会科学出版社 2005 年版。

何玉红:《中兴形象的构建:光武故事与宋高宗政治》,《中国史研究》2017 年第 4 期。

贺凌虚:《东汉政治思想论集》,五南图书出版公司 2002 年版。

胡正之:《两汉封禅转变及其意义》,辅仁大学中国文学系出版,《先秦两汉学术》第 20 期,2013 年 9 月。

华喆:《中古庙制"始祖"问题再探》,《文史》2015 年第 3 辑。

黄展岳:《关于王莽九庙的问题——汉长安城南郊一组建筑遗址的定名》,《考古》1989 年第 3 期。

瞿同祖:《汉代社会结构》,邱立波译,上海人民出版社 2007 年版。

康乐:《从西郊到南郊:国家祭典与北魏政治》,稻禾出版社 1995 年版。

蓝旭:《东汉初期宫廷文学之观念与实践》,《中国典籍与文化》2001 年第 2 期。

雷戈:《秦汉之际的政治思想与皇权主义》,上海古籍出版社 2006 年版。

李建华:《东汉洛阳兰台、东观文人群体及其创作考论》,《古籍整理研究学刊》2015 年第 1 期。

李俊芳:《汉代皇帝施政礼仪研究》,中华书局 2014 年版。

李文博:《贾逵注〈左传〉"不用今说"辨》,《孔子研究》2013 年第 6 期。

李晓杰:《新莽东汉易代之际更始政权势力范围考述》,《复旦学报》1996 年第 4 期。

李欣:《东汉"上陵之礼"考述》,《咸阳师范学院学报》2012 年第 5 期。

李学铭:《东汉史事述论丛稿》,万卷楼图书股份有限公司 2013 年。

梁海燕:《〈武德舞歌诗〉与汉代宗庙祭仪的传承演变》,《许昌学院学报》2006 年第 6 期。

梁万斌：《东汉建都洛阳始末》，《中华文史论丛》2013 年第 1 期。

廖伯源：《论东汉定都洛阳及其影响》，《史学集刊》2010 年第 3 期。

刘建臻：《〈廿二史札记·元建国号始用文义〉辨正——公孙述"大
　　成"国号新解》，《中国文化研究》2003 年夏之卷。

刘力耘：《汉〈赤伏符〉释义》，《中华文史论丛》2017 年第 1 期。

刘敏：《对王郎及邯郸败亡相关问题的质疑》，《邯郸学院学报》
　　2015 年第 4 期。

刘炜：《东汉帝王陵寝制度》，《文博》1986 年第 6 期。

刘修明：《两汉乡官"三老"浅探》，《文史哲》1984 年第 5 期。

刘跃进：《秦汉文学编年史》，商务印书馆 2006 年版。

卢云：《东汉时期的文化区域与文化重心》，《中国文化研究集刊》
　　第四辑，复旦大学出版社 1987 年版。

陆侃如：《中古文学系年》，人民出版社 1985 年版。

陆扬：《清流文化与唐帝国》，北京大学出版社 2016 年版。

吕凯：《郑玄之谶纬学》，台湾商务印书馆 2011 年版。

吕宗力：《汉代的谣言》，浙江大学出版社 2011 年版。

马衡：《汉石经集存》，上海书店出版社 2014 年版。

马楠：《〈左传正义〉主杜预不主贾服议》，《绥化学院学报》2007
　　年第 4 期。

马新：《历史气候与两汉农业的发展》，《文史哲》2002 年第 5 期。

马宗霍：《说文解字引通人说考》，科学出版社 1959 年版。

牟发松：《汉代"三老"："非吏而得与吏比"的地方社会领袖》，
　　《文史哲》2006 年第 6 期。

皮锡瑞：《经学历史》，中华书局 1959 年版。

钱国祥：《东汉洛阳帝陵的布局与归属辨析》，《中原文物》2019 年
　　第 1 期。

钱穆：《东汉经学略论》，《中国学术思想史论丛》（三），联经出版
　　事业公司 1998 年版。

钱穆：《两汉经学今古文平议》，九州出版社 2011 年版。

秦冬梅：《试论魏晋南北朝时期的气候异常与农业生产》，《中国农史》2003 年第 1 期。

秦进才：《汉光武帝刘秀鄗南即位处文献述论》，《石家庄学院学报》2016 年第 5 期。

邱居里：《贾逵与史学》，《史学史研究》2006 年第 4 期。

曲利丽：《两汉之际文化精神的演变》，中华书局 2017 年版。

沈文倬：《宗周礼乐文明考论》，浙江大学出版社 2006 年版。

史建刚：《儒士阶层伦理天命观的重建与东汉王朝的建立》，《宝鸡文理学院学报》2010 年第 1 期。

狩野直祯：《后汉政治史の研究》，同朋舍 1993 年版。

松浦千春：《漢より唐に至る帝位継承と皇太子—謁廟の礼を中心に》，《歴史》，第 80 辑，1993 年。

孙家洲：《东汉光武帝平定"彭宠之叛"史实考论》，《河北学刊》2009 年第 4 期。

孙启治：《陆景〈典语〉校注》，《历史文献》第十八辑，上海古籍出版社 2014 年版。

孙少华：《"三七之厄"与两汉之际经学思想之关系——以路温舒、谷永、王莽为中心》，《岭南学报》复刊第九辑，2018 年第 1 期。

田天：《秦汉国家祭祀史稿》，生活·读书·新知三联书店 2015 年版。

万广义：《汉代乡三老身份再探》，《南昌大学学报》2008 年第 5 期。

汪华龙：《"中兴"说的缘起与东汉士大夫的"中兴"理想》，《南都学坛》2012 年第 5 期。

王柏中：《论汉代皇帝宗庙设置的特点》，《辽宁大学学报》2001 年第 2 期。

王葆玹：《今古文经学新论》，中国社会科学出版社 1997 年版。

王德华：《东汉前期京都赋创作时间及政治背景考论》，《文学遗产》2008 年第 2 期。

王尔春：《汉代宗室的"世代规模"考》，《北京教育学院学报》2018 年第 1 期。

王刚：《赤眉兴衰与刘秀帝业创构》，《南都学刊》2012 年第 11 期。

王刚：《刘秀史事杂考三则——读〈后汉书〉札记之一》，《南都学坛》2014 年第 5 期。

王国维：《两汉古文家多小学家说》，《观堂集林》卷七，《王国维遗书》第一册，上海书店出版社 1983 年版。

王辉：《秦曾孙骃告华大山明神文考释》，《考古学报》，2001 年第 2 期。

王健文：《奉天承运——古代中国的"国家"概念及其正当性基础》，东大图书股份有限公司 1995 年版。

王健：《西汉后期的文化危机与"再受命"事件新论》，《中国史研究》2015 年第 1 期。

王利器：《〈汉书〉材料来源考》，载王利器《晓传书斋文史论集》，香港中文大学出版社 1989 年版。

王渭清：《两汉"通人"观源流考辨》，《宝鸡文理学院学报》2016 年第 1 期。

王雪岩：《汉代"三老"的两种制度系统——从先秦秦汉的社会变迁谈起》，《中国社会经济史研究》2009 年第 2 期。

王子今：《秦汉时期气候变迁的历史学考察》，《历史研究》1995 年第 2 期。

吴从祥：《〈赤伏符〉考辨》，《中国文化论坛》2016 年第 1 期。

吴静安：《春秋左氏传旧注疏证续》，东北师范大学出版社 2004 年版。

吴树平：《秦汉文献研究》，齐鲁书社 1988 年版。

西嶋定生：《汉代について即位仪礼———とくに帝位继承のばあいについて》，榎博士还历记念编集委员会编《榎博士还历记念东洋史论丛》，山川出版社 1975 年版。

西嶋定生：《皇帝支配の建立》，《岩波讲座・世界历史》第 4 卷，岩波书店 1970 年版。

向晋卫：《两汉时期的"制礼"运动》，《云南社会科学》2006 年第
　3 期。

小岛毅：《天子と皇帝——中華帝国の祭祀体系》，松原正毅编《王
　権の位相》，弘文堂，1991 年。

辛德勇：《论霸上的位置及其交通地位》，《陕西师范大学学报》
　1985 年第 1 期。

邢义田：《东汉光武帝与封禅》，载《天下一家：皇帝、官僚与社
　会》，中华书局 2012 年版。

徐冲：《西汉后期至新莽时代"三公制"的演生》，《文史》2018 年
　第 4 期。

徐冲：《中古时代的历史书写与皇帝权力结构》，上海古籍出版社
　2012 年版。

徐兴无：《谶纬文献与汉代文化建构》，中华书局 2003 年版。

徐迎花：《东汉光武帝时期郊祀制度研究》，《中共福建省党委学报》
　2008 年第 3 期。

薛梦潇：《"周人明堂"的本义、重建与经学想象》，《历史研究》
　2015 年第 6 期。

薛小林：《西州与东汉政权的建立》，《史学月刊》2015 年第 1 期。

严辉：《洛阳东汉帝陵地望问题研究综述》，《中原文物》2019 年第
　5 期。

阎步克：《察举制度变迁史稿》，辽宁大学出版社 1991 年版。

阎步克：《服周之冕——〈周礼〉六冕礼制的兴衰变异》，中华书局
　2009 年版。

阎步克：《官阶与服等》，复旦大学出版社 2010 年版。

阎步克：《诗国：王莽"庸部""曹部"探源》，《中国社会科学》
　2004 年第 6 期。

阎步克：《士大夫政治演生史稿》，北京大学出版社 1996 年版。

阎步克：《文穷图见：王莽保灾令所见十二卿及州、部辨疑》，《中

国史研究》2004 年第 4 期。

杨宽：《中国古代陵寝制度史研究》，上海人民出版社 2016 年版。

杨联陞：《东汉的豪族》，商务印书馆 2011 年版。

杨龙：《从复汉到自立：试论两汉之际的隗嚣集团》，《中国边疆史
　　地研究》2017 第 2 期。

杨念群：《何处是江南？清朝正统观的确立与士林精神世界的变异》，
　　生活·读书·新知三联书店 2010 年版。

杨权：《新五德理论与两汉政治——尧后火德说考论》，中华书局
　　2006 年版。

杨英：《谶纬影响下的国家大礼——光武帝的封禅》，载吴丽娱主编
　　《礼与中国古代社会》，秦汉魏晋南北朝卷，中国社会科学出版社
　　2016 年版。

杨英：《东汉郊祀考》，《天津师范大学学报》2000 年第 4 期。

杨英：《祁望和谐——周秦两汉王朝祭礼的演进及其规律》，商务印
　　书馆 2009 年版。

杨永康：《〈汉书〉并非断代史——以“光武受命中兴”天命历史观
　　为视角》，《学术界》2019 年第 7 期。

叶政欣：《汉儒贾逵之春秋左氏学》，兴业图书公司 1983 年版。

禹平、严俊：《试论东汉的礼制建设》，《吉林大学学报》2009 年第
　　5 期。

袁青：《西汉中后期的禅让思想探析——兼论所谓“王莽篡汉”》，
　　《江汉学术》2014 年第 5 期。

袁延胜、刘思朝：《论真定势力与光武帝》，《石家庄学院学报》
　　2019 年第 1 期。

臧嵘：《上谷渔阳骑兵在刘秀征战中的作用》，《河北学刊》1984 年
　　第 3 期。

臧知非：《两汉之际儒生价值取向探微》，《史学集刊》2003 年第
　　2 期。

曾德雄：《谶纬与东汉学术》，《人文杂志》2010 年第 6 期。

曾德雄：《谶纬中的帝王世系及受命》，《文史哲》2006 年第 1 期。

张鹤泉：《东汉郊天祭祀问题探讨》，载《吉林大学古籍研究所建所十五周年纪念文集》，吉林大学出版社 1998 年版。

张鹤泉：《东汉明堂祭祀考略》，《咸阳师范学院学报》2011 年第 1 期。

张鹤泉：《东汉墓祭问题试探》，《秦汉史论丛》第 4 辑，江西教育出版社 1994 年版。

张鹤泉：《东汉五郊迎气祭祀考》，《人文杂志》2011 年第 3 期。

张鹤泉：《光武帝刘秀传》，黑龙江人民出版社 1993 年版。

张卉：《清华简〈说命上〉"说于傅伐失仲"考》，《考古与文物》2017 年第 2 期。

张小锋：《薄太后"配食"高庙与光武晚年政局》，《清华大学学报》2010 年第 1 期。

张小锋：《西汉中后期政局演变探微》，天津古籍出版社 2007 年版。

张学谦：《东汉图谶的成立及其观念史变迁》，《文史》2019 年第 4 期。

张以仁：《〈国语〉旧注辑校》，上海古籍出版社 2010 年版。

张造群：《两汉礼制发展之比较》，《云南社会科学》2009 年第 6 期。

赵逵夫：《〈两都赋〉的创作背景、体制及影响》，《文学评论》2003 年第 1 期。

赵庆伟：《刘秀人才集团的群体考察》，《中南民族学院学报》1992 年第 2 期。

赵毅、王彦辉：《两汉之际"人心思汉"思潮评议》，《东北师大学报》1994 年第 6 期。

郑鹤声：《汉班孟坚固年谱》，台湾商务印书馆 1980 年版。

中国社科院考古研究所编著：《汉魏洛阳故城南郊礼制建筑遗址：1962—1992 年考古发掘报告》，文物出版社 2010 年版。

中国社科院考古研究所编著：《西汉礼制建筑遗址》，文物出版社 2003 年版。

周金泰：《王莽围绕时令的礼仪与职官改革——从古典国制的视角出发》，《史学月刊》2018 年第 9 期。

周艳红、刘雅楠：《"秀"字本义考——兼论词义系统性在本义考证中的作用》，《宁夏大学学报》2015 年第 3 期。

周予同：《经今古文学》，载朱维铮编《周予同经学史论著选集》（增订本），上海人民出版社 1996 年版。

周振鹤：《东汉政区地理》，人民出版社 1987 年版。

朱绍侯：《刘秀和他的功臣》，《中国史研究》1995 年第 4 期。

［古罗马］塔西佗：《编年史》第一卷，王以铸译，商务印书馆 1987 年版。

［美］加布里埃尔·A. 阿尔蒙德、小 G. 宾厄姆·鲍威尔：《比较政治学：体系、过程和政策》，曹沛林等译，上海人民出版社 1987 年版。

［美］陈启云：《荀悦与中古儒学》，高专诚译，辽宁大学出版社 2000 年版。

［美］柯马丁：《秦始皇石刻——早期中国的文本与仪式》，刘倩译，上海古籍出版社 2015 年版。

［美］巫鸿：《从"庙"至"墓"：中国古代宗教美术发展中的一个关键问题》，载郑岩、王睿编《礼仪中的美术：巫鸿中国古代美术史文编》，郑岩等译，生活·读书·新知三联书店 2005 年版。

［美］巫鸿：《中国古代艺术与建筑中的"纪念碑性"》，李清泉等译，上海人民出版社 2009 年版。

［美］余英时：《东汉政权之建立与士族大姓之关系》，载《士与中国文化》，上海人民出版社 1987 年版

［日］安居香山、中村璋八：《纬书集成》，河北人民出版社 1994 年版。

［日］渡边信一郎：《东汉古典国制的建立——汉家故事和汉礼》，张娜译，载周东平、朱腾编《法制史译评》第五卷，中西书局 2017 年版。

［日］渡边信一郎：《元会的建构——中国古代帝国的朝政与礼仪》，周长山译，载沟口雄三、小岛毅主编《中国的思维世界》，孙歌等译，江苏人民出版社 2006 年版。

［日］渡边信一郎：《中国古代的王权与天下秩序——从日中比较史的视角出发》，徐冲译，中华书局 2008 年版。

［日］渡边义浩：《论东汉"儒教国教化"的形成》，［日］仙石知子、朱耀辉译，《文史哲》2015 年第 4 期。

［日］金子修一：《从皇帝遗诏来看唐代的中央和地方》，载严耀中主编《中国唐史学会第十届年会暨唐代国家与地域社会国际学术研讨会论文集》，上海古籍出版社 2008 年版。

［日］金子修一：《古代中国与皇帝祭祀》，肖圣中等译，复旦大学出版社 2017 年版。

［日］金子修一：《关于中国古代举行即位仪礼的场所》，《中国古都研究》第十五辑，三秦出版社 1998 年版。

［日］金子修一：《皇帝祭祀的展开》，蔡春娟译，载［日］沟口雄三、小岛毅主编《中国的思维世界》，江苏人民出版社 2006 年版。

［日］薮内清：《中国的天文历法》，杜石然译，北京大学出版社 2017 年版。

［日］尾形勇：《中国古代的"家"与国家》，张鹤泉译，中华书局 2011 年版。

［日］小林春树：《国教化实施以后儒教的神秘主义特征和合理主义特征——从历史学角度作新的探讨》，曹峰译，《山东大学学报》2008 年第 2 期。

［日］宇都宫清吉：《刘秀与南阳》，黄金山译，载刘俊文主编《日本学者研究中国史论著选译》第三卷，中华书局 1993 年版。

［英］鲁惟一：《汉代的信仰、神话和理性》，王浩译，北京大学出版社 2009 年版。

## （二）英文论著

Alexus McLeod, *Philosophy in Eastern Han Dynasty China* (25 - 220 *CE*), Philosophy Compass 10/6, 2015.

B. J. Mansvelt Beck, *The Treatises of Later Han：Their Author, Sources, Contents and Place in Chinese Historiography*, Leiden：Brill, 1990.

Catherine Bell, *Ritual Theory, Ritual Practice*, New York：Oxford University Press, 2009.

Emily Ahern, *Chinese ritual and politics*, New York：Cambridge University Press, 1981.

Gopal Sukhu, "Yao Shun and Prefiguration：The Origins and Ideology of the Han Imperial Genealogy", *Early China*, Vol. 30, 2005 - 2006, pp. 91 - 153.

Hans Bielenstein, *An Interpretation of the Portents in the Ts' ien - Han - Shu*, Bulletin, The museum of Far Eastern Antiquities, 22, 1950, pp. 127 - 143.

Hans Bielenstein, *The Restoration of the Han Dynasty with Prolegomena on the Historiography of the Hou Han Shu*, Goteborg, 1953.

Howard J. Wechsler, *Offerings of Jade and Silk：Ritual and Symbol in the Legitimation of the T'ang Dynasty*, Yale University Press, 1985.

Luke Habberstad, "How and Why Do We Praise the Emperor? Debating and Depicting a Late Western Han Court Audience", *Journal of the Economic And Social History of the Orient*, 60, 2017, pp. 683 - 714.

Michael Loewe, "Ban Gu：Copyist, Creator and Critic", *Bulletin of SOAS*, 78, 2, 2015, pp. 333 - 355.

Michael Loewe, "'Confucian' Values and Practices in Han China", *T'oung Pao*, Vol. 98, 2012.

Michael Loewe, *Crisis and Conflict in Han China*, London：Ceorge Allen & Unwin Ltd, 1974.

Michael Loewe，"The Failure of the Confucian Ethic in Later Han Time"，from *Divination*，*Mythology and Monarchy in Han China*，Cambridge University Press，1994，pp. 249 – 266.

Michael Loewe，"Wang Mang and His Forbears：The Making of the Myth"，*T'oung Pao*，Second Series，Vol. 80，1994.

Radcliffe Brown，*Structure and Function in Primitive Society*，The Free Press，1952.

Rafe de Crespigny，*Fire over Luoyang：A History of the Later Han Dynasty 23 – 220 AD*，Boston，Brill，2016.

Rafe de Crespigny，*Portents of protest in the Later Han Dynasty：The memorials of Hsiang K' ai to Emperor Huan*，Australian National University Press，Canberra，1976.

Sebastian Eicher，"Fan Ye's Biography in Song Shu：Form，Content and Impact"，*Early Medieval China*，2016，22，pp. 45 – 64.

Sophia – karin Psarras，"The Political Climate of the Later Han"，*Journal of Asian History*，Vol. 27，No. 1，1993，pp. 16 – 29.

Timothy D. Baker，Jr.，"Contested Cultural Transmission and Historical Interpretation in Han Dynasty China：The Nine Temples of Ban Gu and the Twelve Temples of Wang Mang"，*Dong Hwa Journal of of Humanistic Studies*，21，2012.

Zhao Lu，"To Become Confucius：The Apocryphal Texts and Eastern Han Emperor Ming's Political Legitimacy"，*Asia Major*，28（1），2015，pp. 115 – 144.

## （三）学位论文

冯渝杰：《祁望"太平"——理想国家追求与汉末社会运动》，博士学位论文，山东大学，2014 年。

郭善兵：《汉唐皇帝宗庙制度研究》，博士学位论文，华东师范大学，2005 年。

黄桢：《制度的书写与阅读——对汉唐间政治文化的一项考察》，博士学位论文，北京大学，2017 年。

李晓璇：《祭天与皇帝——两汉郊祀礼义研究》，博士学位论文，北京大学，2016 年。

唐宸：《汉代今文礼学新论》，博士学位论文，浙江大学，2016 年。

薛梦潇：《早期中国的月令文献与月令制度——以"政治时间"的制作与实践为中心》，博士学位论文，武汉大学，2014 年。

袁延胜：《东汉人口问题研究》，博士学位论文，郑州大学，2003 年。

# 初出一览

**第一章**

《从附庸更始到圣人受命：刘秀集团的崛起及其合法性身份的择定》，《中华文史论丛》2023 年第 2 期。

《两汉之际的东、西格局——以刘秀集团的东方建构与"长安系士人"的西方流寓为中心》，《北京社会科学》2020 年第 12 期。被中国人民大学复印报刊资料《先秦·秦汉史》2021 年第 2 期全文转载。

《"长安系士人"的聚散与东汉建武政治的变迁——从二〈赋〉说起》，《中国史研究》2019 年第 4 期。

**第二章**

《祀尧或祀高帝？东汉建武七年郊祀礼议的政治义涵与思想渊源》，《中华文史论丛》2020 年第 1 期。被中国人民大学复印报刊资料《先秦·秦汉史》2020 年第 3 期全文转载。

《"创革"与"中兴"的争议及整合——从东汉建武年间南顿四亲庙与封禅礼的议论谈起》，《史林》2020 年第 1 期。

《东汉光武帝与封禅礼》，《文史知识》2025 年第 2 期。

**第三章**

《光武"受命"与永平制礼》，《历史研究》2022 年第 3 期。

《君臣·父子·师生：从辟雍礼看汉明帝的多重身份构造》，《中山大学学报》2025 年第 1 期。

《"汉当自制礼"：东汉前期"制汉礼"的逻辑理路及失败原因》，《中国文化研究》2021 年秋之卷。

**第四章**

《东汉兰台"文"的实践——以"刘秀起家""建武革命""万夷宾服"为中心》，《文学遗产》2024 年第 2 期。

《东汉东观的设置时间、功能及其对"通人"学术风气的推动》，载中国社科院古代史研究所国学研究与交流中心主编《国学评论》2025 年第 1 期。

《贾逵申〈左传〉非为"夺〈公羊〉"——以"反传"特征为例》，载干春松、陈壁生主编《经学研究》第 6 辑，福建人民出版社 2023 年版。

《贾逵论"汉承尧后"之特色与意义》，《中国典籍与文化论丛》第 26 辑，凤凰出版社 2022 年版。

**附录**

《汉"三百五十年之厄"观念与东汉后期的中兴论》，《人文论丛》2022 年第二辑（总第 38 卷），武汉大学出版社 2022 年版。

以上文章收入本书时都经过大幅度修改，参考时请以本书为准。

# 索　引

# 后　记

本书是在我 2020 年完成的博士学位论文基础上修改而成的著作。这篇论文在陈苏镇教授的悉心指导下完成。当年，有幸获得北京大学 2020 年度优秀博士论文奖，又于 2021 年获得国家社科基金优秀博士论文出版基金资助。如今博士毕业已经四年，我也步入新的人生阶段。借此机会，就本书的研究过程做一个梳理和回顾，算是对我的博士学习生涯的一次总结。

回想起来，我博士论文的选题经历了一波三折，与研究生、博士生阶段学术想法的多次转变有关。2014 年，我从郑州大学保研到北大历史学系，跟随陈苏镇老师学习，主攻秦汉魏晋南北朝史。当时，我对《尚书》学与两汉政治文化的关系颇感兴趣，贸然冒出研究《尚书》学与汉代政治文化的想法。翻出当时写给陈老师的电子邮件，信中满是我对这个主题啰唆而肤浅的表述。老师竟不以为幼稚，只是让我好好读书，对选题不置可否。当时不知天高地厚的我兴奋地抱着这个题目去读书。很快就发现，好的政治文化研究不是思想原理与政治行为的简单叠加和表面化的勾连，若无法找到两者之间在史实上有深度衔接和交融之处，发前人所未发，做起来会很勉强。对这个题目，一时间找不到感觉，找不到那种史识的灵性。

但这一番努力也不是毫无收获，我的思路至少有两方面的扩展。第一，我发现《尚书》学在东汉时代有迅速发展，光武诸帝对《尚书》学有超乎诸经的兴趣，东汉尚"柔道"等政治态势跟《尚书》

学术有一定的关联。这一发现促使我将注意力转移、集中至东汉的政治文化。第二，我考察了《尧典》"九族"问题与汉代政治的关系。那会同时上着苏镇老师的"两汉政治文化"和乔秀岩老师的"《仪礼》研究"这两门研究生课。作为作业，我先是完成了一篇讨论汉代"九族"政治伦理风尚演变的论文，又感觉意犹未尽，再写了一篇讨论郑玄"九族"学说的论文。前者重史学，后者重经学，对"九族"在两汉的生成、演变问题算是有了自己的一些体会和认识。两篇文章交给陈老师，老师的邮件这样回复："两篇文章都不错，好好改改，可以发表。田（余庆）先生说：写文章要像对待艺术品，精雕细琢。初学者改文章应不厌其烦。白（寿彝）先生曾对我说：一篇文章改十遍八遍不算多。改的过程是提高写作水平的最好训练，所以要细细地改，整体构思、段落安排、遣词造句、节奏韵律等都要斟酌，包括'而''的''因为''所以'等词也应谨慎使用，能不要的都删去。"（2015 年 2 月 21 日）老师的肯定，给初到北大学习的我以极大的鼓励。同时又重点教我应该怎样写论文、改论文，一篇好文章是怎样改出来的。老师会在我文章开头的一两页，做一字一句的修改，做个示范，然后让我自己去改。这两篇文章我已记不清改了多少遍，后来都得以发表。经过这一系列的训练，我的文字能力、文章章法结构能力有明显提高，同时初步领会到汉代政治文化研究的道道，逐渐步入汉代政治文化研究之门。

两周一次的《资治通鉴》读书课，也让我很受启发。我和同门张辞修先后跟陈老师、罗新老师读《通鉴》。课堂上，我们相互辩驳问难，那是一段难忘的美好时光。《通鉴》是一部编年体史书，把正史中分散在纪、传的事件按编年排列，呈现事件的起始、发展的轨迹，又与同时期其他事件相关联，比较容易发现问题。当时我已经开始第二遍读《后汉书》，结合《通鉴》和《后汉纪》的编年记载，爬梳史迹，注意到东汉建武年间"长安系士人"群的存在和去向问题。东汉初年存在着文化背景、年龄、地域不同的两大士人政治群体,他们有不同的政治文化信念,其背后对两"汉"法统的理解并不相同。沿此深入阅读下去,发现不少问题均与此有关。东汉政权初建时期,在法统承续、继往开来诸方面,从当权者到不同的士人群体间,存在着激烈的意见分歧,由之构成东汉初期政治文化的动态景观。我就此加以梳理,写成一篇论文。这篇论文结合陈老师的意见,与柴芃、单敏捷、张辞修诸兄探讨磋商,反复修改,最终有幸被《中国史研究》刊用。文中关于"长安系士人"群体的说法,后来也逐渐获得学界的认可。在此基础上,我的问题意识逐渐清晰起来,博士论文选题——"两汉承续与新汉本位"的主题线索初步形成。

2016 年硕转博之后,我把眼光聚焦于东汉的礼制建设上。东汉初年郊祀、宗庙、封禅等重大礼制的建立,都经过皇帝和士大夫之间激烈、反复的商讨。争论双方均援经据典,背后的焦点都落在两"汉"法统如何承续上。礼制反映出东汉立国初期正统观念的歧异、商榷和整合,这种现象挑战了东汉合法性基于"中兴"的传统观点,颇有意思。2017 下半年至 2018 年上半年,赴美国普林斯顿大学访学,又读了不少有关仪式社会学、社会记忆与政权合法性构建的书,我尝试把东汉的礼制解读为承担着社会功能、重建历史记忆的政治性仪式,写了一系列论文。留美期间,听了若干门西方史课程,吸收西方史学界的研究思路,又开始琢磨有关班固撰述《汉书》的观念与东汉政治关系的问题,尝试把《汉书》理解为东汉的"当代史"。在美国身心放松,沉浸于新知识、新方法的海洋中,没来得及好好消化就急于输出,拉拉杂杂写了一些不成熟的东西。回国后,陈老师对我这批想放入博士论文的文章不甚满意。开题报告时,阎步克教授等几位老师批评我这几篇文章浮于理论,缺乏史实支持,虽有新意,却难以立足。事后证明,老师们确实说到了点子上。正当我陷入自我怀疑和思路阻塞的困境、不知如何扭转之时,陈老师给我打气,要我把目前思路坚持下去,在此基础上进行调整。在看过我的论文后，母亲的一句话点醒了我："在政治建构上，分歧再有趣也只是过程，整合和重建才是目的和结果。"我恍然大悟。此前我太过关注于两"汉"法统关系的分歧认知、合法性理念的矛盾冲突，现在终于明白，最关键的问题不是"创革与中兴"的分歧，而是"新汉朝"的重建。只有将题目放在东汉王朝全新的合法性构建上，拉出一个东汉如何兴起于混乱、奠定长治久安之政治基础的广阔图景，整部论文才能挺得起、立得住。沿此新思路修改论文，有豁然开朗、势如破竹之感，"新汉本位"的题旨逐渐形成，对博论的整体认识达到了一个新的高度。原本几篇琐碎的礼制史论文，由这一题旨牵引统摄，方向更为明确，不久就见刊于《中华文史论丛》《史林》等刊物。删去若干写《汉书》的论文。削去枝蔓，突显主题，有的放矢，接下来的写作就水到渠成了。之后，我又把观察视角扩大到东汉的文学创作和经学训注上，在经史子集四部文献中游刃出入，最终较为从容地完成了博士论文的写作，按时参加答辩。2020年春节后的预答辩上，阎步克教授给出如下评语（根据预答辩录音整理）：

文章围绕东汉初年王朝的制礼作乐作了深入开掘。这些问题此前学者已有所注意，但远远不够。作者聚焦于这一问题，发掘了许多有意义的事项。读后感觉，这是一部获得了实质性创获的论文，提出了很多新问题。首先，东汉初年围绕王朝正统性，是"中兴"还是"创革"，士人群体内部发生了观念上的冲突，并且进一步涉及了具体的礼乐。至少我个人视野之内，还未看到以这种方式讨论东汉初年礼制的研究。其次，作者视野开阔，思路敏捷，从政治分野背后看到了两个政治文化集团——刘秀集团和"长安系士人"，这也很精彩，揭示了不同士人群体对如何建构正统性所持不同看法。最后，在政治集团分野之外，作者还考察了文学和史学，如这一现象如何影响了兰台文人的文学写作和历史写作。这些考察大大深化了我们对东汉前三朝历史中一些政治文化纠葛的认识。文章相当成功，就目前的写法看，已经不只是一篇成功的博士论文，而是一部成熟的书稿，略加调整修饰，就可以联系出版了。（2020 年 3 月 29 日）

阎老师和陈老师是汉代政治文化领域当仁不让的专家，得到二位老师的肯定，我心中有了底。又经过几年的修改完善，博士论文以本书的模样呈现给读者。同时，我也认识到本书还有诸多考虑不周之处，因学力所限，只好留待读者批评。

能够完成这本书，有太多的人值得我感谢。首先要感谢我的导师陈苏镇教授。这部论文的选题、问题意识、行文思路，都深受苏镇老师《〈春秋〉与"汉道"》一书的影响。苏镇老师的教学艺术令我钦佩。老师的教学特点，可以用老师评价祝总斌先生的原话来概括："对学生要求很严，但又平易近人，从不摆先生的架子；指导学生细致认真，但又思想开放，不束缚学生的手脚。"（《汉代政治与〈春秋〉学》后记）用这话来形容陈老师也是很合适的。老师对严格与宽松、批评与鼓励之间的尺度分寸，把握精当。平时鼓励较多，但也有严厉的批评。硕士时有篇文章给刊物用了，有点得意，老师泼来冷水："内容不错，文字太差，幸亏编辑看重内容。"老师逐字逐句给我这篇文章找语病，让我羞愧难当。开题报告时，我思路散泛，言不及义，生搬硬套西方理论，选题受到几位老师的质疑，心中郁闷。没敢向老师流露。心细的老师已洞悉，第二天叫我到他办公室，给我打气："你搞政治文化研究，属于思想史范畴，边际较难把握，做的人少。一旦搞出来，会比那些纯粹形而下的研究有意思。老师们的意见，你也不用太放在心上，按自己的想法好好写。"默念他的话，我渐渐恢复信心，走出当初的困境。初稿完成后，老师的评价让我吃了定心丸："总体上不错，有新意，有深度。这个问题我也注意到了，但没深究。你的研究把我们的认识大大推进了。"

老师总是在我迷茫的时候给我以点拨。记得硕士第一年接近尾声，《通鉴》课等都上完了，老师说："以后不会那么经常见面了。"我突然心生不舍，回家后给老师发短信，说离开了老师感到无所适从。老师回邮：导师是拐杖，迟早要丢掉，不丢永远不会走路。这话，后来一直盘旋在我的脑海中。

北大历史系诸位老师高山仰止，对我的影响不言而喻。气魄之大，见识之高，首推阎步克老师和罗新老师。阎老师犀利尖锐，分析问题入木三分，对古今中外史事信手拈来，善将一团乱麻的疑难问题梳理出清晰的脉络线索，用精准到位的言辞和恰当的概念加以表达，从琐细史实中演绎出宏观抽象的结论，深深令我折服。罗老师眼界广博，思路活跃，善从前沿的社会科学角度把握历史现象，凸显人的同理心，将社会公平正义的追求融贯于历史研究之中。大小会议上，阎老师、罗老师深邃精彩的言语，四处飞扬的思想火花，题里题外的高论，处处让我受益。陈侃理老师是年轻学人的典范。他的慧眼和洞察力，对传世和出土文献的熟谙程度，超然物外的治学态度，克己自律的工作方式，都对我有很大的影响。侃理老师对本博士论文的完成提出了重要的修改意见。蒋非非老师、王楗老师、叶炜老师、郭津嵩老师，课堂上的精彩讲学，课下的深入交流，都给我的成长提供不可或缺的帮助。

韩树峰老师、陈爽老师参加了我的博士论文答辩。邬文玲老师、孙正军老师担任我论文的外审评议专家。诸位老师给我的论文提出中肯细致的修改意见，又对我的观点予以支持和包容，我感念于心。感谢中山大学杨勇老师，杨老师自郑大起就是我的蒙师，这么多年，对我的学业和生活一直关心，无私分享他的经验，是我的良师益友。

我要感谢我的老妈和老爸。老妈学识渊博、思维敏捷，注重治学方法。她善于举一反三，常在不经意的细节上点拨我，引导我思考得更深入。老妈言传身教，告诉我何为学者，怎样过学人的生活，告诫我要甘于寂寞，沉得住气，不骄不躁，厚积薄发。她常给我打气，听我倾诉，排忧解难，带给我乐观理性的人生观。从学术到生活，她是我无话不说的好友。

老爸是酒神性格。他不拘小节，处事大气果敢，看问题高远前瞻。他对我那种体贴入微的父爱，是我得以随心所欲的坚实后盾。他将工作重心从广州转移至北京，为我的北大学习带来很多便利。周末常有父子独处的愉快时光，吃他烹饪的饭菜，看展，看剧。艺术、空间、观看的角度，常会给我的思路带来启发。

感谢普林斯顿大学东亚系的裴德生（Willard J. Peterson）先生。2017—2018 年，我有幸在普林斯顿大学访学一年，裴公是我的合作导师。裴公主攻明清思想史，属于风格传统的汉学家。硕士在伦敦大学刘殿爵（D. C. Lau）门下研究顾炎武。1964 年到哈佛读博，得费正清、史华慈和杨联陞的言传身教，研究方以智。裴公有一双蓝色的眼睛，深邃的目光，双眼弯弯成眉状。永远挂着微笑，酒窝纹路，与眉眼和白发构成流线，有一种仙风道骨的流畅感。他不说客套话，从不说一句中文。喜欢抱着双臂，微笑地倾听，回答问题时会轻轻皱眉。与他古今中西都能谈，他的回答总不十分明确，富有包容性，引导你朝某一方向去思考。裴公要求课堂上每人都要发言，有不说话的学生，他就故意刁难一下。裴公会细致地批改我的作业。我英语写作较差，他从语法、用词到标点一一予以订正，其严谨耐心令我汗颜。当得知余英时先生批评我博论的观点时，裴公哈哈大笑说："这样才好！如果他认同你，你就没什么好写了。"跟裴公相处一年，修了多门思想史课程，开阔了眼界，拓宽了思路，收获多多，但最为难忘的还是他为人处世的魅力。

感谢北大历史系诸位前辈和同学。师兄郭洪伯个性十足，锐利严密。我常被他敲打，仍感到相聊甚欢，得益良多。柴芃谦逊内敛，温柔敦厚，冷静中蕴藏着巨大能量。单敏捷厚道大度，处处照顾小弟。一同爬山饮酒，拍案吹牛。潘敦幽默风趣，一起在纽约看展览话剧，闲聊中很有点拨。熊昕童大智若愚，温和亲切，不问纷扰，我自岿然不动。章名未温文尔雅，幸得她在普林斯顿的牵线帮助，我才得以跟随裴公学习。前辈陈志远、聂溦萌、董涛、陈鹏、廖基添、唐星、焦天然、黄桢，学问精深，热心助人，从不同方面帮助、照顾我这个愚钝的学弟，为学为人都是我的榜样。

同侪张辞修，六年同门，五年舍友，随性平和，学识渊博，中国史没有他不懂的断代和领域，交流中对我启发多多。他带我熟悉了北大的生活，是能一起厮混的好兄弟。杨光理性自律，谦和敦厚，与我多共同爱好，留美时我俩在纽约、费城、波士顿多次相聚，留下珍贵记忆。张良功力深厚，学问精纯，直率坦荡，自从保研面试上相识，圆明园宿舍痛饮，至今仍是良师净友。徐维焱幽默豁达，锐利灵性，在一起总觉无比欢乐，是我无话不谈的挚友。张凯悦机智风趣，聪敏认真，幸得他常帮我搜罗外文研究资料，我们也是dota竞技场的绝佳搭档，"今晚去不去运动"是我们的暗号。高正亮大大咧咧，开朗直爽，常与我驰骋篮球场，吐槽球星，臭味相投。韩国的金钟希大方开朗，也好饮酒，相处甚乐。师弟王四维、李彦楠、黄承炳、陈烨轩，单纯可亲，敏锐好学，创见屡出，让我自叹不如。他们四位多被我麻烦，心中惭愧。王景创、厉承祥、庞博、李屹轩，潜力十足，后生可畏，是我的益友，每每相聚总畅快无比。一并感谢。

2020年博士毕业后，我进入北大哲学系做博士后，跟随王中江教授，从事汉晋哲学史方面的研究。对我这个历史专业走过来、少不了有"只见树木不见森林"之毛病、在新的领域里捉襟见肘的后学，王老师豁达包容，全力帮助。他耐心、细致地审读我的论文，对其中的一些观点和论证路径提出中肯的批评，拓宽我的研究视野，又不忘对迟钝的我予以鼓励。王老师淡泊荣利，清正守直，坦荡磊落，慷慨大度。王老师的治学、为人方方面面，可谓我的人生导师。博士后两年，能在王老师的谆谆教诲中成长，深感有幸。曹峰老师、郑开老师、陈壁生老师也给我许多重要的指导和帮助。壁生老师对我多加提携关照，令我感念。

2022 年，我幸运地入职了中国人民大学历史学院。工作中，韩树峰老师、张忠炜老师处处给我以指点和关照，让我得以顺利度过从学生到老师的转变。两位老师真诚正直的为人和纯正的学术品位，让我充满敬意。同时，也要感谢朱浒老师对我的鼓励和包容。孙闻博、曾磊、曲柄睿、冯渝杰诸位老师，是我日常多加请教的兄长，在工作生活中对我多予无私的关照，一并致谢。

感谢我的妻子张陆卅小姐。我和张小姐相恋于大二，已度过漫长的岁月。感情历久弥新，与日俱增。她单纯善良，天真乐呵；谈事论理，冷静理性。能与她携手共度漫漫余生，是我的幸运。也感谢我岳父、岳母对我生活的细致关心，对我学术事业的支持。

感谢本书的责任编辑，中国社会科学出版社的刘芳老师。刘老师对全书做了细致的校勘工作，使本书避免了不少疏失。

最后，愿将本书献给从小带我长大的我敬爱的姥姥蔡妙芳女士，愿她在天之灵能与我分享完成这部书的快乐。

2024 年 7 月 14 日于北京季景沁园